高等学校土木建筑专业应用型本科系列规划教材

工程项目管理

(第2版)

主　编　赵庆华
副主编　汤　鸿　周振国
参　编　(以拼音排序)
　　　　陈　峰　程　赟　刘　欣
　　　　倪小磊　王宏军

东南大学出版社
·南京·

内容提要

本书着眼于整个工程项目,构建工程项目管理知识体系框架,全面论述了工程项目管理系统过程,系统介绍了工程项目的范围管理、工程项目组织、时间管理、费用管理、采购管理、质量管理、风险管理、沟通管理、信息管理等理论、方法和手段。

本书注重项目管理理论和工程实践相结合,可作为高等院校工程管理、土木工程、工程造价、房地产经营与管理等专业的教科书,也可供工程领域相关专业人员以及相关政府部门、建设单位、咨询单位、监理单位、施工单位等技术和管理人员参考使用。

图书在版编目(CIP)数据

工程项目管理/赵庆华主编. —2版. —南京:东南大学出版社,2019.6(2025.1重印)

ISBN 978-7-5641-8433-9

Ⅰ.①工… Ⅱ.①赵… Ⅲ.①工程项目管理 Ⅳ.①F284

中国版本图书馆CIP数据核字(2019)第107379号

工 程 项 目 管 理(第2版)
Gongcheng Xiangmu Guanli(Di-er Ban)

主　　编	赵庆华
出版发行	东南大学出版社
社　　址	南京市四牌楼2号　邮编:210096
出 版 人	江建中
责任编辑	史建农　戴坚敏
网　　址	http://www.seupress.com
经　　销	全国各地新华书店
印　　刷	南京工大印务有限公司
开　　本	787mm×1092mm　1/16
印　　张	21.75
字　　数	557千字
版　　次	2019年6月第2版
印　　次	2025年1月第4次印刷
书　　号	ISBN 978-7-5641-8433-9
印　　数	6001-7000册
定　　价	56.00元

本社图书若有印装质量问题,请直接与营销部联系。电话(传真):025-83791830

高等学校土木建筑专业应用型本科系列规划教材编审委员会

名誉主任 吕志涛
主　　任 蓝宗建
副 主 任 （以拼音为序）
　　　　　　陈　蓓　陈　斌　方达宪　汤　鸿
　　　　　　夏军武　肖　鹏　宗　兰　张三柱
委　　员 （以拼音为序）
　　　　　　程　晔　戴望炎　董良峰　董　祥
　　　　　　郭贯成　胡伍生　黄春霞　贾仁甫
　　　　　　金　江　李　果　刘殿华　刘　桐
　　　　　　刘子彤　龙帮云　王丽艳　王照宇
　　　　　　于习法　余丽武　喻　骁　张靖静
　　　　　　张伟郁　张友志　章丛俊　赵冰华
　　　　　　赵才其　赵　玲　赵庆华　周桂云
　　　　　　周　佶

总前言

国家颁布的《国家中长期教育改革和发展规划纲要(2010—2020年)》指出，要"适应国家和区域经济社会发展需要，不断优化高等教育结构，重点扩大应用型、复合型、技能型人才培养规模"；"学生适应社会和就业创业能力不强，创新型、实用型、复合型人才紧缺"。为了更好地适应我国高等教育的改革和发展，满足高等学校对应用型人才的培养模式、培养目标、教学内容和课程体系等的要求，东南大学出版社携手国内部分高等院校组建土木建筑专业应用型本科系列规划教材编审委员会。大家认为，目前适用于应用型人才培养的优秀教材还较少，大部分国家级教材对于培养应用型人才的院校来说起点偏高，难度偏大，内容偏多，且结合工程实践的内容往往偏少。因此，组织一批学术水平较高、实践能力较强、培养应用型人才的教学经验丰富的教师，编写出一套适用于应用型人才培养的教材是十分必要的，这将有力地促进应用型本科教学质量的提高。

经编审委员会商讨，对教材的编写达成如下共识：

一、**体例要新颖活泼**。学习和借鉴优秀教材特别是国外精品教材的写作思路、写作方法以及章节安排。摒弃传统工科教材知识点设置按部就班、理论讲解枯燥无味的弊端，以清新活泼的风格抓住学生的兴趣点，让教材为学生所用，使学生对教材不会产生畏难情绪。

二、**人文知识与科技知识渗透**。在教材编写中参考一些人文历史和科技知识，进行一些浅显易懂的类比，使教材更具可读性，改变工科教材艰深古板的面貌。

三、**以学生为本**。在教材编写过程中，"注重学思结合，注重知行统一，注重因材施教"，充分考虑大学生人才就业市场的发展变化，努力站在学生的角度思考问题，考虑学生对教材的感受，考虑学生的学习动力，力求做到教材贴合学生实际，受教师和学生欢迎。同时，考虑到学生考取相关资格证书的需要，教材中还结合各类职业资格考试编写了相关习题。

四、理论讲解要简明扼要,文例突出应用。 在编写过程中,紧扣"应用"两字创特色,紧紧围绕着应用型人才培养的主题,避免一些高深的理论及公式的推导,大力提倡白话文教材,文字表述清晰明了、一目了然,便于学生理解、接受,能激起学生的学习兴趣,提高学习效率。

五、突出先进性、现实性、实用性、可操作性。 对于知识更新较快的学科,力求将最新最前沿的知识写进教材,并且对未来发展趋势用阅读材料的方式介绍给学生。同时,努力将教学改革最新成果体现在教材中,以学生就业所需的专业知识和操作技能为着眼点,在适度的基础知识与理论体系覆盖下,着重讲解应用型人才培养所需的知识点和关键点,突出实用性和可操作性。

六、强化案例式教学。 在编写过程中,有机融入最新的实例资料以及操作性较强的案例素材,并对这些素材资料进行有效的案例分析,提高教材的可读性和实用性,为教师案例教学提供便利。

七、重视实践环节。 编写中力求优化知识结构,丰富社会实践,强化能力培养,着力提高学生的学习能力、实践能力、创新能力,注重实践操作的训练,通过实际训练加深对理论知识的理解。在实用性和技巧性强的章节中,设计相关的实践操作案例和练习题。

在教材编写过程中,由于编写者的水平和知识局限,难免存在缺陷与不足,恳请各位读者给予批评斧正,以便教材编审委员会重新审定,再版时进一步提升教材的质量。本套教材以"应用型"定位为出发点,适用于高等院校土木建筑、工程管理等相关专业,高校独立学院、民办院校以及成人教育和网络教育均可使用,也可作为相关专业人士的参考资料。

高等学校土木建筑专业应用型
本科系列规划教材编审委员会

前　言

《工程项目管理》于2011年出版了第1版,基于以下原因,需对第1版进行修改:

1.《工程项目管理》第1版出版以来,国家相继修订了《中华人民共和国建筑法》《中华人民共和国招标投标法》,出台了《中华人民共和国招标投标法实施条例》;住房和城乡建设部修订了《建设工程项目管理规范》(GB/T 50326—2017),出台了《建设工程工程量清单计价规范》(GB 50500—2013)、《建设工程施工合同(示范文本)》(GF—2017—0201)等。这些法律法规、标准、规范和合同使得本书第1版内容已经不符合规定,需要对本书内容进行相应的调整。

2. 近几年来,随着工程项目管理理论研究和工程实践的不断深入,美国项目管理协会(PMI)颁发的《项目管理知识体系指南》(PMBOK)已经更新到第6版。同时,信息技术在工程项目管理中的应用越来越广泛,重要性日益明显和突出;BIM技术的应用使得工程项目管理的内容在广度上不断拓展和丰富,在深度上不断深化和优化,本书内容需要做相应的补充。

3.《工程项目管理》第1版出版以来,国内的许多专家、学者通过各种途径提出不少意见和建议。

本书在保留第1版总体结构的基础上,基于尽可能满足上述要求,对本书内容做了以下方面的修改:

1. 对本书涉及的法律法规、标准、规范进行相应的修订。

2. 在第2章增加了部分全过程工程咨询的内容。

3. 增加了第11章工程项目信息管理,阐述了工程项目信息管理的基本概念、信息的分类及处理方法、工程项目管理信息系统及BIM等多项内容。

本书反映工程项目管理的基本理论,注重实用性和可操作性,理论与实践紧密结合,使读者通过对本书的阅读,对工程项目管理有较系统、全面的认识。本书可供高等院校工程管理专业、土木工程专业及其他相关专业选择使用,也可供工程领域相关专业人员参考使用。

本书由赵庆华担任主编，汤鸿、周振国担任副主编。全书共分11章，其中，第1章由赵庆华编写，第2章和第3章由陈峰编写，第4章由王宏军编写，第5章和第6章由倪小磊编写，第7章由程赟编写，第8章和第10章由周振国编写，第9章由汤鸿编写，第11章由刘欣编写。赵庆华负责全书的总体策划、构思及定稿。

本书在编写过程中得到扬州大学、三江学院、东南大学、淮海工学院、南京理工大学的支持，在此表示衷心感谢。同时，在编写过程中编者查阅、检索了许多工程项目管理方面的信息资料和有关专家、学者的著作、论文，在此一并表示衷心感谢。

由于工程项目管理学科较新，其理论体系尚不完备，理论、方法和运作还在工程实践中不断丰富、发展和完善，加之作者水平有限，书中难免有疏忽甚至错误之处，敬请各位读者、同行批评指正，对此编者不胜感激。

编者
2019年5月

目 录

1 项目与项目管理 …………………………………………………………… (1)
　1.1 项目 ……………………………………………………………………… (1)
　1.2 工程项目 ………………………………………………………………… (4)
　1.3 工程项目管理 …………………………………………………………… (16)
　1.4 工程项目管理的发展 …………………………………………………… (34)
2 工程项目管理系统过程 …………………………………………………… (41)
　2.1 概述 ……………………………………………………………………… (41)
　2.2 工程项目管理系统 ……………………………………………………… (42)
　2.3 工程项目计划体系 ……………………………………………………… (46)
　2.4 工程项目实施控制体系 ………………………………………………… (51)
　2.5 工程项目结束管理 ……………………………………………………… (60)
3 工程项目范围管理 ………………………………………………………… (65)
　3.1 工程项目前期策划 ……………………………………………………… (65)
　3.2 工程项目范围管理 ……………………………………………………… (79)
4 工程项目组织概论 ………………………………………………………… (94)
　4.1 概述 ……………………………………………………………………… (94)
　4.2 工程项目组织结构 ……………………………………………………… (100)
　4.3 工程项目组织分工与工作流程设计 …………………………………… (106)
　4.4 工程项目团队及其建设 ………………………………………………… (110)
5 工程项目采购 ……………………………………………………………… (125)
　5.1 概述 ……………………………………………………………………… (125)
　5.2 工程项目交易模式策划 ………………………………………………… (127)
　5.3 工程项目的招标投标 …………………………………………………… (142)
6 工程项目时间管理 ………………………………………………………… (161)
　6.1 概述 ……………………………………………………………………… (161)
　6.2 工程项目进度计划的编制 ……………………………………………… (164)
　6.3 工程项目资源计划 ……………………………………………………… (184)
　6.4 项目进度计划的控制 …………………………………………………… (187)
7 工程项目质量管理 ………………………………………………………… (197)
　7.1 概述 ……………………………………………………………………… (197)
　7.2 设计质量的控制 ………………………………………………………… (210)
　7.3 工程施工质量的控制 …………………………………………………… (213)
　7.4 工程项目运行质量管理 ………………………………………………… (226)

8	工程项目费用管理	(228)
	8.1 工程项目费用管理概述	(228)
	8.2 工程项目投资控制	(244)
	8.3 施工项目成本管理	(252)
	8.4 挣值法	(263)
9	工程项目风险管理	(269)
	9.1 工程项目风险管理概述	(269)
	9.2 工程项目风险因素识别	(272)
	9.3 风险评价	(276)
	9.4 风险应对计划和风险控制	(284)
10	工程项目沟通管理	(292)
	10.1 沟通的概念、过程、要素及原则	(292)
	10.2 项目中几种重要的沟通	(294)
	10.3 沟通计划的编制	(299)
	10.4 项目信息传递	(300)
	10.5 项目绩效报告	(301)
	10.6 管理收尾	(302)
	10.7 沟通知识体系	(303)
11	工程项目信息管理	(308)
	11.1 工程项目信息管理概述	(308)
	11.2 工程项目信息的分类、编码和处理方法	(316)
	11.3 工程项目管理信息系统	(321)
	11.4 建筑信息模型及其在工程项目管理中的应用	(323)
	11.5 其他新兴技术的应用	(332)
参考文献		(338)

1 项目与项目管理

"在当今社会,一切都是项目,一切都将成为项目。"
——美国项目管理专业资质认证委员会主席 Paul Grace

1.1 项目

1.1.1 项目的定义

从人类开始有组织的活动起,就一直执行着各种项目。从中国古长城到埃及金字塔,从阿波罗登月计划到英吉利海峡隧道,再到长江三峡工程,人类一直执行着各种规模的项目。因此,项目来源于人类有组织的活动的分化。.

关于"项目",目前还没有公认统一的定义,比较典型的有:

(1) 1964 年 Martino 将项目定义为:"项目为一个具有规定开始和结束时间的任务,它需要使用一种或多种资源,具有许多个为完成该任务(或者项目)所必须完成的互相独立、互相联系、互相依赖的活动。"

(2) 美国项目管理权威机构——项目管理协会(Project Management Institute,PMI)认为:"项目是为完成某一独特的产品或服务,以达到一个独特的目的而临时进行的一次性努力。"(Project is a temporary endeavor undertaken to create a unique product or service to achieve a unique purpose.)

(3) 国际标准《质量管理——项目管理质量指南(ISO 10006)》定义项目为"由一组有起止时间的、相互协调的受控活动所组成的特定过程,该过程要达到符合规定要求的目标,包括时间、成本和资源的约束条件"。

(4) 德国工业标准 DIN 69901 将项目定义为:"项目是指在总体上符合如下条件的具有唯一性的任务(计划):具有预定的目标;具有时间、财务、人力和其他限制条件;具有专门的组织。"

(5)《中国项目管理知识体系纲要(2002 版)》中对项目的定义为:"项目是创造独特产品、服务或其他成果的一次性工作任务。"

(6) 联合国工业发展组织《工业项目评估手册》对项目的定义是:"一个项目是对一项投资的一个提案,用来创建、扩建或发展某些工厂企业,以便在一定周期内增加货物的生产或社会的服务。"

(7) 世界银行认为:"所谓项目,一般系指同一性质的投资,或同一部门内一系列有关或相同的投资,或不同部门内的一系列投资。"

项目的总体属性从根本上说是一系列工作,它包含三层含义:① 项目是一项有待完成的任务,有特定的环境与要求;② 在一定的组织机构内,利用有限资源(人力、物力、财力等),在规定的时间内完成任务;③ 任务要满足一定性能、质量、数量、技术指标等要求。

项目可以是安排一项会议;开发一种新产品;灾后重建一座城市;完成一个工厂的现代化改造等。现实项目的具体定义依赖于项目的范围、过程、对结果的明确要求以及具体的组织条件。

1.1.2 项目的特征

项目具有如下特征:

(1) 项目有一个明确界定的目标——一个期望的结果或产品。项目的目标通常按工作范围、进度计划、功能要求和成本来定义。

(2) 项目的执行要通过完成一系列相互关联的任务。项目通常是由一系列活动组成,这些活动按照预先确定的进度计划以一定的顺序完成,以便保证项目目标的实现。

(3) 项目需运用各种资源来执行任务。要完成一个项目,必定会耗用一定的资源,包括不同的人力、组织、材料、资金、设备和工具等。

(4) 项目有具体的时间计划或有限的寿命。项目从开始到结束,必然要经历的一定的时间阶段,就是项目的生命周期。对工程项目来说就是项目的建设周期。

(5) 项目的独特性。每个项目的内涵是唯一的或者说是专门的,它具有区别于其他任何项目的特征,并具有排他性,即独特的产品、服务或结果。项目所创造的产品或服务与已有的相似产品或服务相比较,在有些方面有明显的差别。项目要完成的是以前未曾做过的工作,所以它的运作是独特的。

(6) 项目的一次性特征。项目具有明确的开始时间和明确的结束时间。一旦项目的任务完成(或因项目目标不能实现而中止),项目即告结束,没有重复。

(7) 每个项目都有客户。客户(Customer)或业主(Owner)是为实现项目预定目标而提供必要资金和其他条件的实体,包括自然人、法人和其他实体。这些客户还可能是项目的最终拥有者或使用者。因此,项目管理者必须精心安排,运筹帷幄,保证项目预定目标能够成功实现。

(8) 项目存在多个相互依赖、相互冲突的目标。项目具有明确的目标,包括成果性目标和约束性目标。成果性目标是指项目完成后必须满足的质量或功能要求。约束性目标是指项目实施过程中可能受到的限制,包括进度、投资、技术、人员、材料、机械设备等。

一般来说项目包括质量(功能)、进度(时间)和投资(费用)三大目标,如图 1-1 所示。其中质量(功能)是关于项目效果(Effectiveness)

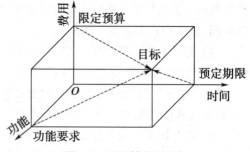

图 1-1 项目的多重目标

的,保证项目能够发挥既定功能,获得预想的结果。而进度和投资是关于项目效率(Efficiency)的,即以正确、高效的方式实施项目。

项目的三大目标相互依赖、相互矛盾。因此,在确定项目目标时必须从全局性出发,保证各目标之间均衡,如图 1-1 所示。

(9) 项目包含一定的不确定性。为保证项目能够顺利实施,实施前需要制定详细的计划,而计划是建立在各种假定和估计的基础上。换而言之,项目就是基于一系列独特的任务以及每项任务将要耗用的时间估计、各种资源、这些资源的能力及可得性的假定,以及与这些资源相关的成本假定。这些假定与估计在一定程度上给项目实施带来较大的不确定性,对项目能否成功实现预期目标产生较大影响,如对项目技术的复杂程度的低估可能导致项目实际完成时间出现拖延,成本大幅度上升。

(10) 成果的不可挽回性。项目的一次性决定了项目不同于其他事情可以试做。项目在一定条件下启动,一旦失败就永远失去了重新进行原项目的机会。项目相对于运作有较大的不确定性和风险。

1.1.3 项目目标实现的影响因素

项目实施过程中是否能够达到预期目标通常受到以下四个因素的制约:

(1) 项目范围。项目范围也称工作范围,即为完成项目预期目标而必须做的所有工作。项目是由一系列活动所组成,这些活动是相互关联、相互影响的,而各项活动的完成都有其特定的要求,如果在项目实施过程中有一项活动或工作没有完成或者达不到预期要求,就有可能对整个项目产生影响。因此,在项目实施前了解项目范围是非常必要的。

(2) 项目进度计划。项目进度计划是每项活动应当何时开始或何时结束的具体的时间表。在项目范围确定以后就必须根据项目目标制定项目范围内各项活动的具体实施时间。

(3) 项目成本。项目成本是项目业主为实现一个可接受的项目交付物所支付的费用。项目成本是以预算为基础,预算是与完成项目所需的各种资源有关的成本估计,它可能包括支付人工工资、材料和设备费用,以及与项目实施有关的其他费用等。

(4) 客户满意度。任何项目目标都要在一定的时间和在预算内完成工作范围,并使客户满意。项目管理人员需要随时与客户沟通,使客户随时掌握项目进展状况,并决定是否需要对预期目标进行修正。

为确保项目的成功完成,在项目实施前必须制定一份详细的计划,该计划应当包括所有的工作任务、相关成本以及为完成这些任务所需时间的估计。

在项目实施过程中可能会发生前期所无法预见的情况,影响项目目标中有关工作范围、成本和进度计划的实现。项目管理者的主要任务就是防止、预测这些情况的发生,以及情况发生后如何使其对项目的影响最小化。

1.1.4 项目的生命周期

任何项目都是唯一的努力,因而项目包括一定程度的不确定性。每个项目通常都分为多个项目阶段(Project Phase)。项目阶段的集合组成一个项目生命周期(Project Life Cycle)。

项目阶段随项目的复杂性以及工程项目所属行业的不同而不同。通常可以分为4~6个项目阶段。如一个典型的软件开发项目包含需求分析、框架设计、详细设计、编程、测试安装和交付运行六个项目阶段;工程项目一般包括前期策划、设计、建设、交付使用四个项目阶

段。项目阶段数目没有明确限制,根据项目生命周期四阶段理论,典型的项目阶段包括以下阶段:

- ◆ 概念(Concept):包括确定项目需求和项目选择;
- ◆ 开发/规划(Development/Planning):主要针对项目需求和项目选择制定项目计划;
- ◆ 实施/执行(Implementation/Executing):包括项目实施和项目控制;
- ◆ 收尾/结束(Close-out/Termination):包括项目收尾和项目评价。

概念与开发阶段也称为项目可行性阶段(Project Feasibility Phase)。项目可行性阶段一般占总的项目周期的 25%(其中概念阶段约占 5%,开发阶段约占 20%)。项目的可行性阶段对于项目的成功至关重要。

实施和收尾阶段也称为项目获得阶段(Project Acquisition Phase)。项目获得阶段一般占总的项目周期的 75%(其中实施阶段约占 60%,收尾阶段约占 15%)。

项目生命周期划分如图 1-2 所示。

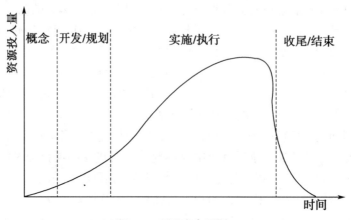

图 1-2 项目生命周期

项目生命周期具有以下特点:

(1) 项目资源的配置(包括成本和配备的人员等)在项目开始时是较低的,随着项目的进展投入也逐渐增多,并在实施期达到最高峰,在项目接近收尾时快速降低。

(2) 成功完成项目的概率在开始时最低,项目风险和不确定性也最高。

(3) 项目纠错费用随项目进程而急剧增长。

1.2　工程项目

1.2.1　工程项目的概念

工程项目是指需要一定量的投资,经过决策和实施(设计、施工等)的一系列程序,在一定的约束条件下以形成固定资产为明确目标的一次性事业。

工程项目是最为常见、最为典型、最为重要的项目类型,它属于投资项目中最重要的一类,是一种既有投资行为又有建设行为的项目决策与实施活动,是工程建设的产成品,亦是项目管理的重点。

工程项目具有特定的对象,它以形成固定资产为目的,由建筑、工器具、设备购置、安装、技术改造活动以及与此相联系的其他工作构成。它是以实物形态表示的具体项目,如修建一幢大楼、一座电站、铺设输油管道等。

一般来讲,投资与建设是分不开的,投资是项目建设的起点,没有投资就不可能进行建设;反过来,没有建设行为,投资的目的就不可能实现。建设过程实质上是投资的决策和实施过程,是投资目的的实现过程,是把投入的货币转换为实物资产的经济活动过程。

1.2.2 工程项目的特点

工程项目是最为常见的最典型的项目类型,它具有如下特点:

1) **工程项目的对象是有着特定要求的工程技术系统**

特定要求通常可以用一定的功能(如产品的产量或服务能力)要求、实物工程量、质量、技术标准等指标表达。

工程技术系统决定了工程项目的范围,它在项目的生命期中经历了由构思到实施、由总体到具体的过程。通常,它在项目前期策划和决策阶段在概念上被确定;在项目的设计和计划阶段被逐渐分解、细化和具体化,通过项目任务书、设计图纸、规范、实物模型等定义和描述;通过工程的施工过程一步步形成工程的实体,最终形成一个具有完备的使用功能的工程技术系统,并在运行(使用)过程中实现它的价值。

2) **工程项目有明确的目标**

(1) 达到预定的工程项目对象系统的要求,包括满足预定的产品的特性、使用功能、质量、技术标准等方面的要求。这是对预定的可交付成果的质的方面的规定。

项目的总目标是通过提供符合预定质量和使用功能要求的产品或服务实现的。任何工程项目都具有明确的建设目标,包括宏观目标和微观目标。宏观目标主要是指项目的宏观经济效果、社会效果和环境效果;微观目标主要是指项目的盈利能力等微观财务目标。

(2) 时间目标。人们对工程项目的需求有一定的时间限制,希望尽快地实现工程项目的目标,发挥工程的效用。一个工程项目要有合理的建设工期限制,没有时间限制的工程项目是不存在的。工程项目的时间限制通常由项目开始时间、持续时间、结束时间等构成。

工程项目的时间限制不仅确定了项目的生命期限,而且构成了项目管理的一个重要目标。

(3) 成本目标。即以尽可能少的费用消耗(投资、成本)完成预定的项目任务,达到预定的功能要求,提高项目的整体经济效益。任何工程项目必然存在着与任务(目标、工程项目范围和质量标准)相关的(或者说相匹配的)投资、费用或成本预算。如果没有财力的限制,人们就能够实现当代科学技术允许的任何目标,完成任何工程项目。

3) **条件的约束性**

工程项目的实施有一定的限制条件。广义地说,上述项目的目标实质上也属于项目的约束条件。此外,工程项目的约束条件还可能包括:

(1) 资金约束。任何工程项目都不可能没有财力上的限制,常常表现在:

① 必须按投资者所提供的资金策划相应范围和规模的工程项目,安排工程项目的实施计划。

② 必须按项目实施计划安排资金计划,并保障资金供应。

现代工程项目资金来源渠道较多,投资呈多元化,人们对项目的资金限制越来越严格,经济性要求也会越来越高。资金和经济性问题已成为现代工程项目能否立项,能否取得成功的关键。这就要求尽可能做到全面的经济分析,精确的预算,严格的投资控制。

(2) 资源的约束,如劳动力、材料和设备的供应条件和供应能力的限制,技术条件的限制,信息资源的限制等。

(3) 环境条件的约束,如:自然条件的约束,包括气候、水文和地质条件,地理位置、地形和现场空间的制约;政治、经济、法律和社会情况的约束,如环境保护法对工程施工和运行过程中废弃物排放标准的规定,招标投标法的规定,劳动保护法的规定等。

4) 影响的长期性

工程项目一般建设周期长,投资回收期长,工程项目的使用寿命长,工程质量好坏影响面大,作用时间长。

5) 特殊的组织和法律条件

(1) 由于社会化大生产和专业化分工,现代工程项目参与者较多,对于大型工程可能有几百个甚至几千个单位和部门参加,需要严密的特殊的组织形式。

(2) 工程项目参加单位之间主要靠合同作为纽带,建立起项目组织,以合同作为分配工作、划分责权利关系的依据,作为最重要的组织运作规则。

工程项目适用与其建设和运行相关的法律条件,例如建筑法、合同法、环境保护法、税法、招标投标法、城市规划法等。

(3) 企业组织结构是相对稳定的,而工程项目组织是一次性的、多变的、不稳定的。由于工程项目组织和法律条件的特殊性,合同对项目的管理模式、项目运作、组织行为、组织沟通有很大的影响。合同管理在工程项目管理中有着特殊的地位和作用。

6) 复杂性

现代工程项目的复杂性体现在:

(1) 投资大、规模大、高科技含量大、多专业的综合、参加单位多,参与工程项目建设的各有关单位之间的沟通、协调困难大,是复杂的系统工程。

(2) 现代工程项目常常是研究过程、开发过程、工程施工过程和运行过程的统一体,而不是传统意义上的仅按照设计任务书或图纸进行工程施工的过程。

(3) 现代工程项目的资本组成方式(资本结构)、管理模式、组织形式、承包方式、合同形式是丰富多彩的。

7) 风险性

由于工程项目的复杂性、项目建设的一次性,加上项目的投资大、建设周期长、建设过程中各种不确定因素多,因此项目实施过程中存在较大风险。

1.2.3 工程项目的分类

由于工程项目的种类繁多,如各类工业与民用建筑工程、城市基础设施项目、机场工程、港口工程等。为了便于科学管理,需要从不同角度进行分类。

(1) 按投资的再生产性质分类。可以分为基本建设项目和更新改造项目,如新建、扩建、改建、迁建、重建项目(属于基本建设项目),技术改造项目,技术引进项目,设备更新项目等(属于更新改造项目)。

(2) 按建设规模划分。按建设规模(设计生产能力或投资规模)划分,分为大、中、小型项目。划分标准根据行业、部门不同而有不同的规定。工业项目按设计生产能力规模或总投资,确定大、中、小型项目;非工业项目可分为大中型和小型两种,均按项目的经济效益或总投资额划分。

(3) 按建设阶段划分。可分为预备项目(投资前期项目)或筹建项目、新开工项目、续建项目、投产项目、收尾项目、停建项目。

(4) 按投资建设的用途划分。可分为生产性建设项目和非生产性建设项目。

(5) 按资金来源划分。可分为国家预算拨款项目、银行贷款项目、企业联合投资项目、企业自筹项目、利用外资项目、外资项目。

1.2.4 工程项目的生命期与建设程序

1) 工程项目的生命期

项目的时间限制和一次性决定了项目的生命期。

项目阶段随项目的复杂性或所属行业的不同而不同。根据 PMBOK 规定,典型的项目阶段包括以下四个阶段:

(1) 概念(Concept);
(2) 开发/规划(Development/Planning);
(3) 实施/执行(Implementation/Executing);
(4) 收尾/结束(Close-out/Termination)。

反映在工程项目上,概念阶段包括一般机会研究,特定项目机会研究,方案策划,初步可行性研究,详细可行性研究,项目评估,商业计划书编写,要素分层法,方案比较法,资金的时间价值,评价指标体系,项目财务评价,国民经济评价方法,强化项目可行性的论证。

开发阶段包括项目背景描述,目标确定,范围规划,范围定义,工作分解,工作排序,工作延续时间估计,进度安排,资源计划,费用估计,费用预算,质量计划,质量保证,强化项目规划。

实施阶段包括采购规划,招标采购的实施,合同管理基础,合同履行和收尾,实施计划,安全计划,项目进展报告,进度控制,费用控制,质量控制,安全控制,范围变更控制,生产要素管理,现场管理与环境保护,强化对项目的控制。

结束阶段包括范围确认,质量验收,费用决算与审计,项目资料与验收,项目交接与清算,项目审计,项目后评价。

与此对应,工程项目生命期可以分为以下四个阶段:

(1) 项目的前期策划和决策阶段(又称为概念阶段)。这个阶段从项目构思到批准立项为止。

(2) 项目的设计与计划阶段,即开发阶段。这个阶段从批准立项到现场开工为止。

(3) 项目的施工阶段,即实施阶段。这个阶段从现场开工直到项目的可交付成果完成,工程竣工并通过验收为止。

(4) 项目的结束阶段。

一个工程建设项目的阶段划分可如图 1-3 所示。

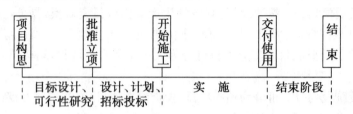

图 1-3　工程项目的生命期阶段划分

2) 工程项目的建设程序

在上述工程项目的生命期中,每个阶段又包含若干步骤,形成工程项目建设程序。工程项目建设程序是指一项工程从项目构思、提出项目建议书到决策,经过设计、施工直到投产使用的全部过程的各阶段、各环节以及各主要工作内容之间必须遵循的先后顺序。

建设程序反映了建设工作客观的规律性,由国家制定法规予以规定。严格遵循和坚持按建设程序办事是提高工程建设经济效益的必要保证。

工程项目的建设程序如图 1-4 所示。

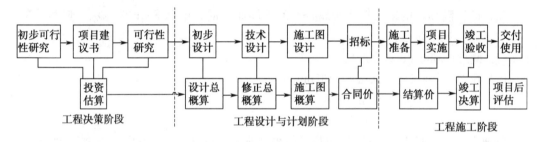

图 1-4　工程项目的建设程序

按照工程项目的性质、规模、采购模式的不同,建设程序会有一定的差别。目前,我国大中型项目的建设过程大体上分为项目决策和项目实施两大阶段。

(1) 项目决策阶段

项目决策阶段的主要工作是工程项目的前期策划,编制项目建议书,进行可行性研究和编制可行性研究报告。以可行性研究报告得到批准作为一个重要的"里程碑",通常称为批准立项。

① 工程项目的前期策划

工程项目前期策划过程主要包括如下工作:

A. 工程项目构思的产生和选择。

B. 确定工程项目建设要达到的预期总体目标。

C. 项目的定义和总体方案策划。

根据项目总目标,对项目的总体实施方案进行策划,如工程总的功能定位和各部分的功能分解,总的产品方案,工程总体的建设方案,工程的总布局,项目的总的阶段的划分,总的融资方案,设计、实施、运营方面的组织策略等。

② 提出项目建议书

项目建议书是建设单位向国家提出的要求建设某一建设项目的建议文件,是对建设项目的轮廓设想。投资者对拟兴建的项目要论证项目建设的必要性、可行性以及建设的目的、要求、计划等内容,写成报告,建议批准。

③ 可行性研究

项目建议书批准后,应着手进行可行性研究。

可行性研究是对建设项目技术上和经济上是否可行而进行科学的分析和论证,为项目决策提供科学依据。

可行性研究的主要任务是通过多方案比较,提出评价意见,推荐最佳方案。其内容可概括为市场研究、技术研究和经济研究。在可行性研究的基础上编写可行性研究报告。

④ 工程项目的评价和决策

在可行性研究的基础上,对工程项目进行财务评价、国民经济评价和环境影响评价。根据可行性研究和评价的结果,由上层组织对工程项目的立项作出最后决策。

在我国,可行性研究经过批准项目就立项,经批准的可行性研究报告就作为工程项目的任务书,作为项目初步设计的依据。

(2) 项目实施阶段

立项后,建设项目进入实施阶段,主要工作是工程项目管理组织筹建、项目设计、计划、工程招标、建设准备、施工安装和使用前准备、竣工验收等。

① 工程项目管理组织筹建

在可行性研究报告批准后,项目即获得立项,就应正式组建工程建设单位,由它负责工程项目的建设管理。

② 设计

可行性研究报告经批准后,建设单位可委托设计单位,按可行性研究报告中的有关要求编制设计文件。设计文件是安排建设项目和组织工程施工的主要依据。

一般建设项目进行两阶段设计,即初步设计和施工图设计。技术上比较复杂而又缺乏设计经验的建设项目,进行三阶段设计,即初步设计、技术设计和施工图设计。

初步设计是为了阐明在指定地点、时间和投产限额内,拟建项目在技术上的可行性、经济上的合理性,并对建设项目作出基本技术经济规定,编制建设项目总概算。

技术设计是进一步解决初步设计的重大技术问题,如工艺流程、建筑结构、设备选型及数量确定等,同时对初步设计进行补充和修正,然后编制修正总概算。

施工图设计在初步设计或技术设计的基础上进行,需完整地表现建筑物外形、内部空间尺寸、结构体系、构造状况以及建筑群的组成和周围环境的配合,还包括各种运输、通讯、管道系统、建筑设备的设计。施工图设计完成后应编制施工图预算。国家规定,施工图设计文件应当经有关部门审查。

③ 计划

计划是对工程建设和运营的实施方法、过程、预算投资、资金使用、建设进度、采购和供应、组织等作详细的安排,以保证项目目标的实现。

应根据批准的总概算和建设工期,合理地编制建设项目的建设计划和建设年度计划,计划内容要与投资、材料、设备相适应。配套项目要同时安排,相互衔接。

④ 工程招标

即通过招标委托工程项目范围内的设计、施工、供应、项目管理(咨询、监理)等任务,选择这些项目任务的承担者。

根据招标对象的不同,有些招标工作会延伸到工程的施工过程中,如有些装饰工程、部分材料和设备的采购等。

⑤ 现场准备

为了保证施工顺利进行,必须做好各项建设准备工作。包括征地、拆迁、场地的平整、现场施工用的水电气、通信等工程,组织设备、材料订货等。

⑥ 工程项目的施工阶段

这个阶段从现场开工到工程的竣工,验收交付。在这个阶段工程设计单位、监理单位、施工单位等项目相关者按照合同规定完成各自的工程任务,密切合作,按照实施计划将项目由构思到设计蓝图,再经过施工形成符合要求的实体工程。这个阶段是项目管理最为活跃的阶段,资源的投入量最大,管理的难度也最大、最复杂。

⑦ 项目投产前的准备工作

项目投产前要进行生产准备,这是建设单位进行的一项重要工作,包括建立生产经营管理机构,制定有关制度和规定,招收培训生产人员,组织生产人员参加设备的安装,调试设备和工程验收,签订原材料、协作产品、燃料、水、电等供应及运输协议,进行工具、器具、备品、备件的制造或订货,进行其他必需的准备。

⑧ 竣工验收

当建设项目按设计文件内容全部施工完毕后,应组织竣工验收。整个工程都经过竣工检验,则标志着整个施工任务(阶段)结束。这是建设程序的最后一步,是投资成果转入生产或服务的标志,对促进建设项目及时投产、发挥投资效益及总结建设经验都有重要意义。

3) 工程项目结束阶段

(1) 工程由业主移交工程的运营单位,或工程进入运营状态,则标示着工程建设阶段任务的结束,工程项目进入运营(生产或使用)阶段。移交过程有各种手续和仪式,对工业工程项目,在此前要共同进行试生产(试车)。

(2) 工程项目竣工后工作,包括工程竣工决算、竣工资料的总结、交付、存档等工作。

(3) 工程的保修(缺陷通知期)和回访。在运营的初期,施工阶段的任务承担者(如设计、施工、供应、项目管理单位)和业主按照项目任务书或合同还要继续承担因建设问题产生的缺陷责任,包括维护、维修、整改、进一步完善等。他们还要对工程项目作回访,了解工程项目的运营情况、质量、用户的意见等。

(4) 工程项目的后评价。项目的后评价指对已经完成的项目,已投入运营的项目的目标、实施过程、运营效益、作用、影响进行系统的客观的总结、分析和评价。

(5) 在运营过程中的维护管理,还可能包括对本工程的扩建、更新改造、资本的运作管理等。本项工作原来不作为工程项目生命期的一部分,但现在运营和维护管理已作为工程项目管理的延伸,无论是业主还是承包商都十分注重这项工作。

4) 工程建设项目实施程序

工程建设项目实施程序,是指工程项目新建、扩建、改建活动的施工准备、施工阶段、竣工阶段应遵循的有关工作步骤。其中,施工准备阶段分为工程建设项目报建、委托建设监理、招标投标、施工合同签订;施工阶段分为建设项目施工许可证领取、施工;竣工阶段为竣工验收及保修。

(1) 工程建设项目报建

建设单位或其代理机构在工程建设项目可行性研究报告或其他立项文件批准后,须向当地建设行政主管部门或其授权机构进行报建,交验工程建设项目立项的批准文件、批准的建设用地等其他有关文件。

① 报建内容

工程建设项目的报建内容主要包括:工程名称、建设地点、投资规模、资金来源、当年投资额、工程规模、开竣工日期、发包方式、工程筹建情况。

② 报建程序

A. 建设单位到建设行政主管部门或其授权机构领取《工程建设项目报建表》。

B. 按报表的内容及要求认真填写。

C. 向建设行政主管部门或其授权机构报送《工程建设项目报建表》,经批准后,按规定进行招标准备。

工程建设项目的投资和建设规模有变化时,建设单位应及时到建设行政主管部门或其授权机构进行补充登记。筹建负责人变更时,应重新登记。

③ 建设行政主管部门报建管理

A. 贯彻实施《建筑市场管理规定》和有关的方针政策。

B. 管理监督工程项目的报建登记。

C. 对报建的工程建设项目进行核实、分类、汇总。

D. 向上级主管机关提供综合的工程建设项目报建情况。

E. 查处隐瞒不报违章建设的行为。

凡未报建的工程建设项目,不得办理招标手续和发放施工许可证,设计、施工单位不得承接该项工程的设计和施工任务。

(2) 开工前审计

固定资产投资项目实行开工前审计制度。大中型建设项目和总投资3 000万元以上的楼堂馆所项目(不包括技术改造项目,下同)的开工报告,须先经审计机关审计,方可向有权审批机关报批。小型建设项目和3 000万元以下的楼堂馆所项目开工前,须先经审计机关审计,方可向有权审批开工的机关办理项目开工手续。

(3) 委托建设监理

建设单位应当根据国家有关规定,对必须委托监理的工程,委托具有相应资质的建设监理单位进行监理。

(4) 工程建设项目招标

工程建设项目施工,除某些不适宜招标的特殊建设工程项目外,均需依法实行招标。施工招标可采用公开招标、邀请招标的方式。

工程建设项目的施工招标,按《招标投标法》的规定进行。

(5) 签订施工合同

建设单位和施工企业必须签订建设工程施工合同。总承包企业将承包的工程建设项目分包给其他单位时,应当签订分包合同。分包合同与总承包合同的约定应当一致;不一致时,以总承包合同为准。

施工合同的签订,应使用国家工商管理局、建设部制定的《建设工程施工合同》示范文本,并严格执行《合同法》《建设工程施工合同管理办法》的规定。

(6) 办理建设项目施工许可证

建设单位必须在开工前向建设项目所在地县以上人民政府建设行政主管部门办理建设项目施工许可证手续。未取得施工许可证的,不得开工。

申请施工许可证应当具备下列条件:

① 已经办理该建设工程用地批准手续。
② 在城市规划区的建设工程,已经取得建设工程规划许可证。
③ 需要拆迁的,其拆迁进度符合施工要求。
④ 已经确定施工单位。
⑤ 有满足施工需要的施工图纸和技术资料。
⑥ 有保证工程质量和安全的具体措施。
⑦ 建设资金已经落实。
⑧ 法律、法规规定的其他条件。

建设单位应当自领取施工许可证之日起三个月内组织开工。因故不能按期开工的,建设单位应当向发证机关说明理由,申请延期。延期以两次为限,每次不超过三个月。不按期开工又不按期申请延期的或超过延期时限的,施工许可证自行废止。

(7) 工程施工

承包工程建设项目的施工单位必须持有资质证书,并在资质许可的范围内承揽工程。建设项目开工前,建设单位应当指定施工现场的工程师,施工单位应当指定项目经理,并分别将工程师和项目经理的姓名及授权事项书面通知对方,同时报工程所在地县级以上地方人民政府建设行政主管部门备案。

施工单位项目经理必须持有资质证书,并在资质许可的业务范围内履行项目经理职责。

项目经理全面负责施工过程中的现场管理,并根据工程规模、技术复杂程度和施工现场的具体情况,建立施工现场管理责任制,并组织实施。

施工单位必须严格按照有关法律、法规和工程建设技术标准的规定,编制施工组织设计,制定质量、安全、技术、文明施工等各项保证措施,确保工程质量、施工安全和现场文明施工。

施工单位必须严格按照批准的设计文件、施工合同和国家现行的施工及验收规范进行工程建设项目施工。施工中若需变更设计,应按照有关规定和程序进行,不得擅自变更。

建设、监理、勘察设计单位、施工单位和建筑材料、构配件及设备生产供应单位,应按照《建筑法》《建设工程质量管理条例》的规定承担工程质量责任和其他相应责任。

(8) 竣工验收

竣工验收是全面考核建设工作,检查是否符合设计要求和工程质量的重要环节,对促进建设项目及时投产、发挥经济效益、总结建设经验有重要作用。

(9) 建设项目保修

为使建设项目在竣工验收后达到最佳使用条件和使用寿命,施工企业在工程移交时,必须向建设单位提出建筑物及设备使用和保养要领,并在用户开始使用后,认真执行移交后的回访和保修。

《建设工程质量管理条例》规定:建设工程实行质量保修制度。施工单位在向建设单位提交竣工验收报告时,应当向建设单位出具质量保修书。质量保修书中应当明确建设工程的保修范围、保修期限和保修责任等。

建设工程保修期限是指从竣工验收合格之日起,对出现的质量缺陷承担保修和赔偿责任的年限。保修期限、返修和损害赔偿按《建设工程质量管理条例》的规定执行。

1.2.5 工程项目的相关者

1) 项目相关者概念

项目相关者,又叫项目的干系人,或项目的利益相关者,或项目的受益者。他们是在项目的整个生命期中与项目有某种利害关系的人或组织。ISO 10006 定义项目受益者可能包括:"顾客,项目产品的接受者;消费者,如项目产品的使用者;所有者,如启动项目的组织;合作伙伴,如在合资项目中;资金提供者,如金融机构;分承包方,为项目组织提供产品的组织;社会,如司法机构或法定机构和广大公众;内部人员,如项目组织的成员。"

2) 工程项目的相关者各方

由于工程项目的特殊性,工程项目参加者众多,与工程项目相关各方的范围非常广泛,主要包括:

(1) 项目用户

即工程项目的最终拥有者或使用者。例如房地产开发项目的使用者是房屋的购买者或用户;学校建设项目的最终使用者是学校师生。

用户对项目的要求,决定工程项目的市场需求和存在价值。通常用户对工程项目的要求有:价格合理;在功能上符合要求,同时讲究舒适、安全性、健康、可用性;有周到、完备的服务;人性化,以人为本,符合人们的文化、价值观、审美要求等。

为满足用户要求,在工程项目前期策划和设计时必须从使用者的角度出发,只有他们的满意才是真正的"用户满意"。当用户和其他利益相关者的需求发生矛盾时,应首先考虑用户的需求。

(2) 项目的所有者

项目所有者包括两个层次:

① 项目的投资者

如项目的直接投资单位、参与项目融资的金融单位或项目所属的企业。

投资者对工程项目的总体要求是实现工程项目预期目标,包括:投资控制在预估范围之内;项目达到预定功能要求;在预定期限内完成项目;通过工程项目的运营取得预定的投资效益等。

在现代社会,工程项目的资本结构是多元化的,融资渠道和方式很多,如政府独资、企业独资、PPP(公私合营)、BOT(建造—运营—转让)方式等。与此对应,项目投资者也是多元化的,可能有政府、企业、金融机构、私人,本国资本或外国资本等。工程项目的资本结构、融资方式决定了工程项目的性质、管理模式、建成后的收益分配方式、投资者对项目的建设和运营的管理权利。

② 业主

实施一个工程项目,投资者或项目所属的企业、政府必须成立专门的组织或委派专门人员以业主的身份负责项目的管理和控制,如我国的基建部门、建设单位和通常所说的业主(或以业主身份进行项目决策和控制的单位)。

一般在小型工程项目中,业主和项目的投资者(或项目所属企业)的身份是一致的。但在大型工程项目中往往是不一致的,工程项目所有者和建设管理者的分离,更有利于工程项目成功地实施。

相对于工程项目的设计单位、承包商、供应商、项目管理单位(咨询、监理)而言,业主以工程项目的所有者的身份出现。

业主的目标是实现项目全生命期的综合效益,他代表和反映投资者的利益和期望,同时也要兼顾项目任务承担者的利益,注重项目相关者各方面利益的平衡。

(3) 项目任务的承担者

项目任务的承担者通常接受业主的委托完成项目或项目管理任务。如承包商、供应商、勘察和设计单位、咨询单位(包括项目管理公司、监理单位)、技术服务单位等。他们又可以分为两种角色:

① 项目管理(咨询或监理)公司

在现代工程项目中,业主通常将具体的项目管理工作委托给项目管理(咨询或监理)公司承担。其在项目的实施过程中就以业主代理人的身份管理项目,协调承包商、设计单位和供应单位。

② 承包商、供应商、勘察和设计单位、技术服务单位等

他们通常接受业主的委托在合同工期内完成合同规定的专业性工作任务,包括为项目提供设计、承担工程施工和技术服务、提供材料和设备。他们希望通过工程项目的实施取得合理的价款和利润,赢得信誉和良好的企业形象。

在现代工程中,业主越来越趋向于将工程项目的全部任务交给一个承包商完成,即采用总承包方式。承包商在项目批准立项后就介入项目,为业主提供全过程、全方位的服务,包括项目的设计、施工、供应、项目管理、运行管理,甚至参与项目融资。

(4) 工程项目运营单位

运营单位是在工程项目建成后接受工程的运营任务,它是工程项目的直接使用者。它要求工程项目达到预定的功能,如预定的生产能力、预定的质量要求、符合规定的技术规范要求;生产能力和质量是稳定的;工程运行维护方便,低成本;安全、舒适、人性化的工作环境。

(5) 工程所在地的政府,以及为项目提供服务的政府部门、基础设施的供应和服务单位

它们为项目作出各种审批(如立项审批、城市规划审批)、提供服务(如发放项目需要的各种许可证)、实施监督和管理(如对招标投标过程监督和对工程的质量监督)。

政府注重工程项目的社会效益、环境效益,希望通过工程项目促进地区经济的繁荣和社会的可持续发展,增加地方财政收入,解决当地的就业和其他社会问题。

(6) 项目所在地的周边组织

如项目所需场地上的原居民,项目所在地周边的社区组织、居民等。项目周边组织要求

项目注重环境保护,保护景观和文物,要求就业、拆迁安置或补偿等。

这些工程项目相关者通过特定的关系联系在一起,这些关系中包括行政关系,如建设行政主管部门与各项目参与者等;更多的是通过合同关系联系在一起,如业主与承包商、建筑师、咨询工程师,用户与开发商等。

不同项目相关利益主体之间的利益冲突应采用合作伙伴式管理(Partnering Management)等方法来解决。

3) 主要项目参加者介入项目的时间

主要项目参加者包括项目投资者、建设单位、设计单位、承包商、咨询单位等。在传统工程项目管理模式 DBB 模式(设计—招标投标—施工)中,各方介入项目的时间如图 1-5 所示。

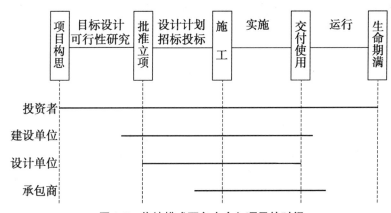

图 1-5　传统模式下各方介入项目的时间

需要说明的是,项目管理(咨询或监理)单位作为业主的代理人,它可能在施工阶段才介入,也有的在项目构思、目标设计阶段就介入,其介入项目的时间主要由业主与项目管理单位签订的委托合同所约定的工作范围决定。

随着现代工程项目管理的不断发展,项目管理也不断出现新的管理模式,特别是总承包的出现,承包商介入项目的时间也不断前移,承包商在项目批准立项后,甚至在可行性研究阶段或项目构思阶段就介入项目,为业主提供全过程、全方位的服务,包括项目的设计、施工、供应、项目管理、运行管理,甚至参与项目融资。这样的承包商在工程项目中的持续时间很长,责任范围很大。

1.2.6　工程项目成功的标志与前提条件

1) 工程项目成功的标志

成功的项目的标准应达到项目预定的目标,包括功能、投资、时间等,还要承担起项目应该承担的社会责任。从工程项目全生命期的角度讲,一个成功的项目应该满足以下要求:

(1) 最终可交付成果能够满足预定的使用功能要求,达到预定的生产能力或使用效果,能经济、安全、高效率地运行,并提供完备的运行条件,项目产品或服务能够为社会所接受。

(2) 项目的投资或成本要控制在预算费用范围内,尽可能地降低消耗,减少资金占用,保证项目的经济性。

(3) 正确处理投资、进度和功能之间的关系,保证项目在预定的期限内完成。

(4) 有计划、有秩序地实施项目,工程变更较少,能够较好地解决项目过程中出现的风险和干扰。

(5) 项目能够为项目所有者、业主或用户接受和认可,同时能够兼顾到其他项目相关者的利益,实现多赢的局面。

(6) 能够合理、充分、有效地利用各种资源,降低消耗,满足低碳要求,实现工程项目的可持续发展。

(7) 与项目所在地的自然环境、人文环境和社会环境相协调。

(8) 承担项目的社会责任,有助于社会就业和社会经济发展。

2) 工程项目取得成功的前提条件

(1) 准确、符合实际、可行的前期策划。从项目的构思、项目的定义与定位、项目目标设计,到制定项目总体计划,一定要建立在充分进行研究的基础上,保证前期策划切合实际,操作性强。

(2) 科学、合理、安全、经济的技术设计。项目的设计方案及结构形式应当能够充分体现投资者和业主对项目的要求,正确处理功能(质量)与投资的关系,同时设计时应当充分考虑项目的可施工性。

(3) 精心、优质、有序的施工。精心制定项目施工方案和实施计划,认真细致地进行项目的技术准备、资源准备、现场准备工作;有计划、有秩序地实施项目,满足项目功能要求;项目交付使用后能够定期回访,认真履行保修义务。

(4) 高效、强有力、高水平的项目管理。项目管理者为前期策划、技术设计和项目实施提供各种管理服务,如提供项目的可行性论证、拟订计划、作实施控制,将项目目标和计划与具体的项目实施活动联系在一起,将项目的所有参加者的力量和工作融为一体,将项目实施的各项活动导演成一个有序的过程。

项目管理是取得项目成功的保证。

1.3 工程项目管理

1.3.1 项目管理的概念

1) 项目管理的概念

项目管理是一种在长期实践和研究的基础上形成的专业知识,是一个方法体系。项目管理可以理解为实现创造的管理,是通过项目经理和项目组织的努力,运用系统理论和方法对项目及其资源进行计划、组织协调、控制,旨在实现项目的特定目标的管理方法体系。

在美国项目管理协会(Project Management Institute,PMI)发布的项目管理知识体系(PMBOK)中,项目管理被定义为"将各种知识、技能、工具和技术应用于项目的各项活动中,以实现项目的特定相关者的要求和期望"。(Application of knowledge, skills, tools and techniques to project activities to meet or exceed stakeholder needs and expectations from a project.)

英国皇家特许建造学会(The Chartered Institute of Building,CIOB)对项目管理的表述为:"自项目开始至项目完成,通过项目策划和项目控制,以使项目的费用目标、进度目标和质量目标得以实现。"

综上所述,所谓项目管理,就是项目的管理者,在有限的资源约束下,通过项目经理和项目组织的合作,运用系统的观点、方法和理论,对项目涉及的全部工作进行全过程的计划、组织、协调、控制,以实现项目特定目标的管理方法体系。

项目管理有以下几层含义:

(1) 项目管理是一种管理方法体系。项目管理是新的管理方式、新的管理学科的代名词,是以项目管理活动为研究对象,探究科学组织和管理项目活动理论与方法的一门学科。

(2) 项目管理的客体是项目或被当作项目来处理的作业,即由一系列相互关联的任务组成的整体系统。

(3) 项目管理的主体是项目活动主体本身即项目管理者。其中项目经理是项目管理主体的核心。

(4) 项目管理的职能与其他管理的职能是完全一致的,即是对组织的资源进行计划、组织、协调、控制。

(5) 项目管理的目的是通过运用科学的项目管理技术,保证项目在一定的约束条件下实现项目的预定目标。

项目传统的三大目标包括质量(功能)、工期和投资目标。其中质量(功能)是关于项目效果(Effectiveness)的,保证项目能够发挥既定功能,获得预想的结果。而工期和投资是关于项目效率(Efficiency)的,即以正确、高效的方式实施工程。

管理一个项目,就需要:

(1) 通过与项目主要相关者的沟通来识别项目的要求。

(2) 在分析项目要求的基础上,权衡项目范围、质量、时间与成本等相互竞争的要求,寻求最佳平衡点。

(3) 在分析项目要求的基础上,权衡不同相关者对项目的不同要求,寻求最佳平衡点。

(4) 建立明确、具体与现实可行的项目目标。

(5) 把项目目标转化为具体的实施计划,组建项目团队实施。

(6) 对项目的进展情况进行动态监督与控制,及时纠正偏差,保证项目顺利进行。

(7) 对项目阶段或整个项目进行正式的收尾工作,结束阶段或整个项目。

2) 项目管理的特点

项目管理具有以下基本特点:

(1) 项目管理的对象:项目或被当作项目来处理的作业

为了实现项目目标,必须对项目及项目涉及的作业或活动进行计划、组织、实施、控制和协调。

(2) 项目管理思想:全过程贯穿着系统工程的思想

根据项目全寿命周期理论,项目管理工作应当贯穿项目全过程。项目本身是一个非常复杂的系统,它由许多子项、分项和工程活动构成,这些活动都是相互关联、相互作用、相互影响的,从而构成一个整体。项目管理必须包括对整个项目系统的管理。

(3) 项目组织:是柔性的,强调协调控制职能从项目构思开始,到项目转化为可交付的成果,项目始终处于变化发展中,同时项目所处的环境也不断变化,这就需要项目组织必须与动态竞争条件相适应、具有不断适应环境、较强的应变能力和自我调整能力。

项目管理比较注重柔性管理,即以人为中心,激发项目每个成员的内在潜力、主动性和创造精神,更加看重的是其主动精神和自我约束。项目组织注重加强项目实施过程中的协调控制工作。

(4) 项目管理方式:多层次的目标管理

项目管理的核心为目标控制,即通过计划、组织、协调和控制实现项目的预定目标。对一个项目而言,项目目标往往不是单一的,而是一个多层次多目标系统,同时,不同目标在项目的不同阶段,根据不同需要,其重要性也不一样,对项目目标的描述需要有一个从抽象到具体的递阶层次结构。因此,需要采用目标管理的方法,使得各预定目标能够成功实现。

(5) 项目管理体制:基于团队管理的个人负责制

项目管理需对资金、人员等多种资源进行优化配置和合理使用,并需要在不同阶段及时进行调整。这需要项目团队共同完成。项目经理是项目实施的集成者、决策者和指挥者,为了更好地进行项目策划、组织、指挥、协调和控制,必须实施以项目经理为核心的项目管理体制。

(6) 项目管理要点:创造和保持使项目顺利进行的环境

要想保证项目预定目标成功实现,必须为项目实施创造良好的环境。项目的环境是指对项目有影响的所有外部因素的总和,它们构成项目的边界条件。环境对项目有重大影响,为了充分地利用环境条件,降低环境风险对项目的干扰,项目管理者必须进行全面的环境调查,必须大量地占有环境资料,在项目的全过程中注意研究和把握环境与项目的交互作用。

(7) 项目管理方法、工具和手段:具有先进性、开放性

现代项目大多数是先进科学的产物或是一种涉及多学科、多领域的系统工程。要圆满地完成项目就必须综合运用现代管理方法和科学技术,如网络计划技术、系统工程、价值工程、网络与信息技术等。

(8) 项目管理的标准:客户的满意度

一个项目能否成功,关键在于项目管理,项目成功的标准是客户的满意度。项目的客户是项目的利益相关者,是那些参与该项目或其利益受到该项目影响的个人和组织。项目管理就是要充分考虑相关客户的利益,最大限度地满足客户的要求。

1.3.2 工程项目管理的概念

1) 工程项目管理的概念

工程项目管理,就是在一定约束条件下,以实现工程项目目标为目的,应用项目管理的理论、观点、方法,对项目决策和实施的全过程的所有活动实施决策与计划、组织与指挥、控制与协调等系统管理活动。

工程项目管理(PM)是从项目的开始到项目的完成,通过项目策划(PP)和项目控制(PC)以达到项目的费用目标(投资、成本目标)、质量目标和进度目标,即

$$PM=PP+PC$$

工程项目管理的核心任务是为工程建设增值以及为工程使用(运营)增值。工程建设增值包括确保工程按期、提供工程质量、控制工程投资(成本)、控制工程进度等;工程使用(运营)增值包括确保工程使用(运营)安全、有利于环保和节能、满足最终用户的使用功能、有利于降低工程运营成本、有利于工程维护和维修。

2) 工程项目管理的特点

(1) 工程项目管理是复杂的任务

① 建设工程项目时间跨度长、外界影响因素多,受到投资、时间、质量、环境等多种约束条件的严格限制,并且由多个阶段和部分有机组合而成,其中任何一个阶段或部分出问题,就会影响到整个项目目标的实现,增加项目管理的不确定性因素。所以对项目建设中的每个环节都应进行严密管理,认真选择项目经理,配备项目人员和设置项目机构。

② 由于工程项目管理相关者众多,需要各项目参加者综合运用包括专业技术、经济、法律等多种学科知识,服从项目的整体利益,协调一致地进行工作,随时解决工程实际中发生的问题,保证项目目标能够顺利实现。

(2) 工程项目管理是一种全过程的综合性管理

工程项目从项目构思到项目投产运营有着严格的建设程序,项目各阶段有明显界限,又相互有机衔接,不可间断,这就决定了项目管理是对项目生命周期全过程的管理,如对项目可行性研究、勘察设计、招标投标、施工等各阶段全过程的管理。在每个阶段中又涉及对进度、质量、成本、安全等诸要素的管理。因此,项目管理是全过程的综合性管理。

(3) 工程项目管理是一种约束性强的控制管理

工程项目管理有着明确的目标,包括功能(质量)、投资和进度目标等,同时,项目实施过程中还受到各种因素的制约,包括限定的时间和资源消耗、既定的功能要求和质量标准,以及技术条件、法律法规、环境等。这些决定了工程项目的约束条件的约束强度比其他管理更高。因此,工程项目管理是强约束管理。这些约束条件是项目管理的条件,也是不可逾越的限制条件。项目能否实现,取决于项目管理者在满足这些限制条件的前提下,如何合理计划,精心组织,充分利用这些条件,完成既定任务,达到预期目标。

(4) 工程项目管理具有创造性

工程项目的独特性决定了项目管理者在项目决策和实施过程中,必须针对工程项目的特点,因地制宜,从实际出发,制定能够保证项目顺利实施的项目管理模式和管理方案,处理和解决工程项目实际问题。因此,项目管理就是将现代项目管理理论与经验,创造性地运用于工程管理实践。

(5) 项目管理应建立专门的组织机构

工程建设项目管理需对资金、人员、材料、设备等多种资源进行优化配置和合理使用,并需要在不同阶段及时进行调整。对于项目决策和实施过程中出现的各种问题,相关部门都应迅速地做出协调一致的反应,以适应项目时间目标的要求。同时,因各种建设项目在资金来源、规模大小、专业领域等方面都存在较大不同,项目管理组织的结构形式、部门设立、人员配备必然不同,不可能采用单一的模式,而必须按照弹性原则围绕具体任务建立一次性的专门组织机构。

3) 工程项目管理的职能

根据管理学理论,工程项目管理包括计划、组织、控制和协调的职能。

(1) 计划职能

计划是对未来活动进行的一种预先的谋划,计划职能包括决定最后的结果以及决定获取这些结果的适宜手段的全部管理活动。它分为以下相互关联的四个阶段。

第一阶段:确定目标、实现目标所需进行的活动及其活动间的先后次序,即科学地确定工程项目的总目标和分目标及其目标的先后次序,实现目标各活动的完成时间。

第二阶段:分析影响目标实现的风险因素,预测这些风险发生的可能性、风险对项目影响的大小及影响的发展趋向,决定计划期内活动期望能达到什么水平,能获得多少资源来支持计划的实施。

第三阶段:提出实现计划的保障措施。包括完成计划需要哪些资源,各资源预算之间的内在关系,采用什么预算方法。

第四阶段:通过分析评价,提出指导实现预期目标的最优方案或准则。方案反映组织的基本目标,是整个组织进行活动的指导方针,说明如何实现目标。为使方案有效,在制订方案时,要保证方案的灵活性、全面性、协调性和明确性。

综合上述四个阶段的工作,就能制订出全面计划,用以引导工程项目的组织达到预期目标。

(2) 组织职能

组织职能是为实现组织目标,对每个组织成员规定在工作中形成的合理的分工协作关系,即划分业主、承包商、项目管理单位等项目参与者在各阶段的任务,并对为达到目标所必需的各种业务活动进行分类组合;把监督每类业务活动所必需的职权授予主要人员;规定工程项目中各部门之间的协调关系,制定以责任制为中心的工作制度,以确保工程项目目标的实现。

组织职能首先需要选择适当的项目管理组织形式,只有在明确了项目管理组织形式后才能明确划分各单位的任务并进一步完成组织设计工作。建设工程项目管理的组织形式有:

① 建设单位自行组织的方式。建设单位自己设置基建机构,负责支配资金、准备场地、委托设计、采购器材、招标施工、验收工程等全部工作;也有自行组织设计、施工队伍,直接进行设计与施工的。

② 工程指挥部管理方式。对大型、重点工程项目,由政府主管部门指令建设单位、设计单位、施工单位、设备生产单位、物资供应单位、银行等方面派出代表组成工程指挥部负责项目管理。

③ 工程托管方式。建设单位将整个工程项目的大部分工作(包括可行性研究、场地准备、规划、勘察设计、材料供应、施工、监理、工程验收等)都委托给工程管理专业公司,全权代表业主对建设项目进行监督、协调和控制。工程项目管理专业公司派出项目经理,再进行招标或组织有关专业公司共同完成整个建设项目。

④ 工程总承包方式。建设单位仅提出工程项目的使用要求,而将勘察设计、设备选购、工程施工、材料供应、试车验收等工作均委托一家承包公司完成,竣工后接过钥匙即可启用。承担这种任务的承包企业有的是科研—设计—施工一体化的公司,或设计、施工、物资供应和设备制造厂家及咨询公司等组成的联合集团。

⑤ 咨询公司管理模式。建设单位分别与承包单位和咨询公司签订合同,由咨询公司代

表建设单位对承包单位进行管理。

(3) 控制职能

工程项目的控制职能是管理人员为保证组织各部门、各环节按照预定要求运作而实现项目目标所采取的一切行动。即采取一系列纠偏措施,使得项目预定目标能够实现。

首先,项目管理者必须根据项目预定目标确定控制标准,在项目实施过程中及时收集项目进展的实际数据,并将实际数据与计划数据进行比较,判断是否存在偏差。若存在偏差,则分析偏差产生的原因,并采取针对性措施纠正实际结果与标准间的偏差。工程项目管理采用动态调整和优化控制的方法进行控制,具体体现在以下几个方面:

① 主动控制。在项目实施前预先分析项目执行时可能出现的干扰,并预先采取相应的防范措施,防止项目实施过程中产生偏差。

② 现场控制。指对正在进行的项目活动进行监督、调节,保证项目实施的正常进行。其纠正对象是现场项目实施的活动。

③ 反馈原理。依据工程项目已实施部分的结果进行分析而采取相应的纠偏措施。其纠正内容主要是改进资源输入和改进具体作业措施。

(4) 协调职能

协调职能,是指项目管理者从实现项目的预定目标出发,依据正确的政策、原则和工作计划,运用恰当的方式方法,及时排除各种障碍,理顺各方面关系,促进项目组织机构正常运转和工作均衡发展的一种管理职能。

协调的目的是要处理好项目内外大量的复杂关系,调动协作各方的积极性,使之协同一致、齐心协力,从而提高项目组织的运转效率,保证项目目标的实现。协调管理也称为界面管理或结合部管理。协调的内容大致包括以下几个方面:

① 人际关系的协调。主要解决人员之间在工作中的联系和矛盾,包括项目组织内部的人际关系、项目组织与组织外项目相关者等人际关系的协调。

② 组织关系的协调。主要解决项目组织内部部门及成员的分工与配合关系。

③ 供求关系的协调。主要解决项目实施中所需人力、资金、设备、材料、技术、信息的供求平衡问题。

④ 配合关系的协调。保证与其他项目相关者如业主、设计单位、承包商、分包商、供应商、咨询单位等在配合关系上的协调和配合步调上的一致,以达到协同一致的目的。

⑤ 约束关系的协调。主要是了解和遵守国家及地方在政策、法规、制度等方面的制约,求得执法部门的指导和许可。

在项目管理的不同阶段,协调管理的内容各不相同。

1.3.3 工程项目管理的内容

1) 项目管理的内容

(1) 项目管理知识体系的内容

① PMI 与 PMBOK

PMI 是美国项目管理协会(Project Management Institute)的简称。该协会成立于1969年,是一个有着10万多名会员的国际性项目管理专业协会,是项目管理专业领域中由研究人员、学者、顾问和经理组成的全球性的最大专业组织机构。美国项目管理协会一直致力于项目管理领域的研究工作,全球协会会员都在为探索科学的项目管理体系而努力。今天,美国项目管理协会创建的项目管理方法已经得到全球公认,从而成为全球项目管理的权威机构。

项目管理知识体系(Project Management Body of Knowledge,PMBOK)是指在现代项目管理中所要开展的各种管理活动中要使用的各种理论、方法和工具等一系列内容的总称。PMI组织了200多名世界各国项目管理专家历经四年,于1987年公布全球第一个PMBOK。1996年、2000年、2004年、2008年、2012年、2017年又六度由来自世界各地的项目管理精英重新审查更新PMBOK的内容,使PMBOK始终保持最权威的地位,被称为项目管理的圣经。

国际标准组织(ISO)以PMBOK为框架制定了ISO 10006标准,同时ISO通过对PMI资格认证体系的考察,向PMI颁发了ISO 9001质量管理体系证书,表明PMI在发展、维护、评估、推广和管理PMP认证体系时完全符合ISO的要求。

② PMBOK的内容

PMBOK将项目管理知识划分为11个领域,包括:

A. 项目经理的角色。很多项目经理从项目启动时参与项目,直到项目结束。项目经理的角色不同于职能经理或运营经理。项目经理是由执行组织委派,领导团队实现项目目标的个人。

B. 项目集成管理。包括对隶属于项目管理过程中的各种过程和项目管理活动进行识别、定义、组合、统一和协调的各个过程。在项目管理中,整合兼具统一、合并、沟通和建立联系的性质,这些行动应该贯穿项目始终。

C. 项目范围管理。项目范围管理包括确保项目做且只做所需的全部工作,以成功完成项目的各个过程。管理项目范围主要在于定义和控制哪些工作应该包括在项目内,哪些不应该包括在项目内。

D. 项目时间管理。是为了确保项目最终按时完成的一系列管理过程。它包括具体活动界定、活动排序、时间估计、进度安排及时间控制等项工作。

E. 项目费用管理。包括为使项目在批准的预算内完成而对成本进行规划、估算、预算、融资、筹资、管理和控制的各个过程,从而确保项目在批准的预算内完工。

F. 项目质量管理。包括把组织的质量政策应用于规划、管理、控制项目和产品质量要求,以满足相关方目标的各个过程。此外,项目质量管理以执行组织的名义支持过程的持续改进活动。

G. 项目资源管理。包括识别、获取和管理所需资源以成功完成项目的各个过程,这些过程有助于确保项目经理和项目团队在正确的时间和地点使用正确的资源。

H. 项目沟通管理。包括通过执行用于有效交换信息的各种活动,来确保项目及其相关方的信息需求得以满足的各个过程。项目沟通管理由两部分组成:第一部分是制定策略,确保沟通对相关方行之有效;第二部分是执行必要活动,以落实沟通策略。

I. 项目风险管理。项目风险管理包括规划风险管理、识别风险、开展风险分析、规划风险应对、实施风险应对和监督风险的各个过程。项目风险管理的目标在于提高正面风险的概率和(或)影响,降低负面风险的概率和(或)影响,从而提高项目成功的可能性。它包括风险识别、风险估计、风险应对计划、风险监控等。

J. 项目采购管理。是为了从项目实施组织之外获得所需资源或服务所采取的一系列管理措施。它包括编制采购计划、编制询价计划、询价、选择供应商、合同管理、合同收尾等项目工作。

K. 项目相关方管理。包括用于开展下列工作的各个过程：识别能够影响项目或会受项目影响的人员、团体或组织，分析相关方对项目的期望和影响，制定合适的管理策略来有效调动相关方参与项目决策和执行。用这些过程分析相关方期望，评估他们对项目或受项目影响的程度，以及制定策略来有效引导相关方支持项目决策、规划和执行。

项目管理从其本质上讲，是一个不断整合和平衡的过程。尽管项目管理所包含的各知识点看似相互独立，但它们对项目执行的影响彼此间是相互作用的。项目经理在领导项目团队达成项目目标方面发挥至关重要的作用。在整个项目期间，这个角色的作用非常明显。另外，项目的集成管理还体现在如何运用管理技巧和手段将企业文化、单位标准融入项目组织环境中。只有项目组全体成员接受并遵循这些理念，才可能更加容易地彼此沟通，提高决策效率，减少人事冲突，真正依靠团队合作精神来实现项目的预定目标。因此，集成管理是项目管理的核心。

集成包括项目分目标集成、项目关系人集成、项目专业工作集成、项目管理过程集成。集成管理包括项目集成计划的制定、项目集成计划的实施、项目变更的总体控制等。

PMBOK知识领域中，项目范围管理、时间管理、费用管理和质量管理是项目管理知识体系的核心知识领域，资源管理、风险管理、沟通管理、采购管理和项目相关方管理为辅助知识领域，而集成管理是项目管理的核心。

（2）国际项目管理专业资质基准的内容

国际项目管理专业资质基准（IPMA Competence Baseline，ICB）是国际项目管理协会（IPMA）1996年基于英、法、德、瑞4个国家项目管理专业人员认证标准的基础上，提出的国际项目管理专业人员的能力基准。1999年推出ICB 1.0，2001年在吸收了其他会员国意见的基础上推出了ICB 2.0。ICB对项目管理资质认证所要求的能力标准进行了定义和评价，ICB将项目管理能力定义为：知识＋经验＋个人素质。2006年，IPMA在总结了40多个会员国通过多年认证经验的基础上，推出了ICB 3.0，并从技术范畴、行为范畴以及环境范畴3个大范畴中挑选出46个项目管理能力要素，来阐明在项目中从事计划和控制工作对项目管理专家的能力要求。ICB强调项目经理应该以满足客户、产品和服务的交付者以及其他利益相关者的需求为己任，为项目、大型项目和项目组合付出努力。

在ICB 3.0中，为了评价项目管理人员在实践中应用项目管理的总体专业能力，其对项目经理的能力要素归类如下：

① 20个技术能力要素，涉及专业人员从事项目管理所进行的工作内容。包括：成功的项目管理，利益相关者，项目需求和目标，风险与机会，质量，项目组织，团队协作，问题解决，项目结构，范围与可交付物，时间和项目阶段，资源，成本和财务，采购与合同，变更，控制与报告，信息与文档，沟通，启动和收尾。

② 15个行为能力要素，涉及管理项目、大型项目和项目组合中个人以及团体之间的人际关系。包括：领导，承诺与动机，自我控制，自信，缓和，开放，创造力，结果导向，效率，协商，谈判，冲突与危机，可靠性，价值评判和道德规范。

③ 11个环境能力要素，涉及项目管理与项目环境，尤其是长期性组织间的交互作用。包括：面向项目，面向大型项目，面向项目组合，项目、大型项目、项目组合的实施，长期性组织，运营，系统、产品和技术，人力资源管理，健康、保障、安全与环境，财务和法律。

对于每一个能力要素，都有相应的知识和经验的要求，ICB认为知识不仅仅是指准确地记忆，而应该知晓相互间的联系，了解在实际项目管理环境中的应用。

(3) 中国项目管理知识体系的内容

中国项目管理知识体系(Chinese-Project Management Body of Knowledge，C-PMBOK)是由中国优选法、统筹法与经济数学研究会项目管理研究委员会(PMRC)发起并组织实施的，2001年7月推出了第1版，2006年10月推出了第2版。与其他PMBOK相比较，如《美国的项目管理知识体系》等，C-PMBOK的突出特点是以项目的生命周期为主线，以模块化的形式来描述项目管理所涉及的主要工作及其知识领域。在知识内容、写作结构上，C-PMBOK的特色主要表现在：采用了"模块化的组合结构"，便于知识的按需组合；以生命周期为主线，进行项目管理知识体系知识模块的划分与组织；体现中国项目管理特色，扩充了项目管理知识体系的内容。

C-PMBOK主要是以项目生命周期为基本线索展开的，从项目及项目管理的概念入手，按照项目开发的四个阶段，即概念阶段、规划阶段、实施阶段及收尾阶段，分别阐述了每一阶段的主要工作及其相应的知识内容，同时考虑到项目管理过程中所需要的共性知识及其所涉及的方法工具。面向构建中国项目管理学科体系的目标，基于体系化与模块化的要求，提出了C-PMBOK体系框架和模块化结构。C-PMBOK将项目管理的知识领域共分为88个模块，中国项目管理知识体系框架及主要内容如表1-1所示。中国工程项目管理知识体系模块如图1-6所示。

表1-1 中国项目管理知识体系(C-PMBOK)

2 项目与项目管理			
2.1 项目		2.2 项目管理	
3 概念阶段	4 规划阶段	5 实施阶段	6 收尾阶段
3.1 一般机会研究	4.1 项目背景描述	5.1 采购规划	6.1 范围确认
3.2 特定方案机会研究	4.2 目标确定	5.2 招标采购的实施	6.2 质量验收
3.3 方案策划	4.3 范围规划	5.3 合同管理基础	6.3 费用决定与审计
3.4 初步可行性研究	4.4 范围定义	5.4 合同履行和收尾	6.4 项目资料与验收
3.5 详细可行性研究	4.5 工作分解	5.5 实施计划	6.5 项目交接与清算
3.6 项目评估	4.6 工作排序	5.6 安全计划	6.6 项目审计
3.7 商业计划书的编写	4.7 工作持续时间估计	5.7 项目进展报告	6.7 项目后评估
	4.8 进度安排	5.8 进度控制	
	4.9 资源计划	5.9 费用控制	
	4.10 费用估算	5.10 质量控制	
	4.11 费用预算	5.11 安全控制	
	4.12 质量计划	5.12 范围变更管理	
	4.13 质量保证	5.13 生产要素管理	
		5.14 现场管理与环境保护	

续表 1-1

7 共性知识							
7.1	项目管理组织形式	7.7	企业项目管理	7.13	信息分发	7.19	风险监控
7.2	项目办公室	7.8	企业项目管理组织设计	7.14	风险管理规划	7.20	信息管理
7.3	项目经理			7.15	风险识别	7.21	项目监理
7.4	多项目管理	7.9	组织规划	7.16	风险评估	7.22	行政监督
7.5	目标管理与业务过程	7.10	团队建设	7.17	风险量化	7.23	新经济项目管理
		7.11	冲突管理				
7.6	绩效评价与人员激励	7.12	沟通规划	7.18	风险应对计划	7.24	法律法规

8 方法和工具							
8.1	要素分层法	8.7	不确定性分析	8.12	工作分解结构	8.17	质量技术文件
8.2	方案比较法	8.8	环境影响评价	8.13	责任矩阵	8.18	并行工程
8.3	资金的时间价值	8.9	项目融资	8.14	网络计划技术	8.19	质量控制的数理统计方法
8.4	评价指标体系	8.10	模拟技术	8.15	甘特图法	8.20	挣值法
8.5	项目财务评价	8.11	里程碑计划	8.16	资源费用曲线	8.21	有无比较法
8.6	国民经济评价方法						

图 1-6 中国工程项目管理知识体系模块图

2）工程项目管理的内容

结合工程项目的特点，工程项目管理包括以下内容：

(1) 项目范围管理

以确定并完成项目预定目标为根本任务，通过明确项目参与各方的职责界限，以保证项目管理工作的完整性、充分性和有效性。项目范围管理应包括项目范围的确定、项目结构分析和项目范围控制等过程。项目范围管理作为项目管理核心知识领域之一，是项目管理的基础工作，并贯穿于项目的生命周期全过程。

(2) 项目采购管理

从项目主办机构之外获得工程、货物和服务采取的一系列方法和步骤，包括采购计划、采购准备、评审比较、谈判与签约等。管理组织应设置采购部门，制定采购管理制度、采购计划和工作程序，并依照相关的法律法规接受上级主管部门的监管。

(3) 项目职业健康安全管理

通过对项目实施过程中致力于满足职业健康和安全生产所进行的一系列管理活动，包括安全制度、技术措施、安全教育、安全检查、制定项目职业健康及安全生产事故应急预案、安全事故处理等。项目管理组织应遵照《建设工程安全生产管理条例》和《职业健康安全管理管理体系》(GB/T 28000)要求，坚持安全第一、预防为主和防治结合的方针，建立并持续改进职业健康安全管理管理体系。

(4) 项目合同管理

项目合同管理是为保证项目合同的合理签订和顺利实施，旨在实现项目预期目标而采取的必要管理活动。项目合同管理是项目管理的核心内容，贯穿于工程项目实施的全过程。在现代工程项目中，没有合同意识则项目的整体目标就不明确，没有合同策划和管理则项目管理难以形成系统，项目预定目标就很难实现。合同管理的程序：合同的策划、合同的订立、实施计划、实施控制、合同的终止和评价。

(5) 项目进度管理

为确保项目按时完成所需要的一系列过程，包括建立进度管理制度、制定进度目标和进度规划、落实责任、实施进度控制、编制和报送进度报告等。

(6) 项目费用管理

为确保完成项目的总投资不超过批准的预算，所进行的一系列管理活动，包括工程项目费用构成、资源成本计划、费用估算、费用计划和费用控制等。项目管理组织应建立健全项目全面费用管理责任体系，包括项目决策管理层次和项目执行管理层次的管理。

(7) 项目质量管理

为确保项目达到其质量目标所进行的一系列活动，包括质量策划、质量控制与处置和质量改进等。项目管理组织应遵照《建设工程质量管理条例》和《质量管理体系》(GB/T 19000)要求，建立并持续改进质量管理体系。

(8) 项目资源管理

包括人力资源管理、材料与构配件管理、机械设备管理、技术管理和资金管理。项目管理组织应建立并持续改进项目资源管理体系，完善管理制度、明确管理责任、规范管理程序。资源管理的全过程应包括资源计划、配置、控制和处置。

(9) 项目环境管理

为合理使用和有效保护现场及周边地区而进行的管理活动。包括文明施工、环境保护和现场管理。项目管理组织应按《环境管理系列标准》(GB/T 24000)要求,建立并持续改进环境管理体系。

(10) 项目信息管理

为确保及时、准确地获得和快捷、安全、可靠地使用项目信息所进行的一系列活动,包括建立信息管理体系,确定信息管理目标、信息管理策划、信息收集、信息处理、信息运用、信息安全及信息管理评价等。

(11) 项目风险管理

应建立风险管理体系,明确各层次管理人员的风险管理责任,减少项目实施过程中的不确定性因素的不利影响。项目风险的过程包括风险识别、风险分析、风险对策、风险管理措施实施与评价等。

(12) 项目沟通管理

项目沟通的对象是项目相关者,包括项目所涉及的内部和外部有关组织和个人,如建设单位和勘察设计、施工、监理、咨询服务等单位以及其他相关组织。项目管理组织应建立项目沟通管理体系,健全管理制度,采用适当的方法和手段与相关各方进行有效的沟通和协调,确保项目系统沟通渠道畅通,信息收集、整理、反馈及时、准确、完整。

(13) 项目收尾管理

项目收尾管理包括工程项目竣工收尾、验收、结算、决算、回访保修、管理考核评价等方面的管理。项目管理组织在项目收尾阶段应制定工作计划,提出各项管理工作要求,按国家标准、法规的规定依次进行。

1.3.4 工程项目管理的任务

1) 工程项目管理的方式

工程项目管理贯穿于一个工程项目从项目构思、项目立项、拟定规划、确定项目规模、工程设计、项目采购、工程施工直至建成投产为止的全部过程,涉及建设单位、咨询单位、设计单位、施工单位、行政主管部门、材料设备供应单位等,他们在项目管理工作中有密切联系。但由于各项目参加者的工作性质、工作任务和利益不尽相同,各单位在不同阶段又承担着不同的任务。因此,工程项目管理包括:

(1) 业主方的项目管理。包括投资方和开发方的项目管理,或者咨询单位接受委托由其提供的代表业主或其他单位进行的项目管理(项目监理)。

(2) 设计单位的项目管理。

(3) 施工单位的项目管理。

(4) 总承包单位的项目管理。包括设计施工总承包(DB 承包)以及设计、采购和施工总承包(EPC 承包)的项目管理等。

(5) 为特大型工程组织的工程指挥部代表有关政府部门进行的项目管理。其中,建设单位是工程项目实施过程的集成者——目标、资源和知识的集成,也是工程项目实施的总组织者,因此建设单位的项目管理往往是工程项目管理的核心。

2) 业主方项目管理的目标和任务

业主方项目管理服务于业主的利益,其管理目标包括:投资目标,即工程项目总的投资目标;进度目标,即项目实施各阶段的时间安排和目标;质量目标,包括工程项目应满足的相应的技术规范和技术标准的规定,以及需要满足的业主方的质量和功能要求等。

业主方项目管理的任务包括:

(1) 项目前期策划阶段

① 建设环境和条件的调查和分析。

② 项目建设目标论证与项目定义。

③ 项目功能分析与面积分配。

④ 与项目决策有关的组织、管理和经济方面的论证与策划。

⑤ 与项目决策有关的技术方面的论证与策划。

⑥ 项目决策的风险分析。

(2) 项目设计准备阶段

① 投资控制

◆ 在可行性研究的基础上,进行项目总投资目标的分析和论证;

◆ 编制项目总投资目标分解的初步规划;

◆ 分析项目总投资目标实现的风险,编制投资风险管理的初步方案;

◆ 编写设计任务书中有关投资控制的内容;

◆ 对设计方案提出投资评价建议;

◆ 根据选定的设计方案审核项目总投资估算;

◆ 编制设计阶段资金使用计划,并控制其执行;

◆ 编制各种投资控制报表和报告。

② 进度控制

◆ 分析和论证总进度目标;

◆ 编制项目实施的总进度规划;

◆ 分析项目总进度目标实现的风险,编制进度风险管理的初步方案;

◆ 审核设计进度计划,并控制其实施;

◆ 编制设计任务书中有关进度控制的内容;

◆ 编制各种进度控制报表和报告。

③ 质量控制

◆ 在前期策划基础上,分析和论证项目的功能要求;

◆ 确定项目的质量要求和标准;

◆ 分析质量目标实现的风险,编制质量风险管理的初步方案;

◆ 编制项目功能描述书及主要空间要素设计说明;

◆ 根据项目预定目标,编制详细的设计要求文件,形成项目设计任务书;

◆ 分析设计方案是否符合业主的要求;

◆ 编制设计方案选择总结报告。

④ 合同管理

◆ 工程项目合同的总体策划;

- 分析项目的实施风险,编制项目风险管理的初步方案;
- 从合同管理的角度为设计任务书的编制提出建议;
- 根据设计竞选的结果,进行设计合同的结构分解;
- 起草设计合同,参与合同的谈判与签订工作;
- 从目标控制的角度分析设计合同的风险,制定设计合同管理方案;
- 提出索赔的防范措施。

⑤ 信息管理
- 建立项目的信息编码体系及信息管理制度;
- 收集、整理各种项目信息资料;
- 建立会议制度,管理各种会议记录;
- 建立各种报表和报告制度,确保信息流畅通、及时和准确;
- 填写项目管理工作日志;
- 运用计算机辅助项目信息管理。

⑥ 组织与协调
- 提出项目实施组织方案;
- 编制项目管理总体规划;
- 编制设计工作的组织方案,并控制其实施;
- 组织设计竞选;
- 组织设计方案的评审,办理设计审批手续;
- 协调设计准备过程中的各种关系,解决各种冲突与纠纷。

(3) 项目设计阶段

① 投资控制
- 在可行性研究的基础上,进行项目总投资目标的再分析和论证;
- 根据方案设计,审核项目总估算,确定投资目标,基于方案优化调整投资估算;
- 编制项目总投资分解规划并在设计过程中控制其实施,若有必要对总投资分解规划进行调整;
- 审核项目总概算,在设计深化过程中严格控制在总概算所确定的投资计划值之内,对设计概算作出评价报告和建议;
- 根据工程概算和工程进度表,编制设计阶段资金使用计划并控制其实施,必要时作出调整;
- 从设计、施工、材料和设备采购等方面做市场调查分析和技术经济比较论证,如发现设计有可能突破投资目标,提出解决方案;
- 审核施工图预算,必要时调整总投资计划;
- 运用价值工程方法,在充分满足项目功能的条件下提出节约投资的措施;
- 进行投资计划值和实际值的动态跟踪比较,提交各种投资控制报表和报告;
- 控制设计变更,检查变更设计的结构可靠性、经济性、建筑造型和使用功能是否符合项目预定目标和业主的要求。

② 进度控制
- 编制项目总进度计划;

◆ 审核设计方提交的设计进度计划和出图计划并控制其实施,防止因设计进度延误而产生施工方的索赔;

◆ 起草甲供材和设备采购计划,审核甲供材和设备清单;

◆ 在设计过程中加强各专业设计工作进度的计划值与实际值的比较,提交各种进度控制的报表与报告。

③ 质量控制

◆ 确定项目的质量要求与标准,满足设计规范和设计标准,并作为质量控制目标值,分析和评估项目使用功能、面积分配、设计标准等;

◆ 研究设计图纸、技术说明和计算书等设计文件,发现问题及时与设计方沟通,对设计变更进行技术经济合理性分析,分析变更对投资和进度带来的影响,按规定程序办理设计变更手续;

◆ 审核各设计阶段设计图纸、技术说明和计算书等设计文件是否符合设计规范、设计标准和要求,并根据需要提出修改意见,确保设计文件通过行政审批;

◆ 在设计过程中审核设计文件是否符合业主对设计质量的特殊要求,根据需要提出修改意见;

◆ 组织有关专家对结构方案进行分析和论证,以确定施工的可行性和结构的可靠性,进一步降低项目投资;

◆ 审核水、电、气、暖等系统设计是否与市政工程规范和市政条件相符合,确保设计文件能够通过相关部门行政审批;

◆ 对常规设备系统和智能化系统设计方案进行技术经济分析并提出改进意见;

◆ 审核施工图设计是否有足够的深度,是否满足施工的要求,确保施工能够得到顺利实施;

◆ 对项目采用的主要材料和设备充分了解其用途、规格和标准,作出市场调查分析,在满足功能的条件下,尽可能降低工程成本;

◆ 会同有关部门对设计文件进行审核,必要时组织专家论证。

④ 合同管理

◆ 合同的详细分析,确定设计合同结构;

◆ 选择标准合同文本,起草设计合同专用条款;

◆ 从投资控制、进度控制和质量控制的角度分析设计合同条款,分析合同执行过程中可能出现的风险,提出风险应对措施;

◆ 设计合同谈判;

◆ 设计合同履行期间的跟踪检查,包括合同执行情况检查、合同的变更和补充等;

◆ 分析可能发生索赔的原因,制定索赔防范性对策,处理有关设计合同的索赔和合同纠纷事宜;

◆ 提交合同管理报表与报告。

⑤ 信息管理

◆ 建立设计阶段工程信息编码体系;

◆ 建立设计阶段信息管理制度并控制其实施;

◆ 进行设计阶段各类工程信息的收集、分类存档和整理;

◆ 运用计算机辅助项目信息管理,通过各种报表与报告;

◆ 建立有关会议制度,整理会议记录;

◆ 检查设计方工程技术与经济资料及档案；
◆ 填写项目管理工作记录；
◆ 设计资料(包括图纸、技术说明、会议纪要、政府批文等)整理归档。
⑥ 组织与协调
◆ 协调业主方与设计方的关系，及时处理有关问题，使设计工作顺利进行；
◆ 处理设计与行政主管部门的关系，确保设计文件能够及时获得有关部门批准；
◆ 协调各专项设计与主体设计之间的关系，保证项目的整体性；
◆ 做好方案设计及扩初设计审批的准备工作，处理和解决方案设计及扩初设计审批过程中的有关问题。

(4) 施工招投标阶段
① 投资控制
◆ 审核概算和施工图预算；
◆ 审核招标文件和合同文件中有关投资控制条款；
◆ 审核和分析各投标单位的投标报价；
◆ 提交投资控制报告；
◆ 参加评标和合同谈判。
② 进度控制
◆ 编制施工总进度规划，明确工期总目标；
◆ 审核招标文件和合同文件中有关进度控制条款；
◆ 审核和分析各投标单位的进度计划；
◆ 提交进度控制报告；
◆ 参加评标和合同谈判。
③ 质量控制
◆ 确定项目施工的质量要求与标准；
◆ 审核招标文件和合同文件中有关质量控制条款；
◆ 审核和分析技术标中施工方法、质量保证措施是否符合项目预定目标；
◆ 对各投标单位拟选用的主要乙供材料和设备充分了解其用途、规格和标准，审核是否符合项目质量要求；
◆ 参加评标和合同谈判。
④ 合同管理
◆ 根据项目规模和项目特点进行分标策划，合理划分子项目，明确各子项目的范围，确定各子项目的发包方式；
◆ 合同的详细分析，确定工程施工合同结构；
◆ 选择标准合同文本，起草施工合同专用条款；
◆ 从投资控制、进度控制和质量控制的角度分析施工合同条款，分析合同执行过程中可能出现的风险，提出风险应对措施；
◆ 施工合同谈判；
◆ 分析可能发生索赔的原因，制定索赔防范性对策。
⑤ 信息管理

- 起草和修改各类招标文件;
- 建立项目的结构和子项目的编码,为计算机辅助控制奠定基础;
- 招标投标过程中各种信息的收集、分析和归档。

⑥ 组织与协调
- 组织对投标单位的资格预审;
- 组织发放招标文件和投标答疑;
- 组织资格预审和评标工作;
- 组织和协调参与招投标工作的各单位之间的关系;
- 办理各项审批事项;
- 组织合同谈判工作。

⑦ 风险管理
- 识别项目风险,制定风险管理策略;
- 制定项目风险应对计划与监控措施;
- 制定合理可行的工程保险和工程担保方案;
- 加强合同管理,制定索赔防范措施。

(5) 施工阶段

① 投资控制
- 编制施工阶段各年度、季度和月度资金使用计划,并控制其实施;
- 跟踪项目投资控制情况,定期进行投资计划值与实际值的比较;
- 审核工程付款情况;
- 审核其他项目付款支出情况;
- 对施工方案进行技术经济比较论证;
- 审核及处理各项施工索赔中与资金有关的事宜。

② 进度控制
- 审核施工总进度计划,并控制其实施,必要时及时调整施工总进度计划;
- 审核项目施工各阶段、年、季和月度进度计划并控制其实施,必要时调整计划;
- 审核材料、设备供应计划,控制其执行;
- 在项目实施过程中,定期进行进度计划值与实际值的比较,并提出纠偏措施。

③ 质量控制
- 建立工程项目质量监督与验收制度;
- 制定施工阶段各项工作的质量要求及质量事故预防措施;
- 加强工序施工质量及材料设备质量的监督和验收,并提出纠偏措施。
- 及时、正确地处理工程质量事故,确保质量目标的实现。

④ 合同管理
- 建立工程合同审查和会签制度;
- 起草甲供材和设备供应合同,进行合同谈判;
- 监督工程合同履行情况;
- 及时处理工程索赔和合同争议事宜。

⑤ 信息管理

- ◆ 建立工程信息管理制度；
- ◆ 及时收集、分析和整理工程信息；
- ◆ 加强对各项目参加者信息管理制度的建立和落实情况检查；
- ◆ 督促各项目参加者整理和保存工程技术资料。

⑥ 组织与协调
- ◆ 组织图纸会审与技术交底；
- ◆ 组织与协调各项目参与者之间的关系；
- ◆ 组织工程项目检查与验收工作；
- ◆ 办理项目各项行政审批事宜。

⑦ 风险管理
- ◆ 加强工程变更管理；
- ◆ 处理工程索赔与反索赔事宜；
- ◆ 处理工程担保与保险事宜。

⑧ 现场管理
- ◆ 检查施工方安全管理制度的建立和落实情况；
- ◆ 检查施工方HSE管理体系的论证和落实情况；
- ◆ 检查施工方文明施工情况；
- ◆ 协调处理工地的各种纠纷；
- ◆ 检查施工方成品保护情况。

（6）动用前准备阶段

① 投资控制
- ◆ 编制动用前准备阶段资金使用计划，并控制其实施；
- ◆ 跟踪项目投资控制情况，定期进行投资计划值与实际值的比较；
- ◆ 审核工程付款情况；
- ◆ 审核和处理工程索赔事项；
- ◆ 处理工程决算审核事项；
- ◆ 编制投资控制总结报告。

② 进度控制
- ◆ 审核本阶段进度计划，并控制其实施，必要时及时调整进度计划；
- ◆ 合理安排动用前准备的各项事宜；
- ◆ 编制进度控制总结报告。

③ 质量控制
- ◆ 组织工程试投产和试运行工作；
- ◆ 组织工程预验收和验收事项；
- ◆ 监督施工方做好工程收尾工作；
- ◆ 编制质量控制总结报告。

④ 合同管理
- ◆ 进行各类合同的跟踪管理，并提供合同管理报告；
- ◆ 处理工程索赔与合同纠纷事项；

◆ 提出合同管理总结。
⑤ 信息管理
◆ 各种工程信息资料的收集、整理与归档;
◆ 提供工程项目管理报表;
◆ 督促施工方整理工程技术资料;
◆ 审核竣工验收资料;
◆ 组织编制重要设施的使用和维护手册。
⑥ 组织与协调
◆ 组织竣工验收;
◆ 组织与协调各方关系;
◆ 办理工程项目运营相关的行政审批事宜。
⑦ 其他
◆ 组织项目运营或使用前人员的培训工作;
◆ 工程项目收尾工作。
3）其他项目参与者项目管理的目标和任务

其他项目参与者受业主委托承担工程项目建设任务，包括设计、施工、采购、咨询等，具体任务由承包或委托合同界定。其项目管理的目标首先应当服从工程项目的整体利益，同时兼顾项目参与者自身的利益。具体目标包括成本（投资）目标、进度目标和质量目标。

其项目管理任务与业主方相似，包括成本（投资）控制、进度控制、质量控制、安全管理、合同管理、信息管理、组织与协调等，具体任务由其承包或委托任务的范围和特点决定。

1.4 工程项目管理的发展

1.4.1 项目管理的产生和发展

1）项目管理的产生和发展

项目管理历史源远流长，其发展大致经历了以下几个阶段：

（1）产生阶段

此阶段也可称为古代的经验项目管理阶段，项目主要体现在土木工程上，其代表作如我国的长城、埃及金字塔、古罗马供水渠等不朽的工程。此阶段项目实施的目标是完成任务，最主要的特征是没有形成行之有效的科学管理方法，完全凭经验、智慧、直觉进行项目的实施。此阶段又可划分两个阶段：

① 萌芽期

此阶段可称为自营式项目管理。在14世纪前，一般由业主直接雇用工人进行工程建设，业主负责设计、采购、施工和组织与协调。到15世纪出现专职营造师，作为业主的代理人管理工匠，并负责设计，业主负责采购和协调工作。

② 发展期

此阶段可称为监管式项目管理。在 16 世纪，欧洲文艺复兴时期，由于人们对建筑的功能、美观等要求日益提高，原管理模式已经不能满足要求，从而导致设计施工分离，出现了专门的建筑师，主要承担设计任务，而营造师主要负责施工、管理工匠，业主主要进行监管和协调。

(2) 形成和发展阶段

此阶段也可称为近代科学项目管理阶段，可划分两个阶段：

① 近代项目管理的萌芽

公认为 20 世纪 40 年代的"曼哈顿计划"(Manhattan Project)是项目管理萌芽的标志。二战期间美国陆军部于 1942 年 6 月开始实施利用核裂变反应来研制原子弹，为了先于纳粹德国制造出原子弹，该工程集中了当时西方(除纳粹外)最优秀的核科学家，动员了 10 万多人参加这一工程，历时 3 年，总耗资高达 25 亿美元，于 1945 年成功制造出原子弹。整个工程取得圆满成功。

美国"原子弹之父"罗伯特·奥本海默(J. Robert Oppenheimer)开始时对困难估计不足，认为只要 6 名物理学家和 100 名工程技术人员就足够了。但实验室到 1945 年时，发展到拥有 2 000 多名文职研究人员和 3 000 多名军事人员，其中包括 1 000 多名科学家。在某些部门，有博士头衔的人甚至比一般工作人员还要多，而且其中不乏诺贝尔奖得主。

在工程执行过程中，负责人 L. R. 格罗夫斯(L. R. Groves)准将和 R. 奥本海默应用了系统工程的思路和方法，大大缩短了工程所耗时间。这一工程的成功促进了第二次世界大战后系统工程和项目管理的发展。

② 近代项目管理的成熟

20 世纪 50 年代后期，美国出现了关键路线法(Critical Path Method, CPM)和计划评审技术(Program Evaluation and Review Technique, PERT)，并在工程实践中成功应用。20 世纪 60 年代初期，网络计划技术在美国得到了推广，并在由 42 万人参加，耗资 400 亿美元的"阿波罗"载人登月计划中应用，取得巨大成功。此时，项目管理有了科学的系统方法。现在，CPM 和 PERT 常被称为项目管理的常规"武器"和经典手段。

在近代项目管理阶段项目管理实践主要集中于军事工业、航天工业和建筑业，项目管理的任务主要是项目的执行。

(3) 学科式项目管理阶段

1969 年，美国成立了一个国际性组织 PMI(Project Management Institute)，即美国项目管理学会，PMI 的出现极大地推动了项目管理的发展。PMI 一直致力于项目管理领域的研究工作，1976 年，PMI 提出了制定项目管理标准的设想。经过近十年的努力，于 1987 年推出了项目管理知识体系指南 PMBOK，这是项目管理领域又一个里程碑。项目管理从美国最初的军事项目和宇航项目很快扩展到各种类型的民用项目。

与此同时，以欧洲为首的国际项目管理协会(International Project Management Association, IPMA)也做了卓有成效的工作，PMI 和 IPMA 都为推动国际项目管理现代化发挥了积极的作用。

其特点是面向市场迎接竞争，项目管理除了计划和协调外，对采购、合同、进度、费用、质量、风险等给予了更多重视，初步形成了现代项目管理的框架。

(4) 现代项目管理阶段

进入 20 世纪 90 年代，项目管理有了新的进展。随着信息时代的来临和高新技术产业的飞速发展并成为支柱产业，项目的特点也发生了巨大变化，管理人员发现许多在制造业经济下建立的管理方法，到了信息经济时代已经不再适用。为了在迅猛变化、急剧竞争的市场中迎接经济全球化、一体化的挑战，项目管理更加注重人的因素，注重顾客，注重柔性管理，力求在变革中生存和发展。他们很快发现实行项目管理恰恰是实现灵活性的关键手段。他们还发现项目管理在运作方式上最大限度地利用了内外资源，从根本上改善了中层管理人员的工作效率。

项目管理理论特别适用于那些责任重大、关系复杂、时间紧迫、资源有限的一次性任务。在这个阶段，应用领域进一步扩大，尤其在新兴产业中得到了迅速的发展，比如通信、软件、信息、金融、医药等现代项目管理的任务已不仅仅是执行任务，而且还要开发项目、经营项目，以及为经营项目完成后形成的设施、产品和其他成果提供必要的条件。

经过长期探索总结，在发达国家中现代项目管理逐步发展成为独立的学科体系和行业，成为现代管理学的重要分支。

2) 现代项目管理发展的特点

(1) 项目管理的全球化发展

知识经济时代的一个重要特点是知识与经济的全球化。因为竞争的需要和信息技术的支撑，促使了项目管理的全球化发展。具体体现在：

① 国际间的项目合作日益增多。国际间的合作与交流往往都是通过具体项目实现的。通过这些项目，使各国的项目管理方法、文化、观念也得到了交流与沟通。

② 国际化的专业活动日益频繁。现在每年都有许多项目管理专业学术会议在世界各地举行，少则几百人，多则上千人，吸引着各行各业的专业人士。

③ 项目管理专业信息的国际共享。许多国际组织已在国际互联网上建起了自己的站点，各种项目管理专业信息可以在网上很快查阅。例如美国 PMI 的 PMBOK 整本书都可以从网上查阅或下载。

项目管理的全球化发展既为我们创造了学习的机遇，也对我们提出了高水平国际化发展的要求。

(2) 项目管理的多元化发展

由于人类社会的大部分活动都可以按项目来运作，因此现代项目管理已渗透到各行各业，项目管理以不同的类型、不同的规模出现。项目的范围有大有小，时间有长有短，涉及的行业、专业、人员也差别很大，难度也有大有小，因此出现了各种各样的项目管理方法。

(3) 项目管理的专业化学科发展

近年来项目管理也有了明显的飞跃式发展，主要反映在以下三个方面：

① 项目管理知识体系(PMBOK)在不断发展和完善之中。美国 PMI 从 1984 年提出至今，数易其稿，并已将其作为该组织专业证书制考试的主要内容。欧洲 IPMA 和其他各国的项目管理组织也纷纷提出了自己的体系。

② 项目管理教育形成层次化体系。学历教育从学士、硕士到博士，非学历教育从基层项目管理人员到高层项目经理形成了层次化的教育培训体系。

③ 项目管理的专业化与标准化。对项目与项目管理的学科探索正在积极进行之中，有

分析性的,也有综合性的,有原理概念性的,也有工具方法性的。项目管理与其他学科的交叉渗透也在逐步增强,国际项目管理组织目前正在积极筹备建立有关国际机构与论坛,以求发展全球项目管理的专业化与标准化问题。世界各国关于项目管理的专业书籍大量涌现,有关学科发展问题的呼声也很高。

1.4.2 中国工程项目管理的发展

1) 古代成就

工程项目在我国历史悠长,随着人类社会的发展,在很多领域产生某些一次性任务,从而形成项目。历史上的项目最典型的就是建筑工程项目。无论是2 000多年前春秋战国时期修建的万里长城,还是战国末期秦昭王时期由蜀郡太守李冰父子负责建造的被称为"世界水利文化的鼻祖"的都江堰工程,这些大型项目无一不是中国古代人民智慧的结晶。

与之相应,我国古代的项目管理工作也源远流长。如宋真宗年代皇宫重建工程,工部尚书丁谓运筹帷幄,一举解决取土烧砖、材料运输、废墟处理的问题,"一举而三役济,计省费以亿万计"。

2) 工程项目管理在我国的发展

1949年以后,我国工程领域也取得了杰出的成就,从十大国庆献礼工程到南京长江大桥,从长江三峡工程到奥运场馆建设,这些项目充分反映中华民族的聪明才智。

在工程管理方面,20世纪50年代,我国从苏联引进了施工组织设计的理论和方法,这对我国工程建设作出了不朽的贡献。但是真正称得上中国项目管理的里程碑工作,是华罗庚教授和钱学森教授分别倡导的统筹法和系统工程。1965年华罗庚在其所著的《统筹方法平话及其补充》中提出了一套较系统的,适合我国国情的项目管理方法,包括调查研究,绘制箭头图,找主要矛盾线,以及在设定目标条件下优化资源配置等。由此,以统筹法为基础的项目管理水平提高到一个新的高度,其中特别有意义的是通过应用统筹法模拟完整的作业流程、测度资金流、在特定目标下优化资源配置等方面的实践,提供了对大型项目进行有效管理的经验和方法。

进入80年代后,我国大批专家学者纷纷走出国门,将西方国家先进的工程项目管理理论引进中国。而鲁布革工程成功的经验也促进我国工程建设领域推行了一系列改革:1983年由原国家计划委员会提出推行项目前期项目法人责任制;1988年开始推行建设工程监理制度;1995年原建设部颁发了《建筑施工企业项目经理资质管理办法》,推行项目经理负责制;2003年原建设部发出《关于建筑企业项目经理资质管理制度向建造师资格制度过渡有关问题的通知》;2004年原建设部颁布了《建设工程项目管理试行办法》,在我国开始了建设工程项目管理的试点;2008年中国建筑业协会工程项目管理委员会发文要求做好《建设工程项目管理规范》的宣传培训和实施工作。至此,工程项目管理在我国得到全面推广和实施。

1.4.3 现代工程项目管理的发展趋势

随着全球经济一体化、项目管理国际化的发展,工程项目日益复杂,建设速度日益加快,降低成本压力日益加大,这为新时期工程项目管理的创新与发展带来了更多的挑战和机遇,工程项目管理思想与理论、技术与方法呈现出新的发展趋势。

1) 项目管理理论、方法、手段的科学化

现代项目大多数是先进科学的产物或是涉及多学科、多领域的系统工程,要圆满地完成项目就必须综合运用现代管理方法和科学技术。现代项目管理方法的理论体系是多学科知识的集成,具体表现在:

(1) 现代管理理论的应用。现代项目管理是在信息论、控制论、系统论、组织论等基础上产生和发展起来的一门综合学科,项目管理实质上就是这些理论在项目实施过程和管理过程中的综合运用。现代管理方法如预测技术、决策技术、数学分析方法、数理统计方法、模糊数学、线性规划、网络技术、神经网络、价值工程等逐步引入工程项目管理中,这些方法在项目周期中的项目的策划与立项、目标控制、后评价等方面得到广泛应用,为项目的科学管理起到关键性作用。

(2) 现代管理手段的应用。主要是信息技术在工程项目管理中得到规范应用,如基于工程项目实施过程的信息管理,实现了工程项目实施全过程各阶段各种信息的无遗漏、无重复传递和处理;加大了模拟和灵敏度分析技术的应用;BIM 技术实现了工程项目管理的信息化、智能化、可视化;基于 Internet 管理系统的开发大大提高了项目管理效率。

(3) 现代管理理论和方法,如创新管理、柔性管理、物流管理、学习型组织、变革管理、危机管理、集成化管理、知识管理、虚拟组织等在项目管理中应用,大大促进了现代项目管理理论和方法的发展,开辟了项目管理一些新的研究领域。同时,项目管理的研究和实践也充实和扩展了现代管理学理论和方法的应用领域,丰富了管理学的内涵。

2) 项目管理的社会化和专业化

现代工程项目规模大、技术复杂、项目利益相关者众多,对项目的要求越来越高,项目管理越来越复杂,传统的业主方自我管理模式已经不能够适应项目发展的需要,现代社会需要专业化的项目管理公司,为业主和投资者提供全过程的专业化咨询和管理服务,专业化的工程项目管理(包括咨询、工程监理等)公司已成为一个新兴产业。这能极大地提高工程项目的整体效益,顺利地实现工程项目预定目标。

随着项目管理专业化和社会化的发展,项目管理的教育也越来越引起人们的重视,项目管理已经成为一个专业、一个社会职业。如 PMI 推出的项目管理专业人员(Project Management Professional,PMP)和 IPMA 推出的国际项目管理专业人员(International Project Management Professional,IPMP)资质认证考试已经成为项目管理领域的权威论证。我国劳动和社会保障部也适时推出了国家项目管理师职业资格认证考试。同时,在监理工程师、造价工程师、建造师的培训和执业资质考试中都将工程项目管理作为主要考核内容。

3) 项目管理的标准化和规范化

项目管理是一项技术性强、内容复杂的管理工作,为适应社会化大生产的要求,对工程项目必须实行标准化、规范化管理,如:PMBOK 确定的规范化的定义和项目管理工作流程;统一的工程费用(成本)的划分方法;信息系统的标准化,如统一的建设工程项目信息的编码体系,以及信息流程、数据格式、文档系统、信息的表达形式;统一的工程计量方法和结算方法;标准的合同条件、标准的招投标文件等。

国际上在项目管理的标准化方面有重大影响的是项目管理知识体系(PMBOK)和国际标准《项目管理质量指南(ISO 10006)》。而我国也于 2002 年颁布了国家标准《建设工程项目管理规范》(GB/T 50326—2001),后又对其进行了修订,推出《建设工程项目管理规范》

(GB/T 50326—2017)。

4）工程项目管理国际化

随着全球经济一体化，国际合作项目越来越多，工程项目的参加者、设备、材料、管理服务、资金都呈现国际化趋势。这就要求国际化的工程项目管理。

在不同文化和经济制度背景下，项目国际化带来项目管理协调的难度加大。这就需要对工程项目采用规范化管理，即按国际惯例进行工程项目管理，提供一套国际通用的管理模式、程序、准则和方法，这样就使得项目中的协调有一个统一的基础。

工程项目管理国际惯例通常有：世界银行推行的工业项目可行性研究指南；世界银行的采购条件；国际咨询工程师联合会颁布的 FIDIC 合同条件；国际上处理一些工程问题的惯例和通行的准则等；国际上通用的项目管理知识体系(PMBOK)；国际标准《质量管理——项目管理质量指南(ISO 10006)》等。

1997 年 12 月国际标准化组织(ISO)颁布了国际标准《质量管理——项目管理质量指南(ISO 10006)》(第一版)，它属于 ISO 9000 体系。我国已将它作为我国的国家质量标准(GB/T 19016—2000 idt ISO 10006：1997)。ISO 10006 将项目管理分为以下过程：

(1) 战略策划过程。项目的战略策划过程是确定项目方向的过程，它对项目其他管理过程的实施进行组织和管理。

(2) 综合性管理过程。综合性管理过程有立项和项目计划制订，协调管理，变更管理，项目结束过程等。项目过程之间综合管理由项目经理负责。

(3) 与范围有关的过程。包括概念(方案)的确定，范围确定和控制，活动确定，活动控制等。

(4) 与时间有关的过程。包括活动相关性策划，持续时间估算，进度确定，进度控制。

(5) 与成本有关的过程。包括成本估算，预算，成本控制。

(6) 与资源有关的过程。包括资源策划，资源控制。

(7) 与人员有关的过程。包括项目组织结构的确定，人员分配，团队发展。

(8) 与沟通有关的过程。包括沟通策划，信息管理，沟通控制。

(9) 与风险有关的过程。包括风险识别，风险评估，风险应对措施的确定，风险控制。

(10) 与采购有关的过程。包括采购策划和控制，采购文件，承包商评价，签订承包合同，合同控制。

最后总结项目经验，以保证持续的改进。

5）工程项目管理以项目全寿命周期管理和集成化管理为趋势

自 20 世纪 50 年代形成学科式项目管理以来，项目管理已经经历了四代的发展：第一代是项目管理(Project Management)，即传统的单个项目的项目管理，它是以单个项目的目标控制为核心的管理；第二代是项目群管理(Program Management)，是指对多个相互关联的项目组成的项目群的管理，其控制的核心是组织整体的战略目标，时间范围不仅限于项目的实施阶段，更加重视项目决策阶段的管理；第三代是组合管理(Protfolio Management)，它是指多个相互关联的项目组成的项目群的管理；第四代是变更管理(Change Management)，即针对不断变化的环境要素所进行的项目管理。

同时，项目管理也越来越重视对工程项目全寿命周期的管理。长期以来，由于我国工程建设管理体制专业分散、职能分割，工程建设全过程的管理和咨询服务被分割在不同的职能机构，造成各职能机构缺乏整体观念，前后信息链断裂，浪费人力资源，影响了决策的正确性、设计的合理性、监理的有效性、施工的科学性和业主管理的完整性。

而工程项目全寿命管理即从工程项目前期策划，直至工程使用期终结拆迁的全寿命、全过程进行策划、协调和控制，使该项目在预定的建设期限和计划投资范围内顺利完成建设任务，达到工程质量标准，满足投资商、项目经营者以及最终用户的需求。

随着社会的发展，现代工程项目也呈现规模大、建设周期长、工程建设环境动态多变、工程建设关联性加强、各项目相关者利益互动日益明显的趋势，传统的单阶段和单个工程项目管理的理论和方法已经无法适应日益复杂的现代项目的发展需要。因此，必须运用复杂性理论对大型群体项目的特征进行分析，利用集成化、系统工程、控制论和信息技术等现代理论、方法和技术，在工程项目全过程中把共享资源和利益群体进行整合，进行集成化管理和系统性目标控制，实现工程项目具体目标和投资效益最大化，充分体现工程项目管理过程系统集成和内在规律的本质要求。

复习思考题

1. 简述项目的特征。
2. 典型的项目阶段包含哪几个阶段？
3. 工程项目成功的标志有哪些？
4. 项目管理具有哪些特点？
5. PMBOK 将项目管理知识划分为哪几方面内容？
6. 简述现代工程项目管理的发展趋势。

2 工程项目管理系统过程

2.1 概述

2.1.1 工程项目目标

工程项目目标就是实施一个工程项目所要达到的预期结果。工程项目目标必须明确、可行、具体和可以度量,并须在投资方与工程项目业主、承包商之间达成一致。确定了工程项目目标,实际上也就明确了工程项目业主努力的方向。

工程项目不同于一般的项目,其特征决定了工程项目目标的系统性。

2.1.2 工程项目目标系统

工程项目目标不是单一的目标,而是多个目标,而且不同目标之间可能相互冲突,因此必须在多个目标之间找到平衡点。实现工程项目的过程就是多个目标协调一致的过程,这种协调包括同一层次的多个目标之间的横向协调,工程项目总目标与子目标之间的纵向协调,以及工程项目目标与组织目标之间的协调等。

工程项目目标是一个目标系统,包含质量、投资、进度三大目标子系统,它们之间相互依存,相互制约。一方面,投资、进度、质量三大目标之间存在着矛盾和对立的一面。例如,如果提高工程质量目标,就要投入较多的资金和花费较长的建设时间;如果要缩短项目的工期,投资就要相应提高,或者就不能保证原来的质量标准;如果要降低投资,那么就要降低项目的功能要求和质量标准。另一方面,投资、进度和质量目标还存在着统一的关系。例如,适当增加投资的数量,为采取加快进度措施和严格项目质量控制提供经济条件,就可以加快项目建设速度,缩短工期,使项目提前运营,投资尽早收回,项目的全寿命经济效益就会得到提高;适当提高项目功能要求和质量标准,虽然会造成一次性投资的提高和工期的延长,但能够节约项目动用后的经常费用和维修费用,降低产品成本,从而获得更好的投资效益;如果项目进度计划制定得既可行又优化,使工程进展具有连续性、均衡性,则不但可以使工期得以缩短,而且有可能获得较好的质量和较低的费用。三大目标之间的关系如图 2-1 所示。

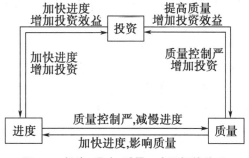

图 2-1 投资、进度、质量三大目标的关系

由于工程项目的投资、进度和质量目标的对立统一关系，因此，对一个工程项目，通常不能说某个目标最重要。同一个工程项目，在不同的时期，三大目标的重要程度可以不同。因此，三大目标之间需要作为一个系统统筹考虑，反复协调和平衡，力求以资源的最优配置实现工程项目目标。

2.2 工程项目管理系统

2.2.1 工程项目管理的层次

工程项目建设过程是一个多组织参与的过程。各个组织共同努力，积极协调，才能实现工程项目的建设目标。然而，参与各方所处的角度不同，所承担的工作任务不同，经济利益也不同，对项目管理的出发点、目标、要求有较大的差别，从而形成了不同层次的项目管理，包括业主方的项目管理、项目管理公司的项目管理、设计方的项目管理、承包商的项目管理和政府建设管理。

1）业主方的项目管理

业主是项目的责任人，是项目的投资主体，其实现投资目的是以最佳的投资经济效果，能尽快回收投资，获得投资项目的最大效益为目标，它对项目的结果负责，所以业主方的工程项目管理是全过程的，包括项目的决策阶段和实施阶段的各个环节。业主方的项目管理服务于业主的利益，其项目管理的目标包括投资目标、质量目标和进度目标，主要工作是投资控制、质量控制、进度控制、合同管理、信息管理和组织协调。

由于业主方是工程项目生产过程的总集成者——人力资源、物质资源和知识的集成，业主方也是工程项目生产过程的总组织者，因此对于某个工程项目而言，虽然有代表不同利益方的项目管理，但是业主方的项目管理是该项目的项目管理的核心。

2）项目管理公司的项目管理

在市场经济条件下，为了充分利用社会分工与协作条件，提高工程项目的管理效率，项目业主可以把部分任务和管理权力委托给咨询公司、监理公司、工程管理公司，由这些公司实施对工程项目的管理。由于这些公司具有很强的专业技术力量和工程项目管理经验，可以对工程项目实施有效的管理，有利于实现工程项目目标。

项目管理公司受业主委托，提供项目管理服务，包括合同管理、投资控制、质量控制、进度控制、信息管理，协调与业主签订合同的设计单位、承包商、供应商的关系，并为业主承担项目中的事务性管理工作和决策咨询工作。

受业主委托的项目管理，根据业主的需求，既可以是全面、全阶段委托的项目管理，也可以是分阶段委托的项目管理。2017年2月，国务院办公厅关于促进建筑业持续健康发展的意见中明确指出培育全过程工程咨询，鼓励投资咨询、勘察、设计、监理、招标代理、造价等企业采取联合经营、并购重组等方式发展全过程工程咨询，培育一批具有国际水平的全过程工程咨询企业，制定全过程工程咨询服务技术标准和合同范本。政府投资工程应带头推行全过程工程咨询，鼓励非政府投资工程委托全过程工程咨询服务。在民用建筑项目中，充分发挥建筑师的主导作用,鼓励提供全过程工程咨询服务。

3) 设计方的项目管理

设计方的项目管理是指设计单位在接受业主的委托后,以设计合同约定的工作目标以及责任义务作为管理的对象、内容和条件所实施的管理活动。设计方作为项目建设的一个参与方,其项目管理主要服务于项目的整体利益和设计方本身的利益。设计方项目管理的目标包括设计的成本目标、设计的进度目标、设计的质量目标以及项目的投资目标,项目的投资目标能否实现与设计工作密切相关。

设计项目管理从设计方的角度看,是以履行工程设计合同和实现设计单位经营目标为目的,它在地位、作用和利益追求上与项目业主不一样,但是它是项目设计阶段项目管理的主要内容。项目业主通过与设计方签订合同,通过协调和监督(或委托监理实施),依靠设计方的设计项目管理贯彻业主的建设意图和实施设计阶段的投资、质量和进度控制。设计方通过有效的项目管理,实现以最低的成本完成业主满意的设计产品,以实现自己的经营目标。

4) 施工方的项目管理

施工方的项目管理也称为施工项目管理,是指建筑施工企业以施工合同界定的工程范围和要求为内容和条件所进行的项目管理。施工项目管理的周期是指施工项目的生命周期,包括施工投标、签订施工合同、施工准备、施工、交工验收和保修等施工全过程。

施工方作为项目建设的一个参与方,其项目管理主要服务于项目的整体利益和施工方本身的利益。施工方项目管理的总目标是实现企业的经营目标和履行施工合同,具体的目标是施工质量(Quality)、成本(Cost)、工期(Delivery)、施工安全和现场标准化(Safety),简称QCDS目标系统。显然,这一目标体系既是企业经营目标的体现,也和工程项目的总目标密切联系。

5) 政府对工程的项目管理

政府建设主管部门尽管不直接参与建设项目的生产活动,但由于建筑产品的社会性强,影响大,生产和管理的特殊性等,需要政府通过立法和监督来规范建设活动的主体行为,保证工程质量,维护社会公共利益。

政府对工程的项目管理是指政府的有关部门履行社会管理的职能,依据法律和法规对项目进行行政管理,提供服务和做监督工作,而不是作为投资者对政府投资项目的管理。政府的监督职能应贯穿于项目实施的各个阶段。

一个工程项目的建设是否成功,取决于项目的实施各方的项目管理状况,若各方都处于最优的管理状态,那么工程项目的建设肯定是成功的。在工程项目管理系统中,业主方的项目管理起主导作用,业主是工程项目的投资者,也是工程项目的决策者,工程项目建设是否成功,业主方的项目管理是关键。

2.2.2 工程项目管理的工作范围

1) 工程项目管理的任务

尽管工程项目的种类繁多,特点各异,但工程项目管理的主要任务就是在可行性研究、投资决策的基础上,对建设准备、勘察设计、施工、竣工验收等全过程的一系列活动进行规划、协调、监督、控制和总结评价,以保证工程项目质量、进度、投资目标的顺利实现。不同类

型的项目,不同的项目管理主体,尽管管理任务各不相同,但一般都包括以下几个方面的内容:

(1) 合同管理

建设工程合同是业主和参与项目实施各主体之间明确责任、权利关系的具有法律效力的协议文件,也是运用市场经济体制、组织项目实施的基本手段。从某种意义上讲,项目的实施过程就是建设工程合同订立和履行的过程。一切合同所赋予的责任、权利履行到位之日,也就是建设工程项目实施完成之时。

建设工程合同管理,主要是指对各类合同的依法订立过程和履行过程的管理,包括合同文本的选择,合同条件的协商、谈判,合同书的签署,合同履行、检查、变更和违约、纠纷的处理,总结评价等等。

(2) 组织协调

组织协调是管理技能和艺术,也是实现项目目标必不可少的方法和手段。在项目实施过程中,各个项目参与单位需要处理和调整众多复杂的业务组织关系,主要内容包括:

① 外部环境协调。与政府管理部门之间的协调,如规划、城建、市政、消防、人防、环保、城管部门的协调;资源供应方面的协调,如供水、供电、供热、电信、通讯、运输和排水等方面的协调;生产要素方面的协调,如图纸、材料、设备、劳动力和资金方面的协调;社区环境方面协调等。

② 项目参与单位之间的协调。主要有业主、监理单位、设计单位、施工单位、供货单位、加工单位等。

③ 项目参与单位内部的协调。指项目参与单位内部各部门、各层次之间及个人之间的协调。

(3) 目标控制

目标控制是项目管理的重要职能,是指项目管理人员在不断变化的动态环境中为保证既定计划目标的实现而进行的一系列检查和调整活动。工程项目目标控制的主要任务就是在项目前期策划、勘察设计、施工、竣工交付等各个阶段采用规划、组织、协调等手段,从组织、技术、经济、合同等方面采取措施,确保项目总目标的顺利实现。

(4) 风险管理

随着工程项目规模的大型化和工艺技术的复杂化,项目管理者所面临的风险越来越多。工程建设客观现实告诉人们,要保证工程建设项目的投资效益,就必须对项目风险进行科学管理。

风险管理是一个确定和度量项目风险,以及制定、选择和管理风险处理方案的过程。其目的是通过风险分析减少项目决策的不确定性,以便决策更加科学,以及在项目实施阶段,保证目标控制的顺利进行,更好地实现项目质量、进度和投资目标。

(5) 信息管理

信息管理是工程项目管理的基础工作,是实现项目目标控制的保证。只有不断提高信息管理水平,才能更好地承担起项目管理的任务。

工程项目的信息管理主要是指对有关工程项目的各类信息的收集、储存、加工整理、传递与使用等一系列工作的总称。信息管理的主要任务是及时、准确地向项目管理各级领导、各参加单位及各类人员提供所需的综合程度不同的信息,以便在项目进展的全过程中,动态地进行项目规划,迅速正确地进行各种决策,并及时检查决策执行结果,反映工程实施中暴露的各类问题,为项目总目标服务。

信息管理工作的好坏,将会直接影响项目管理的成败。在我国工程建设的长期实践中,由于缺乏信息,难以及时取得信息,所得到的信息不准确或信息的综合程度不满足项目管理的要求,信息存储分散等原因,造成项目决策、控制、执行和检查的困难,以至于影响项目总目标实现的情况屡见不鲜,应该引起广大项目管理人员的重视。

(6) 环境保护

工程建设可以改造环境、为人类造福,优秀的设计作品还可以增添社会景观,给人们带来观赏价值。但一个工程项目的实施过程和结果,同时也存在着影响甚至恶化环境的种种因素。因此,应在工程建设中强化环保意识,切实有效地把环境保护和防止损害自然环境、破坏生态平衡、污染空气和水质、扰动周围建筑物和地下管网等现象的发生,作为项目管理的重要任务之一。项目管理者必须充分研究和掌握国家和地区的有关环保法规和规定,对于环保方面有要求的工程建设项目在项目可行性研究和决策阶段,必须提出环境影响报告及其对策措施,并评估其措施的可行性和有效性,严格按建设程序向环保管理部门报批。在项目实施阶段,做到主体工程与环保措施工程同步设计、同步施工、同步投入运行。在工程施工承发包中,必须把依法做好环保工作列为重要的合同条件加以落实,并在施工方案的审查和施工过程中,始终把落实环保措施、克服建设公害作为重要的内容予以密切注视。

2) 工程项目管理的工作范围

在工程项目建设的不同阶段,参与工程建设的各方的管理内容和重点各不相同,下面主要介绍业主和承包商项目管理的工作范围。

(1) 业主项目管理的工作范围

① 决策阶段

决策阶段业主项目管理的工作范围包括:

◆ 对投资方向和内容作初步构想。

◆ 选择专业咨询机构,组织编制项目建议书和可行性研究报告。

◆ 组织对工程项目建议书和可行性研究报告进行评审,并落实项目建设相关条件。

◆ 根据项目可行性研究报告和国家有关规定对项目进行决策。

② 准备阶段

准备阶段业主项目管理的工作范围包括:

◆ 取得项目选址、资源利用、环境保护等方面的批准文件。

◆ 选择勘察设计单位进行勘察、设计工作。

◆ 及时办理有关设计文件的审批工作。

◆ 组织落实项目建设用地、办理土地征用、拆迁补偿及施工场地的平整等工作。

◆ 聘请监理咨询机构,组织开展设备采购、工程施工招标及评标等工作。

③ 实施阶段

实施阶段业主项目管理的工作范围包括:

◆ 办理项目的有关批准手续,如施工许可证等。

◆ 解决施工所需水、电、道路等必要条件。

◆ 向承包人提供施工场地的工程地质和地下管线等资料,对资料的真实准确性负责。

◆ 协调处理施工场地周围地下管线和邻近建筑物、构筑物(包括文物保护建筑)、古树名木的保护工作,承担有关费用。

◆ 协调设计、施工、监理等方面的关系,组织进行图纸会审和设计交底。

◆ 确定水准点与坐标控制点,以书面形式交给承包人,并进行现场交验。
◆ 督促检查合同执行情况,按合同规定及时支付各项款项。

④ 竣工验收阶段

竣工验收阶段业主项目管理的工作范围包括:
◆ 组织进行联合试车。
◆ 组织有关方面进行竣工验收,办理工程移交手续。
◆ 做好项目有关资料的管理工作。

⑤ 后评价阶段

后评价阶段业主项目管理的工作范围包括:
◆ 项目建成后效益分析及与原预测产生偏差的原因分析。
◆ 建成项目所需的投资、工期与原计划产生偏差的原因分析。
◆ 进行重大设计变更的原因分析。
◆ 项目建成后对社会、政治、经济和环境的影响分析。
◆ 对项目前景的展望。

(2) 承包商项目管理的工作范围

① 制定施工组织设计和质量保证计划,经监理工程师审定后组织实施。

② 按施工计划施工,认真组织好人力、机械、材料等资源的投入,并向监理工程师提供年、季、月工程进度计划及相应进度统计报表。

③ 按施工合同要求在工程进度、成本、质量方面进行过程控制,发现偏差及时纠正。

④ 按专用条款约定做好施工场地地下管线和邻近建筑物、构筑物(包括文物保护建筑)、古树名木的保护工作。

⑤ 遵守政府有关部门对施工场地交通、施工噪音以及环境保护和安全生产等的管理规定,按规定办理有关手续,并以书面形式通知发包人。

⑥ 已竣工工程未交付发包人之前,负责已完工程的成品保护工作,保护期间发生损坏,承包人自费予以修复。

⑦ 保证施工场地清洁符合环境卫生管理的有关规定,交工前清理现场达到专用条款的要求。

⑧ 接受监理工程师的监督检查,提供业主和监理工程师所需的各种统计报表。

⑨ 及时提交竣工验收申请报告,对验收中发现的问题及时进行改进。

⑩ 及时移交有关工程资料档案。

2.3 工程项目计划体系

2.3.1 工程项目计划过程

1) 计划

计划是组织为实现一定目标而科学地预测并确定未来的行动方案。任何计划都是为了解决三个问题:一是确定组织目标;二是确定达成目标的行动时序;三是确定行动所需的资源比例。

2)项目计划

项目计划是为实现项目的既定目标,对未来项目实施过程进行规划、安排的活动。

在项目管理的几大职能(计划、组织、指挥、协调、控制)中,项目计划职能是最先发生的并处于首要地位的职能,它是其他四项管理职能实现的前提。项目计划是龙头,任何项目管理都是从项目计划开始的。为实现项目的目标,必须对项目所需的资源(人力、财力、物力、时间)进行周密的安排和策划,项目的协调控制都要以计划作为基础和依据。一个项目管理的成败,首先取决于项目计划的质量,其次才是项目管理其他四项职能发挥的程度。项目计划是项目实施的基础,是项目管理工作的首要环节,抓住了这个首要环节就可以掌控全局。项目计划是有效协调项目工作,推动项目管理工作顺利进行的重要工具。

3)项目计划过程

计划作为一个阶段性的工作,在项目批准之后,作为项目管理的职能工作贯穿于项目生命期的全过程。工程项目的计划是一个持续的、循环的、渐进的过程,随着工程项目的进展,情况也在不断变化发展,这就要求对计划不断地研究、修改、调整和补充,形成一个前后相继的计划体系。

(1)总体计划

总体计划是对项目总的框架的构思,包括总的项目规模、生产能力、建设期、运行期的预测以及总投资的估算与资金来源的安排等。它是在项目前期策划阶段产生的,通过项目的目标提出,在目标系统设计以及项目定义过程中确定的。此阶段的计划实质上就是一个初步计划,它是投资者进行项目构思的支持计划,对投资目标的认定具有重要的意义。

(2)详细计划

详细计划是在总体计划的基础上形成的,是项目可行性研究中的具体产物。项目的可行性研究就是研究计划,是对计划进行科学分析和系统全面的论证。详细计划包括项目的投资计划与筹资方案;项目的建设计划;项目的生产与销售计划;投资估算;进度计划;现金流量计划等。对可行性研究的批准实质上是对一套计划的认可。

(3)控制计划

项目在可行性研究中提出多个研究方案,将多个研究方案进行优化,形成一个被认定的方案,得到批准。项目批准只是一个控制计划,项目批准后设计与计划是平行进行的。工程项目都有多步设计,例如初步设计、技术设计、施工图设计。每一步设计都有一个相应的计划,前一步计划的认定就是下一步设计的依据,下一步设计的完成又拟定了一个新的计划。计划随着设计的深入不断细化、具体化。同时,项目结构分解不断细化,项目组织形式也逐渐完善,这样就形成了一个多层次的控制和保证体系。

(4)近期计划

近期计划属于实施过程中的计划。在项目实施过程中,一般是按照原计划来组织项目施工的。但是,由于原计划期做的计划较粗,再加上情况在不断变化,使原计划难以适应施工的需要,必须对原计划作出调整、修改和补充,不断采用滚动的方法,制定适应施工需要的详细的近期计划。

2.3.2 工程项目计划的作用

"计划、计划、再计划——按计划去做",这句话言简意赅地指出了项目计划的作用。项目计划的作用具体表现在以下五个方面：

（1）项目计划是实现项目目标的一种手段。计划的核心是目标，项目计划的第一步就是要明确项目的目标。然后为了完成这些目标，对开展工作所需的各项活动作出周密的安排，使人力、材料、机械、资金等各种资源得到充分有效的运用，并在项目实施过程中，及时地对各方面的活动进行协调，以达到项目质量优良、工期合理、造价较低的理想目标。

（2）项目计划过程是一个决策过程。工程项目综合性都较强，往往涉及政治、经济和技术等多方面的决策问题，因而项目计划过程就是通过收集、整理和分析所掌握的信息，为项目决策人提供工程项目是否需要进行、有没有可能进行、怎样进行以及可能达到的目标等一系列决策信息。对每一个计划的批准都是一项重要的决策工作。

（3）项目计划是项目实施的指导文件。任何项目都必须有明确的项目目标和实施方案，而项目各项工作的开展，要以项目计划为依据，使工程项目实施中做到有法可依、有据可查，以此来协调各项活动，保证整个项目的实施过程都在计划的指导下进行。

（4）项目计划是度量项目工作绩效和控制的基准。项目管理者在计划的实施过程中要对成员开展项目业绩考核和实施控制，项目计划制定了项目工作的标准和项目产出物的标准，这些标准就成为管理者进行考核和控制的依据标准。计划实施的同时，管理者要不断地检查项目的进度和工作质量等方面是否出现偏差，评价项目成员的工作是否符合标准，如果存在偏差，必须及时采取措施进行控制，保证项目按照计划完成。没有计划，控制和考核就无从谈起。

（5）项目计划是沟通的工具。制定项目计划是为了便于业主和项目有关各方之间的交流沟通，项目计划是沟通的最有效工具，通过计划协调一致。

2.3.3 工程项目计划的内容

由于项目是多目标的，同时有许多项目要素和管理职能，带来项目计划内容上的复杂性。项目计划的构成文件很多，不同的项目、项目的不同层次或组织方式，其计划的内容和范围都不一样。每种计划都有各自的工作内容。

1）工作计划

工作计划也称实施计划，是为保证项目顺利开展、围绕项目目标的最终实现而制定的实施方案。工作计划主要说明采取什么方法组织实施项目，研究如何最佳地利用资源、用尽可能少的资源获取最佳效益。具体包括工作细则、工作检查及相应措施等。

2）组织计划

为保证工程项目的顺利实施，应当做出组织方面的规划。目的是保证建立一个健全的组织机构，以便工程实施中指挥灵便、协调一致、相互配合，信息传递反馈准确及时，出现问题能迅速妥善解决，从而保证工程项目的高效管理。项目的组织计划包括组织机构设计计划、生产人员的组织计划、协作计划、规章制度的建立计划、管理信息系统计划等。

3）进度计划

项目进度计划是说明项目中各项工作的开展顺序、开始时间、完成时间及相互依赖衔接关系的计划。进度计划的编制是为使项目实施形成一个有机的整体。进度计划是项目进度控制和管理的依据，可分为项目进度控制计划和项目状态报告计划。在进度控制计划中要确定应该督促哪些工作、何时监督、谁去监督,用什么样的方法收集和处理信息,怎样按时检查工作进展和采取何种调整措施,并把这些控制工作所需的时间和物资、技术资源列入项目的总计划中去。项目进度计划是物资、技术资源供应计划编制的依据,如果进度计划不合理,将导致人力、物力使用的不均衡,影响经济效益。

4) 资源计划

项目资源计划涉及决策什么样的资源(人员、材料、设备等)以及多少资源将于何时用于项目的各项工作的执行过程中,因此,它必然与进度计划和费用计划相对应。

5) 采购供应计划

在项目管理过程中,多数项目都会涉及劳动力、材料、设备等资源的采购、订货、运货、供应等问题,有的非标准设备还包括试验和验收等环节。采购供应计划就是对各种物资的采购供应做出详细安排,确保项目按计划顺利实施。因此,预先安排一个是否切实可行的物资、技术资源采购供应计划,将会直接影响到项目的实施,而且还会影响到项目的质量和成本。

6) 费用计划

项目费用计划包括项目各层次工作单元计划成本、基于项目时间的计划成本曲线和项目的成本模型、项目现金流量(包括支付计划和收入计划)、项目资金筹措(贷款)计划等。费用计划建立在各项工作或活动的费用估计的基础之上。

7) 质量计划

项目质量计划的主要目的是确保项目的质量标准能够得以满意地实现,它包括与控制项目质量有关的所有活动。如制定项目质量保证计划和质量改进计划、编写质量控制过程操作说明、设计各种检查表格等。

8) 应急计划

项目应急计划是指为了降低项目风险的损害而分析风险、制定风险应对策略方案,包括识别风险、量化风险、编制风险应对策略方案等过程。

9) 变更控制计划

由于在项目实施过程中,内外环境会随时发生变化,导致原计划与实际不符的情况经常发生。这时需要对原项目范围和计划进行变更。有效处理项目变更可使项目获得成功,否则可能会导致项目失败。项目变更控制计划主要是规定处理变更的步骤、程序、确定变更行动的准则,包括合理调整项目范围、制定纠偏计划等。

10) 其他计划

项目管理过程中还包含有众多的辅助和支持计划,如安全计划、沟通计划、文件控制计划、培训计划、软件支持计划等。

2.3.4 计划的要求

项目计划在项目过程中起承上启下的重要作用,批准后的项目计划是项目工作的指南,在项目实施中必须贯彻执行。因此,为防止计划的失误和失败,对项目计划有特殊要求:

(1) 符合项目的总目标。计划是为了保证实现总目标而做的各项安排,计划管理者必须详细分析总目标,明确总目标和任务,以防误解总目标而导致计划的失败。

(2) 符合项目所处环境。任何项目总是周围环境的项目,项目计划必然受到环境的制约。计划的制定必须考虑宏观环境和微观环境的影响,充分利用当地的人力、市场、现存建筑物、基础设施、自然资源、运输条件与气候条件等。

(3) 符合客观规律。符合客观规律是指项目计划应符合自身的客观规律。按照工程自身的逻辑规律和工程的规模、质量要求、复杂程度做计划,不要盲目求快,不要随意降低费用。要根据自身的经验、历史的真实资料和参与者的实际情况,结合项目特点作出科学分析后进行计划安排。

(4) 计划应具有弹性。计划的弹性是指计划不能做得太粗也不能做得太细,太粗就达不到指导实际工作、跟踪监督的目的,容易造成混乱;太细则会束缚基层的活力,使下级丧失创造和主动精神,还会导致信息的处理量太大。所以,计划管理者在做计划时必须考虑各方面的可变因素,加强对项目环境的预测和风险因素的分析,加强宏观经济与政策变化对项目影响的分析,使制定的计划具有一定的弹性,能适应条件变化的需要。

(5) 计划应全面。计划的全面性是指项目计划必须包括项目实施的各个方面和各种要素,在内容上周密安排;项目实施中的各参与者、各专业、所有资源、所有工程活动在时间上和空间上协调配合。

(6) 经济性要求。计划的制定要讲究效率,要考虑投入与产出之间的比例,而且要有较高的整体经济效益,即费用省、效益高,同时要求项目在财务上平衡,有效地使用资源。

2.3.5 工程项目计划中的协调

一个计划不但要有内容上的完整性和周密性,而且要做好计划中的协调工作,才能称得上是一个科学的可行的计划。一个有价值的计划需从以下几方面做好协调工作:

(1) 招标文件、签订的合同一定要与总体计划、目标和任务相一致。承包商的计划(包括实施方案、进度计划等)要与业主的计划相协调,纳入整个项目的计划体系中,分包商的计划也应纳入总承包商的计划体系中统筹考虑。

(2) 合同之间的协调。包括设计合同、土建承包合同、供应合同、安装合同、项目管理合同之间的协调,还应在责权利关系、工作的安排、时间的安排上做好协调。

(3) 各种计划的协调。由于进度计划、供应计划、运输计划、成本计划、财务计划等计划是由不同的专业人士完成的,因此,无论是在计划阶段还是在实施阶段,应经常举行协调会议,加强他们之间的沟通与协调,保证人、财、物不与进度的要求相冲突。

(4) 不同层次计划的协调。在项目推进中,计划将逐渐细化、深入,不断由上层向下层发展,必须做好各层次间计划的协调。保证上层计划对下层计划的控制、下层计划符合上层计划的要求,形成一个上下协调一致的计划体系。

2.4 工程项目实施控制体系

2.4.1 工程项目实施控制的概念

1) 控制与反馈

(1) 控制

控制概念的内涵非常丰富。① 控制是一种有目的的主动行为,控制必须有明确的目的或目标,明确活动的目的是实施控制的前提。② 控制行为必须由控制主体和控制对象两个部分构成。控制主体即实施控制的部分,由它决定控制的目的,并向控制对象提供条件、发出指令。控制对象即被控部分,它是直接实现控制目的的部分,其运行效果反映出控制的效果。③ 控制对象的行为必须有可描述和量测的状态变化,没有这种变化,就没有必要控制;没有这种变化,就不可能找到控制对象的行为与控制目的的偏差,进而实施控制。④ 控制是目的和手段的统一。能否实现有效控制,不仅要有明确的目的,还必须要有相应的手段。

综合以上含义,控制就是指在实现行为对象目标的过程中,行为主体按预定的计划实施,在实施过程中会遇到许多干扰因素,行为主体通过检查,收集实施状态的信息,将其与原计划(标准)作比较,以发现偏差,并采取措施纠正这些偏差,从而保证计划正常实施,达到预定目标的全部活动。这里控制表现为以实现事先预定目标为目的,所以又称为目标控制。

(2) 反馈

反馈是控制论的一个重要概念。反馈是指把施控系统的信息作用(输入)到被控系统后产生的结果再返送回来,并对信息的再输出发生影响的过程。如图 2-2 所示。

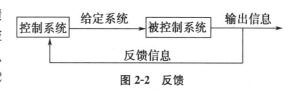

图 2-2 反馈

控制理论最重要的原理之一就是反馈控制原理,即利用反馈来进行控制。当控制的目的是为了保持事物状态的稳定性时,采用负反馈控制;当控制的目的是促使事物由一种状态向另一种状态转换时,采用正反馈控制。

(3) 前馈

与反馈相对应的是前馈。前馈是指施控系统根据已有的可靠信息分析预测得出被控系统将要产生偏离目标的输出时,预先向被控系统输入纠偏信息,使被控系统不产生偏差或减少偏差。利用前馈来进行控制称为前馈控制。

2) 控制过程

控制过程的形成依赖于反馈原理,它是反馈控制和前馈控制的组合。图 2-3 示出了控制的过程。从图中可以看出,控制过程始于计划,项目按计划开始实施,投入人力、材料、机具、信息等,项目开展后不断输出实际的工程状况和实际的质量、进度和投资情况的指标。由于受系统内外各种因素的影响,这些输出的指标可能与相应的计划指标发生偏离。控制人员在项目开展过程中,要广泛收集各种与质量、进度和投资目标有关的信息,并将这些信息进行整理、分类和综合,提出工程状况报告。控制部门根据这些报告将项目实际完成的投资、进度和质量指标与相应的计划指标进行比较,以确定是否产生了偏差。如果计划运行正常,就按原计划继续运行;如果有偏差,或者预计将要产生偏差,就要采取纠正措施,或改变投入,或修改计划,或采取其他纠正措施,使计划呈现一种新状态,然后工程按新的计划进行,开始一个新的循环过程。这样的循环一直持续到项目建成运用。

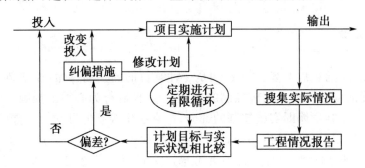

图 2-3 控制过程示意图

一个建设项目目标控制的全过程就是由这样的一个个有限的循环过程所组成的,是动态过程。图 2-3 亦称为动态控制原理图。

3) 控制的基本环节

从上述动态控制过程可以看出,控制过程的每次循环,都要经过投入、转换、反馈、对比、纠偏等工作,如图 2-4 所示,这些工作就是控制过程的基本环节。

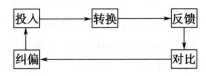

图 2-4 控制流程的基本环节

(1) 投入

就是根据计划要求投入人力、财力、物力。计划是行动前制定的具体活动内容和工作步骤,其内容不但反映了控制目标的各项指标,而且拟定了实现目标的方法、手段和途径。控制同计划有着紧密的联系,控制保证计划的执行并为下一步计划提供依据,而计划的调整和修改又是控制工作的内容,控制和计划构成一个连续不断的"循环链"。做好投入工作,就是要把质量、数量符合计划要求的资源按规定时间投入到工程建设中去。

(2) 转换

转换主要是指工程项目由投入到产出的过程,也就是工程建设目标实现的过程。转换过程受各方面因素的干扰较大,必须做好控制工作。一方面,要跟踪了解工程进展情况,收集工程信息,为分析偏差原因、采取纠正措施做准备;另一方面,要及时处理出现的问题。

(3) 反馈

反馈是指反馈各种信息。信息是控制的基础,及时反馈各种信息,才能实施有效控制。信息包括项目实施过程中已发生的工程状况、环境变化等信息,还包括对未来工程预测信息。要确定各种信息流通渠道,建立功能完善的信息系统,保证反馈的信息真实、完整、正确和及时。

(4) 对比

对比是将实际目标值与计划目标值进行比较,以确定是否产生偏差以及偏差的大小。

进行对比工作,首先是确定实际目标值。这是在各种反馈信息的基础上进行分析、综合,形成与计划目标相对应的目标值。然后将这些目标值与衡量标准(计划目标值)进行对比,判断偏差。如果存在偏差,还要进一步判断偏差的程度大小,同时,还要分析产生偏差的原因,以便找到消除偏差的措施。

(5) 纠偏

纠偏即纠正偏差。根据偏差的大小和产生偏差的原因,有针对性地采取措施来纠正偏差。如果偏差较小,通常可采用较简单的措施纠偏;如果偏差较大,则需改变局部计划才能使计划目标得以实现。如果已经确认原定计划不能实现,就要重新确定目标,制定新计划,然后工程在新计划下进行。

投入、转换、反馈、对比和纠偏工作构成一个循环链,缺少某一工作,循环就不健全;同时,某一工作做得不够,就会影响后续工作和整个控制过程。要做好控制工作,必须重视每一项工作,把这些工作做好。

4) 控制方式

控制方式是指约束、支配、驾驭被控对象行为的途径和方法,是控制的表现形式。

控制的方式可以按照不同的方法来划分。按照被控系统全过程的不同阶段,控制可划分为事前控制、事中控制和事后控制。事前控制,即在投入阶段对被控系统进行控制,又称为预先控制;事中控制,又称为过程控制,是在转化过程阶段对被控系统进行控制;事后控制,是在产出阶段对系统进行控制。按照反馈的形式可划分为前馈控制和反馈控制。按照控制过程是否形成闭合回路可划分为开环控制和闭环控制。按照控制措施制定的出发点分类,可分为主动控制和被动控制。下面主要介绍按照控制措施制定的出发点分类。

(1) 被动控制

被动控制是根据被控系统输出情况,与计划值进行比较,以及当实际值偏离计划值时,分析其产生偏差的原因,并确定下一步的对策。被动控制是事中和事后控制,也是反馈控制,同时它又是一种闭环控制(见图2-5)。

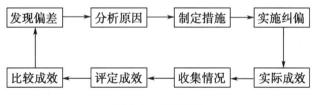

图 2-5 闭环控制

被动控制的特点是根据系统的输出来调节系统的再输入和输出,即根据过去的操作情况去调整未来的行为。这种特点,一方面决定了它在控制工作中具有普遍的应用价值;另一方面也决定了它自身的局限性。这个局限性首先表现在,在反馈信息的检测、传输和转换过程中,存在着不同程度的"时滞",即时间延迟。这种时滞表现在三个方面:一是当系统运行出现偏差时,检测系统常常不能及时发现,有时等到问题明显严重时才能引起注意;二是对反馈信息的分析、处理和传输,常常需要大量的时间;三是在采取了纠正措施,即系统输入发生变化后,其输出并不立即改变,常常需要等待一段时间才变化。

反馈信息传输、变换过程中的时滞,引起的直接后果就是使系统产生振荡,或使控制过程出现波动。有时输出刚达到标准值时,输入的变化又使其发生变化而难以使输出稳定在标准值上。

即使在比较简单的控制过程中,要查明产生偏差的原因往往要花费很多时间,而把纠正措施付诸实施则要花费更多的时间。对于工程建设这样的复杂过程更是如此。有效的实时信息系统可以最大限度地减少反馈信息的时滞。

由于被动控制是通过不断纠正偏差来实现的,而这种偏差对控制工作来说则是一种损失。例如,工程进度产生较大延误,要采取加大人、财、物的投入,或者就要影响项目竣工使用。

以上是被动控制局限性的主要方面。要克服这种局限性,除了提高控制系统本身的反馈效率之外,最根本的方法就是在进行被动控制的同时加强主动控制,即前馈控制。

(2) 主动控制

主动控制指事先主动地采取决策措施,以尽可能地减少甚至避免计划值与实际值的偏离。很显然,主动控制是事前控制,也是前馈控制,它通常也是一种开环控制(见图 2-6)。它对控制系统的要求非常高,特别是对控制者的要求很高,因为它是建立在对未来预测的基础之上的,其效果的大小,有赖于准确的预测分析。

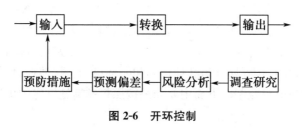

图 2-6　开环控制

但实现主动(前馈)控制是相当复杂的工作,要准确地预测到系统每一变量的预期变化并不是一件容易的事。某些难以预测的干扰因素的存在,也常常给主动控制带来困难。但这些并不意味着主动控制是不可能实现的。在实际工作中,重要的是准确地预测决定系统输出的基本的和主要的变量或因素,并使这些变量及其相互关系模型化和计算机化,至于一些次要的变量和某些干扰变量不可能全部预测到。对于这些不易预测的变量,可以在主动控制的同时,辅以被动控制不断予以消除。这就是要把主动控制和被动控制结合起来。

实际上,主动控制和被动控制对于有效的控制而言都是必要的,两者目标一致,相辅相成,缺一不可。控制过程就是这两种控制的结合,是两者的辩证统一。

2.4.2　工程项目实施控制要素

1) 工程项目实施控制对象

工程项目实施控制对象是项目控制活动的载体。只有对具体的控制对象进行微观控制并系统集成起来,才能实施对工程项目的全面控制。

(1) 工程项目结构分解各层次的单元,直到工作包及其各个工程活动,它们是控制的最主要对象。由于它们构成进度计划中的工作任务,所以通过它们可形成时间、工程量、成本、资源等的综合控制。只有控制到最小单元才能控制成本、工期、质量,精确度才可信,才能真正理解偏差。

(2) 项目的各个生产要素,包括劳动力、材料、现场、费用等。

(3) 项目管理任务的各个方面,如成本、质量、工期、合同等。

(4) 工程项目的实施过程的秩序、安全、稳定性等。

(5) 为了便于有效地控制和检查,应设置一些控制点。控制点通常是关键点,能最佳地反映目标,如:

① 重要的里程碑事件。

② 对工程质量、进度、成本有重大影响的工程活动或措施。

③ 标的大、持续时间长的主要合同。

④ 主要工程设备、主体工程。

2) 工程项目实施控制任务内容

工程项目控制的任务是进行进度控制、成本控制和质量控制,这就是通常所谓的工程项目的三大目标控制。这三项目标是工程项目的约束条件,也是工程项目实施努力的方向,它们包括了工程实施控制最主要的工作。除此之外,工程项目还必须实施一些其他的控制工作。

(1) 合同控制

现代工程项目参加单位与业主之间都是经济关系,并通过合同来维系。由于工程项目的整体性、系统性,业主与各参加单位以及各参加单位、其他单位的合同构成工程项目合同网络。这个网络要靠业主或工程项目组织者去精心设计。合同定义着各承发包工程的目标、工期、质量和价格,还定义着各方的责任、义务、权力、工作,所有与合同相关的工作均应受到严格的控制。

(2) 风险管理

由于工程项目实施中蕴含着许多不确定性因素,这些不确定性因素有可能发展成为风险,给工程项目造成很严重的负面影响,因此,必须对工程项目实施风险管理。

(3) 项目变更管理及项目的形象管理

实施过程中的调控措施以及项目变更必然造成项目实施目标、对象系统、实施过程和计划的变更,造成项目形象的变化。因此,必须加强这方面的管理。

3) 控制期的设定

在控制过程中,控制期的确定是十分重要的。工程项目按生命期划分成几个大的阶段,为了使控制更有效,还必须将其进一步细分为许多较小的控制期。最小控制期的设定与总工期有关,通常一年以上的项目,控制期以月计;对工期较短的项目控制期可以周或双周计。控制期太短,控制工作量及成本会大幅增加;控制期太长,不能及时发现问题和及早采取措施。

4) 工程项目控制过程

工程项目实施控制是一个积极的、持续改进的过程,结合工程项目的实施过程和控制程序特征,工程项目的实施控制过程见图 2-7 所示。

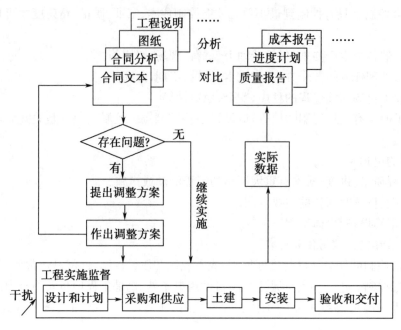

图 2-7　工程项目实施控制过程

（1）管理和监督项目实施

监督是实施控制的首要任务，通过经常性的监督可以保证整个项目和各个工程活动能够按照计划和合同有效的、经济的实施，以达到预定的项目目标。工程监督包括许多工作内容，例如：沟通各方面关系，提供工作条件，培训项目管理人员；按计划实施项目，协调各项工作、各参与者之间的关系，处理矛盾，发布工作指令，划分各方面责任界面，解释合同；各种材料和设备进场与使用、工艺过程、隐蔽工程、部分工程及整个工程的检查、验收、试验等；记录各种干扰因素，及时采取预防性措施；记录工程实施过程，收集工程量、计划、材料用量、发生费用等基本信息；各种工作和文件的审查、批准等。

（2）跟踪项目实施过程

通过对实施过程的监督获得反映工程实施情况的资料和对现场情况的了解。将这些资料进行信息处理，形成反映工程每一控制期的进度、成本、质量、安全综合信息反馈给控制部门。通过这些信息，结合工程状况、环境变化，可对工程进行预测。这样管理者就能获得项目实施状况的报告。将它与项目的目标、计划相比较，可以确定实际与计划的差距，发现何处、何时、哪方面出现了偏差。在跟踪项目实施过程中要注意以下两点：

① 要及时地认识偏差。在实际工程中对偏差的认识往往在时间上是滞后的。因此信息反馈要尽量迅速，并能反映实际问题。实践中最好建立有效的早期预警系统，这样可以及时分析问题，及时采取措施，从而保证有效地实施控制。

② 对偏差的分析应是全面的，从宏观到微观，由定性到定量，分析到每个控制对象。偏差可能表现在：

◆ 工程的完备性，工作量和质量。

◆ 生产效率：控制期内完成的工作量和相应的劳动消耗。

◆ 费用/成本：各工作任务或工作包费用，各费用项目剩余成本。

◆ 工期：如工作任务或工作包最终工期、剩余工期。

(3) 实施过程诊断

为了对项目的实施过程进行持续改进，必须不断地进行实施诊断。实施诊断的内容极其复杂：

① 对工程实施状况的分析评价。这是一个对项目工作业绩的总结和评价过程。按照计划、项目早期确定的组织责任和衡量业绩的标准（如实物、成本、收益、工作量、质量等指标），评价项目总体的和各部分的实施状况。

② 对产生问题和偏差原因的分析。产生偏差的原因很多，除最常出现的实际工程不能完全按计划实施外，可能还有目标的变化、边界条件和环境条件的变化、计划的错误、新的解决方案的采用、不可预见风险的发生、高层管理的干扰等。所以对偏差的分析，不要仅局限于实际与计划的对比，还要根据实际信息判断上述原因发生的可能性，这样才能得到正确的判断。

③ 原因责任的分析。责任分析的依据是原定的目标分解所落实的责任，它由任务书、任务单、合同、项目手册等定义。通过分析确定是哪个单位、哪个部门、哪个成员未能完成规定的责任而造成偏差，这对工程今后的控制是非常重要的。

在实际工程中有时偏差的产生是由于多方面责任，或多种原因的综合，因此分析时应按原因进行分解，明确造成偏差的各种责任。

④ 实施过程趋向的预测。这主要是给决策者提供决策依据。实施过程趋向预测是在目前实际状况的基础上对后期工程活动作新的进度计划，新的成本、资源计划等，这种趋向分析比跟踪有更大的意义。预测工作包括以下几方面：偏差对项目的结果状况有什么影响，即按目前状况继续实施工程，其成本、质量的最终状况；如果采取措施，以及采取不同的措施，工程项目将会有什么结果；事先预测和评价潜在的危险和将来可能发生的干扰，以准备采取预防性行动，否则会加大调整的难度。

(4) 采取调控措施

控制的目的不仅仅是为了监督和追究责任，而且是为了后期工作的安排，并采取措施，以持续改进项目实施过程。对项目实施的调整通常有以下两大类。

① 对项目目标的修改。如果已经确认原定计划目标不能实现，那就要重新确定目标或修改原定计划，目标与计划的修改最重要的影响就是造成投资或成本的追加，最严重的措施是中断项目。

② 根据目前新发生的情况（新环境、新要求、工程的实际实施状态）作出新计划或对计划作出调整，使工程在新的计划状态下组织实施。利用对项目实施过程的多种调控手段，如技术的、经济的、组织的、管理的或合同的手段干预实施过程，协调各单位、各专业的设计和施工工作。

在工程过程中调整是动态的控制，是一个连续滚动的过程，在每个控制期结束都应有相应的协调会议，进行常规的工作调整，修改计划，安排下期的工作，预测未来的状况。

2.4.3 工程项目实施前的工作

1) 各种许可证的办理

根据《城市规划法》的有关规定，城市土地利用与建设工程的规划管理实行法定许可证制度。根据《中华人民共和国建筑法》的有关规定,建筑工程开工前,建设单位应按照国家有关规定向工程所在地县级以上人民政府建设行政主管部门申请领取施工许可证。

(1) 申请建设用地规划许可证的一般程序

① 凡在城市规划区内进行建设需要申请用地的,必须持国家批准建设项目的有关文件,向城市规划行政主管部门提出定点申请。

② 城市规划行政主管部门根据用地项目的性质、规模等,按照城市规划的要求,初步选定用地项目的具体位置和界限。

③ 根据需要,征求有关行政主管部门对用地位置和界限的具体意见。

④ 城市规划行政主管部门根据城市规划的要求向用地单位提供规划设计条件。

⑤ 审核用地单位提供的规划设计总图。

⑥ 核发建设用地规划许可证。

(2) 申请建设工程规划许可证的一般程序:

① 凡在城市规划区内新建、扩建和改建建筑物、构筑物、道路、管线和其他工程设施的单位与个人必须持有关批准文件向城市规划行政主管部门提出建设申请。

② 城市规划行政主管部门根据城市规划提出建设工程规划设计要求。

③ 城市规划行政主管部门征求并综合协调有关行政主管部门对建设工程设计方案的意见,审定建设工程初步设计方案。

④ 城市规划行政主管部门审核建设单位或个人提供的工程施工图后,核发建设工程规划许可证。

建设用地规划许可证和建设工程规划许可证,设市城市由市人民政府城市规划行政主管部门核发;县人民政府所在地镇和其他建制镇,由县人民政府城市规划行政主管部门核发。

(3) 申请领取施工许可证应具备的条件:

根据《中华人民共和国建筑法》第二章第八条规定,申请领取施工许可证,应当具备下列条件:

① 已经办理该建筑工程用地批准手续。

② 在城市规划区的建筑工程,已经取得规划许可证。

③ 需要拆迁的,其拆迁进度符合施工要求。

④ 已经确定建筑施工企业。

⑤ 有满足施工需要的施工图纸及技术资料。

⑥ 有保证工程质量和安全的具体措施。

⑦ 建设资金已经落实。

⑧ 法律、行政法规规定的其他条件。

2) 现场准备工作

(1) 搞好现场的"三通一平"或"七通一平"。"三通一平"是指路通、水通、电通和平整场地。"七通一平"是指上水、下水、电力、电信、煤气、热力、道路和平整场地。

(2) 制定测量、放线方案。

(3) 临时设施的搭设。

(4) 设置消防、保安设施。

3) 实施条件准备

(1) 技术准备。熟悉、审查施工图纸和有关的设计资料,对原始资料进行调查分析,做好相应的图纸会审工作。

(2) 物资准备。建筑材料、构(配)件的加工和订货、现场储存和堆放;施工机具进场并安装和调试。

(3) 劳动组织准备。劳动力的调遣和培训,建立健全各项管理制度,做好技术交底工作。

2.4.4 变更管理

变更管理是工程项目控制中一项重要工作,它不同于进度、成本与质量的控制,但它对工程项目的进度、成本、质量带来的影响很大。

1) 变更的概念

工程变更是指项目实施过程中,因业主或承包商的原因引起的任务范围、工程标准等方面的变动,这种变动对合同中已确定的项目费用和进度会产生影响和变化。

工程变更包括工程项目范围的变更、施工次序和进度计划的变更、施工条件和实施方案的变更以及工程质量、性能、功能等的变化。工程变更主要是由设计变更和施工条件变化引起的。一方面是由于目标设计、勘察设计工作粗糙,或没有考虑科技发展对项目带来的影响,以致在施工过程中发现设计不完备,不符合使用要求,或考虑不够详细,或工程量估算不准确,因而不得不改变施工项目或增减工作量;另一方面是由于发生了不可预见因素引起的停工或工期拖延而可能造成的实施目标的临时变化等等。

实施过程中,某一承包商造成的工程的拖延或失误,将会导致另一承包商正常工作的进展或节奏的紊乱,这种情况也应得到控制。

工程变更可能来自于许多方面,如业主、工程师或承包商等方面的原因,但一般情况下主要是由业主所引起的。不管是哪一方面提出的工程变更,都会对工程项目的实施造成影响,如投资的增加,进度的拖延,建设目标或施工目标的变动,以及整个工程所有参加单位实施任务时间、费用、施工节奏或均衡性的紊乱。

控制或减少工程变更的主要手段就是加强工程项目策划的完备性,目标先进合理性,技术设计的正确性,以及实施方案和实施计划的科学性与可行性等方面的工作。

2) 变更造成的影响

变更一般都会对工程项目的实施造成影响,主要表现在以下几个方面:

(1) 工程目标和工程实施的各种文件的修改和变更,如设计图纸、规范、各种计划、合同、施工方案、供应方案等。有些重大的变更会打乱整个施工部署以及实施的总体安排。

(2) 项目组织责任的变化和组织争执。

(3) 已完工程的返工,现场工程施工的停滞,施工秩序打乱,已购材料的损失。

变更作出的时间对变更的影响程度不同,同一变更,若发生较早,甚至是在项目策划设计阶段,要比在实施过程中发生所产生的影响小。

有些工程变更是不可避免的。如果业主或承包商不得不作出变更,应尽量控制所带来的影响及影响面,尽量不要造成已完工程的返工,否则工程项目实施损失太大。

3) 变更的处理

(1) 变更决定要尽可能快。一方面要尽早发现工程变更迹象,尽量在变更涉及的工程开始前决定变更,以免因变更审批或决策时间过长造成停工等待或继续施工增大返工损失;另一方面一旦发现问题,不得不作出变更,则变更的决策、措施、指令要尽快落实,否则,造成工程返工、停工,进而造成工期的拖延和费用的增加。

(2) 迅速、全面地落实变更指令。变更指令作出后,承包商应迅速、全面、系统地落实变更指令。主要做好以下工作:

① 全面修改相关的各种文件,如有关图纸、规范、施工计划、采购计划、成本计划等,以便能反映最新的变更。

② 尽快对相关承包商落实变更指令,提出相应的措施,对新出现的问题作出解释并制定对策,协调好各方面的工作。

变更带来的影响往往不是单方面的,而是几乎涉及所有项目参加者以及当前所有实施活动。因此变更作出后,应进行全面的计划、安排和协调,避免造成更大更多的损失。

4) 变更的控制

正由于变更对工程项目造成的影响很大,一般不能通过正常的项目控制来纠正其影响,所以必须加强变更的控制。变更的控制主要通过设置一整套程序来实现。

(1) 工程变更的申请

当业主或承包商认为必须进行工程变更以弥补目标定义、设计、施工或环境的影响造成的缺陷或不足时,首先应进行变更的申请。项目管理者在项目手册中应事先定义变更的性质,变更申请的格式,确定变更内容和范围,估计变更对进度、费用所产生的影响等。

(2) 变更的审查与确认

将变更的申请呈报项目组织者,经其同意后,送业主审查和认可。项目管理者在收到业主的书面认可后,应尽快批准并发出变更通知。

根据变更的性质、紧急程度、变更的影响不同,应具体定义变更的审批权限。

(3) 变更通知

一旦确认变更后,立即针对此项变更进行相关施工文件的修改和变更,并通知有关各方执行变更后的计划、合同、施工图纸等。

2.5 工程项目结束管理

项目结束阶段的管理是建设工程项目管理全过程的最后阶段,没有这个阶段,建设工程项目就不能顺利交工,就不能投入使用,就不能最终发挥投资效益。

2.5.1 工程竣工和移交

1) 工程竣工

工程竣工是指建设项目按照设计要求及与建设各方签订的合同的规定,建设内容已全部完成或工程具备使用条件,经过验收鉴定合格后,可以交给建设单位的过程。

工程项目竣工验收是指施工单位将竣工项目及与该项目有关的资料移交给建设单位,并接受由建设单位组织的对项目质量和技术资料进行的一系列检验和接受工作的总称。

按我国建设程序的规定,竣工验收是建设项目建设周期的最后一个阶段,是工程项目由建设转入使用和运营的标志,是全面考核和检查工程项目建设工作是否符合设计要求和达到工程质量标准的环节,是建设单位向投资者汇报建设成果和交付新增固定资产的过程。这个阶段的工作将为以后开展的项目后评价提供依据。项目竣工验收分为竣工验收、竣工决算及档案资料的整理和移交。

2) 工程移交

工程竣工和移交是两个不同的概念。竣工是针对施工单位而言,而工程移交则是在工程项目竣工验收后,承建单位与业主进行项目所有权移交的过程。工程项目是否顺利移交取决于工程项目是否通过了竣工验收。由此可见,项目竣工验收是项目移交的前提,移交是项目收尾的最后工作内容,是项目管理的完结。

项目移交包括项目实体移交和项目文件移交两部分,移交的内容如下:

(1) 工程实体移交,即建(构)筑物实体和工程项目内所包括的各种设备实体的交付。工程实体移交的繁简程度随工程项目承发包模式的不同及工程项目本身的具体情况不同而不同。在工业建筑工程项目中,一些设备还带有备品和安装调试用专用工器具。在实施单位负责设备订货和交接工作时,凡是合同上规定属于用户在生产过程中使用的备品备件及专用工器具,均应列入竣工验收范围,一并由承包商向建设单位移交。

(2) 工程技术档案文件移交。业主对工程技术档案文件清单查阅清楚并认可后,双方在移交清单上签字盖章。

业主在接到承包商竣工结算报表,经过对工程量和竣工结算工程价款进行核查后,签署竣工结算的支付证书。在承包商收到该款项后,工程项目的移交工作完成。

2.5.2 工程的保修和回访

工程项目竣工验收后,为使工程项目在竣工验收后达到最佳使用条件和最长使用寿命,施工单位在工程移交时必须向建设单位提出建筑物使用要求,并在用户使用后,实行回访和保修制度。

工程的保修回访是工程在竣工验收交付使用后,在一定的期限内由施工单位对建设单位或用户进行回访,对工程发生的由施工原因造成的使用功能不良或无法使用的质量问题,由施工单位负责修理,直至达到正常使用的标准。回访用户是一种售后服务方式,体现了项目承包者对工程项目负责到底的精神,体现了顾客至上的服务宗旨。

1) 工程的保修

根据《建设工程质量管理条例》,建筑工程实行质量保修制度。实行工程质量保修是促进承包方加强质量管理,保护用户和消费者合法权益的必然要求。

房屋建筑工程质量保修是对房屋建筑工程竣工验收后在保修期限内出现的质量缺陷予以修复。所谓质量缺陷是指建筑工程的质量不符合工程建设强制性标准以及合同的约定。

(1) 保修的范围

建筑工程的保修范围应包括地基基础工程、主体结构工程、屋面防水工程和其他土建工程，以及电气管线、上下水管线的安装工程，供热、供冷系统工程等项目。

(2) 保修的期限

① 基础设施工程、房屋建筑的地基基础工程和主体结构工程，为设计文件规定的该工程的合理使用年限。

② 屋面防水工程，有防水要求的卫生间、房间和外墙面的防渗漏为 5 年。

③ 供热与供冷系统为两个采暖期和供热期。

④ 电气管线、给排水管道、设备安装和装修工程为 2 年。

⑤ 其他项目的保修期限由承发包双方在合同中规定。

建设工程的保修期，自竣工验收合格之日算起。

(3) 保修经济责任的确定

① 施工单位未按国家有关规范、标准和设计要求施工，造成的质量缺陷，由施工单位负责返修并承担经济责任。

② 由于设计方面的原因造成的质量缺陷，由设计单位承担经济责任，可由施工单位负责维修，其费用按有关规定通过建设单位向设计单位索赔，不足部分由建设单位负责协同有关方解决。

③ 因建筑材料、建筑构配件和设备质量不合格引起的质量缺陷，属于施工单位采购的或经其验收同意的，由施工单位承担经济责任；属于建设单位采购的，由建设单位承担经济责任。

④ 因使用单位使用不当造成的损坏问题，由使用单位自行负责。

⑤ 因地震、洪水、台风等不可抗拒原因造成的损坏问题，施工单位、设计单位不承担经济责任，由建设单位负责处理。

2) 工程的回访

承包人的归口管理部门负责组织回访的业务工作，在项目经理的领导下，由生产、技术、质量及有关方面人员组成回访小组，并制定具体的项目回访工作计划。回访是落实保修制度和保修方责任的重要措施，一般有 3 种回访方式：

(1) 季节性回访

主要针对施工质量通病，大多是雨季回访屋面、墙面的防水情况，冬季回访锅炉及采暖系统情况等，发现问题及时解决和返修。

(2) 技术性回访

主要了解工程施工中所采用的新材料、新技术、新工艺、新设备等技术性能和使用后的效果，发现问题及时加以补救和解决，为不断改进、完善与进一步推广创造条件。

(3) 保修期届满前的回访

这种回访一般是在保修期即将结束前进行回访，既使用户注意建筑物、构筑物的维护和正常使用，又标志着保修期即将结束。

2.5.3 工程项目的后评价

1) 项目后评价概念

项目的后评价是指对已完成的项目的目标、执行过程、效益、作用和影响所进行的系统及客观地分析、检查和总结,并确定项目的预期目标是否达到,检验项目计划是否合理可行,项目的主要效益指标是否实现。通过分析评价找出成败的原因,总结经验教训,通过及时有效的信息反馈,为未来新项目的决策提供依据,也为后评价项目实施运营中出现的问题提出改进建议,从而达到提高决策水平和投资效益的目的。

2) 项目后评价的内容

(1) 项目目标评价

项目后评价所要完成的一个重要任务是评定项目立项时原来预定的目标和目标的实现程度。因此,项目目标评价要对照原定目标完成的主要指标,检查项目实际实现的情况和变化,分析实际发生改变的原因,以判断目标的实现程度。如项目原定的目标不明确,或不符合实际,项目实施过程中可能会发生重大变化,项目后评价都要给予重新分析和评价。

(2) 项目实施过程评价

项目过程评价应对照立项评估或可行性研究报告时所预计的情况和实际执行的过程进行比较和分析,找出差别,分析原因,对项目的实施效率作出评价。过程评价的内容包括:前期工作情况和评价、项目实施情况和评价、投资执行情况和评价、运营情况和评价、项目的管理和机制等。

(3) 项目效益评价

项目效益评价包括财务评价和经济评价,主要分析指标是内部收益率、净现值、贷款偿还期等反映项目盈利能力和清偿能力的指标。

(4) 项目影响评价

项目影响评价内容包括经济影响、环境影响和社会影响三个方面:

① 经济影响评价。主要分析评价项目对所在地区、所属行业和国家所产生的经济方面的影响。要注意把经济影响评价与项目效益评价中的经济分析区别开来。项目的经济影响评价内容主要包括分配、国内资源成本、技术进步等。

② 环境影响评价。由于各地的环保法的规定细则不尽相同,评价内容也有所区别,项目的环境影响评价一般包括项目的污染控制、地区环境质量、自然资源利用、区域生态平衡和环境管理等方面。

③ 社会影响评价。项目的社会影响评价是对项目在社会的经济发展方面的有形和无形的效益和结果的一种分析,重点评价项目对所在地区和社会的影响。项目的社会影响评价一般包括就业影响、居民生活条件和生活质量影响、项目对当地基础设施建设和未来发展的影响等。

(5) 项目持续性评价

项目持续性评价是指项目建设完成、投入运行以后,对项目的既定目标是否按期实现、项目是否可以持续保持既定的产出效益,接受投资的项目业主是否愿意并可以依靠自己的能力继续实行项目的既定目标,是否可在未来以同样的方式建设同类项目等方面所作出的评价。

复习思考题

1. 为什么说投资、进度和质量目标之间是对立统一关系？
2. 政府在工程项目管理中扮演的是什么角色？
3. 项目管理有哪些基本职能？
4. 在具体项目管理实施中,项目计划对项目管理有何帮助？
5. 项目计划在编制时有何要求？
6. 简述项目实施控制的基本环节。
7. 工程保修的期限如何规定？
8. 工程保修期内工程缺陷部位经济责任如何划分？
9. 工程保修期内有哪些回访的方式？
10. 什么是项目后评价？项目后评价包括哪些基本内容？

3 工程项目范围管理

3.1 工程项目前期策划

3.1.1 工程项目的前期策划工作

项目策划是项目建设成功的前提,是项目管理的一个重要组成部分。众多建设项目的成功经验证明,科学、严谨的前期策划将为项目建设的决策和实施增值。

1) 工程项目策划的含义

工程项目策划是指把工程项目建设意图转换成定义明确、系统清晰、目标具体且具有策略性运作思路的高智力系统活动过程。具体来说是指项目业主或策划人员根据业主投资设想与总目标要求,从不同角度出发,通过对工程项目进行系统分析,对项目建设活动的整体策略进行运筹规划,对工程建设活动的全过程作预先的考虑和设想。

2) 工程项目策划的分类

工程项目策划可按多种方法进行分类。按项目策划的范围可分为项目总体策划和项目局部策划。项目的总体策划一般指在项目决策阶段所进行的全面策划,局部策划是指对全面策划分解后的一个单项性或专业性问题的策划。按项目建设程序,项目策划可分为建设前期项目构思策划和项目实施策划。项目构思策划在项目决策阶段完成,为项目决策服务,要回答建设什么、为什么要建设的问题,又称为项目决策评估;项目实施策划在项目实施阶段的前期完成,为项目管理服务,主要确定怎么建,又称为项目实施评估;两者统称项目策划。由于各类策划的对象和性质不同,所以策划的依据、内容和深度要求也不同。

(1) 项目构思策划

一般来说,项目的最初提出,都是提出者从其经营、生产、生活的实际需要出发,根据国际国内社会经济的发展状况和近远期规划、预测结果产生的。因此,项目构思策划必须以国家及地方法律法规和有关方针政策为依据,并结合国际国内社会经济的发展趋势和实际的建设条件进行。项目构思策划的主要内容包括:项目性质、用途建设规模、建设水准的策划;项目在社会经济发展中的地位、作用和影响力的策划;项目系统的总体功能、系统内部各单项单位工程的构成以及各自的功能和相互关系、内部系统与外部系统的协调、协作和配套的策划;其他与项目构思有关的重要环节的策划等。

(2) 项目实施策划

项目实施策划是指为使构思策划成为现实可能性和可操作性而提出的带有策略性和指导性的设想。项目实施策划通常又分为以下几种:

① 项目组织策划。大中型工程项目的建设离不开科学的项目组织,对于大中型工程项

目,国家规定应实行项目法人责任制。这就要求按照现代企业组织模式组建管理机构和人事安排。这既是项目总体构思策划的内容,也是对项目实施过程产生重要影响的实施策划内容。

② 项目融资策划。资金是实现工程项目的重要物质基础。工程项目建设具有投资大、建设周期长、不确定因素多等特点,因此资金的筹措和运用是项目得以顺利实施的基本保证。建设资金的来源渠道广泛,各种融资手段有其不同的特点和风险因素,融资方案的策划是控制资金的使用成本,进而控制项目投资、降低项目风险不可忽视的环节。影响项目融资的因素较多,这就要求项目融资策划有很强的政策性、技巧性和策略性,它取决于项目的性质和项目实施的运作方式。

③ 项目目标控制策划。从某种意义上说,工程项目的建设过程就是通过目标控制使工程项目的建设目标得以实现的过程。项目的目标控制策划是通过制定科学的目标控制计划和实施有效的目标控制策略使项目构思阶段形成的项目预定目标得以实现的过程和活动。

④ 项目管理策划。项目管理策划是指对项目实施的任务分解和分项任务组织工作的策划。主要包括设计、施工、采购任务的招投标,合同结构,项目管理机构设置、工作程序、制度及运行机制,项目管理组织协调,管理信息收集、加工处理和应用等策划。项目管理策划应根据项目的规模和复杂程度,分层次、分阶段地展开,从总体的轮廓性、概略性策划到局部的实施性、详细性策划逐步深化。项目管理策划重点在提出行动方案和管理界面设计。

⑤ 项目控制策划。项目控制策划是指对项目实施系统及项目全过程的控制策划。包括项目目标体系的确定、控制系统的建立和运行的策划。

3)工程项目策划的作用

项目策划的功效和作用是由策划的本质决定的,其作用主要体现在以下方面:

(1)明确项目系统的构建框架

工程项目策划的首要任务是根据项目建设意图进行项目的定义和定位,全面构思一个拟建的项目系统。在明确项目的定义和定位的基础上,通过项目系统的功能分析,确定项目系统的组成结构,使其形成完整配套的能力。提出项目系统的构建框架,使项目的基本构想变为具有明确的内容和要求的行动方案,是进行项目决策和实施的基础。

(2)为项目决策提供保证

根据工程项目的建设程序,工程项目投资决策是建立在项目的可行性研究分析评价的基础上,可行性研究中的财务评价、国民经济评价和社会评价的结论是项目投资的重要决策依据。可行性研究的前提是建设方案本身以及其他所依据的社会经济环境、市场和技术水平,而一个与社会经济环境、市场和先进的技术水平相适应的建设方案的产生并不是由投资者的主观愿望和某些意图的简单构想就能完成的,它必须通过专家的认真构思和具体策划,并进行实施的可能性和可操作性分析,才能使建设方案建立在可运作的基础上。因此,只有经过科学的、周密的项目策划,才能为项目的投资决策提供客观的、科学的基本保证。

(3)形成项目的竞争优势

在市场经济条件下,项目策划的目的是实现项目业主的投资目标。因此,策划人员以其智谋提出项目构想、项目目标和实施方案,协助业主赢得竞争的主动地位,形成项目的竞争优势。所以,项目策划是竞争的重要手段。

(4) 项目计划的依据

项目策划作用表现在项目计划的程序上,即策划人员在进行项目计划或规划之前,运用科学的策划程序对项目计划进行构思和设计,为项目计划的生成提供必要的基础信息,使项目计划切实可行,提供可靠的保证。

(5) 预测的作用

根据项目业主对项目发展的要求,策划人员针对工程项目生命期内社会环境的变化进行超前研究,预测未来发展趋势,思考未来可能出现的问题与风险,并提出相应对策,帮助项目业主提高在未来项目实施与运营过程中的适应能力。

(6) 项目管理创新作用

工程项目策划是根据策划理论和原则,密切结合具体项目的整体特征,对项目的发展和实施管理的全过程进行描述。它不仅把握项目系统总体发展的规律和条件,同时还深入到项目系统构成的各个层面,针对项目各个阶段的发展变化对项目管理方案提出系统的具有可操作性的构想。由此可见,项目策划实质上是一个管理创新的过程,一个好的项目策划方案本身就是一个管理创新方案。

4) 工程项目前期策划的过程

将项目从构思到项目批准,直至正式立项,统称为项目的前期策划。工程项目前期策划是一个相当复杂的过程,不同性质的项目前期策划的内容不同,工作步骤也不完全一样,大致过程如图 3-1 所示。

(1) 工程项目构思的产生和选择

项目构思是指对策划整体的抽象描述,是一个成功策划的关键。工程项目构思是一种概念性策划,它是在企业的系统目标的指向下,从现实和经验中得出项目策划的系列前提和假设,在此基础上形成项目大致的策划轮廓,对这些策划的轮廓进行论证和选择才形成项目的构思。策划轮廓不是具体的创意,也不是策划的具体计划,只是一种希望做成某种具体策划的印象。这些策划的印象往往是丰富多彩的,而且很少一开始就完全正

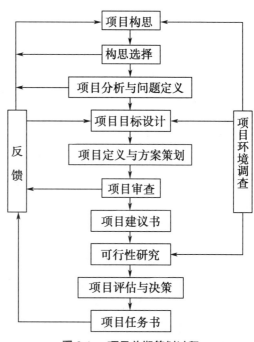

图 3-1 项目前期策划过程

确,需要经过反复的论证才逐步变得清晰、明朗。因此,有了策划的轮廓后应进行调查研究,收集资料,收集策划线索,并逐步把策划印象清晰化,进行选择,使策划轮廓变成项目构思。

(2) 项目目标设计和项目定义

① 情况的分析和问题的研究。要进行成功的策划,必须有真实、完整的数据资料,为此应对上层系统状况、环境状况、市场状况、组织状况进行调查,在充分的调查研究的基础上对其中的问题进行全面的分析、研究,确定问题的原因,为正确的项目目标设计和决策提供依据。

② 项目目标设计。项目目标是可行性研究的尺度,经过论证和批准后作为项目设计和

计划、实施控制的依据,最后作为项目后评估的标准。准确地设定项目目标,是整个策划活动解决问题、取得效果的必要前提。项目目标设计包括项目总目标体系设定和总目标按项目、项目参与主体、实施阶段等进行分解的子目标设定。在项目前期构思策划阶段的目标设计属于项目总目标的设定。

③ 项目的定义和总体方案策划。项目的定义是描述项目的性质、用途、建设范围和基本内容。即以书面形式描述项目经过优化的目标系统,并根据项目总目标,对项目的总体实施方案进行策划。

④ 项目的审查。项目的审查主要是对项目构思、情况和问题的调查和分析、目标设计过程和结果的审查。

⑤ 提出项目建议书。项目建议书是对项目总体目标、情况和问题、环境条件、项目定义和总体方案的说明和细化,同时提出在可行性研究中所研究的各个细节和指标,作为后继的可行性研究、技术设计和计划的依据。

(3) 可行性研究

可行性研究是对前述工作的细化、具体化,是对实施方案技术上和经济上是否可行而进行科学的分析和论证,为项目决策提供科学依据。

(4) 工程项目评估与决策

在可行性研究的基础上,对工程项目进行财务评价、国民经济评价和环境影响评价。根据可行性研究和评价的结果,由上层组织对项目的立项作出最后的决策。

在我国,以可行性研究报告得到批准作为一个重要的"里程碑",通常称为批准立项。经批准的可行性研究报告就作为工程项目的任务书,它是项目初步设计的依据。

(5) 其他相关工作

① 在整个工程项目前期策划的过程中,环境和情况调查几乎是贯穿工程项目前期策划全过程的一条主线。这是因为工程项目前期策划的每个环节都与项目所在地的环境条件紧密相连。策划者必须深入研究环境条件,不断进行环境调查,并对环境发展趋势进行合理的预测。

② 工程项目前期策划有一个多重反馈的过程,要不断进行调整、修改和优化。其实质是一个环环相扣、反复修正、不断优化的动态过程。

③ 在工程项目前期策划的过程中,阶段决策是非常重要的。在整个过程中必须设置几个决策点,对阶段工作结果进行分析、评价和选择。

工程项目投资的前期策划是项目构思、项目决策的过程。它不仅对项目的投资建设过程有着重要影响,而且直接关联着项目整个生命周期的经济效益,影响着项目在整个生命周期中的社会效益和环境效益。

图 3-2 描述了项目各阶段的累计投资及其对项目效益的影响程度。由图可见,对于一个工程项目而言,前期投入的费用最少,但对项目生命周期的影响最大,稍有失误就会导致项目的失败,产生不可挽回的损失。相比较而言,施工阶段投入的费用最高,但施工阶段对项目生命周期的影响很小。由此可见,工程项目的前期策划工作决定了整个项目的目标和方向,如果目标和方向错误必然会导致整个项目的失败,而且这种失败常常是无法弥补的。

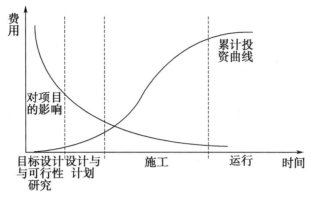

图 3-2 项目累计投资及其影响曲线

3.1.2 工程项目的构思

1) 构思的产生

任何工程项目都是从构思开始的,它是工程项目建设的基本构想,是项目策划的初始步骤。项目构思产生的原因很多,不同性质的工程项目,构思产生的原因也各不相同。例如,工业建设项目的构思是可能发现了新的投资机会,而城市交通基础设施建设项目构思的产生一般是为了满足城市交通的需要。总之,项目构思的产生一般出于以下情况:

(1) 企业发展的需要

对于企业而言,任何工程项目构思基本上都是出于企业自身生存和发展的需要,为了获得更好的投资收益而形成的。如企业要发展,要扩大销售、扩大市场占有份额,必须扩大生产能力;企业要扩大经营范围,增强抗风险能力,必须搞多种经营,向其他地域、领域投资;通过市场调查发现某种新产品有庞大的市场容量或潜在市场,出现新的投资机会;市场出现了新的需求从而产生新的投资机会等。

(2) 城市、区域和国家发展的需要

任何城市、区域和国家在发展过程中都离不开建设,建设是发展的前提。为了解决国家、地区的社会发展问题,使经济腾飞,必然要新建许多工程项目。战略目标和计划常常是通过工程项目实施的,所以一个国家和地区的发展战略或发展计划常常包容许多新的工程项目。这些项目的构思都需要与国民经济发展计划、区域和流域发展规划、城市发展战略规划相一致。

(3) 上层系统运行存在问题或困难需要解决

构思的起因也可能是因为企业、地方、国家等上层系统运行存在问题或困难需要解决。例如某地区交通拥挤不堪;住房特别紧张;某种产品供不应求;能源紧张,供应不足,影响工农业生产;企业经营存在问题,产品滞销,生产成本增加;环境污染严重等。

(4) 项目业务机会

许多企业以工程项目作为基本业务对象,如工程承包公司、设备供应公司、咨询公司、国际合作公司和一些跨国公司,在它们业务范围内的任何工程信息,都是它们承接业务的机会,都可能产生项目。

(5) 通过生产要素的合理组合,产生项目机会

现在许多项目投资者、项目策划者常常通过国际间生产要素的优化组合,策划新的项目。最常见的是通过引进外资,引进先进的设备、生产工艺与当地的廉价劳动力、原材料和已有的厂房组合,生产符合国际市场需求的产品,产生高效益的工程项目。

(6) 其他

除了上述几种情况下产生的项目构思以外,还有一些构思是处于某些特殊情况而形成的。例如,现代企业的资产重组、资本运作、变更管理、创新都会产生项目机会。

项目构思的产生是十分重要的。它在初期可能仅仅是一个"点子",但却是一个项目的萌芽。投资者、项目策划者对它要有敏锐的感觉,要有艺术性、远见和洞察力,这样才能提炼出一个个有发展前景的工程投资项目来。

2) 项目构思的过程

一个令业主满意的项目构思不是一蹴而就的,也不是项目构思者的灵光乍现,而是一个逐渐发展和完善的思维过程。一般项目构思分为三个阶段,即准备阶段、酝酿阶段和完善阶段。

(1) 准备阶段

项目构思的准备阶段就是对项目构思进行一系列的准备工作的时期,一般包括四方面的具体内容:

① 确定项目构思的性质和目标范围。

② 调查研究,收集资料和信息。

③ 资料整理,去粗取精。

④ 研究资料和信息,通过分类、组合、加减、归纳、分析和综合等多种方法,从所收集的资料和信息中找出有用的信息资源。

(2) 酝酿阶段

项目构思的酝酿阶段一般包括潜伏过程、创意出现和构思诞生三个过程。潜伏过程就是把所获得的资料和信息与所需要构思的项目联系起来,进行全面系统地比较分析。创意出现就是在大量思维过程中产生与项目相关的一些独特新意,它是构思的雏形阶段,是不完全、不成熟或不全面的想法和构思,是项目构思者有意识活动中逻辑思维和非逻辑思维的一种结果。构思诞生就是通过多次、多种创意的出现和反复思考形成了项目的初步轮廓,并用语言、文字、图形等可记录的方式明确表达出来,这是项目完整构思的基础,也是项目构思进一步深入的切入点。

(3) 完善阶段

项目构思的完善阶段就是从项目构思诞生到项目构思完善的过程,包括发展、评估和定型三个阶段。发展是对诞生的构思通过进一步的分析,进行内涵和外延上的深入、扩充和完善的活动。评估是对诞生的构思进行分析评价或者对多个构思方案进行比较筛选的活动。定型是在发展和评估的基础上,对项目的构思做进一步的调查、分析和研究,使之具体细化为可操作的项目方案。如在实施和细化过程中,发现有不完善或不准确之处,应立即予以改进、修正和完善。

项目构思所包括的以上三个阶段,是一个渐进的、环环相扣的发展过程,每一个阶段都要认真对待、扎实工作,才能为达到预定的目标奠定坚实的基础。

3) 项目构思的选择

通常对于上层系统,针对一种具体环境的状况能够产生的项目构思是多种多样的,有时甚至是"异想天开"和"出人意料"的,所以不可能将每一种构思都付诸于更深入的研究。对于那些明显不现实或没有实用价值的构思则须早早淘汰,同时,由于限于资源条件的约束,即使是有一定的可现实性和实用价值的构思,也不可能都转化为项目。一般只能选择少数几个进行更深入的优化研究。

构思的选择首先要考虑项目的构思是否具有现实性,即是否是可以实现的,如果是建空中楼阁,尽管设想很好,也必须剔除;其次还要考虑环境的制约,要充分利用资源和外部条件;另外,项目构思选择的结果可以是某个构思,也可以是几个不同构思的组合,要综合考虑发挥自身的长处,结合自身的能力来选择最佳的项目构思,或在项目中达到合作各方竞争优势的最佳组合。当项目的构思经过认真研究认为是可行的、合理的,在上层组织的认可下,项目的构思转化为目标建议,可提出作进一步的研究,进行项目的目标设计。

项目构思是整个策划系统的关键和灵魂,也是最富有创造性的一环,它关系到后来项目开发研究结果的性质、价值及成败。

3.1.3 工程项目的目标系统设计

工程项目的目标系统设计是工程项目前期策划的重要内容,也是工程项目实施的依据。

工程项目的目标系统由一系列工程建设目标构成,按照控制内容不同,可分为投资目标、质量目标和进度目标等。按照层次不同,可分为总目标、子目标和可执行目标。按照重要性不同,可分为强制性目标和期望性目标等。强制性目标一般是指法律、法规和规范标准规定的工程项目必须满足的目标,例如,工程项目的质量目标必须符合工程相关的质量验收标准的要求等。期望性目标则是指应尽可能满足的可以进行优化的目标。按照目标的影响范围分,可分为项目系统内部目标和项目系统外部目标。项目系统内部目标是直接与项目本身相关的目标,如工程的建设规模等;项目系统外部目标则是控制项目对外部环境影响而制定的目标,如工程项目的污染物排放控制目标等。按照目标实现的时间,可分为长期目标和短期目标。

工程项目的目标系统设计需按照不同的性质和不同的层次定义系统的各级控制目标。因此,工程项目的目标系统设计是一项复杂的系统工程。具体步骤包括情况分析、问题定义、目标因素的提出和目标系统的建立等。

1) 情况分析

工程项目的情况分析是工程项目的目标系统设计的基础。工程项目的情况分析是以项目构思为依据,对工程项目系统内部条件和外部环境进行调查并作出综合分析与评价。它是对工程项目构思的进一步确认,并可以为项目目标因素的提出奠定基础。工程项目的情况分析需要进行大量的调查工作,在工程背景资料充足的前提下,需要做好工程项目的内部条件分析和外部环境分析两方面工作。项目内部条件分析是对项目的使用者、项目的功能要求、运营方式和实施条件的分析。项目外部环境分析,主要是分析与项目有关的各项法律、法规和技术标准上的约束条件,分析和预测项目的社会人文环境、自然环境和项目建设条件等环境条件的现状和变化情况,有利因素与不利因素。社会人文环境包括地域环境、经济结构、投资环境、技术环境、社会文化、人口构成、生活方式、项目工业化与标准化水平等。自然环境包括地理、地质、地形、水源、能源、日照、气候等自然条件。项目建设条件包括城市各项基础设施、道路交通、允许容积率、建筑高度、覆盖率和绿地面积等。

情况分析有以下作用：

(1) 可以进一步研究和评价项目的构思，将原来的目标建议引导到实用的、理性的目标概念，使目标建议更符合上层系统的需求。

(2) 可以对上层系统的目标和问题进行定义，从而确定项目的目标因素。

(3) 确定项目的边界条件状况。

(4) 为目标设计、项目定义、可行性研究及详细设计和计划提供信息。

(5) 可以对项目中的一些不确定因素，即风险进行分析，并对风险提出相应的防护措施。

情况分析可以采用调查法、现场观察法、专家咨询法、ABC 分类法、决策表、价值分析法、敏感性分析法、企业比较法、趋势分析法、回归分析法、产品份额分析法和对过去同类项目的分析方法等。

2) 问题定义

经过详细而周密的情况分析可以从中认识和引导出上层系统的问题，并对问题进行定义和说明。问题定义是目标设计的依据，是目标设计的诊断阶段，其结果是提供项目拟解决问题的原因、背景和界限。问题定义的过程同时也是问题识别和分析的过程，工程项目拟解决的问题可能是由几个问题组成，而每个问题可能又是由几个子问题组成。针对不同层次的问题，可以采取因果关系分析来发现问题的原因。另外，有些问题会随着时间的推移而减弱，而有些问题则会随着时间的推移而日趋严重，问题定义的关键就是要发现问题的本质，并能正确预测出问题的动态变化趋势，从而制定有效的策略和目标来达到解决问题的目的。

3) 目标因素的提出

问题定义完成后，在建立目标系统前还需要确定目标因素。目标因素应该以工程项目的定位为指导，以问题定义为基础加以确定。工程项目的目标因素有三类：第一类是反映工程项目解决问题程度的目标因素，例如，工程项目的建成能解决多少人的居住问题，或工程项目的建成能解决多大的交通流量等。第二类是工程项目本身的目标因素，如工程项目的建设规模、投资收益率和项目的时间目标等。第三类是与工程项目相关的其他目标因素，如工程项目对自然和生态环境的影响，工程项目增加的就业人数等。

在目标因素的确定过程中，要注意以下问题：

(1) 要建立在情况分析和问题定义的基础上。

(2) 要反映客观实际，不能过于保守，也不能过于夸大。

(3) 目标因素要有一定的弹性。

(4) 目标因素是动态变化的，具备一定的时效性。

目标因素的确立可以根据实际情况，有针对性地采用头脑风暴法、相似情况比较法、指标计算法、费用/效益分析和价值工程法等加以实现。

4) 目标系统的建立

在目标因素确定后，经过进一步的分类、归纳、排序和结构化，即可形成目标系统，使项目的目标协调一致。

(1) 目标系统结构

工程项目目标系统至少有以下三个层次(见图3-3):

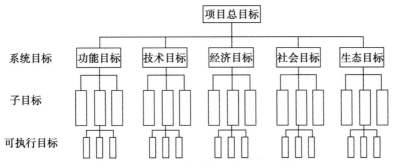

图3-3　工程项目目标系统图

① 系统目标。系统目标是对项目总体的概念上的确定,是项目概念性目标,也是项目总控的依据。它由项目的上层系统决定,具有普遍的适用性。

系统目标通常可以分为:

A. 功能目标,即项目建成后所达到的总体功能。

B. 技术目标,即对工程总体的技术标准的要求和限定。

C. 经济目标,如总投资、投资回报率等。

D. 社会目标,如对国家或地区发展的影响等。

E. 生态目标,如环境目标、对污染的治理程度等。

② 子目标。系统目标需要由子目标来支持或补充。子目标通常由系统目标导出或分解得到,或是自我成立的目标因素,或是对系统目标的补充,或是边界条件对系统目标的约束。它仅适用于项目某一方面对某一个子系统的限制。

③ 可执行目标。将子目标进一步分解可以得到可执行目标,可执行目标是贯穿系统目标及其上一级子目标的意图而制定的指导具体操作的目标。它们决定了项目的详细构成。可执行目标以及更详细的目标因素的分解,一般在可行性研究以及技术设计和计划中形成、扩展、解释、量化,逐渐转变为与设计、实施相关的任务。

工程项目目标系统的各级目标是逐层扩展并逐级细化的。

(2) 目标之间的冲突

诸多目标之间存在复杂的关系,可能有相容关系、制约关系、其他关系(如模糊关系、混合关系)等。制约关系即目标因素之间存在矛盾,存在冲突,例如环境保护要求和投资收益率,自动化水平和就业人数,技术标准和总投资等。

通常在确定目标时尚不能排除目标之间的冲突,但在目标系统设计、可行性研究、技术设计和计划中必须解决目标因素之间的相容性问题,必须对各目标因素进行分析、对比、逐步修改、联系、增删、优化,这是一个反复的过程。

3.1.4　工程项目的定义和总方案策划

1) 项目的定义和定位

(1) 项目定义

项目定义是指以项目的目标体系为依据,在项目的界定范围内以书面形式对项目的性质、用途和建设内容进行描述。项目定义为上层系统的评价和审查提供了依据,也为下一阶段作可行性研究提供了基础条件,是项目目标设计的里程碑。项目定义应包括以下内容:

① 项目的名称、范围和构成界定。
② 拟解决的问题以及解决问题的意义。
③ 项目的目标系统说明。
④ 项目的边界条件分析。
⑤ 关于项目环境和对项目有重大影响的因素的描述。
⑥ 关于解决问题的方案和实施过程的建议。
⑦ 关于项目的总投资、运营费用等的说明。

可以看出,项目定义是对项目构思和目标系统设计工作的总结和深化,也是项目建议书的前导,它是项目前期策划的重要环节。

(2) 项目定位

项目定位是描述和分析项目的建设规模、建设水准,项目在社会经济发展中的地位、作用和影响力。

项目定位首先要明确项目的性质。例如同是建一家医院,该医院是营利性的还是非营利性的,其性质显然不同,因此决定了今后项目的建设目标和建设内容也会有所区别。

其次,项目的定位要确定项目的地位。项目的地位可以是项目在企业发展中的地位,也可以是在城市和区域发展的地位,或者是在国家发展中的地位。项目地位的确定应该与企业发展规划、城市和区域发展规划以及国家发展规划紧密结合。在确定项目的地位时,应注意分别从政治、经济和社会等不同角度加以分析。某些项目虽然经济地位不高,但可能有着深远的政治意义。

另外,项目的定位还要确定项目的影响力。项目定位的最终目的是明确项目建设的基本方针,确定项目建设的宗旨和方向。

项目的定义与定位要注意围绕策划的主题,策划主题是策划工作的中心思想。

2) 提出项目的总体方案

目标设计的重点是针对项目使用期的状况,即项目建成以后运行阶段的效果如产品市场占有份额、利润率等。而项目的任务是提供达到这种状态所必需的要求和措施。在可行性研究之前必须提出实现项目总目标的总体方案或总的开发计划,以作为可行性研究的依据。包括项目产品或服务的市场定位;工程总的功能定位和各部分的功能分解、总的产品方案;工程总体的建设方案、融资方案和环境保护措施等。

3) 项目的审查和选择

(1) 项目审查

项目定义后必须对项目进行评价和审查。这里的审查主要是风险评价、目标决策、目标设计价值评价,以及对目标设计过程的审查。而财务评价和详细的方案论证则要在可行性研究和设计(计划)过程中进行。

在审查中应防止自我审查。一般由未直接参加目标设计,与项目没有直接利害关系,但又对上层系统(大环境)有深入了解的人进行审查。必须有书面审查报告,并补充审查部门的意见和建议,审查后由有关部门批准是否进行可行性研究。

(2) 项目选择

从上层系统(如国家、企业)的角度,对一个项目的决策不仅限于对一个有价值的项目构思的选择、目标系统的建立以及项目构成的确定,而且常常面临许多项目机会的选择。由于一个企业面临的项目机会可能很多(如许多招标工程信息、许多投资方向),但企业资源是有限的,不能四面出击抓住所有的项目机会,一般只能在其中选择自己的主攻方向。

4) 提出项目建议书,准备可行性研究

项目建议书是对建设项目的轮廓设想,在项目建议书中投资者要针对拟兴建的项目论证其兴建的必要性、可行性以及兴建的目的、要求和计划等。项目建议书经过上层组织审查批准后,提交进行可行性研究。

3.1.5 工程项目的可行性研究和项目评估

1) 项目可行性研究的概念

项目可行性研究是指对某工程项目在做出是否投资的决策之前,先对与该项目相关的技术、经济、社会、环境等所有方面进行调查研究,对项目各种可能的拟建方案认真地进行技术经济分析论证,研究项目在技术上的先进适用性、在经济上的合理有利性和建设上的可能性,对项目建成后的经济效益、社会效益、环境效益等进行科学的预测和评价,据此提出该项目是否应该投资建设,以及选定最佳投资建设方案等结论性意见,为项目投资决策提供依据。

可行性研究是在工程投资决策之前,运用现代科学技术成果,对工程项目建设方案所进行的系统的、科学的、综合的研究、分析、论证的一种工作方法。它的目的是保证拟建项目在技术上先进可行,经济上合理有利。

在项目投资决策前,通过做好可行性研究,使项目的投资决策工作建立在科学和可靠的基础上,从而实现项目投资决策科学化,减少或避免投资决策的失误,提高项目的经济效益和社会效益。

2) 可行性研究的作用

可行性研究工作是项目建设前期工作的重要组成部分,其主要作用有:

(1) 作为工程项目投资决策的依据。可行性研究对与工程项目有关的各个方面都进行了调查研究和分析,并论证了工程项目的先进性、合理性、经济性和环境性,以及其他方面的可行性。项目的决策者主要根据可行性研究的评价结果决定一个项目是否应该投资及如何投资。

(2) 作为筹集资金和银行申请贷款的依据。银行在接受项目贷款申请后,通过审查工程项目的可行性研究报告,对贷款项目进行分析评估,确认项目的经济效益水平和偿还能力,经确认风险不太大时,才有可能同意贷款。这对合理利用资金,提高投资的经济效益具有积极作用。

(3) 作为编制设计任务书的依据。可行性研究中具体研究的技术经济数据,都要在设计任务书中明确规定,它是编制设计任务书的根据。

(4) 作为与有关协作单位签订合同或协议的依据。根据可行性研究报告和设计任务书,可与有关的协作单位签订项目所需的原材料、能源资源和基础设施等方面协议和合同以及引进技术和设备的正式签约。

(5) 作为项目的科研试验、机构设置、职工培训、生产组织的依据。根据批准的可行性研究报告,进行与项目相关的科技试验,设置相应的组织机构,进行职工培训以及合理地组织生产等工作安排。

(6) 作为环保部门审查项目对环境影响的依据。可行性研究报告作为项目对环境影响依据供环保部门审查,并作为向项目所在地的政府和规划部门申请建设执照的依据。

(7) 作为工程项目建设的基础资料。工程项目的可行性研究报告,是工程项目建设的重要基础资料。项目建设过程中的技术性更改,应认真分析其对项目经济社会指标影响程度,是项目的实施和目标控制的重要依据。

(8) 作为项目考核的依据。项目正式投产后,应以可行性研究所制定的生产纲要、技术标准及经济社会指标作为项目考核的标准,来考核项目的成功与否。

3) 可行性研究的阶段

可行性研究工作一般可分为投资机会研究、初步可行性研究、详细可行性研究。项目评估和决策阶段投资机会研究、初步可行性研究、详细可行性研究的目的、任务、要求以及所需费用和时间各不相同,其研究的深度和可靠程度也不同。

(1) 投资机会研究阶段。这个阶段的主要任务是对投资项目或投资方向提出建议,并对各种设想的项目和投资机会做出鉴定,以确定有没有必要做进一步的详细研究。其工作比较粗略,主要依靠笼统的估计,而不是依靠详细的分析。其投资估算误差一般在±30%,所需费用一般占投资的0.2%～1.0%,所需时间为1～3个月。

(2) 初步可行性研究阶段。在工程项目的规划设想经过机会研究的分析、鉴定,认为有生命力值得进一步研究时,就进入初步可行性研究阶段。它是投资机会研究和详细可行性研究的一个中间阶段。其主要任务是:进一步判断投资机会是否有前途,时机是否成熟;决定是否需要进行详细的可行性研究;确定项目中哪些关键性问题需要进行辅助的专题研究,如市场调查、技术考察、中间试验等。

初步可行性研究的内容与详细可行性研究大致相同,只是工作的深度和要求的精度不一样。初步可行性研究投资估算的误差一般在±20%,所需费用一般占投资的0.25%～1.0%,所需时间为4～6个月。

(3) 详细可行性研究阶段。这个阶段也称为技术经济可行性研究阶段,是投资前最重要、最关键的研究阶段,是工程项目投资决策的基础,为项目投资决策提供技术、经济、社会和环境方面的评价依据。它的目的是通过进行深入细致的技术经济分析,进行多方案选优,并提出结论性意见。它的重点是对项目进行财务效益和经济效益评价,经过多方案的比较选择最佳方案,确定项目投资的最终可行性和选择依据标准。

详细可行性研究要求有较高的精度,它的投资估算误差要求为±10%,小型项目所需费用约占投资的1.0%～3.0%,大型项目为0.2%～1.0%,所需时间为6～12个月或更长。

4) 可行性研究的步骤

工程项目可行性研究的工作程序可分为以下几个步骤:

(1) 委托与签订合同。项目建议书被批准后,建设单位即可组织或委托有资质的工程咨询公司对拟建项目进行可行性研究。

建设单位应当提供项目建议书以及与项目有关的背景材料、基本参数等资料,协调、检查、监督可行性研究工作。可行性研究的承担单位在了解委托者的目标、意见和具体要求后,收集与项目有关的基础资料、基本参数、技术标准等基准依据,并与建设单位签订合同,在合同中应明确规定可行性研究的工作范围、目标、前提条件、进度安排、费用支付方法和协作方式等内容。

（2）调查研究与收集资料。调查研究包括市场、技术和经济三个方面内容，如市场需求与市场机会、产品选择、需要量、价格与市场竞争；工艺路线与设备选择；原材料、能源动力供应与运输；建厂地区、地点、场址的选择，建设条件与生产条件等。对这些方面都要做深入的调查，全面地收集资料，并进行详细的分析研究和评价。

（3）方案设计与优选。这是可行性研究的一个重要步骤。在充分的调查研究的基础上制定出技术方案和建设方案，经过分析比较，选出最佳方案。在这个过程中，有时需要进行专题性辅助研究，有时要把不同的方案进行组合，设计成若干个可供选择的方案，这些方案包括产品方案、生产经济规模、工艺流程、设备选型、车间组成、组织机构和人员配备等。在这个阶段有关方案选择的重大问题，都要与建设单位进行讨论。

（4）经济分析与评价。对选出的方案进行详细的研究，对项目进行经济、社会、环境等评价并在此基础上进行项目的盈利能力分析、清偿能力分析、费用效益分析、敏感性分析、盈亏分析、风险分析等等方面论证项目的合理性。

（5）编制可行性研究报告。在对工程项目进行了技术经济分析论证后，证明项目建设的必要性、实现条件的可能性、技术上先进可行和经济上合理有利，即可编制可行性研究报告，推荐一个以上的项目建设方案和实施计划，提出结论性意见和重大措施建议供决策单位作为决策依据。可行性报告有其特有的要求和格式，在编制过程中应注意以下几点：

① 针对性。要准确简明地阐述工程项目的意义、必要性和重要性。

② 表达精确。这是编制可行性研究报告时应特别注意的问题，在可行性研究报告中不应采用模糊不清的表达方式，如"基本上能够达到""如果这一点可能的话，还是比较有把握的"等。

③ 内容的全面性和系统性。由于工程项目的可行性研究报告是由多种专业人员或多个单位协作完成的，各个单项研究报告又可能由多人编写，因此，应根据工作程序、性质和内容，事前提出各项具体要求，统一编写的方法和内容安排，做到编写内容的系统化。

④ 格式规范。运用语言文字要标准，不使用不规范的字或词。参考文献条目要按照国家标准规定的格式书写。

5）可行性研究报告的内容

工程项目种类繁多，建设要求和建设条件也各不相同，因此项目可行性研究的内容随行业不同而有所差别，不同行业各有侧重，但基本内容是相同的，一般来说，可行性研究的主要内容应包括以下几个方面：

（1）总论。项目提出的背景；投资的必要性和经济意义；可行性研究的依据、范围、主要过程等。

（2）市场需求情况和拟建规模。包括国内市场近期需求状况；国内现有工厂生产能力估计；销售预测、价格分析、产品竞争能力；进入国际市场的前景；拟建工程项目的规模，产品方案的论述以及发展方向的技术经济比较和分析。

（3）资源、原材料、燃料及公用设施情况。包括资源储量、品位、成分以及开采、利用条件；所需原料、辅助材料、燃料的种类、数量、来源和供应可能；有毒、有害及危险品的种类、数量、质量及其来源以及供应的可能性和储运条件；所需公用设施的数量、供应方式和条件、外部协作条件。

(4) 建厂条件和厂址方案。包括建厂的地理位置、气象、水文、地质、地形条件和社会经济现状;交通、运输及水、电、气的现状和发展趋势;厂址方案的比较与选择的意见。

(5) 项目设计方案。包括项目的构成范围;主要技术工艺和设备选型的方案比较;引进技术、设备的来源国别和制造、交付方案;全厂布置方案的初步选择和土建工程量估算;公用辅助设施和厂内外交通运输方式的比较和初步选择。

(6) 环境保护。包括环境现状;预测项目对环境的影响;"三废"治理方案的选择和废物回收利用情况。

(7) 生产组织、劳动定员和人员培训。包括生产管理体制、机构的设置;劳动定员的配备方案;人员培训规划和费用估算。

(8) 实施进度的建议。实施进度计划可用甘特图和网络图来表示。包括勘察设计的周期和进度要求;设备订货、制造所需时间;工程施工所需进度;调试或投产所需时间。

(9) 国民经济评价和财务评价。包括总投资费用、各项建设支出和流动资金的估算;资金筹措情况;生产成本的计算;财务评价与国民经济评价。

(10) 综合评价与结论、建议。包括多方面论述工程项目的可行性,推荐一个或几个可行方案;存在的问题和建议。

6) 工程项目评估

对大中型建设项目,在可行性研究报告的基础上必须进行项目评估,并编制建设项目的评估报告。国家计委在审批大中型和限额以上项目的可行性研究报告的过程中,要委托有资质的工程咨询公司进行评估。

项目评估是指在项目可行性研究的基础上,从项目对企业、对社会贡献的各个角度对拟建项目进行全面的经济、技术论证和评价,并给出评价结果的过程。项目评估是项目投资前进行决策管理的重要一环,其目的是审查项目可行性研究的可靠性、真实性和客观性,进而对项目作出投资决策。

项目评估是对最终可行性研究的审查和研究,以求项目规划更加合理与完善。可行性研究是从宏观到微观逐步深入研究的过程,而项目评估则是将微观问题再拿到宏观中去权衡的过程。因此,项目评估可以看作是可行性研究的延伸,但是这是比可行性研究更高级的阶段。通过评估,项目可能被否定,也可能只做局部修改补充后被肯定。因此,项目评估工作要求的知识更丰富,其结论更具权威性。

项目评估着重于对可行性研究报告的审查和再评价,其工作涉及的内容与可行性研究大致相同,主要包括以下内容:

(1) 项目与企业概况评估。

(2) 市场情况分析。

(3) 产品结构、工艺方案、技术方案等评估。

(4) 项目建设的必要性、项目建设规模评估。

(5) 项目建设所需的资源、原材料、燃料及公用设施条件评估。

(6) 项目外部环境、建厂条件和厂址方案及服务设施评估。

(7) 项目实施进度、实施组织与经营管理评估。

(8) 人力资源、劳动定员和人员培训计划评估。

(9) 投资估算、现金流量及资金筹措评估。

(10) 项目的财务效益评估。
(11) 国民经济效益评估。
(12) 社会效益评估。
(13) 环境影响评估。
(14) 项目风险评估。

3.1.6　工程项目前期策划中的几个问题

为搞好工程项目的前期策划,在策划过程中,需重点关注以下问题:

(1) 在项目前期策划工作安排中,要重视项目管理专家的早期介入。在国际工程中,咨询工程师甚至承包商在项目目标设计甚至在项目构思阶段就进入项目。这样不仅能够防止决策失误,而且能够保证项目管理的连续性,进而能够保证项目的成功,提高项目的整体效益。

(2) 应注意在项目的前期策划阶段决策层管理者的任务是提出解决问题的期望,或将总的战略目标和计划分解,而不必过多地考虑目标的细节以及如何去完成目标,更不能立即提出解决问题的方案。

(3) 应争取高层的支持,以获得由高层人士,如投资者、政府官员、权力部门、企业管理者决策的工程项目立项,这是项目成功的关键因素之一。但是不应忽视工程中潜在的风险,否则会导致项目决策的失误。

(4) 协调好战略层与项目层的关系。作为非技术经济或财务专家的决策层管理者一般不懂项目管理但要做项目决策,这往往是项目的一个基本矛盾。为此,决策的依据必须建立在科学的基础上,须有财务和工程经济、项目管理专家的支持。故在项目前期就应在组织、工作责任和工作流程上建立战略层和项目层之间的关系,使整个前期工作有条不紊地进行。

(5) 重视项目的实施和运行。达到项目目标需要许多条件,这些条件构成项目的要素。对通常的工程项目,这些要素包括:产品或服务市场、资金、技术(专利、生产技术、工艺等)、原材料、生产设备、劳动力和管理人员、土地、厂房、工程建设力量等。获得这些要素是使项目顺利实施的必要保证,要使项目有高效益,必须对这些要素进行优化组合。在前期策划中应考虑如何获得这些要素,如何对这些要素进行优化组合。随着国际经济的一体化,人们有越来越多的机会和可能在整个国际范围内取得这些项目要素。

(6) 在项目前期策划中还应注意上层系统的问题、目标和项目的联系与区别;注重充分开发项目产品的市场和边界条件的优化;充分利用环境条件,选择有利地址,合理利用自然资源和当地的供应条件、基础设施;充分考虑与其他单位的合作机会和可能性。

3.2　工程项目范围管理

要想成功地完成某个项目,在明确了项目的预定目标后,必须开展一系列的工作或活动,这些必须开展的工作构成了项目的工作范围。项目管理的首要工作就是进行项目范围管理。

3.2.1 项目范围管理的概念

1) 项目范围的概念

项目范围,是一个非常广义的概念。它是以实现某特定项目的目标为出发点,对该项目应完成的全过程全部子项目、工作、任务、活动的定义和描述,以作为组织活动的任务分解、工作分配、计划安排、实施活动、费用预算、资源投入、检查控制、完成时间、风险防范、过程跟踪、控制和调整、成果交付、职责界定、权利划分、管理程序、项目评价等的重要依据。可见,项目范围的描述和界定,是项目实施和管理的基础性的工作和基本条件,一个项目没有清晰明确的范围界定,其管理必然不同程度地发生混乱无序、分歧百出、过程失控,最终导致偏离项目或工作的目标,导致项目不尽如人意或失败。

在项目管理中,范围的概念包含两个方面:一个是产品范围,即产品或服务所包含的特征或功能;另一个是项目范围,即为交付具有规定特征和功能的产品或服务所必须完成的工作。简单地说,就是项目做什么、如何做,才能交付该产品。

2) 项目范围管理的概念

项目范围管理就是以确定并完成项目目标为目的,通过项目相关标的和交付成果分析,明确并书面描述项目的范围说明文件,取得项目利益相关方对项目范围的核实确认,根据确认的项目范围对项目进行计划、资源分配、实施和控制,并进行必要的范围变更管理,以保证项目交付成果和管理工作的充分性和有效性。换句话说,项目范围管理是用以保证项目包含且只包含所需要完成的工作内容,以顺利完成项目预定目标所需要的所有管理过程。

项目范围管理实质上是一种功能管理,是对项目应该包括什么和不应该包括什么进行定义和控制。它能够确保所做的工作既充分且必要,同时这些工作又可以实现项目的目标。

项目范围管理应作为项目管理的基础工作,并贯穿于项目的全过程。组织应确定项目范围管理的工作职责和程序,并对范围的变更进行检查、分析和处置。项目范围管理应是一个动态的过程,项目范围的变更是经常的。

3) 项目范围管理的作用

项目范围管理在项目管理中具有十分重要的作用。

(1) 为项目实施提供任务范围的框架。项目范围管理最重要的作用就是为项目实施提供了一个项目任务范围的框架,并通过该框架去规范项目组织的行动。在明确了项目任务范围和条件之后,就可以让人们放弃不必要的工作和各种不切实际的想法。

(2) 对项目实施进行有效的控制。项目范围是项目计划的基础,项目范围确定了,就为项目进度计划的执行和控制确定了基准,从而可以采取相应的纠偏行动。

(3) 提高费用、时间和资源估算的准确性。项目的工作边界定义清楚了,项目的基本工作内容明确了,这就为正确估算项目所需的费用、时间、资源打下了基础。如果项目的具体工作内容不明确,项目的费用、时间和所需资源就不明确,项目完成的不确定性因素大大增加,项目就面临极大的风险。

(4) 有助于清楚地分派责任。项目任务的分派需要明确项目包括哪些具体的内容,具体有哪些要求等,也就是要明确项目范围。一旦项目范围界定了,也就确定了项目的具体工作任务,为进一步分派任务奠定了基础。

4) 项目范围管理的内容

项目范围管理主要包括项目的范围定义、范围规划、范围核实、范围控制等过程。项目范围管理主要通过以下步骤实现,如图 3-4 所示。

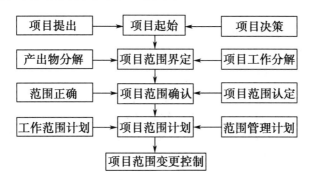

图 3-4 项目范围管理的步骤

3.2.2 工程项目范围的确定

项目是一个特殊的将被完成的有限任务,它是在一定时间内,满足一系列特定目标的多项工作的总称。项目的定义决定了任何项目都必定有一个范围。项目范围管理对于项目的成功来讲是十分关键的,确定不了范围,项目就无法启动,就无法按项目进行管理,计划、进度、工期就无从谈起,成本管理、资源保障、变更控制等就失去了根据;范围定义不明确,意外的变更就会不可避免地出现,项目的进程和节奏就会被打断,进而产生返工、窝工、误工、费用上升甚至项目不能完成等一系列的问题。

1) 工程项目范围确定的概念

项目范围确定指项目相关利益者对于界定的项目工作范围,与实施结果的项目范围的正式认可和接受的工作过程。

项目范围确定是项目实施和管理的基础性工作,确定了项目范围也就定义了项目的工作边界,明确了项目的目标和主要的项目可交付成果。

2) 项目范围确定的依据

确定工程项目范围应主要依据下列资料:

(1) 项目目标定义或范围说明书。

(2) 环境调查资料。

(3) 项目的限制条件和制约条件。

(4) 项目其他相关的信息,特别是同类工程项目的相关资料。

要正确确定工程项目范围,必须准确理解项目目标,进行详细的环境调查,对项目的制约条件和同类工程项目的资料进行了解和分析。对承包人而言,还应正确地分析和理解合同条件。

3) 工程项目范围的确定的过程

一般而言,项目范围确定应经过以下过程:

(1) 项目目标的分析。

(2) 项目环境的调查和限制条件分析。

(3) 项目可交付成果的范围和项目范围确定。

(4) 对项目进行结构分解(WBS)工作。

(5) 项目单元的定义。

(6) 项目定义之间界面的分析。

4) 工程项目范围确定的影响因素

(1) 最终可交付成果的结构

对不同的承包模式,项目范围确定的方式是不同的。

① 对单价合同,业主在招标文件中提供比较详细的图纸、工程说明(规范)、工程量表以及合同文件等承包工程的可交付成果由以下两方面因素确定:

　A. 工程量表。工程量表是可交付成果清单,是对可交付成果数量的定义和描述。

　B. 技术规范。包括设计标准、施工规范、具体的施工做法、竣工验收方法、试运行方式等。

② 对"设计—采购—施工"总承包合同,在招标文件中业主提出"业主要求",主要描述业主所要求的最终交付的工程的功能,相当于工程的设计任务书。"业主要求"从总体上定义工程的技术系统要求,是工程范围说明的框架资料。承包商必须根据"业主要求"编写详细的项目范围说明书(在承包商的项目建议书中),并提出报价。

(2) 合同条款

合同条款对项目范围确定的影响有两个方面:

① 由合同条款定义的工程施工过程责任,如承包商的工程范围包括拟建工程的施工详图设计、土建工程、项目的永久设备和设施的供应和安装、竣工保修等。

② 由合同条款定义的承包商合同责任产生的工程活动。如为了保证实施和使用的安全性而进行的实验研究工作,购买保险等。

(3) 因环境制约产生的活动

因环境制约产生的活动,如由现场环境、法律等产生的项目环境保护的工作任务,为了保护周边建筑,或为保护施工人员的安全和健康而采取的保护措施,为运输大件设备要加固通往现场的道路等。这些活动都将对项目范围的确定产生一定的影响。

3.2.3 工程项目的结构分解

实施项目单元的工作任务与活动就是工程活动。项目的分解有许多种,如我国建筑工程施工质量检评以及建筑工程造价体系中的建设项目、单项工程、单位工程、分部工程、分项工程等。但由于编制项目进度计划是以工程项目实施为中心,并按实际工程中时间先后顺序进行的,所以这里所采用的项目结构分解,实际上是指项目实施的工作结构分解。

1) 基本概念

(1) 工作结构分解

工作结构分解(Work Breakdown Structure,WBS)是按一定的逻辑关系将项目划分为可管理的工作单元。工作结构分解是确定整个项目范围的一种最常用的方法,最早的应用和雏形是源于美国国防部和国家宇航局国防工程、航空工业项目管理的实践,是出于工程的、技术的和科研的需要,是一种在项目全范围内分解、定义各层次工作包的方法。WBS是通过工程项目实施的主要工作任务以及工程项目技术系统的综合分解,最后得到工程项目的实施活动,而且这些活动需要从各个方面(质量、技术要求、实施活动的责任人、费用限制、持续时间、前提条件等)作详细的说明和定义,从而形成项目计划、实施、控制、信息等管理工作的最重要的基础,这个工作应与相应的技术设计、计划组织安排等工作同步进行。

工作结构分解归纳和定义了全部的项目工作范围,一般来说,列入了工作结构分解的工作就属于本项目的工作范围,没有列入的就不属于项目的工作范围。

(2) 项目的结构分解

项目的结构分解(Project Breakdown Structure,PBS)就是通过系统的方法将总目标和总任务所定义的项目分解开来,得到不同层次的项目单元。项目结构分解是工作结构分解的一种。可以用WBS表示项目的结构分解。

2) 项目结构分解的表现形式

项目结构分解的基本思路是:以项目目标体系为主导,以工程技术系统范围和项目的实施过程为依据,按照一定的规则由上而下、由整体到局部、由粗到细地进行。

(1) 树型结构图

类似于组织机构图(见图3-5),只不过方框表示工作活动而不是表示结构。

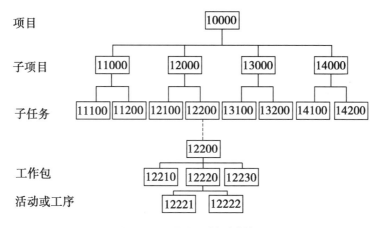

图3-5 工程项目树型结构图

项目结构图中的每一个单元(不分层次)统一被称为项目单元。项目结构图表达了项目总体的结构框架。能确保建设参与者(业主、承包商、监理工程师等)从整体出发,明确各自的责任,使计划有效地实施。在分解结构中,子项目计划具有相对独立的作业,项目参与者责权分明,易于管理。

(2) 项目结构分解表

将项目结构图用表来表示则为项目结构分解表,它既是项目的工作任务分配表,又是项目范围说明书。例如图3-5可以用一个简单的表来表示,见表3-1。

表 3-1 ××项目结构分解表

编码	活动名称	负责人(单位)	预算成本	计划工期	……
10000					
11000					
11100					
11200					
12000					
12100					
12200					
12210					
12220					
12221					
12222					
12230					
13000					
13100					
13200					
14000					
14100					
14200					

项目结构分解表是项目的工作范围文件,如果项目任务是完成一份合同,则项目结构分解表就是合同工作范围文件。

在上述结构的基础上应用文件对各项工作进行说明,以确保项目的各项活动满足项目范围所定义的要求。定义内容包括项目单元的名称、编码、负责人、功能性的描述、项目范围、工作性质及成果测量或评定指标、计划成本等说明。

对上述分解成果应全面审查工作范围的完备性、分解的科学性、定义的准确性,经过上级批准后作为项目实施的执行文件。

3) 项目结构分解的层次

项目的结构分解是一个以实现项目最终成果所需进行的工作为分解对象,依次逐级分解,形成愈来愈详细的若干级别(层次)、类别,并以编码标识的若干大小不同的项目单元。结构层次越往下层,则项目组成部分的定义越详细。由于项目本身复杂程度、规模大小各不相同,WBS 形成了不同的层次。对一个项目进行结构分解,究竟要达到什么样的详细程度才比较适合,例如分解到多少层次、分解到多少个工作包比较适合,很难定量的确定。一般来说,一个结构图不要分解太多的层次,应根据工程特点具体确定,分解到能够做出所要求准确程度的估算,便于进行管理工作的程度就够了。若分解层次太多,很难进行有效的管理。WBS 最常见的形式是六级别(层次)的关联结构,如图 3-6 所示。

	级别(层次)	说明
管理层	1	项目群(Program)
	2	单体项目(Project)
	3	项目任务(Task)
技术层	4	子任务(Subtask)
	5	工作包(Work Package)
	6	工作或活动(Job or Activity)

图 3-6 项目结构分解树型结构

第1级是总项目,由一系列单体项目(第2级)组成,单体项目活动和费用之和应与总体项目相等,每个单体项目能分解成许多项目任务(第3级),所有任务之和等于所有单体项目之和,同时构成总体项目,以下以此类推。工程项目结构分解将项目依次分解成较小的项目单元,直到满足项目控制需要的最低层次,这就形成了一种层次化的树型结构,这样分解的目的是为了便于控制。

从工程项目管理角度看,WBS 上面三级是项目组织者根据工程项目可行性研究报告以及业主的最高层决策进行分解,主要用作项目组织者向业主报告进度和进行总进度控制。下面三级是由不同的承包商在其投标时或中标后,根据其工程投标文件或合同的范围,在其以上级别分解的基础上继续进行分解,主要用作承包商内部计划与控制。

4) 工程项目结构分解的编码

项目结构图绘制以后,需要对其进行编码设计。编码是工程项目结构分解的一项主要工作,是 WBS 的组成部分。通过编码标识并区别每一个项目单元,使人们以及计算机可以方便"读出"某一个项目单元的信息。这样在工程项目的信息管理中,就能方便实现工作包及其有关资料信息的存档、查询与汇总。项目结构的编码系统是信息化管理的基础,用计算机与网络进行工程项目管理更是离不开编码系统。

项目的编码一般按照工程项目结构分解图,采用"父码＋子码"分层次方法编制。如图 3-5 和表 3-1 中的项目编码 1,则属于本项目的次层次子项目的编码在项目的编码后加子项目的标识码,即为 11、12、13、14,而再下一层次的任务编码分别为 111、112、121、122、131、132、141、142、143,照此方法依层次向下编码,直至最低单元。从一个编码中可"读"出它所代表的信息,如图 3-5 中的"12221"表示项目 1 的第二个子项目,第二项任务,第二项子任务,第一个工作包。编码时应注意,当某级项目单元(一般是下面几级)具有同样的性质(如实施工作、分区、功能和要素等),而它们的上一级单元彼此不相同时,最后采用同一意义的代码,这有利于项目管理与计划工作的细化。

鲁布革水电站工程项目是我国第一个具有广泛影响的现代项目管理实践,其工程项目结构分解及其编码见图 3-7。

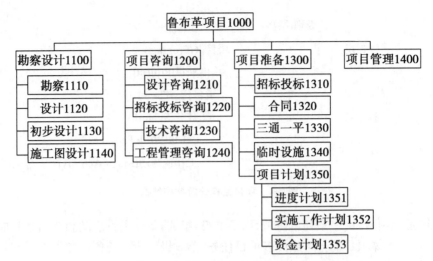

图 3-7 鲁布革水电站工程项目结构分解及其编码

5) 工程项目结构分解的方法

目前尚没有统一的大家认可的通用的分解方法、规则和技术术语。它随项目的特点而变化，基本上是依靠项目管理者的经验和技能来定。分解结果的优劣也很难评价，只有在项目设计、计划和实施控制过程中体现出来。

常见的工程项目的结构分解包括以下几种：

(1) 按产品结构进行分解。如果项目的目标建设一个生产一定产品的工厂，则可以将它按生产体系和生产产品的构成分解成各子项目（生产分厂）。如汽车制造厂可分为发动机、底盘、变速器、车架、车身、前轴后轴、轮胎等分厂（子项目）。

(2) 按建筑物种类进行分解。一个建设项目、子项目（分厂）有不同形式的建筑物，可以按照建筑物种类分解。例如分厂中有车间、办公楼、锅炉房、食堂、宿舍等建筑物。

(3) 按功能进行分解。功能是建好后应具有的效用，它是在一定的平面和空间上发挥作用的，所以有时又称为"功能面"。实际上，整个项目、一个车间都可以作为一个功能面，但这里的功能是在局部被定义的。例如一栋办公楼可分为办公室、会议厅、展览厅、停车场、公用通道等。对一个复杂的工程，功能还可能分为子功能，例如办公室又可分为各个科室（人事处、财务处、行政科等）。

(4) 按要素进行分解。功能包括各个专业要素，可以按这些专业要素分解。例如一个车间的结构可分为厂房结构、吊车设施、设备基础、系统工程等。有的要素还可以进一步分解为子要素。例如厂房结构可分解为基础、柱、墙体、屋顶及饰面等。

(5) 按项目组成进行分解。工程项目按照组成内容可分解为单项工程、单位工程、分部工程和分项工程。

(6) 按实施过程进行分解。工程项目按实施过程可分解为立项决策、规划设计、实施建设、竣工验收、项目运营。这种方法也可以按具体活动分解为项目立项、可行性研究、设计、招投标、设备采购、施工、验收等。

例如，某商住楼项目分解结构图见图 3-8。

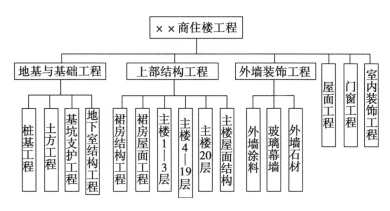

图 3-8 某住宅楼项目分解结构图

6) 工程项目结构分解的作用

工程项目结构分解将整个项目系统分解成可控制的活动,以满足项目计划和控制的需求。它是组织管理工作的主要依据,是项目管理的基础工作,是对项目进行设计、计划、目标和责任分解、成本核算、质量控制、信息管理、组织管理的对象。

工程项目结构分解的基本作用有:

(1) 保证项目结构的系统性和完整性。分解结果代表被管理的项目的范围和组成部分,还包括项目实施的所有工作,不能有遗漏,这样才能保证项目的设计、计划、控制的完整性。

(2) 使项目概况和组成明确、清晰。通过结构分解,使项目的形象透明,项目管理者对项目一目了然,甚至不懂项目管理的业主、投资者也能把握整个项目,方便地观察、了解和控制整个项目过程,同时可以分析可能存在的项目目标的不明确、项目系统边界不清等问题。

(3) 有助于建立目标保证体系。在项目结构分解的基础上,将项目的任务、质量、工期、成本目标分解到各个项目单元。在项目实施过程中,各责任人就可以针对项目单元进行详细的设计,确定施工方案,作各种计划和风险分析,进行实施控制,对完成状况进行评价。

(4) 界定各单元的工作范围、权利和责任。项目结构分解是进行目标分解,建立项目组织,落实组织责任的依据。通过它能明确地划分各单元和各子项目参加者之间的界限,能方便地进行责任的分解与落实,建立整个项目所有参加者之间的组织体系。

(5) 是进行工程项目网络计划技术分析的基础。项目结构分解中的各个项目单元是工程项目实施进度、成本、质量等控制的基础。

(6) 是进行各部门、各专业的协调的手段。项目结构分解中的各个项目单元是工程项目报告系统的对象,是项目信息的载体。项目中的大量信息,如资源使用、进度报告、成本开支账单、质量记录与评价、工程变更、会谈纪要等,都是以项目单元为对象收集、分类和沟通的。

项目结构分解的作用可用图 3-9 表示。

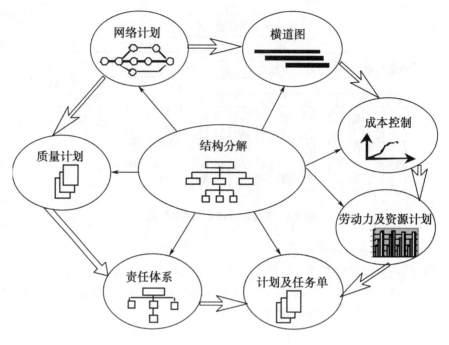

图 3-9　项目结构分解的作用

7）工程项目结构分解的基本原则

项目结构分解有其基本规律，如果不能正确分解，则会导致以此为基础的各项项目管理工作的失误。项目结构分解的基本原则有：

(1) 保持项目内容上的完整性。应在各层次上确保各项目单元内容的完整性，不能遗漏任何必要的组成部分。

(2) 一个项目单元只能从属于一个上层项目单元。项目结构分解是线性的，一个项目单元 J_i 只能从属于一个上层项目单元 J，不能同时交叉属于两个上层项目单元 J 和 I。否则，这两个上层项目单元 J 和 I 的界面不清。一旦发生这种情况，则必须进行处理，以保证项目结构分解的线性关系。

(3) 相同层次的项目单元应具有相同的性质。项目单元 J 所分解得到的 $J_1, J_2, \cdots, J_n$ 应具有相同的性质，或同为功能，或同为要素，或同为实施过程。

(4) 项目单元应能明确区分不同的工作内容和责任者。项目单元应有较高的整体性和独立性。项目单元之间的工作责任、界面应尽可能小且明确，这样才能方便工程项目目标和责任的分解和落实，方便进行工程项目实施成果评价和责任分析。

(5) 为工程项目的计划和实施控制服务。子项目或工作单元是工程项目计划和控制的主要对象，所以系统分解要有利于项目管理工作的开展。

(6) 应具有一定的弹性。当项目实施中作设计变更与计划的修改时，能方便地扩展项目的范围、内容和变更项目的结构。

(7) 符合要求的详细程度。项目结构分解应详略得当。过粗或过细的分解都会造成项目计划与控制的失误。详细程度应与项目的组织层次、参加单位的数量、各参加单位内部的职能部门与人员的量、工程项目的大小、工期的长短、项目的复杂程度等因素相适应。一般而言,项目的结构分解随着项目的实施进展而逐步细化。

3.2.4 工程项目系统界面分析

1) 界面的概念

从起源看,界面首先出现在工程技术领域,更多地被称为接口,也有人称之为"结合部",是子系统之间既相互区别又相互联系的纽带。在工程项目中,界面具有十分广泛的意义,它是各类项目单元之间相互作用、相互联系、相互影响的复杂关系。界面分析就是对界面中的复杂关系进行分析。

在项目管理中,大量的矛盾、争执、损失都发生在界面上。项目的各类系统的系统单元之间,以及系统与环境之间都存在着界面。界面的类型很多,有目标系统的界面、技术系统的界面、行为系统的界面、组织系统的界面以及环境系统的界面等。对于大型复杂的项目,界面必须经过精心组织和设计。

2) 系统界面分析的要求

(1) 项目单元之间的接口合理,必要时应对界面进行书面说明。

(2) 在项目的设计、计划和实践中,注意界面之间的联系和制约。

(3) 在项目的实施中,应注意变更对界面的影响。

3) 系统界面分析的原则

随着项目管理集成化和综合化,特别是传统的土建、安装、装饰与现代的建筑智能、钢结构等专业的有机融合,系统界面分析越来越重要。工程项目系统界面分析应遵循以下原则:

(1) 保证系统界面之间的相容性,使项目系统单元之间有良好的接口,有相同的规格。这种良好的接口是项目经济、安全、稳定、高效率运行的基本保证。

(2) 保证系统的完备性,不失掉任何工作、设备、信息等,防止发生工作内容、成本和质量责任归属的争执。

(3) 对界面进行定义,并形成文件,在项目的实施中保持界面清楚,当工程发生变更时特别应注意变更对界面的影响。

(4) 在界面处设置检查验收点、里程碑、决策点和控制点,应采用系统方法从组织管理、技术、经济、合同各方面主动地进行界面分析。

(5) 注意界面之间的联系和制约,解决界面之间的不协调、障碍和争执,主动积极地管理系统界面的关系,对相互影响的因素进行协调。

4) 系统界面的定义文件

在项目管理中,对重要的系统界面应进行书面定义,并形成文件。系统界面的定义文件应能够综合表达界面的信息,如界面的位置、组织责任划分、技术界面、界面工作的划分和归宿、工期界面、活动关系、资源、信息的交换时间安排、成本界面等。

在现代项目管理中,界面管理具有十分重要的地位,一个建设项目成功的关键在于抓好两方面工作:一是对各子系统进行控制与管理,促使参建单位完成子系统目标;二是处理好子系统之间的界面,综合管理整个系统,保证建设项目总目标的实现。

3.2.5 工程项目的范围描述

1) 工程项目范围描述体系 SOW(Statement of Work)

项目范围描述包括项目目标设计、项目定义文件、可行性研究报告、项目任务书、总体设计(规划)文件、详细设计文件(规范和图纸)、项目结构图、计划文件(工期、费用计划)、招标文件、合同文件、操作说明等。

从性质上,工程项目范围描述体系包括:

(1) 项目工作说明书(Project Statement of Work,PSW)。
(2) 项目范围说明书(Project Scope Statement,PSS)。
(3) 工作分解结构(Work Breakdown Structure,WBS)。
(4) WBS 词典(WBS Dictionary,WBSD)。
(5) 合同工作说明书(Contract Statement of Work,CSW)。

描述项目范围的文件的比较如表 3-2 所示。

表 3-2 描述项目范围的文件的比较

名称	目的	范围描述	范围之外的信息	对项目变更管理的作用
PSW	表达项目最初总体要求	可详可简	一般有,但随意性大	不是专业人员编制,作用小
PSS	为项目决策提供基础,在项目关系人间就项目范围达成共识	粗略	有,如项目目标,项目的必要性	较粗略,实际作用不大
WBS	确定项目边界,明确哪些是包括或不包括在项目内的	详细	无	是范围变更管理用来对比的基础
WBSD	对 WBS 各要素进行详细说明	详细	有(各要素描述,负责人、目标、资源要求等)	是变更管理用来对比的基础,信息量最多,作用最大
CSW	为外包采购服务,以便供应商判断是否能够供货	详细	视实际需要	合同工作变更管理对比的基础

工程项目的范围描述文件可以分为以下几个层次:

(1) 项目系统目标文件。它是项目最高层次的文件,对项目的各方面都有规定性,包括项目建议书、可行性研究报告、项目任务书等。

(2) 项目的工程系统设计文件。工程的设计文件按照目标文件编制,主要描述项目的技术系统,主要由一些设计文件、图纸、规范、工程量表、模型组成。

(3) 实施方案和设计文件。这类文件是按照项目目标文件和工程设计文件编制的,包括项目的施工方案、投标文件、技术措施、项目组织、项目管理规则等。

(4) 工作包说明。为了进行有效的计划和控制,必须从各方面对项目单元进行详细明确的定义。最低层次的项目单元就是工作包,工作包的详细程度应当达到可以比较准确地对该工作包安排进度、编制预算、进行风险识别、分配负责人或部门(单位)。

① 工作包划分规则

A. 规模较小,可以在短时间内完成。一般来说,一个工作包应当是可以由耗时 80 小时以内的活动来完成的。项目管理界有一个潜规则(Rule of Thumb),以 80 小时(两周)以内的时间间隔来检查项目实施情况,有利于对项目进行有效的控制。

B. 对大型项目,工作包的规模可能较大(如几百小时才能完成),项目经理可能仅仅管到工作包层次,而把工作包留给负责该工作包的团队成员再去细分成更小的可交付物或活动。在这种情况下,每一个工作包又相当于一个子项目,具体负责该工作包的人就相当于该子项目的项目经理。

C. 从逻辑上讲,不能再分了。

D. 所需要的资源、时间、成本等已经可以比较准确地估算,可以对其进行有效的时间、成本、质量、范围、风险等控制了。

E. 准备把这些工作外包出去,而且希望由分包者来继续细分。

工作包是 WBS 中的一个关键级别,它构成了工程项目计划明确的活动,是承包商设计、计划、说明、控制和验收的对象。所以必须对工作包进行明确的进度、成本、质量责任方面的定义。同一 WBS 中,不同的工作内容(设计、准备、采购、施工、验收等)工作包内涵的大小(工作范围)可以不同。工作包可用工作包表(如表 3-3)进行说明。

表 3-3 工作包说明表

项目名:_____ 子项目名:_____	工作包编码:_____	日期:_____ 版次:_____
工作包名称:		
结果:		
前提条件:		
工程活动(或事件):		
负责人:		
费用: 计划 实际	其他参加者:	工期: 计划 实际

② 工作包的内容

工作包说明应包含该工作的具体内容和要求,应便于项目计划和控制。其主要内容包括:

- ◆ 子项目名。即该工作包所属的子项目名称。
- ◆ 工作包编码。
- ◆ 日期和修改版次。
- ◆ 工作包名称。包括任务范围的简要说明。
- ◆ 工作包内容(结果)。指按项目任务书或合同要求确定的该工作包的总体内容,包括位置、工作(程)量、质量标准、技术要求及实施工作的说明等。它是本工作包应完成的目标和任务。

◆前提条件。完成该工作包所规定的工作应有哪些条件？有哪些紧前工序？按计划哪些活动应先完成？这通常由项目单元的联系分析和合同分析得到。它确定了工作包（及上层项目单元）之间的联系，由此即可以构成网络。

◆工序描述。工作包由许多工序（工程活动）组成。这些工序之间同样存在着逻辑关系，由此构成了一个子网络，最低层次又是最详细的网络分析就是从这里出发的。这些工序的划分和安排一般由实际操作者提出，上层管理者不要将它规定得太细、太具体。

◆责任人。即该工作包的承包商（分包商），或工程小组，或专业职能部门，为该工作包的主要责任人。按合同规定或项目管理者授权由其完成该工作包。

◆其他参加者。即其他有合作和协调责任的项目参加者。

◆费用（成本或投资）。包括计划数和实际数。

◆工期。包括该项目单元计划开工日期、结束期、实际工期。

◆其他内容。如所需资源用量的估计等。

2）工程项目范围描述体系的关系

项目范围的描述有上述几个层次，它们共同构成对项目的系统描述体系。在项目的实施过程中，它们存在时间顺序和依存关系。通常由目标文件决定工程技术文件，再一起决定实施方案和计划，依此类推，如图 3-10 所示。

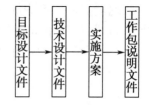

图 3-10 项目范围描述体系各层次关系示意图

3）项目系统描述范围的管理

(1) 对项目系统状态描述体系进行标识

在项目前期策划、设计和计划阶段，用一系列文件、规范和图纸描述项目系统范围，使人们一开始就对项目的系统目标、工程技术状态、系统实施过程有总体的、清晰的概念，并一直了解系统状态是由哪些文件表示的或实现的，它们确定了项目系统的基本形态。

(2) 对系统变更进行严格控制

在范围描述文件确定后，对项目系统状况的任何变更应进行严格控制，以确保工程项目变更不损害系统目标、性能、费用和进度，不造成混乱。

在对项目的范围变化进行变更控制管理时，要以工作分解结构、项目进展报告、来自项目内外的变更请求和范围管理计划为依据。而进行范围变更控制必须经过范围变更控制系统，它一般包括文档、风险分析、效果分析、构型（配置）管理、变更管理部门和变更流程。

当范围变化出现以后，应该修改有关技术文件和项目计划，并通知有关的项目干系人，对项目的变化采取一定的应对措施的理由、从变更中吸取的教训和经验等都记录在案，并形成书面文件。

多数情况下，项目变更控制管理用于：能够影响项目变化的主要因素，如设计、工程、投资等；或者是项目文档，包括计划、进度表、声明、指令和规程等；或正式的契约，如合同、分合同、备忘录等。而且，范围变更控制应当全过程地与其他控制过程结合起来，如进度控制、成本控制、质量控制等。

(3) 对工作过程进行检查监督

在项目过程中可以利用项目范围描述文件对设计、计划和施工过程进行经常性检查和跟踪。例如：对设计的完整性、技术方案的性能、实用性和安全性等作出审查、评价。

(4) 对实施结果进行全面审核

项目或项目某个阶段结束时,要把已完成的项目成果交给该项目成果的使用者或其他有权接收的方,如发起者、项目业主或项目使用者。而在正式移交之前,接收方要对已经完成的工作成果或项目活动结果进行重新审查,核查项目提前完成,则应该查明有哪些工作已经完成,或已经完成到了什么程度,并将核查结果记录在案。

对于项目经理项目或人员来说,可以通过检查来实现范围的核实。检查一般包括测量、测试、检验等活动以确定结果是否符合要求,检查又可以称作审查、产品审查、审计、巡回检查等。在进行项目范围核实时,项目班子必须向接收方出示能够明确说明项目(或项目阶段)成果的文件,如项目计划、技术要求说明书、技术文件、图纸等。

在工程竣工交付前,应以项目范围描述体系对项目的实施过程和最终工程状况进行全面审核,从而验证项目的目标和范围是否全面完成,技术系统状态是否符合规范和合同的要求。

审核的主要内容包括:

① 项目目标和项目产出物要求是否清楚、完善和准确。
② 项目约束条件是否真实和假设前提条件是否合理。
③ 项目产出物是否都是为实现项目目标服务的。
④ 项目工作包是否都为形成项目产出物服务的。
⑤ 项目工作是否都有合理和具体的可度量指标。
⑥ 项目风险是否可以接受,效益是否高于成本。

复习思考题

1. 试述项目策划的含义及其类型。
2. 工程项目策划的作用有哪些?
3. 简述工程项目前期策划的过程。
4. 工程项目的目标分哪几个层次?
5. 简述工程项目可行性研究的主要内容。
6. 简述确定工程项目范围的过程。
7. 简述工程项目结构分解的基本原则。
8. 简述工程项目结构分解的方法。
9. 请针对一个常见的建筑产品如教学楼、办公楼、食堂等,绘制 WBS 图。
10. 请制作一个婚礼的 WBS,要求:(1)最少分三层;(2)要有编码;(3)采用什么形式不限。

4 工程项目组织概论

4.1 概述

4.1.1 项目组织的概念

1) 组织的含义

"组织"一词,其含义比较宽泛,按照其词性,"组织"一般有两个意义,其一为名词,是指组织机构,表示是按一定的领导体制、部门设置、层次划分、职责分工、规章制度和信息系统而构成的有机整体。作为一种机构形式,组织是为了使系统达到它的特定目标,使全体参加者经分工与协作以及设置不同层次的权利和责任制度而构成的一种人的组合。它可以理解为:

(1) 是人们具有共同目标的集合体。
(2) 是人们相互影响的社会心理系统。
(3) 是人们运用知识和技术的技术系统。
(4) 是人们通过某种形式的结构关系而共同工作的集合体。

而"组织"作为动词,是指组织行为或组织活动,即为达到一定目标,运用组织所赋予的权力,对所需的资源进行合理配置。是对一个过程的组织,对行为的筹划、安排、协调、控制和检查,如组织一次会议,组织一次活动。

在此概念的基础上组织理论出现了两个相互联系的研究方向,即组织结构和组织行为。组织结构侧重于组织的静态研究,以建立精干、合理、高效的组织结构为目的;组织行为侧重于组织的动态研究,以建立良好的人际关系,保证组织的高效运行为目的。

2) 项目组织

(1) 项目组织的概念

项目组织是指为完成特定的项目任务而建立起来的,从事项目具体工作的组织。该组织是在项目寿命期内临时组建的,是暂时的,只是为完成特定的目的而成立的。工程项目是由目标产生工作任务,由工作任务决定承担者,由承担者形成组织。

(2) 项目组织的特点

项目的特点决定了项目组织和其他组织相比具有许多不同的特点,这些特点对项目的组织设计和运行有很大的影响。

① 项目组织的一次性。项目组织的一次性是由工程项目的一次性决定的,当确定项目目标后,为了完成项目目标而建立起来的项目组织,而项目结束或相应项目任务完成后,项目组织就解散或重新组成其他项目组织。

② 项目组织的类型多、结构复杂。由于项目的参与者比较多,他们在项目中承担的角色各不相同,在项目中的地位和作用也不一样,而且有着各自不同的经营目标和管理理念,从而形成了不同类型的项目管理。不同类型的项目管理,由于组织目标不同,它们的组织形式也不同,这就给项目的组织实施带来一定的难度。但是为了完成项目的共同目标,这些组织应该相互适应。

项目的系统性和复杂性决定了项目组织结构的复杂性。在同一项目管理中可能用不同的组织结构形式组成一个复杂的组织结构体系。同时,项目组织还要和项目参与者的单位组织形式相互适应,这也会增加项目组织的复杂性。

③ 项目组织的变化较大。项目在不同的实施阶段,其工作内容不一样,项目的参与者也不一样;即使同一参与者,在项目的不同阶段的任务也不一样。因此,项目的组织随着项目的不同实施阶段而变化。

④ 项目组织与企业组织之间关系复杂。项目组织是企业组织的组成部分,企业组织对项目组织影响很大,从企业的经营目标、企业的文化到企业资源、利益的分配都影响到项目组织效率。从管理方面看,企业是项目组织的外部环境,项目管理人员来自企业;项目组织解体后,其人员返回企业。对于多企业合作进行的项目,虽然项目组织不是由一个企业组建的,但是它依附于企业,受到企业的影响。

4.1.2 项目组织的应用

1) 项目组织形式

现代社会的需求日益呈现多样性,科学技术在不断飞速发展,新科学、新工艺、新产品在不断涌现,造成产品寿命周期在不断缩短,产品更新换代快。大量的业务对象是一次性的,有一个独立的过程,需要综合的全过程持续地服务。

而项目组织作为一种新的运作模式,能较好地适应这种变化(见图4-1)。项目组织适用于有一种专门的最终产品的事业,能够对环境和内部资源的改变作出迅速的反应。当从事的工作任务是复杂的,需要各部门和各专业之间相互配合协作,存在多个目标因素时,项目组织的应用十分有效。项目组织是对项目的最终成果负责的组织,它打破了传统的组织界限。

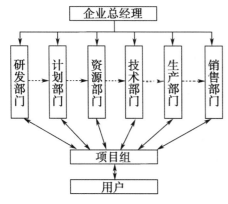

图 4-1 项目型组织结构和生产过程 1

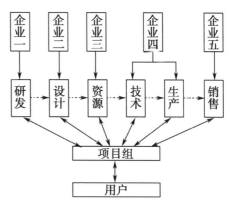

图 4-2 项目型组织结构和生产过程 2

上述的生产过程任务也可以由不同部门甚至不同企业承担，形成一个新的独立于职能部门的项目管理部门（见图4-2），通过综合、协调、激励，共同完成目标。

项目组织强调"目标→任务→工作过程→人员"这种过程化的管理，组织不再认为是由静止的结构和角色所组成，而应当看作是一系列活动的过程流。经过这样的转变，能使公司活力增强、人员精简、组织层次减少。

项目组织关系是同盟、合资、伙伴、合作关系、合同关系。这种关系立足于共同的目标、共同的信念和利益共享，甚至可以通过国际合资或合作等形式组成。

2）采用项目组织的优点

（1）将市场与生产过程、资源、研究与开发过程高度地综合起来，具有高度的活力和竞争力。

（2）能够形成以任务为中心的管理，有更好的工作透明度和更注意结果。

（3）能够迅速改进最终产品的质量和可靠性，较短的产品开发时间和较低的开发费用。

（4）能迅速地反映市场和用户要求，较好的用户关系。

（5）整个过程的协调和控制比较方便，信息的传输过程富有效率。

（6）在项目组织中下层人员有更多的权利，更多的责任，更能够激发他们的积极性、创造性，能够形成以人为中心的创新模式，员工有机会把自己的思想直接在项目中实现或提供给高层管理部门，能够进行面对面的交流。

（7）项目管理的思想处处渗透出创新的要求，而项目管理的方法是富有成效和高效率的。

（8）传统的权威已大大削弱，人们必须通过沟通、信任和理解来实现其目标。传统的企业组织中信息的传递是由下至上、由上至下的，而项目组织中的信息流主要是横向水平的。这种面向对象式的管理方法有利于高质量地完成工作任务。

3）项目组织容易出现的问题

项目组织的应用也存在着一些问题，这些问题主要是由项目的特点引起的。例如：

（1）由于项目是一次性的，它的计划、控制和组织无继承性和可用的参照系，任务承担者的最终成果难以评价，所以容易导致不平衡和低效率。

（2）每个项目都是一个新的组织，则组织摩擦大，雇用的人员效率低下，组织内部及与环境之间沟通困难。

（3）需要项目参加者讲究诚实信用，需要完备的规章制度和明确的责任和权力的分配，但这常常是很困难的。

（4）项目需要高层领导的不断支持，需要各个部门的积极配合。

4）项目组织与目标的关系

项目管理最为重要的是如何最佳地实现项目目标，其首要任务是确定一个合理的、具有实现可能性的目标和实现目标的最佳途径，即项目管理规划。项目管理规划为项目组织设定了目标和为实现目标的最佳途径，即工程项目是由目标产生的任务，由工作任务决定承担者，由承担者决定组织。目标决定组织，组织是目标能否实现的决定性因素。

4.1.3 组织结构设计

1）组织结构的概念

组织结构就是组织内部各个有机组成要素相互作用的联系方式或形式,也可称为组织的各要素相互联系的框架。

组织结构的主要作用有:

(1) 组织结构是协调工作的前提和基础。组织结构是促成管理绩效产生的工具,没有组织结构一切协调活动都不可能有效进行。

(2) 组织结构确定了正式关系与职责的形式,形成了组织的责任体系。组织成员的职责和责任的分派直接与组织结构有关。组织结构规定职位、职责,是责任的分配和确定的基础。责任体系是责、权、利系统的核心。

(3) 组织结构确定了一定的权力系统。组织结构与职权形态之间存在着直接的相互关系。组织结构与职位以及职位间关系的确立密切相关,为职权关系提供了一定的格局。没有组织结构,就没有职权结构,也就没有权力的运用,不能形成权力系统。

(4) 组织结构形成信息沟通体系。信息沟通是组织力形成的重要因素。信息产生在组织的活动中,上级需要下级的信息作为决策的基础;下级需要上级的指令、指导性和其他信息来执行行动;同级不同部门之间为了相互协调而需要横向的信息传递。快捷、真实的信息传递是组织活动高效的前提。组织结构形式决定了信息传递的路径和方式,形成组织信息沟通体系。

工程项目管理的组织结构建立是项目管理的重要内容,项目管理的组织结构是项目管理取得成效的前提和保障。

2）组织结构设计

(1) 组织结构设计的基本内容

① 确定组织内各部门和人员的权力、地位,明确各部门和人员之间的相互关系。

② 明确组织内指令下达和信息沟通的方式。

③ 确定协调各部门和个人活动的方式。

④ 制定各种规章制度,确定工作流程。

组织结构设计内容如图 4-3 所示。

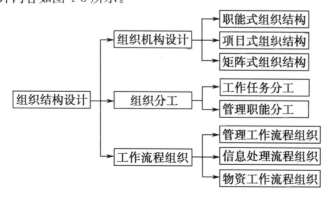

图 4-3 组织结构设计

组织结构模式反映了一个组织系统中各子系统之间或各元素(各工作部门)之间的指令关系。组织分工反映了一个组织系统中各子系统或各元素的工作任务分工和管理职能分工。组织结构模式和组织分工都是一种相对静态的组织关系。

而工作流程组织则可反映一个组织系统中各项工作之间的逻辑关系,是一种动态关系。在一个建设工程项目实施过程中,其管理工作的流程、信息处理的流程,以及设计工作、物资采购和施工的流程的组织都属于工作流程组织的范畴。

(2) 组织结构设计的基本原则

工程项目的组织结构设计,关系到项目管理的成败,所以项目组织结构的设计应遵循一定的组织原则:

① 目标统一原则。从"一切为了确保项目目标实现"这一根本目标出发,因目标而设事,因事而设人、设机构、分层次,因事而定岗定责,因责而授权。这是组织设计应遵循的客观规律,颠倒这种规律或离开项目目标,就会导致组织的低效或失败。

一个组织要有效的运行,各参加者必须有明确的统一的目标。在服从项目整体目标的基础上,保证项目顺利实施,达到项目的总目标。为了达到统一的目标,则项目的实施过程必须有统一的指挥、统一的方针和政策。

② 集权与分权统一的原则。在一个健全的组织中不存在绝对的集权,否则就不存在下属主管;也不存在绝对的分权,否则上级领导职位就消失,也就不存在组织了。合理的分权既可以保证指挥的统一,又可以保证下级有相应的权力来完成自己的职责,能发挥下级的主动性和创造性。为了保证项目组织的集权与分权的统一,授权过程应包括确定预期的成果、委派任务,授予实现这些任务所需的职权,以及行使职责使下属实现这些任务。

③ 专业分工与协作统一的原则。分工就是为了提高项目管理的工作效率,把为实现项目目标所必须做的工作,按照专业化的要求分派给各个部门以及部门中的每个人,明确他们的工作目标、任务及工作方法。

分工要严密,每项工作都要有人负责,每个人负责他所熟悉的工作,这样才能提高效率。分工要求协作,组织中只有分工没有协作,组织就不能有效运行。为了实现分工协作的统一,组织中应明确部门和部门内部的协作关系与配合方法,各种关系的协调应尽量规范化、程序化。

④ 责权利平衡。在项目的组织设置过程中应明确项目投资者、业主、项目其他参加者以及其他利益相关者间的经济关系、职责和权限,并通过合同、计划、组织规则等文件定义。这些关系错综复杂,形成一个严密的体系,它们应符合责权利平衡的原则。

首先应当保证权责对等。在项目中,参加者各方责任和权益是互为前提条件的。例如在合同中,业主有一项合同权益,则必是承包商的一项合同责任;反之,承包商的一项权益,又是业主的一项合同责任。

同时,为了防止权力被滥用,必须对权力进行适当的限制。如果组织成员有一项权力,则该权力的行使必然会对项目和其他方产生影响,则该项权力应受到制约,如果他不恰当地行使该权力就应承担相应的责任。例如监理工程师有权要求对承包商的材料、设备、工艺进行额外检验,承包商必须执行。但如果检查结果表明符合合同约定,则业主应承担相应的损失(包括工期和费用赔偿)。

⑤ 适用性和灵活性原则。应确保项目的组织结构适合于项目的范围、项目组的大小、

环境条件及业主的项目战略。通常项目的组织形式是灵活的、多样的,即使一个企业内部,不同的项目有不同的组织形式;甚至一个项目的不同阶段就有不同的授权和不同的组织形式。

⑥ 管理跨度与管理层次。管理跨度是指某一组织单元直接管理下一层次的组织单元的数量,管理层次是指一个组织总的结构层次。

在组织人员确定的条件下,管理跨度越窄,管理层次就越多;反之,管理跨度越宽,管理层次就越少。

按照组织效率原则,应建立一个规模适度、组织结构层次较少、结构简单,能高效率运作的项目组织。适当的管理跨度,加上适当的层次划分和适当的授权,是建立高效率组织的基本条件。在建立项目组织时,每一级领导都要保持适当的管理跨度,以便集中精力在职责的范围内实施有效的领导。

现代大型、特大型的项目以及多项目的组织一般都采用宽跨度、少层次的组织结构,即扁平化结构。这种组织灵活,结构层次少,有许多优点。

⑦ 弹性结构原则。弹性结构,是指一个组织的部门结构、人员职责和工作职位都是可以变动的,保证组织结构能进行动态的调整,以适应组织内外部环境的变化。

工程项目是一个开放的复杂系统,它以及它所处的环境的变化往往较大,所以弹性结构原则在工程项目组织结构设计中的意义很大,项目组织结构应能满足由于项目以及项目环境的变化而进行动态调整的要求。

⑧ 精简高效原则。组织结构中的每个部门、每个人和其他的组织要素为了实现共同的目标,组合成最适宜的结构形式,实行最有效的内部协调,使决策和执行简捷而正确,减少重复和扯皮,以提高组织效率。在保证必要职能履行的前提下,尽量简化机构,这也是提高效率的要求。

(3) 组织机构设计程序

组织机构设计程序如图 4-4 所示。

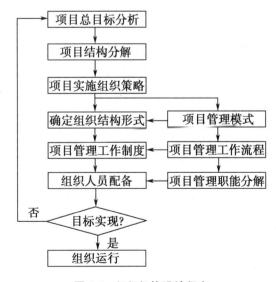

图 4-4 组织机构设计程序

4.2 工程项目组织结构

组织结构形式是组织的模式,是组织各要素相互联结的框架的形式。项目组织形式可按组织结构和项目组织与企业组织联系方式分类。按组织的结构分,项目组织形式常见的有直线制、职能制、直线职能制、矩阵制、事业部制等。按项目组织与企业组织联系方式分,项目组织的常见形式有职能式(部门控制式)、纯项目式、矩阵式等。

4.2.1 职能式组织结构

1) 组织特征

职能式也称部门控制式项目组织形式,是指按职能原则建立的项目组织。它是在不打乱企业现行建制的条件下,通过企业常设的不同职能部门组织完成项目。部门领导也是项目的负责人,不单独设项目经理,项目完成后管理组织不解体。其他部门边发挥各自的职能边协助项目组织实现项目目标。其组织结构形式如图 4-5 所示。

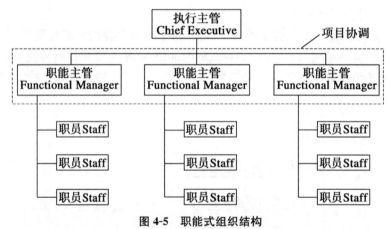

图 4-5 职能式组织结构

2) 职能式组织结构的优点

(1) 项目的运转启动时间短。由于将项目委托给企业某一部门组织,不需要设立专门的组织机构,所以职能部门很快就可以进入角色。

(2) 职责明确,职能专一,关系简单,便于协调。

(3) 这种结构有利于同一部门的专业人员一起交流知识和经验,可使项目获得部门内所有的知识和技术支持,对创造性地解决项目技术问题很有帮助。

(4) 在人员的使用上具有较大的灵活性。不同专业技术人员可以被临时调配使用,工作完成后又可以返回他们原来的工作岗位。

(5) 技术专家可同时服务于不同的项目。

(6) 当有人员离开项目组甚至离开公司时,职能部门可作为保持项目技术持续性的基础。

(7) 将项目作为部门的一部分,还有利于在过程、管理和政策等方面保持连续性。
(8) 职能部门可以为本部门的本专业人员提供一条正常的晋升途径。项目成员可以考虑自己的职业生涯。

3) 职能式组织结构的缺点

(1) 项目经常得不到好的支持,与职能部门利益直接有关的问题可能得到较好的处理,而那些超出其利益范围的问题则容易被忽视。
(2) 这种组织机构使得项目及客户的利益往往得不到优先考虑,客户不是活动和关注的焦点。
(3) 技术复杂的项目通常需要多个职能部门的共同合作,但他们往往更注重本领域,而忽略整个项目的目标,并且跨部门之间的合作交流沟通比较困难。
(4) 有时会发现没有人承担项目的全部责任。项目经理只负责项目的一部分,另外一些人则负责项目的其他部分。由于责任不明确,往往导致协调的困难和混乱的局面。
(5) 原组织职能和项目工作要求差别较大时,需要较长的熟悉时间;不利于精简机构。

4) 适用范围

这种组织形式一般适用于小型或单一的、专业性较强、不需要涉及许多部门的项目。

4.2.2 项目式组织结构

1) 组织特征

纯项目式组织形式也称工作队式组织形式,是指从现有的组织中选拔项目所需要的各种人员,组成项目组织。首先任命项目经理,再由项目经理负责从企业内部抽调相关人员组成项目管理班子。所有项目组织成员在项目建设期间,中断与原部门组织的领导和被领导关系,原单位负责人只负责业务指导及考察,不得随意干预其工作或调回人员。项目结束后项目组织撤销,所有人员仍回原部门和岗位。其组织结构形式如图 4-6 所示。

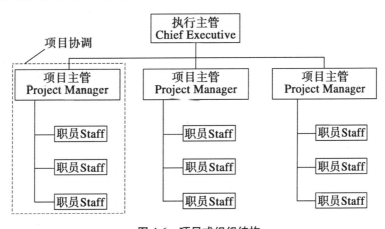

图 4-6 项目式组织结构

2) 项目式组织结构的优点

(1) 项目经理权力集中,有充分的权力调动项目内外部的资源,可以及时决策,指挥方便,有利于提高工作效率。

(2) 项目经理从各个部门抽调的是项目所需要的各类专家,他们可以相互配合、相互学习、取长补短,有利于培养一专多能的人才并充分发挥其作用。

(3) 各种专业人才集中在一起,团队精神得以充分的发挥,减少了等待或扯皮的时间,解决问题快,办事效率高。

(4) 项目从职能部门中分离,使协调关系减少,减少或避免了本位主义和行政干预,使得沟通途径简洁,有利于项目经理顺利地开展工作。

(5) 权力集中使决策速度加快,整个项目组织能够对客户的需要和高层管理的意图做出更快的响应。

(6) 当存在一系列的类似项目时,项目式组织可以保留一部分在某些技术领域具有很好才能的专家作为固定的成员。

(7) 这种结构有利于使命令协调一致,每个成员只有一个上司,避免多重领导。

(8) 项目式组织从结构上来说简单灵活、易于操作,在进度、成本和质量等方面的控制也较为灵活。

3) 项目式组织结构的缺点

(1) 各类人员来自不同的部门,具有不同的专业背景,缺乏合作经验,难免配合不当。

(2) 各类人员集聚在一起,但在同一时期内他们的工作量可能有很大的差别,因此很容易造成忙闲不均,从而导致人才的浪费。

(3) 项目管理人员长期离开原单位,离开他们所熟悉的工作环境,缺乏归属感,没有职业生涯的规划,容易产生临时观念和不满情绪,影响积极性的发挥。

(4) 一个公司通常有多个项目,而每个项目都有自己的组织,这就使人员、设施技术和设备重复设置,造成冗余。

(5) 专业职能部门的优势无法发挥。由于同一专业人员分散在不同的项目上,相互交流困难,职能部门无法对他们进行有效的培训和指导,影响各部门的数据、经验和技术积累,难以形成专业优势。

(6) 项目内部即成员与项目之间及成员之间都有着很强的依赖关系,而项目外部即项目成员与公司的其他部门之间存在沟通困难。

4) 适用范围

这种组织形式适用于大型项目、工期要求紧迫的项目、要求多种任务多部门密切配合的项目。

4.2.3 矩阵式组织结构

矩阵式项目组织是现代大型工程项目广泛应用的一种新型组织形式。它是将职能式组织和项目式组织有机地结合在企业内部而形成的一种混合的组织形式,它既发挥了职能部门的纵向优势,又发挥了项目组织的横向优势,形成了独特的组织形式,避免了两者的缺点。从组织职能上看,以实施企业目标为宗旨的企业组织要求专业化分工并且长期稳定,而一次性项目组织则具有较强的综合性和临时性。矩阵式组织形式能将企业组织职能与项目组织职能进行有机结合,形成一种纵向职能机构和横向项目机构相互交叉的"矩阵"形式。

矩阵式组织结构又分为弱矩阵结构、平衡矩阵结构和强矩阵结构。

1) 弱矩阵结构

弱矩阵式组织结构的特点是从单位相关职能部门挑选专门人员组成项目团队,但该项目团队无专职的项目经理。该组织形式偏向于职能式组织结构,所以其优缺点和适用条件与职能式组织结构相似。弱矩阵式组织结构如图4-7所示。

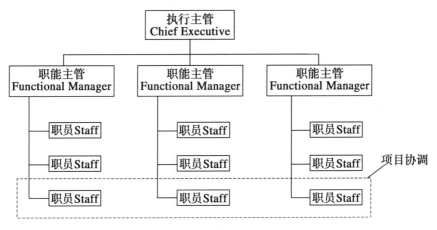

图4-7 弱矩阵式组织结构

2) 平衡矩阵结构

平衡矩阵式组织结构的特点是从单位相关职能部门挑选专门人员组成项目团队,在项目团队中设置专职的项目经理,且项目经理一般从单位某职能部门选拔。平衡矩阵式组织结构如图4-8所示。

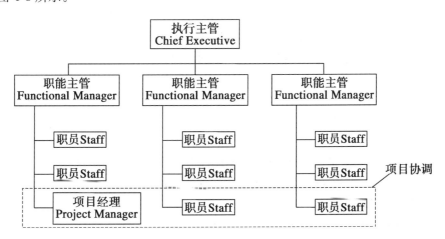

图4-8 平衡矩阵式组织结构

3) 强矩阵结构

强矩阵式组织结构的特点是项目经理来自独立于单位职能部门之外的项目经理主管部门,项目团队成员来自相关职能部门,由项目经理统一指挥和协调。当项目完成后,各成员再回到原职能部门。强矩阵结构如图4-9所示。

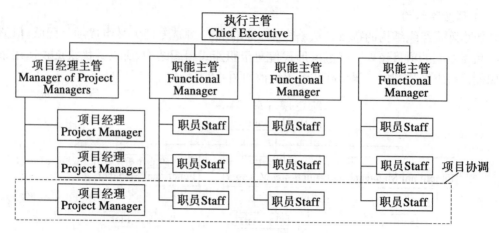

图 4-9 强矩阵式组织结构

4）矩阵结构的组织特征

在矩阵式组织形式中，永久性专业职能部门和临时性项目组织同时交互起作用。纵向表示不同的职能部门是永久性的，横向表示不同的项目是临时性的。职能主管对本部门参与项目组织的人员有组织调配、业务指导和管理考核的责任。项目经理将参加本项目的各种专业人员按项目实施的要求有效地组织协调在一起，为实现项目目标共同配合工作，并对他们负有领导责任。矩阵式组织中的每个成员都应接受原职能主管和项目经理的双重领导，既接受项目经理的领导又接受原职能主管的领导。职能主管有权根据项目的需求和工作强度，将本部门专业人员在项目之间进行适当调配，使专业人员可以同时为几个项目服务，避免某种专业人才在一个项目上闲置而在另一个项目上又奇缺的现象，大大提高人才的利用率。项目经理对参加本项目的专业人员有控制和使用的权力，当感到人力不足或某些成员不得力时，他可以向职能部门请求支持或要求调换，没有人员包袱。在这种体制下，项目经理可以得到多个职能部门的支持。但为了实现这些合作和支持，要求在纵向和横向有良好的沟通与协调配合，从而对整个企业组织和项目组织的管理水平和工作效率提出更高的要求。

5）矩阵结构的优点

（1）把职能原则和对象原则有机地结合起来，既发挥了纵向职能部门的优势，又发挥了横向项目组织的优势，解决了传统组织模式中企业组织和项目组织相互矛盾的难题，增强企业长期例行性管理和项目一次性管理的统一性。

（2）职能部门可以为项目提供人员，也可以只为项目提供服务，从而使得项目的组织具有很大的灵活性。

（3）项目分享各个部门的技术人才储备，能有效地利用人力资源。组织可以平衡资源，统筹和优化安排，通过职能部门的协调，将一些项目上闲置的人才及时转到急需项目上去，实现以尽可能少的人力实施多个项目管理的高效率，使有限的人力资源得到最佳的利用。

（4）矩阵式组织的项目中会有来自行政部门的人员，使规章制度执行与组织保持一致。

（5）对客户要求的响应与项目式组织一样快捷灵活，而且对公司组织内部的要求也能做出较快的响应。

（6）有利于人才的全面培养。它既可以使不同知识背景的人在项目组织的合作中相互取长补短,在实践中拓宽知识面,有利于人才的一专多能,又可以充分发挥纵向专业职能集中的优势,使人才的成长有深厚的专业训练基础。

(7) 项目是工作的焦点,由项目经理负责管理整个项目,负责在规定的时间、经费范围内完成项目的要求。

(8) 项目组成人员对项目结束后的忧虑减少了,虽然他们与项目具有很强的联系,但他们对职能部门也有一种"家"的亲密感觉。

6) 矩阵结构的缺点

(1) 在矩阵式组织的项目中,项目经理主管项目的行政事务,而职能主管负责项目的技术问题。但在实际工作中,项目经理很难将项目与职能部门的职责及权利分清楚,项目经理就必须经常与部门经理进行沟通交流,若项目经理协调能力不强则会使项目成功的可能性降低。

(2) 双重领导。矩阵式组织中的成员要接受来自横向项目主管和纵向职能主管的双重指令。当双方目标不一致或有矛盾时,会使当事人无所适从。

(3) 由于矩阵式组织的复杂性和项目结合部的增加,往往导致信息沟通量的膨胀和沟通管道的复杂化,致使信息梗阻和信息失真增加,这就使组织关系协调更加困难。

(4) 资源平衡的同时有竞争。所有的项目可以作为一个整体来考虑,但当资源稀缺的时候,各个项目可能为争夺有限的资源而产生矛盾。

(5) 经常出现项目经理的责任与权力不统一的现象。在一般情况下职能部门对项目组织成员的控制力大于项目经理的控制力,导致项目经理的责任大于权力,工作难以开展。项目组织成员受到职能部门的控制,所以凝聚在项目上的力量减弱,使项目组织的作用发挥受到影响。同时,管理人员兼管多个项目,难以确定管理项目的前后顺序,会顾此失彼。

7) 矩阵结构的适用范围

矩阵式组织结构主要适用于大型复杂项目;公司同时承担多个项目;当公司对人工利用率要求高时的项目。

4.2.4 组织结构形式对项目的影响

组织结构形式对项目的影响如表 4-1 所示。

表 4-1 组织结构形式对项目的影响

组织形式 项目特征	职能式	矩阵式			项目式
		弱矩阵	平衡矩阵	强矩阵	
项目经理权限	很少或没有	有限	从小到中等	从中等到大	很高,甚至全权
人员在项目工作的时间比率	几乎没有	0%～25%	15%～60%	50%～95%	85%～100%
项目经理任务	兼职	兼职	专职	专职	专职
项目经理的角色	项目协调员/项目领导人	项目协调员/项目负责人	项目经理/项目主任	项目经理/计划经理	项目经理/计划经理
项目管理员	兼职	兼职	兼职	专职	专职

4.2.5 项目组织形式的选择

一个项目有许多种项目组织形式可以选择,如职能式组织、项目式组织、矩阵式组织等。不同的组织形式决定了企业和项目的不同责任关系,项目的不同的责任制形式,也决定了不同的项目运作方式。

这些项目组织形式,各有其使用范围、使用条件和特点。在选用项目组织结构时,必须考虑下列因素:

(1) 项目自身的情况,如规模、难度、复杂程度、项目结构状况、子项目数量和特征。

(2) 企业组织状况,同时进行的项目的数量,及其在项目中承担的任务范围。当同时进行的项目很多,可采用矩阵式的组织形式。

(3) 应采用高效率、低成本的项目组织形式,能使各方面有效地沟通,各方面责权利关系明确,能进行有效的项目控制。

(4) 决策简便、快速。由于项目与企业部门之间存在复杂的关系,而其中最重要的是指令权的分配。不同的组织形式有不同的指令权的分配。

4.3 工程项目组织分工与工作流程设计

4.3.1 工程项目组织分工

1) 工作任务分工

在项目组织机构确定后,就必须根据项目工作结构分解结果,对整个项目工作进行工作任务分工,确定、分配各人在项目经理部中的角色和各岗位职责,对每个成员的职责及相互间的活动进行明确定义和分类,确定报告关系,并形成明确的组织规则,指出职权使用的限制和注意问题。这个阶段应有明确的组织规则,主要包括工作任务分工表、人员配备计划、角色和责任分配矩阵和各职能的说明文件等。

工作任务分工就是对项目组织机构的说明和补充,将组织结构中各部门和各成员在职责进展细化和扩展,真正形成一个组织,使他们了解项目目标和项目组织规则,介绍项目的工作范围、质量标准、预算限制及进度计划的指针,从而为各部门和各成员指出工作方向,将团队的思想和力量集中起来,整合成为有利于项目顺利开展的合力。

每一个项目都应编制项目管理任务分工表。在编制任务分工表前,应结合项目的特点,对项目实施的各阶段的各项管理任务进行详细的分解,在此基础上,明确项目组成员的工作任务,从而编制工作任务分工表。如某项目施工招投标阶段管理任务分解表如表 4-2 所示,工作任务分工表如表 4-3 所示。

表 4-2 某项目施工招投标阶段管理任务分解表

3 施工招投标阶段项目管理任务	
3.1 投资控制	
3101	审核概算和施工图预算
3102	审核招标文件和合同文件中有关投资控制条款
3103	审核和分析各投标单位的投标报价
3104	提交投资控制报告
3105	参加评标和合同谈判
3.2 进度控制	
3201	编制施工总进度规划,明确工期总目标
3202	审核招标文件和合同文件中有关进度控制条款
3203	审核和分析各投标单位的进度计划
3204	提交进度控制报告
3205	参加评标和合同谈判
3.3 质量控制	
3301	确定项目施工的质量要求与标准
3302	审核招标文件和合同文件中有关质量控制条款
3303	审核和分析的技术标中施工方法、质量保证措施是否符合项目预定目标
3304	对各投标单位拟选用的主要乙供材料和设备充分了解其用途、规格和标准
3305	审核是否符合项目质量要求
3306	参加评标和合同谈判
3.4 合同管理	
3401	根据项目规模和项目特点进行分标策划,合理划分子项目,明确各子项目的范围,确定各子项目的发包方式
3402	合同的详细分析,确定工程施工合同结构
3403	选择标准合同文本,起草施工合同专用条款
3404	从投资控制、进度控制和质量控制的角度分析施工合同条款,分析合同执行过程中可能出现的风险,提出风险应对措施
3405	施工合同谈判
3406	分析可能发生索赔的原因,制定索赔防范性对策

表 4-3 某项目工作任务分工表

序号	职能内容	项目经理	项目副经理	项目工程师	技术组	质检组	安全组	材料组	核算组	资料组
1	工程合同	☆	△	△						
2	施工组织设计	△		☆						
3	内业资料	△	◎	◎	△	◎	◎	◎	◎	☆
4	施工放线			◎	☆					
5	轴线复配			☆		◎				△
6	施工预算			◎					☆	
7	材料供应	△	△	△		◎		☆		
8	试块制作			△		☆				
9	试样检测				△	☆				
10	工程交底			☆	☆	△	☆			◎
11	施工质量控制	☆	△		◎	☆				
12	施工安全控制	☆	◎	◎			☆			
13	人员调配	△	☆	◎						
14	场地布置调整	△		△						
15	仪器设备检修		△	△	☆		☆			◎
16	成品半成品保护	△	☆	☆	◎	☆	◎			
17	竣工交验		☆	☆						☆
18	工程结算	△		☆					☆	

注:"☆"表示主要负责;"△"表示协办;"◎"表示配合。

2) 管理职能分工

管理职能分工主要反映项目管理任务承担者在管理职能上的分工。表 4-4 反映了某项目在招投标阶段业主方、项目管理方和工程监理方项目管理职能的分工情况。

表 4-4 项目管理职能分工表

序号	任务		业主方	项目管理方	监理方
1	发包	办理相关审批手续	E	P	
2		招标、评标	DC	PE	PE
3		选择承包商	DE	PE	PE
4		合同谈判与签订	DE	P	P

续表 4-4

序号	任务		业主方	项目管理方	监理方
5	进度	施工进度目标规划	DC	PC	PE
6		项目采购进度规划	DC	PC	PE
7		项目采购进度控制	DC	PEC	PEC
8	投资	投资控制	DC	PEC	
9	品质	工程质量标准的制定	D	PC	PEC

注：P—策划；D—决策；E—执行；C—检查。

4.3.2 工程项目工作流程组织

工作流程组织反映一个组织系统中各项工作之间的逻辑关系。在工程项目实施过程中，其管理工作的流程、信息处理的流程，以及设计工作、物资采购和施工的流程的组织都属于工作流程组织的范畴。

工程项目工作流程组织包括：

(1) 管理工作流程组织，如投资控制、进度控制、合同管理、付款、设计变更和索赔等流程。

(2) 信息处理工作流程组织，如与生成工程质量检查报告有关的数据处理流程。

(3) 物质流程组织，如装修工程深化设计工作流程，设备采购工作流程，施工工作流程等。

每一个建设项目应根据其特点，从多个可能的工作流程方案中确定以下几个主要的工作流程组织：

(1) 设计准备工作的流程。
(2) 设计工作的流程。
(3) 施工招标工作的流程。
(4) 物资采购工作的流程。
(5) 施工作业的流程。
(6) 各项管理工作(投资控制、进度控制、质量控制、合同管理和信息管理等)的流程。
(7) 与工程管理有关的信息处理的流程。

工作流程可以以工作流程图表示，工作流程图应视需要逐层细化，如投资控制工作流程可细化为初步设计阶段投资控制工作流程图、施工图阶段投资控制工作流程图和施工阶段投资控制工作流程图等。

各项目参与者的工作内容不同，其工作流程也不一样。因此，业主方和项目各参与方，如工程管理咨询单位、设计单位、施工单位和供货单位等都有各自的工作流程组织的任务。

如某项目施工组织设计(或施工方案)审核的工作流程如图 4-10 所示。

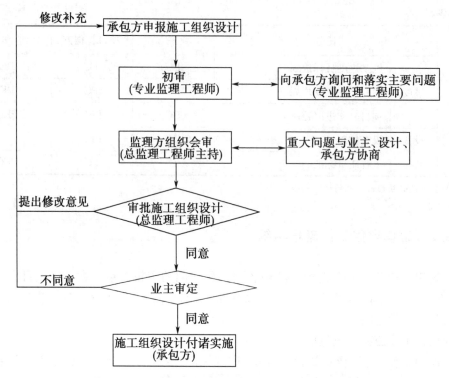

图 4-10 施工组织设计(或施工方案)审核的工作流程

4.4 工程项目团队及其建设

4.4.1 项目经理

1) 项目经理的角色和职责

(1) 项目经理的角色

项目经理部是项目组织的核心,而项目经理领导着项目经理部工作。所以项目经理居于整个项目的核心地位,他承担所管理的项目的责任,包括明确项目目标及约束,制定项目的各种活动计划,确定适合于项目的组织机构,招募项目组成员,建设项目团队,获取项目所需资源,领导项目团队执行项目计划,跟踪项目实施,及时对项目进行控制,处理与项目相关者的各种关系,对项目进行考评,提出项目报告等。他对整个项目经理部以及对整个项目起着举足轻重的作用,对项目的成功有决定性影响。国外的许多文献中将项目经理称作是"项目的唯一责任点"(the Single Point of Responsibility)。工程实践证明,一个强的项目经理领导一个弱的项目经理部,比一个弱的项目经理领导一个强的项目经理部项目成就会更大。

项目经理在项目中主要扮演以下角色并完成相关任务:

① 集成者(Integrator)。项目经理最可能关注项目适应组织整体计划的方式。项目经理必须协调项目团队所有单位的工作,保证项目预定目标能够实现。

② 决策者(Decision Maker)。项目经理必须能够对资源分配、质量、成本和进度之间的平衡，项目的范围、方向或特性的变更做出决策。

③ 团队领导(Team Leader)。项目经理必须在问题出现时解决问题，指导来自不同职能部门的人，协调项目，从而展现领导能力。

④ 沟通者(Communicator)。项目经理必须正确处理与公司高层、项目团队以及其他项目干系人的关系，和他们进行良好的沟通。如果项目经理不能向相应的成员诠释和传递合适的项目信息，这将成为项目中的一个瓶颈。知道何时传递何种类型的信息，发送给谁，怎样将信息翻译成为一种能够被所有的接收者了解的语言，是项目经理的职责之一。

⑤ 控制者(Control)。当项目经理接到项目任务后，就必须根据项目目标制订相应的项目计划并组织实施。在实施过程中必须时刻关注项目的实施情况，及时评价项目执行情况，发现问题及时采取纠偏措施，保证项目目标的实现。

⑥ 利益协调人(Interest Coordinator)。作为项目管理者，首先要保证项目完成后项目目标能够得到实现，使项目业主能够从项目中获得利益，只有这样，项目才能被用户接受和认可。同时，还要兼顾到其他项目干系人的利益，以实现共赢或多赢的局面。这就需要项目经理在项目执行过程中合理地进行利益分配。

⑦ 氛围创造者/创建者(Climate Creator/Builder)。项目经理应当尝试营造和谐的气氛，使得项目团队成员能够齐心协力，完成项目任务，实现项目目标。项目经理应尽早营造支持的气氛以避免负面冲突。一个优秀的项目经理的标志就是调动所有项目团队成员的力量以实现项目预定目标。

（2）项目经理的地位

① 项目委托人的代表。

② 项目全过程管理的核心。

③ 项目班子的领导者。

④ 项目有关各方协调配合的桥梁和纽带。

（3）项目经理的职能

项目经理的职能简称 PLOC(计划、领导、组织、沟通)，具体包括以下内容：

① 计划(Planing)和调度(Scheduling)。

② 成本估算(Cost Estimating)。

③ 绩效分析(Performance Analysis)和进展报告(Progress Reporting)。

④ 与所有项目干系人，特别是业主进行沟通，维持业主关系。

⑤ 项目进度和成本趋势预测分析(Trend Analysis for Project Schedule and Cost)。

⑥ 后勤管理，成本控制(Logistics Management, Cost Control)。

⑦ 组织和人力规划(Organization and Manpower Planing)。

⑧ 合同和物资管理和估计(Contract and Materials Administration and Estimating)。

（4）项目经理的职责

项目经理应确保项目全部工作在预算范围内按时优质地完成，从而使客户满意。项目经理的基本职责是领导项目的计划、组织和控制工作，以实现项目目标，即领导项目团队，协调各项目团队成员的活动，使他们作为一个和谐的整体，适时履行各自的工作，完成项目预定目标。

① 计划。首先，项目经理要明确项目目标，并就该目标与客户取得一致意见。然后，项目经理与项目团队成员就这一目标进行沟通交流，以对成功完成项目目标所应当做的工作达成共识。项目经理应领导项目团队成员一起制定实现项目目标的计划。通过让项目团队参与制定计划，项目经理可以确信这一计划比他单独一个人制定更加切合实际，可行性更强。项目经理和客户对该计划进行评价，获得认可后即可投入实施。

② 组织。组织工作涉及为开展工作，如何合理地配置资源。首先，项目经理应决定哪些工作由组织内部完成，哪些工作由承包商或顾问公司完成。对于那些由组织内部负责的工作，具体工作负责人应对项目经理做出承诺；对于由承包商完成的工作，项目经理应对工作范围和交付物做出清晰的划分，与每一位承包商协商，达成一致意见。项目经理也应根据各种任务为具体人员或承包商分配职责，授予权力，前提条件是这些人在预定的预算和时间条件下能够完成工作任务。对于包括复杂的大型项目，可能项目参与者众多，这时项目经理可以为具体的任务团队选派领导。最后，也是最为关键的，组织工作应当营造一致和谐的工作环境，使所有项目成员作为一个项目团队士气高昂地投入工作。

③ 控制。为了实现对项目的监控，项目经理需要一套项目管理信息系统，跟踪实际工作进度，并将其与计划进度进行比较。这一系统将有助于项目经理了解哪些工作对完成项目目标至关重要，哪些工作是劳而无功。项目团队成员掌握其所承担任务的工作进度并定期提供有关工作进展、时间进度及成本开支等相关数据。如果实际工作进度落后于计划进度，或者发生意外事件，项目经理应当立即采取措施。相关团队成员要向项目经理就相应的补救措施及项目更新计划提供建议和信息。如果有可能，可采取主动控制措施，即事先预测今后可能发生的情况，采取针对性的措施，防患于未然。项目经理决不能采取等待和观望的工作方法，一定要积极主动，在问题恶化之前予以解决。

项目经理通过计划、组织、控制来领导项目工作，但决不能大权独揽，应使团队成员参与进来，让他们为圆满完成项目工作做出更大的投入。

(5) 项目经理的工作特征

项目经理工作的特征是由项目的特征和项目管理职能所决定的，主要包括：

① 专业性强。
② 工作负担繁重性。
③ 及时决策和应变性。
④ 工作的挑战性和创造性。
⑤ 工作的信息性。

2) 项目经理的素质

在市场经济环境中，项目经理的素质是最重要的，特别是对专业化的项目经理，他不仅应具备一般领导者的素质，还应符合项目管理的特殊要求。

(1) 项目经理应有项目的使命感。有工程项目全生命期管理的理念，注重项目对社会的贡献和历史作用；应注重社会的公德，保证社会利益，严守法律和规章。

(2) 项目经理必须具有很好的职业道德，将用户利益放在第一位，不谋私利，必须有工作的积极性、热情和敬业精神，勇于挑战，勇于承担责任，努力完成自己的职责。项目经理不能因为项目是一次性的，与业主是一次性合作，管理工作不好定量评价和责难，项目的最终成果与自己的酬金无关，而怠于自己的工作职责。应全心全意地管理项目。

(3) 由于项目是一次性的,项目管理是常新的工作,富于挑战性,所以项目经理应具有创新精神,务实的态度,有强烈的管理雄心和愿望,勇于决策,勇于承担责任和风险,并努力追求工作的完美,追求高的目标,不安于现状。如果项目经理不努力,不积极,定较低的目标,做十分保守的计划,则不会有成功的项目。

(4) 项目经理必须为人诚实可靠,讲究信用,有敢于承担错误的勇气;言行一致,正直,办事公正,公平,实事求是。不能因受到业主的批评和不理解而放弃自己的职责,不能因为自己受雇于业主或受到承包商不正常手段的作用(如行贿)而不公正行事。项目经理的行为应以项目的总目标和整体利益为出发点,应以没有偏见的方式工作,正确地执行合同,解释合同,公平公正地对待各方利益。

(5) 能承担艰苦的工作,任劳任怨,忠于职守。在项目组织中,项目经理是一个特殊的角色,处于矛盾的焦点,常常业主和承包商都不能理解他。由于责权利不平衡,项目经理要做好工作是很艰难的,可能各方面对他都不满意。例如:

① 有许多业主经常有新的主意,随便变更工程,而对由此产生的工期的延长和费用的增加又不能理解,常常反过来责怪项目经理。

② 由于业主和承包商利益不一致,会产生各种矛盾。例如业主希望项目经理听从他的指令,无条件地维护其利益,苛刻要求承包商;而承包商又常常抱怨项目经理不能正确执行合同,偏向业主,不公平。所以双方的矛头都可能指向项目经理。

③ 长期以来,在工程项目取得成功时,人们常常将它归功于技术人员攻克了技术难关,或业主决策、领导有方;而如果项目实施失败,出现故障、困难,项目不成功,则常常归咎于项目经理,尽管许多失败的因素项目经理并不能控制。

④ 人们常常将项目管理仅看作监督工作,容易产生抵触情绪;另外,人们常常认为项目经理与经济效益、与项目成就无直接的关系,不重视项目经理的工作。

所以在实际工作中,项目管理工作很少能够使各方面都满意的,甚至可能都不满意,都不能理解。所以项目经理不仅要化解矛盾,而且要使大家理解自己,同时又要能经得住批评指责,不放松自己的工作,应有宽容性。

(6) 具有合作精神,能够与他人共事,能够公开、公正、公平地处理事务,不能搞管理上的神秘主义,不能用诸葛亮式的"锦囊妙计"来分配任务和安排工作。

(7) 具有很高的社会责任感和道德观念,高瞻远瞩,具有全局的观念,保护生态环境,为项目的可持续发展负责。

项目经理在工程项目中除了自己的酬金以外不应有另外的利益,也不能与其他项目的相关者有利益关系,这样才容易公正行事,但又容易不负责任。

(8) 诚实信用,胸怀坦荡,有坚强的意志,能自律,具有较强的自我控制能力。

3) 项目经理的技能

对于一个成功的项目,项目经理最核心最关键的,除了在项目的计划、组织和控制方面发挥领导作用外,还应当具备一系列技能,以激励员工取得成功,赢得客户信赖。坚强的领导能力、培养员工的能力、非凡的沟通技巧、良好的人际交往能力、处理压力和解决问题的能力以及管理时间的技能,都是一个优秀的项目经理必备的技能。

(1) 领导能力

项目经理是通过项目团队来取得工作成果的,项目领导工作包括激励项目团队成员齐心协力地工作,以成功地实施项目计划,实现项目预定目标。项目经理要为项目团队形象地勾画出项目的愿景,当项目团队成员设想出项目的美好前景时,就会更加热情地投入工作,圆满地完成项目任务。

领导作用要求项目经理提供指导而不是指挥工作。有效的项目管理需要采取参与和顾问式的领导方式。项目经理所需要做的就是制定工作准则和纲要,为项目团队提供导向,由团队成员自己决定怎样去工作。这种方式比等级制的独断和指挥式的管理方式更加有效。领导有方的项目经理从不教诲项目成员该如何工作。

项目领导工作要求团队成员的参与和授权。每个人对自己的工作都想拥有掌握和控制权,以表明他们有能力完成任务,迎接挑战。项目经理要让团队成员参与其中,在其职责范围内拥有决定权。他们将接受制定工作计划、决定如何完成任务、控制工作进度,以及解决妨碍工作进展问题的职责,承担按时在预算范围内完成项目工作的责任。

在让成员掌握控制权的同时,项目经理还需要制定一个明确的纲领,如果有必要还需做出一定的限制。如成员有权在预算和进度计划范围之内补偿自己因解决问题而遭受的损失,但这种补偿如果超过预算范围,就应当和团队领导或项目经理进行协商。同样,如果某项目成员所做出的决定对其他成员的工作、预算和进度计划产生影响,就需要由项目经理进行协调。

有能力的项目经理懂得如何去激励团队成员,如何建立一种相互信任、充满乐趣而又有发展空间的工作环境,创造出一种富于支持和鼓励的工作环境,使大家能够在这一环境下组成一个杰出的项目团队,出色地完成项目任务。项目经理应当鼓励全体成员积极参与,当项目经理向团队成员征求意见和建议时,应对他们的付出表示肯定和认同。同时,项目经理也应鼓励团队成员相互学习交流,这样不仅能让各位成员学到其他成员的知识和技能,还能在项目团队间营造出一种互惠合作的气氛,充分发挥每位成员的特长。

领导意味项目经理应动力十足,为项目团队树立榜样。如果项目经理希望成员为使工作赶上进度而留下加班,他自己应该首先留下而不是提前离开。项目经理必须保持积极向上的态度,没有消极的论调,没有埋怨,没有满嘴脏话,也没有诋毁,来向项目团队成员表明这类行为举止是团队工作所不能接受的。

优秀的项目经理努力寻找完成工作的方法,而不是寻找无法完成工作的理由,不因障碍或借口而退缩不前,他们自信并在项目团队成员前展现自信。

(2) 人员开发能力

优秀的项目经理有责任对项目团队成员进行训练和培养。他们将项目视为每个项目成员增加自身价值的良好机会,通过创造一种学习环境,鼓励成员从他们所从事的工作中,从他们所经历或观察的情况下获得知识。同时,在分配项目任务时约见项目成员,鼓励他们在工作中扩展知识和技能。这样,每个成员在项目结束后就拥有了比项目开始时更丰富的知识和竞争力。

有能力的项目经理鼓励成员进行创新,承担风险,做出决策。在给成员分配任务时要因人而异,使他们在充实自我的同时更好地完成项目任务。在与每一位团队成员交流时,项目经理应问这样的问题:"你在从事项目工作时学到些什么?"这样,项目经理就知道下一步的培养活动和所需提供的机会是什么,同时也使团队成员明白项目经理非常渴望和重视持续不断地自我完善。

(3) 沟通技巧

项目经理需要与项目团队、项目客户、承包商、公司高层管理人员以及其他项目干系人定期交流沟通。频繁、有效的沟通可以保证项目的顺利进行,及时发现潜在问题,征求改进项目工作的建议,保持项目客户的满意度,避免发生意外。尤其是在项目前期,更加需要非常完善的沟通来与项目团队建立起一个良好的工作关系,并与项目客户一起对项目目标有一个清晰的预期。

项目沟通的内容及要求详见第 10 章。

(4) 人际交往能力

人际交往能力是项目经理必备的技能。这类技能需要有良好的沟通能力。为使每位项目成员知道自己在实现项目目标中的作用,项目经理需要让每位项目成员参与制定项目计划,使他们了解各自承担的项目任务,强调每位成员对成功执行项目计划都是至关重要的。

良好的交际能力能够使得项目经理在特殊情况下与团队成员产生共鸣,项目经理良好的交际能力会影响其他项目成员的思想和行为。同时,也可以化解团队成员之间的分歧和冲突。

(5) 化解压力的能力

工作中常常面临压力,项目经理应当具备化解压力的能力。当项目工作陷入困境或因为成本超支、进度延误以及设备、系统的技术问题无法解决而使得项目目标无法实现时,当业主要求变更工作范围或团队内部就某一特定问题的最佳解决方案产生争议时,压力就会随之加大。项目经理必须保持冷静,与项目团队成员一起寻找解决问题的出路,切忌急躁,以防止项目团队、客户与公司管理层惊慌失措而使项目陷入困境。

某些情况下,项目经理要在项目团队与业主或项目团队与公司之间充当缓冲器。如果业主或公司对项目进展情况不满意时,项目经理要勇于承受指责,以免项目团队受到打击。在与项目团队就不足之处进行沟通时,要加强激励,鼓励他们迎接挑战。同时,项目团队往往也会对业主加以指责和抱怨或不愿意按业主要求进行变更,项目经理同样需要在其中起缓冲作用,将其转化为需要团队成员克服的努力目标。

项目经理要有健康的体格,精力过人,以增强应对压力的能力。

(6) 解决问题的能力

在项目实施过程中总会遇到一些问题,这些问题可能会对项目目标产生影响。项目经理应当及早发现问题并和项目团队一起解决问题。解决问题包括以下步骤:

① 对问题做出说明。这种问题说明使得解决问题的团队成员能够对要解决的问题的本质形成一致意见。对问题的说明包括对问题程度的定量描述。对问题的说明越具体、越确切越好,因为说明里的资料和标准都可以作为将来评价判断问题是否得到真正解决的依据。如对进度拖延问题的描述中,"我们落后进度计划了"就不如"我们已经落后计划两周,但由于处于非关键线路,且有两周的时差,所以到目前为止尚未对总工期产生影响,但已经处于临界点了,再拖延就会影响总工期了"来得具体。

② 找出问题的可能原因。

③ 收集资料,确定最可能的原因。

④ 提出可能的方案。

⑤ 评估可行方案。

⑥ 决定最佳方案。

⑦ 修订项目计划。
⑧ 实施方案。
⑨ 判断问题是否得以解决。

(7) 管理时间的能力

优秀的项目经理能充分安排好时间。因为项目经理在项目实施过程中可能会同时面临许多工作及无法预见的问题,为尽可能有效地利用时间,项目经理要自我约束,分清先后主次关系,并愿意适当授权。

4) 项目经理应掌握的知识

(1) 项目经理通常要接受过大学以上的专业教育,必须具有专业知识,一般来自工程的主要专业,如为土木工程或其他专业工程方面的专家,否则很难在项目中被人们接受和真正介入项目工作。

(2) 要接受过项目管理的专门培训或再教育,掌握项目管理的知识。目前发达国家有一整套项目经理的教育培训的途径和方法,有比较好的、成熟的经验。美国 PMI 提出的项目管理知识体系(PMBOK)见图 4-11。

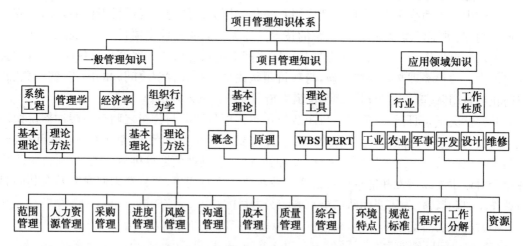

图 4-11 项目管理知识体系(PMBOK)

项目经理需要掌握如下三方面的知识:

① 项目所在领域的相关专业知识,如相关的工业、农业、建筑等。这是项目经理的专业根底。项目管理是分领域的,不同领域的项目管理的差异性很大。工程项目的经理就需要掌握相关的工程专业知识。

② 一般的管理知识,如管理学、经济学、工程经济学、系统工程、组织行为学、财务管理等理论和方法。

③ 项目管理的知识,包括综合管理、范围管理、时间管理、成本管理、人力资源管理、采购管理、质量管理、信息管理、风险管理等。

(3) 项目经理需要有综合性的广博的知识面,能够对所从事的项目迅速设计解决问题的方法、程序,能抓住问题的关键,把握技术和实施过程逻辑上的联系,具有工程的系统知识。

5) 项目经理的权限

项目经理接受公司高层的委托对项目实施管理。作为项目执行过程中的核心,应当拥

有以下权利:
(1) 人事决策权。当项目经理走马上任后,应当根据项目目标和项目任务情况,选拔项目团队成员,组建项目经理部,并根据工作情况和性质进行适当授权。
(2) 财务决策权。项目经理有权决定授权范围内的项目资金的投入和使用。同时,项目经理有权制定项目团队内部计酬办法。
(3) 设备、物资采购决策权。项目经理有权参与选择设备、物资的供应单位。
(4) 协调指挥权。项目经理有权在授权范围内协调与项目有关的内外部关系以及项目执行过程中的决策和指挥权力。
(5) 法定代表人授予的其他权力。

4.4.2 项目团队建设

1) 项目团队发展阶段

布鲁斯·塔克曼(Bruce Tuckman)的团队发展阶段(Stages of Team Development)模型可以被用来辨识团队构建与发展的关键性因素,并对团队的历史发展给以解释。任何项目团队的建设和发展都需要经历形成阶段(Forming)、震荡阶段(Storming)、规范阶段(Norming)、辉煌阶段(执行)(Performing)和休整阶段(Adjourning)(休整阶段是在1977年后加入的)。所有五个阶段都是必需的、不可逾越的,团队在成长、迎接挑战、处理问题、发现方案、规划、处置结果等一系列经历过程中必然要经过上述五个阶段。如图4-12所示。

形成阶段 → 震荡阶段 → 规范阶段 → 辉煌阶段 → 休整阶段

图 4-12 团队发展阶段

(1) 形成阶段(Forming)

此阶段是项目团队启蒙阶段,团队酝酿,形成测试。测试的目的是为了辨识团队的人际边界以及任务边界。通过测试,建立起团队成员的相互关系、团队成员与团队领导之间的关系,以及各项团队标准等。

此时团队成员由个体而归属于团队,归属的需求得到满足,总体上有一种积极向上的愿望。团队成员的情绪特点包括激动、希望、怀疑、焦急和犹豫,团队成员行为具有相当大的独立性,在心理上处于一种极不稳定的阶段,缺乏团队目的、活动的相关信息。此时项目团队需要指挥或"告知"式领导,项目经理需要为整个团队明确方向、目标和任务,为每人确定职责和角色。要确保团队成员之间建立起一种互信的工作关系。与团队成员分享团队发展阶段的概念,达成共识。

(2) 震荡阶段(Storming)

团队获取团队发展的信心,但项目团队成员开始合作后就会有人发现各方面与当初的设想和期望不一致而出现失望,结果产生矛盾和抵触,存在人际冲突、分化的问题。此时团队成员情绪的特点是紧张、挫折、不满、对立和抵制。对于团队目标、期望、角色以及责任的不满和挫折感表露出来。此时项目团队需要教练式或影响型领导,项目经理需设法解决出现的各种问题和矛盾,强调团队成员的差异,相互包容。消除震荡的关键在于容忍不满的出现和积极解决冲突,消除团队中的震荡因素,指引项目团队渡过激荡转型期。

(3) 规范阶段(Norming)

此时项目团队规则、价值、行为、方法、工具均已建立,团队成员的情绪特点是信任、合作、忠诚、友谊和满意。成员调适自己的行为,以使得团队发展更加自然、流畅。有意识地解决问题,实现组织和谐,动机水平增加,团队效能提高,团队开始形成自己的身份识别。此时项目团队需要参与式领导,项目经理应通过正负强化等激励手段去规范人们的行为,应开展积极授权和支持项目团队成员的建议和参与,应使整个团队和每个团队成员的行为都能为实现项目目标服务。

(4) 辉煌阶段(Performing)

此时人际结构成为执行任务活动的工具,团队角色更为灵活和功能化,团队能量积聚于一体。项目团队运作如一个整体。工作顺利、高效完成,没有任何冲突,不需要外部监督。项目团队的成员对于任务层面的工作职责有清晰的理解,没有监督,自治,即便在没有监督的情况下自己也能做出决策。他们积极工作,不断取得辉煌成绩,团队成员开放、坦诚、相互依赖,具有很高的团队集体感和荣誉感。此时项目团队需要授权型领导,项目经理在这一阶段应该采用自我管理和自我激励的模式进行管理,让团队自己执行必要的决策。

(5) 休整阶段(Adjourning)

此时任务完成,团队解散。

有些学者将第五阶段描述为"哀痛期",反映了团队成员的一种失落感。团队成员动机水平下降,关于团队未来的不确定性开始回升。

团队发展各阶段的功能水平如图4-13所示。

2) 优秀项目团队的内涵

项目团队不仅仅是指被分配到某个项目中工作的一组人员,还应当是一组互相依赖的人员齐心协力地进行工作,以保证实现项目的预定目标。

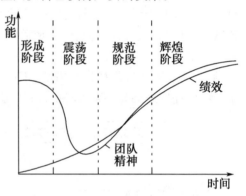

图4-13 团队发展各阶段的功能水平

要使这些成员发展成为高效协作的团队,既需要项目经理合理规划,适当授权,更加需要项目团队中每位成员的密切合作。一个项目要想取得成功,离不开周密的计划,也需要项目管理技能,但是人员,包括项目经理和项目团队才是项目成败的关键。

优秀的项目团队有如下特征:

(1) 统一的共同目标

为了实现项目的预定目标,首先必须保证项目团队成员对项目目标有着明确而统一的认识,高度明确工作范围、质量标准、投资或成本目标和进度计划。对于要实现的项目目标,每位团队成员必须对这一结果以及由此带来的益处有共同的设想。只有这样,才能保证项目团队工作卓有成效。

(2) 高度的相互信任

项目要想取得成功离不开项目团队成员的积极参与。而团队成员的积极参与必须建立在高度的相互信任的基础之上。首先,项目经理应当在明确项目目标后适当授权,对授权部分不过分干预,用人不疑,让其在自己的职责范围内拥有决定权;其次,项目团队成员在项目实施过程中相互合作,加强沟通,开诚布公,相互信任,相互依赖,以创造和谐、信任的工作环境,保证项目目标得以实现。

（3）全面的互助合作

一个有效的项目团队通常需要进行开放、坦诚和及时的沟通，成员之间愿意交流信息、想法和感情。他们乐于寻求其他成员的帮助，成员能够成为彼此的力量和源泉，而不仅限于独自完成分派给自己的任务。他们希望看到其他成员也能够出色地完成任务，并愿意在他们遇到困难时提供帮助。他们能够相互作出或接受彼此的反馈及建议性的批评。基于这样的合作，项目团队就能够在解决问题时具有创造性，并及时作出正确的决策。

（4）每位成员明确理解其工作职责及工作准则

有效的项目团队成员要积极参与制定项目计划，以便将计划与自己所从事的工作联系起来。每个成员都承担责任，完成项目团队交给自己的任务。只要团队成员重视彼此的知识和技能，为实现项目目标所付出的努力就能够得到肯定。

（5）平等关系与积极参与

优秀的项目团队需要创造出一种富于支持和鼓励的工作环境，使得大家能够在良好的氛围下组成一个表现杰出的团队，出色地完成工作。在项目团队中，各个成员特别是项目经理必须了解工作职务分工仅仅代表各自承担任务的不同，在项目团队中，成员的地位是平等的，仅仅是因为项目任务大家走到一起，项目的成功离不开每一位项目团队成员的努力，离不开每一位成员的积极参与。

（6）激励和自我约束

项目经理应当懂得如何去激励团队成员，如何建立一种相互信任、充满乐趣而又有发展空间的工作环境，创造出一种富于支持和鼓励的工作环境，使大家能够在这一环境下组成一个杰出的项目团队，出色地完成项目任务。同时，加强项目团队成员自我约束的能力培养，提倡自我管理，充分发挥每位成员的特长，在项目团队间营造出一种互惠合作的气氛。

表4-5是项目团队有效性的检测表。项目团队可以在项目实施过程中定期进行分析和评价。

表4-5 项目团队有效性的检测表

序号	检测内容	检测结果		
		很差	一般	很好
1	你的团队对其目标有明确的理解吗？			
2	项目工作内容、质量标准、预算及进度计划有明确的规定吗？			
3	每个成员都对自己的角色和职责有明确的期望吗？			
4	每个成员对其他成员的角色和职责有明确的期望吗？			
5	每个成员了解所有成员为项目团队带来的知识和技能吗？			
6	你的团队是目标导向吗？			
7	每个成员是否强烈希望为实现项目目标作出努力吗？			
8	你的团队有高度的热情和力量吗？			
9	你的团队是否能够高效的合作？			
10	是否经常进行开放、坦诚而及时的沟通？			

续表 4-5

序号	检测内容	检测结果		
		很差	一般	很好
11	成员愿意交流信息、想法和感情吗？			
12	成员是否能够不受拘束地寻求他人的帮助？			
13	成员愿意相互帮助吗？			
14	团队成员能够作出反馈和建设性批评吗？			
15	团队成员能否接受他人的反馈和建设性批评？			
16	项目团队成员中是否有高度的信任？			
17	成员是否能够完成他们要做或想做的事情？			
18	不同的观点能否公开？			
19	团队成员能否相互承认并接受差异？			
20	你的团队能否建设性地解决冲突？			

3）项目经理部的组建

（1）项目经理部的特点

不同的项目参加者项目经理部的设置也不完全相同，但项目经理部有其共同点：

① 职责是对项目进行规划、组织、指挥、控制和协调。

② 项目经理部一般都是临时性组织，是为了实现项目预定目标而走到一起。

③ 项目经理部一定要以一定的结构形式组织起来。

（2）项目经理部运作过程

建设有效的组织是项目经理的首要职责，它是一个持续的过程，需要领导技巧，以及对组织结构、组织接口、职能结构和激励的全面把握。项目经理部是一个团队，它的运作过程符合团队运作的一般规律。

① 组建阶段，即项目经理部的形成阶段。

◆ 按照项目的组织策划成立项目经理部。项目经理要有权组建合适的项目经理部，力求保持最小规模，但应当涵盖项目管理的所有工作职能，并尽可能使用现有部门中的职能人员。

◆ 人员获取。项目经理部成立后，项目经理必须选择合适的成员，特别是关键的和在各相关领域有经验与技能的项目组织成员形成一个项目团队。上层领导要积极支持项目，保证充足、高效的人力资源投入。

◆ 项目团队组建完成后，项目经理要向项目团队成员介绍项目的工作范围、质量标准、预算限制及进度计划，使他们了解项目目标和项目组织规则。

◆ 通过磋商确定经理部中各个职能部门的人员安排。

◆ 宣布对组织成员的授权，确定、分配各人在项目经理部中的角色和各岗位职责，对每个成员的职责及相互间的活动进行明确定义和分类，确定报告关系，并形成明确的组织规则，指出职权使用的限制和注意问题。

◆ 确定项目管理工作规范，各种管理活动及优先级关系，沟通管道。

② 磨合阶段。这是组织成员的互相适应阶段。

在这个阶段,由于项目任务比预计的更繁重、更困难,成本或进度计划的限制可能比预计更紧张,项目组织成员会有许多激动、希望、怀疑、焦急和犹豫,会产生许多矛盾。

由于大家彼此生疏,成员之间有一个互相适应的过程,同时对项目管理系统的运作不熟悉,所以沟通障碍很大,难免有组织摩擦。但另一方面,由于项目工作有明显的挑战性,能够独立决策,项目成果显著,也可能增加职能人员的新鲜感和动力。

这个阶段项目经理需要影响型的领导风格。

③ 正规阶段。这是项目组织的规范阶段。项目经理要与成员们一起参与解决问题,共同作出决策,能接受和容忍成员的任何不满,做导向工作,通过协调解决矛盾,保持对项目经理部的领导和控制。项目经理应创造一种有利的工作环境,激励人们朝预定的目标共同努力,鼓励每个人都把工作做得很出色,鼓励组织成员的创新活动。

④ 成效阶段。这是组织的执行阶段。这个阶段各方互相信任、互相适应,具有很好的沟通和公开的交流,形成和谐的相互依赖关系,管理效率逐渐提高,各项工作比较顺利,这时整个项目的工作进度也最快。项目经理需要适当授权,保持一种良好的组织环境,激励组织成员取得成功,使大家士气十足地投入工作,高效率地完成目标。

⑤ 解散阶段。在工程项目结束阶段,项目组织和项目经理部都要逐渐解散,有许多职能工作会逐渐减少,最后完全结束。由于在项目的结束阶段,项目工作任务不饱满,项目的组织职能弱化,许多管理工作常常由职能人员兼任。有些人员虽在项目上工作,但由于要承担其他部门或新的项目工作,或要寻找新的工作岗位,则有不安、不稳定情绪,对本项目的剩余工作失去兴趣,对项目失去激情,工作效率低下,在项目上的投入不充分,会影响项目的结束工作。这是应该注意的。

在项目的结束阶段应该对项目组织成员进行考核、评价,并报告给所属部门。

4) 项目实施中冲突的处理

冲突是个人和个人之间、个人和团体之间或团体和团体之间由于对同一事物持有不同的态度与处理方法而产生矛盾,这种矛盾的激化就称为冲突。

项目冲突是指项目组织、团队或成员为了限制其他组织、团队或成员达到其预定目的而采取的行为和措施。

在项目实施过程中出现冲突是正常也是必然发生的现象,但是,当冲突发生后如何应对却至关重要,不要放任冲突,也不要压制冲突,这些都会给项目的执行产生不利影响。因此,冲突出现后如何化解冲突是项目经理必须认真对待的问题。

(1) 项目冲突的类型

从项目冲突的来源看,冲突包括:

① 人力资源的冲突。对有来自其他职能部门人员的项目团队而言,围绕着用人问题会产生冲突。当人员支配权在职能部门领导的手中时,项目经理和职能部门主管会在如何使用这些队员上存在冲突。

② 成本费用冲突。成本费用冲突往往体现在费用如何分配产生冲突。例如,项目经理分配给各职能部门的资金总被认为相对于支持要求是不足的,工作包 1 的负责人认为该工作包中预算过小,而工作包 2 的预算过大。

③ 技术冲突。在面向技术的项目中,在技术质量、技术性能要求以及实现性能的手段

上都会发生冲突,如业主认为应该采用最先进的技术方案,而项目团队则认为采用成熟的技术更为稳妥。

④ 管理程序上的冲突。许多冲突来源于项目应如何管理,也就是项目经理的报告关系定义、责任定义、界面关系、项目工作范围、运行要求、实施的计划、与其他组织协商的工作协议,以及管理支持程序等。

⑤ 项目优先权的冲突。项目参加者经常对实现项目目标应该执行的工作活动和任务的次序关系有不同的看法。优先权冲突不仅发生在项目班子与其他合作队伍之间,而且在项目班子内部也会经常发生。

⑥ 项目进度的冲突。围绕项目工作任务(或工作活动)的时间确定次序安排和进度计划会产生冲突。

⑦ 项目成员个性冲突。这种冲突经常集中于个人的价值观、判断事物的标准等差别上,这并非是技术上的问题。冲突往往源于团队队员经常的"以自我为中心"。

从冲突形成原因来看,冲突包括:

① 关系型冲突。由于人与人不同而造成的冲突,这其中包括性格差异、敌意对抗和个人反感。

② 任务型或称认知型冲突。各方对团队任务认知差异而造成的冲突。

③ 流程型冲突。包括在行事方式和资源分配方面的意见分歧。

(2) 项目冲突的起因

如何进行冲突管理在很大程度上取决于对冲突产生原因的判断。冲突之所以发生,可能是利益相关者对若干议题的认知、意见、需求、利益不同,或是基本道德观、宗教信仰不同等因素所致。项目中冲突产生的原因主要有:

① 沟通与知觉差异。沟通不畅容易造成双方的误解,引发冲突。另外,人们看待事物存在"知觉差异",既根据主观的心智体验来解释事物,而不是根据客观存在的事实来看待它,由此激发冲突。

② 目标差异。不同价值理念及成长经历的项目成员有着各自不同的奋斗目标,而且往往与项目目标不一致。同时,由于所处部门及管理层面的局限,成员在看待问题及如何实现项目目标上也有很大差异,由此产生冲突。项目团队成员对项目目标的理解越不一致,越容易发生冲突;项目团队成员对上级目标越趋一致,项目中有害冲突可能性越小。

③ 角色混淆。项目中的每一个成员都被赋予特定的角色,并给予一定的期望。但项目中常存在"在其位不谋其政,不在其位却越俎代庖"等角色混淆、定位错误的情况。项目组织中,管理层次越高,由于某些积怨产生冲突的可能性越大;项目团队成员的职责越不明确,冲突越容易发生;项目经理的管理权利越小、威信越低,项目越容易发生冲突。

④ 项目中资源分配及利益格局的变化。如项目人事发生变动或者资源分配发生变化,就会引起项目中原有利益格局的变化,导致既得利益者与潜在利益者的矛盾,因为项目中某些成员由于掌控了各种资源、优势、好处而想维持现状,另一些人则希望通过变革在未来获取这些资源、优势和好处,并由此产生对抗和冲突。

⑤ 项目团队队员的专业技能差异越大,其间发生冲突的可能性就越大。

(3) 项目冲突对项目的影响

从冲突对项目的影响看,通常分为建设性冲突和破坏性冲突。

20世纪40年代以来,冲突被普遍认为是有害无益的,强调管理者应尽可能避免和消除冲突。但近些年,这种观念有了很大的改变,人们意识到冲突在项目组织中存在的必然性和合理性,认为冲突并不一定会导致低效,它可以让团队成员有机会获得新的信息,另辟蹊径,制定出更好的问题解决方案,加强团队建设。同时,建设性冲突有利于改变组织反应迟缓、缺乏创新的局面,提高组织效率。因此,组织有时需要建设性的冲突,管理者也需要在适当的时候激发一定水平的冲突。坦诚、建设性冲突能够让不同观点交锋,碰撞出新的思想火花,有利于管理者顺势推动改革与创新,因此,适量的冲突有利于工作绩效的提高。在一些情况下增加冲突是具有建设性的,一旦员工都保持沉默,少说少做,一团和气,组织失去活力,项目团队的利益将大受影响。所以可以采用故意透露的办法激发冲突,公示任用的员工等通过一定的渠道提前透露出来,引起关注,激发思考,反馈信息,这种方法进退两宜,易于控制局面。通用电气的CEO韦尔奇经常与成员面对面的沟通、辩论,诱发同成员的冲突,从而不断发现问题,改进企业的管理。

在项目管理过程中,项目经理必须面对不断的环境变更,必须对不同项目周期阶段冲突的主要原因有所了解,才可能避免或减少潜在的冲突以及冲突的有害性,适当地利用建设性冲突,避免破坏性冲突。但这两种冲突是共生的,通常只是一线之差,项目经理能否应用得当也是管理艺术的体现。

(4) 项目冲突管理方法

项目冲突管理是从管理的角度运用相关理论来面对项目中的冲突事件,避免其负面影响,发挥正常作用,以保证项目目标的实现。

项目冲突处理得当,就能够将问题暴露出来,及早得到重视,能够激起讨论,澄清团队成员的观念,迫使团队成员寻求新的解决问题的方法,培养成员的创造性,增强解决问题的能力,从而促进团队建设。相反,如果冲突处理不当,冲突可能会破坏沟通,影响项目团队信息的交流和反馈,团队成员可能不愿意倾听或尊重别人的观点,破坏团队的团结,降低信任度和开放度。

布莱克(Blake)、穆顿(Mouton)、基尔曼(Kilmann)和托马斯(Thomas)通过研究,得出如下冲突的处理方法:

① 回避和冷处理。管理者对所有的冲突不应一视同仁。当冲突微不足道、不值得花费大量时间和精力去解决时,回避是一种巧妙而有效的策略。通过回避琐碎的冲突,管理者可以提高整体的管理效率。尤其当冲突各方情绪过于激动,需要时间使他们恢复平静时,或者立即采取行动所带来的负面效果可能超过解决冲突所获得的利益时,采取冷处理是一种明智的策略。但这种方法会使冲突积聚起来,并在今后逐步升级,可能会在某个时点暴发。

② 妥协。妥协就是在彼此之间的看法、观点的交集基础上建立共识,彼此都做出一定的让步,达到各方都有所赢、都有所输的目的。妥协的方法就是团队成员寻求一个折中的方案,着重于分散差异,使得每个成员都能够得到某种程度的满意。当冲突双方势均力敌或焦点问题纷繁复杂时,妥协是避免冲突、达成一致的有效策略。但折中的方案也许并非是最好的预计。

③ 强制执行。这是同妥协相对立的解决方式。当管理者需要对重大事件做出迅速的处理,或者需要采取不同寻常的行动而无法顾及其他因素时,以牺牲某些利益来保证决策效率也是解决冲突的途径之一。这种方法是把冲突当作一种胜败的局势。在这种情况下,人们

会使用权力处理冲突。如当项目经理与某项目团队成员就项目具体工作产生冲突,项目经理只需利用权力即可占据上风。但用这种方式处理冲突,会导致受压制一方产生怨恨心理,从而恶化了工作氛围。

④ 调停和消除。调停和消除的方法就是尽力在冲突中找出意见一致的方面,最大可能地忽视差异。强调项目团队成员之间的相互关系比解决问题更为重要,对可能伤害感情的话题不予讨论。这一方法能够缓和冲突形势,但这样做并没有将问题彻底解决。

⑤ 合作、正视和解决问题。这种方法就是正视现实,着眼于共同的战略目标,使冲突各方感到使命感和向心力,意识到任何一方单凭自己的资源和力量无法实现目标,只有在全体成员通力协作下才能取得成功。每个人都以积极的态度对待冲突,既正视问题的解决,也重视项目团队成员之间的相互关系,愿意就面临的冲突交换意见,把异议都暴露出来,尽力得到最好、最全面的解决方案。如项目中的各职能部门往往会不知不觉地强调本部门的重要性,需要使其意识到要从项目整体利益看待问题,而不是从部门甚至个人的角度。在这种情况下,冲突各方可能为这个共同的战略目标相互谦让或做出牺牲,避免冲突的发生。

在这种环境下,项目团队成员之间的关系是开放、友善的,他们相互以诚相待,不必担心遭受报复。这是处理冲突最好的方法,但需要有一个良好的团队文化,只有项目组成员之间的关系是友善的、相互以诚相待、以工作为重,才能做到。

复习思考题

1. 采用项目组织有哪些优点?
2. 组织机构设计包括哪些内容?设计原则有哪些?
3. 项目组织机构有哪几种形式?各有什么优缺点?其适用范围是什么?
4. 选用项目组织机构应考虑哪些因素?
5. 项目经理在项目中扮演什么样的角色?
6. 项目经理有什么样的素质要求?应具备什么样的能力?
7. 项目团队发展经历哪几个阶段?各有什么特点?
8. 简述优秀项目团队的内涵。
9. 处理项目冲突有哪些方法?

5 工程项目采购

5.1 概述

5.1.1 工程项目采购范围

项目采购是工程项目实施过程中从项目组织外部获取货物和服务的过程。一些大型项目的采购支出一般达到项目投资的 50%～60%，所以项目采购是项目实施过程中的一个关键步骤。项目采购的特点为：涉及资金大、关系复杂，且不具有重复性；采购的时间必须与项目的实施进度相适应；采购的货物与服务质量关系到项目的质量好坏；采购开支也直接关系到工程的实际造价。因此，实施过程中应高度重视项目采购工作。

工程项目采购管理的采购，与一般概念上的商品购买含义不同。它采购的不仅仅是货物，而且还包括雇佣承包商来实施工程和聘用咨询专家来从事咨询服务。工程项目采购一般可以分为：

1）货物采购

货物采购属于有形采购，是指购买项目建设所需的投入物，如机械、设备、仪器、仪表、办公设备、建筑材料（钢材、水泥、木材等）等，并包括与之相关的服务，如运输、保险、安装、调试、初期维修等。大宗货物，如药品、种子、农药、化肥、教科书、计算机等专项合同采购，一般采用不同的标准合同文本，也属于这类货物采购。这类采购既可以通过招标完成，也可以通过询价完成。

2）工程采购

工程采购，也属于有形采购，是指通过招标或其他商定的方式选择工程承包单位，即选择合格的、满意的承包商承担项目工程施工任务。如开发商通过招标选择承包商帮其建住宅，与之相关的服务，如人员培训、维修等也包括在内。这类采购一般通过招标完成。

3）咨询服务采购

咨询服务采购不同于一般的货物或工程采购，它属于无形采购，它最终获得的不是实物而是一种服务。咨询服务采购包括聘请咨询公司或单个咨询专家。工程项目咨询服务的范围很广，存在于工程项目的整个生命周期，一般可分为以下四类：

① 项目立项阶段的咨询服务，如项目的可行性研究。
② 工程项目设计工作和招标文件编制任务。
③ 项目管理、施工监理等执行性服务。
④ 项目技术援助和培训等服务。

5.1.2 工程项目采购过程

工程项目采购和合同管理的过程由一系列具体的管理工作过程组成。这些管理工作过程如图 5-1 所示。

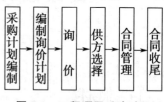

图 5-1 工程项目采购过程

1) 采购计划编制——决定何时采购何物

采购计划编制是确定从项目组织外部采购哪些产品和服务能够最好的满足项目需求的过程,它必须在范围定义工作中完成。采购计划编制涉及的需要考虑的事项包括是否采购、怎样采购、采购什么及何时采购。

2) 编制询价计划——形成产品需求文档,并确定可能的供方

编制询价计划就是根据采购管理计划、工作说明书和其他计划,利用一些标准文件,编制出采购文档和评价标准。

采购文档用于从可能的卖主中索要建议书。各种类型采购文档的常用名称有投标邀请(IFB)、邀请提交建议书(RFP)、邀请报价(RFQ)、谈判邀请和承包商初始答复。

评价标准用于对建议书进行排序或评分。它们可以是客观的(例如:"推荐的项目经理必须是注册项目管理专家,PMP")或主观的(例如"推荐的项目经理必须拥有经证明的,从事类似项目的经验")。评价标准经常是采购文档的一个组成部分。

3) 询价——获得报价单、投标、出价或在适当的时候取得建议书

询价是根据采购文档和评价标准,从预期的卖主那里获取有关项目需求如何被满足的意见反馈或称之为投标和建议书。建议书是卖方准备的说明其提供所要求产品的能力和意愿的文档。它们是按照有关采购文档的要求准备的。

4) 供方选择——从可能的卖主中进行选择

供方选择就是买方接受卖方的投标书或建议书,并建立用于选择供应商的评价标准对卖方进行选择。在供方选择决策过程中,除了成本或价格以外,还需要评价许多因素。建议书或投标书通常分为技术(方法)部分和商务(价格)部分。分别对这两部分进行评价。对于关键产品,可能需要有多个供方。

供方选择最后的成果就是双方签订合同,合同是一个约束双方的协议,使卖方有义务提供规定的产品并使买方有义务付款。协议可简可繁,通常(但不总是)反映产品的简单性或复杂性。合同也可以称为协议、分包合同、采购订单或谅解备忘录。多数组织单位有成文的政策和程序指定能够签订这种协议的组织代表,一般被称为采购当局的授权。

5) 合同管理——管理与卖方的关系

合同管理是确保卖方履行合同要求的过程。对于具有多个产品和服务供应商的大型项目,合同管理的一个关键方面是管理各个供货商之间的组织界面。合同关系的法律属性决定项目队伍应强烈地意识到在管理合同中所采取的行为的法律含义。

合同管理包括了在合同关系中应用适当的项目管理过程,并把这些过程的输出集成到项目的整体管理中。当涉及多个供货商和多种产品时,这种集成和协调会经常在多个层次上发生。必须执行的项目管理过程包括:

项目计划事实:用以授权承包商在适当时间进行工作。

绩效报告：用以监控承包商成本、进度计划和技术绩效。
质量控制：用以检查和核实分包商产品的充分性。
变更控制：用以保证变更能得到批准并且保证所有应该知情的人员获知变更。
6）合同收尾——合同的完成和解决，包括任何未解决事项的决议

合同收尾类似于管理收尾，它涉及产品核实（所有的工作是否正确地、满意地完成）和管理收尾（更新记录以反映最终结果，并为将来使用而对这些信息归档）。合同条款可以对合同收尾规定具体的程序。提前终止合同是合同收尾的一种特殊情况。

以上所述的过程彼此之间及其与其他知识领域的过程之间存在相互影响。根据项目需要，每一过程都包含了一个或多个个人或团体的共同努力。虽然这里各个过程是作为彼此独立、相互间有明确分界的组成部分分别介绍的，但在实践中，它们可能会交叉重叠，互相影响。

当项目从执行组织以外获得产品和服务（项目范围）时，对每项产品和服务都要执行一次从询价计划编制到合同收尾的过程。必要时，项目管理班子可能会寻求合同和采购专家的支持，并且让这些专家作为项目队伍的一员，尽早参与某些过程。

当项目不从执行组织以外获得产品和服务时，则不必执行从询价计划编制到合同收尾的过程。例如项目组织自身具有招投标资格和能力，则可以不聘请招标代理机构为它服务，即不必进行采购过程。

5.2 工程项目交易模式策划

5.2.1 工程项目交易模式

工程项目交易模式不仅定义了工程项目参与各方的角色和责任，确定了业主的支付方式和项目风险在各方之间的分配，同时也为项目的组织实施提供框架。它在很大程度上决定了工程的成本、质量、进度和合同管理的方式，因此合适的交易模式是工程项目取得成功的关键因素之一。

工程项目主要有下面几种交易模式：
1）设计—招标—施工模式（Design—Bid—Build，DBB 模式）
设计—招标—施工模式是一种传统的工程项目管理模式。世界银行、亚洲开发银行贷款工程和采用 FIDIC 合同条件进行管理的工程项目均采用这种模式。目前我国工程项目管理实施的"工程项目法人制""招标投标制""建设监理制""合同管理制"基本也是参照这种传统模式。

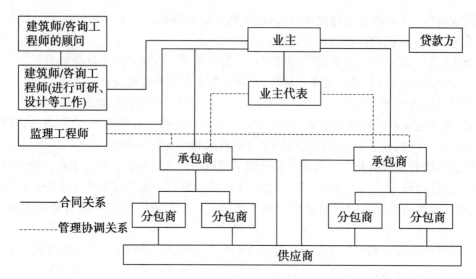

图 5-2 DBB 采购模式

采用传统模式进行工程项目建设管理时,业主与工程设计者(亦称为建筑师或工程师)签订专业服务合同,委托其进行前期的各项有关工作(如进行机会研究、可行性研究等),待工程项目评估立项后再进行设计;在设计阶段,工程设计人员除了完成设计工作外,还要准备施工招标文件,在设计工作全部完成后,协助业主通过竞争性招标将工程施工的任务交给报价低且最具资质的投标人(施工承包商)来完成;招标工作结束后,业主和施工承包商订立工程施工合同,而有关工程部位的分包和设备、材料的采购一般由承包商同分包商、供应商单独订立合同并组织实施;在项目施工过程中,业主、施工承包商、(监理)工程师一起对项目进行全面的管理。

(1) DBB 模式的特点

① 工程项目的实施只能按顺序进行。在这种模式中,工程项目的实施只能按顺序进行是其最显著的特点,亦即只有在前一个阶段结束后下一个阶段才能开始,因而通用模式的工程项目建设程序清晰明了(如图 5-3 所示)。

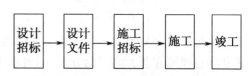

图 5-3 DBB 模式项目实施过程

② 第三方——(监理)工程师的使用。在 DBB 模式中,业主与承包商签订施工合同,同时业主任命监理工程师对工程项目的施工进行监督管理,监理工程师处于特殊的合同地位。一方面,他与业主之间有委托合同约束,(监理)工程师作为业主的雇员对工程施工进行管理;但另一方面,他在合同法律所处的地位赋予他工作上的独立性,要求他自行做出决定,而不是偏袒合同的任何一方。因此,在 FIDIC 条款中,要求监理工程师处事公正,独立地判断和决定问题,并将这一行为准则作为监理工程师的职业道德。

(2) DBB 模式的优点

① 由于该模式长期地、广泛地在国际上被采用,因而管理方法比较成熟,各方对有关程序都很熟悉。

② 业主可自由选择咨询设计人员,对设计可以实现完全控制;业主可自由选择监理机构实施工程监理。

③ 参与项目的三方即业主、设计商(建筑师/工程师)和承包商在各自合同的约定下行使自己的权利,并履行自己的义务,因而这种模式可以使三方的权、责、利分配明确,避免相互之间的干扰。

④ 标准化的合同关系。可采用各方均熟悉的标准合同文本,有利于合同管理、风险管理和节约投资。FIDIC 合同体系中的《施工合同条件》为传统模式广泛采用。

(3) DBB 模式的缺点

① 该模式在项目管理方面的技术基础是按照线性顺序进行设计、招标、施工的管理,建设周期长,投资或成本容易失控,业主方管理的成本相对较高,设计师与承包商之间协调比较困难。

② 由于承包商无法参与设计工作,可能造成设计的"可施工性"差,设计变更频繁,导致设计与施工协调困难,设计商和承包商之间可能发生责任推诿,使业主利益受损。

③ 按该模式运作的项目周期长,业主管理成本较高,前期投入较大,工程变更时容易引起较多的索赔。

④ 对于那些技术复杂的大型项目,该模式已显得捉襟见肘。

2) 设计采购施工总承包(EPC 模式)

EPC 模式,即设计—采购—施工(Engineering, Procurement and Construction)模式。在 EPC 模式中,Engineering 不仅包括具体的设计工作,而且可能包括整个建设工程的总体策划以及整个建设工程组织管理的策划和具体工作;Procurement 也不是一般意义上的建筑设备、材料采购,而更多的是指专业成套设备、材料的采购;Construction 应译为"建设",其内容包括施工、安装、试车、技术培训等。

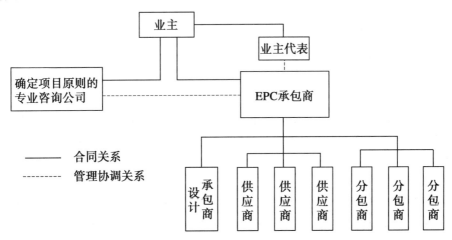

图 5-4 EPC/Turnkey 总承包采购模式

EPC 模式的基本特点是在项目实施过程中保持单一的合同责任。当项目前期策划完成后,业主只需选定唯一承包商负责项目的设计、采购与施工。业主把工程的设计、采购、施工和试车服务工作全部委托给总承包商负责组织实施,业主只负责整体的、原则的、目标的管理和控制。业主只与总承包商签订总承包合同。设计、采购、施工的实施是统一策划、统一组织、统一指挥、统一协调和全过程控制的。总承包商可以把部分工作委托给分包商完成,分包商的全部工作由总承包商对业主负责。

（1）EPC模式的特点

EPC模式一般具有以下特点：

① 承包商承担了大部分工程建设风险。

② 业主选择有经验的总承包商，能充分利用其在项目管理上的专业经验，保证项目实施的成功。

③ 项目设计与施工交给同一个承包商，可以克服以往由于设计与施工相分离而导致的过多变更与索赔。

④ 一体化、全过程的管理可以从整体上优化工程的建设方案。

⑤ 业主对工程管理介入的深度不会太深，一般仅派业主代表对承包商进行原则性的监督和协调，业主可以从大量的工程事务管理中解脱出来进行宏观控制。对业主来说，可用最少的精力达到控制工程造价、工程进度和质量的效果。

由于工程总承包模式既可利用承包商在设计、采购、施工和项目管理的技术优势，又能使业主在设计方案、设备采购和施工招标上拥有一定的选择权，并对总承包商包安全、包工期、包质量、包合同总价、包形成生产能力。因此，EPC总承包方式在国际上应用广泛，在国内也逐步得到能源、化工等大型工程项目业主的青睐和选用。

（2）EPC模式的优点

① 业主的管理相对简单。不需要业主具备工程项目实施阶段的管理能力和经验，可以使业主在工程项目实施阶段的工作大大简化。因为由单一总承包商牵头，承包商的工作具有连贯性，可以防止设计者与施工者之间的责任推诿，提高了工作效率，减少了协调工作量。

② 可有效地将建造费用控制在项目预算以内。由于这种方式已将设计纳入工程实施合同内，使得这种"控制"能够在保证满足生产、使用要求的前提下得以实现。

③ 可以有效地缩短建设周期。由于已将设计、采购两项消耗时间较多的工作纳入工程实施合同内，业主可以要求EPC总承包商通过其内部的管理和协调机制，实现项目建设周期较大幅度缩短。

④ 可以有效地减少业主的风险。在业主缺乏工程项目管理经验、对工程建设法规不甚了解、对当时当地的建筑市场情况不是十分清楚的情况下，选择EPC方式是避开这些风险的有效方法。

（3）EPC模式的缺点

① 业主不能很好地控制设计，使得项目的设计和质量往往屈服于成本。在与EPC总承包商签订EPC总承包合同之后，业主主要是在宏观上控制承包商的设计，但是具体的设计方案业主无法过多干预，往往使得设计屈服于成本，可能会达不到业主期望的效果。

② EPC总承包商的选择比较困难。因设计尚未进行，仅凭"工程方案描述"进行招标或议标，具备相应能力和业绩的承包商一般比专业的承包商少，选择范围窄而需要考虑的因素较多，难以抉择。

③ 项目功能要求难以全面确定。难以在EPC总包合同签订时，明确工程所有的使用要求、技术要求等等，有可能会因此而发生工期、费用的变化。

④ 难以确定合适的总承包价格。因为在此阶段并无可作为价格比较基础的、一致的设计方案，业主只能在技术方案的优劣和报价的高低之间作大致的平衡，无法作出准确的

判断。

⑤ 目前我国实行 EPC 模式的难度还在于设计与施工相分离,无真正意义上的 EPC 承包商。

3) 设计—建造模式(Design—Build,DB 模式)

DB 模式是近年来国际工程中常用的现代项目采购模式,它又被称为设计和施工(Design—Construction)、交钥匙工程(Turnkey)或者是一揽子工程(Package Deal)。通常的做法是,在项目的初始阶段业主邀请一家或者几家有资格的承包商(或具备资格的设计咨询公司),根据业主的要求或者设计大纲,由承包商或会同自己委托的设计咨询公司提出初步设计和成本概算。根据不同类型的工程项目,业主也可能委托自己的顾问工程师准备更详细的设计纲要和招标文件,中标的承包商将负责该项目的设计和施工。DB 模式是一种项目组织方式,DB 承包商和业主密切合作,完成项目的规划、设计、成本控制、进度安排等工作,甚至负责土地购买、项目融资和设备采购安装。DB 模式中各方关系如图 5-5 所示。DB 模式的缺点是业主无法参与建筑师/工程师的选择,工程设计可能会受施工者的利益影响等。这种模式主要有两个特点:

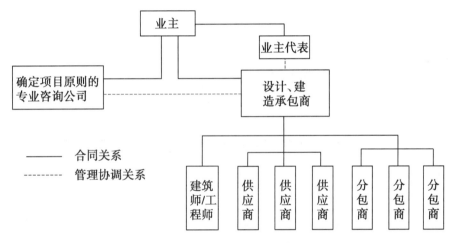

图 5-5 DB 模式中的各方关系

(1) 高效率性

DB 合约签订以后,承包商就可进行施工图设计。如果承包商本身拥有设计能力,会促使承包商积极提高设计质量,通过合理和精心的设计创造经济效益,往往达到事半功倍的效果。如果承包商本身不具备设计能力和资质,就需要委托一家或几家专业的咨询公司来做设计和咨询,承包商进行设计管理和协调,使得设计既符合业主的意图,又有利于工程施工和成本节约,使设计更加合理和实用,避免了设计与施工之间的矛盾。

(2) 责任的单一性

DB 承包商对于项目建设的全过程负有全部责任,这种责任的单一性避免了工程建设中各方相互矛盾和扯皮,也促使承包商不断提高自己的管理水平,通过科学的管理创造效益。相对于传统模式来说,承包商拥有了更大的权利,它不仅可以选择分包商和材料供应商,而且还有权选择设计咨询公司,但需要得到业主的认可。这种模式解决了项目机构臃肿、层次重叠、管理人员比例失调的现象。

4）施工管理模式（Construction Management，CM模式）

CM模式是采用快速路径法施工（Fast Track Construction）时，从项目开始阶段业主就雇用具有施工经验的CM单位参与到项目实施过程中来，以便为设计师提供施工方面的建议，并且随后负责管理施工过程，如图5-6所示。这种模式改变了过去全部设计完成后才进行招标的传统模式，采取分阶段招标，由业主、CM单位和设计商组成联合小组，共同负责组织和管理工程的规划、设计和施工。CM单位负责工程的监督、协调及管理工作，在施工阶段定期与承包商交流，对成本、质量和进度进行监督，并预测和监控成本和进度的变化。

CM模式是由美国的Charles B Thomsen于1968年提出的，他认为，项目的设计过程可看作是由业主和设计师共同连续进行项目决策的过程。这些决策从粗到细，涉及项目各个方面，而某个方面的主要决策一经确定，即可进行这部分工程的施工。CM模式又称为分阶段发包方式，它打破了过去那种等待设计图纸全部完成后才进行招标施工的生产方式，只要完成一部分分项（单项）工程设计后即可对该分项（单项）工程进行招标施工，由业主与各承包商分别签订每个单项工程合同。

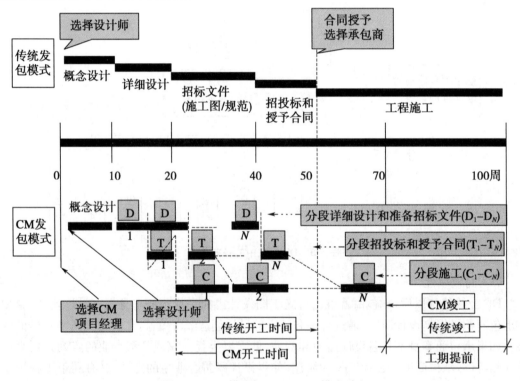

图 5-6　DBB模式与Fast Track模式对比

CM模式有如下特点：

① 从项目的开始阶段就需由业主和业主委托的CM单位组成一个联合小组，共同负责组织和管理工程的规划、设计和施工。

② 业主有机会参与项目管理，在设计、施工等方面做出符合业主要求的决策。

③ 由于CM签约时设计尚未结束，因此CM合同价通常采用成本加利润的方式。

④ 采用快速路径法的最大优点是可以缩短工程从规划、设计到竣工的周期，节约建设

投资,减少投资风险,可以比较早的取得收益。

⑤ 由于 CM 介入项目的时间在设计前期甚至设计之前,因此很难在整个工程开始前固定或保证一个施工总价,这是业主采用这种项目管理模式时所要承担的最大风险。

CM 模式有两种形式——风险型 CM 模式和代理型 CM 模式。

(1) 风险型 CM 模式(CM/Non-Agency 模式)

风险型 CM 模式是指分包的发包,由 CM 单位直接与分包商签订分包合同。采用这种形式,由于 CM 单位担任施工总承包商的角色,一般业主要求 CM 单位提出保证最大工程费用(Guaranteed Maximum Price,GMP)以保证业主的投资控制,业主向 CM 经理支付佣金及专业承包商所完成工程的直接成本。

业主委托咨询工程师在设计阶段对设计单位进行监督和指导,并根据实际需要提出修改意见。CM 单位同设计单位之间是协调关系,CM 单位可以根据项目的实际情况向设计单位提出合理化建议,设计单位也可以根据实际需要同 CM 单位进行信息沟通,如图 5-7 所示。

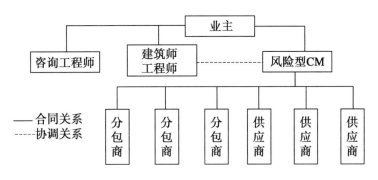

图 5-7 风险型 CM 组织形式

风险型 CM 的特点:

① 业主与 CM 单位签订 CM 合同,CM 单位与分包商签订分包合同,与供货商签订供货合同。

② CM 单位与设计单位之间没有合同关系,这是 CM 与 EPC 模式的区别之一。

③ 风险型 CM 合同形式一般采用成本加利润(即 CMcost+CMfee)的计价方式。

④ CM 合同不需要等施工图出齐之后才签订,因此,业主需要在恰当的时点与风险型 CM 单位签订保证最大工程费用(GMP)。

⑤ CM 单位对各分包商的资格预审、招标、议标以及签约,都必须经过业主的确认才有效,CM 单位不赚总包与分包之间的差价,这是 CM 与总承包商的又一重大区别。

(2) 代理型 CM 模式(CM/Agency 模式)

代理型 CM 模式中,由业主与设计承包商、CM 单位、承包商分别签订合同,CM 单位仅以业主代理身份参与工作。在这种形式中,CM 单位是业主的咨询人员和代理,提供 CM 服务,如图 5-8 所示。

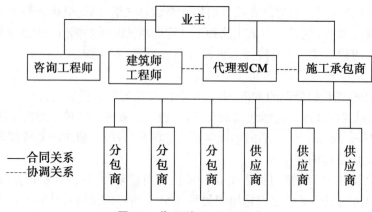

图 5-8 代理型 CM 组织形式

代理型 CM 模式具有以下特点：

① 业主直接与承包商签订合同，CM 单位与各承包商或供应商之间没有合同关系。

② CM 单位的身份是代表业主进行项目管理工作，不直接从事施工活动。

③ CM 单位仍然是在施工前（即设计阶段）介入项目，但 CM 单位与设计单位之间没有合同关系，他们之间只是协调关系。

④ 代理型 CM 的身份是业主的代理，无须承担 GMP 责任，因此，CM 单位承担的风险较小。

5) 项目管理模式（Project Management，PM 模式）

PM 模式是指项目业主聘请一家公司（一般为具备相当实力的工程公司或咨询公司）代表业主整个项目实施过程进行管理，这家公司被称为"项目管理承包商"（Project Management Contractor），简称为 PMC。PM 模式中的 PMC 受业主的委托，从项目的策划、定义、设计、施工到竣工投产全过程为业主提供项目管理服务。选用该种模式管理项目时，业主方面仅需保留很小部分的项目管理力量对一些关键问题进行决策，而绝大部分的项目管理工作都由 PMC 来承担。PMC 是由一批对项目建设各个环节具有丰富经验的专门人才组成的，它具有对项目从立项到竣工投产进行统筹安排和综合管理的能力，能有效地弥补业主项目管理知识与经验的不足。在这种项目管理模式下，业主方面仅需对一些关键问题进行决策，而绝大部分的项目管理工作都是由项目管理承包商进行。

PMC 作为业主的代表或业主的延伸，帮助业主进行项目前期策划、可行性研究、项目定义、计划、融资方案，以及在设计、采购、施工、试运行等整个实施过程中有效地控制工程质量、进度和费用，保证项目的成功实施，达到项目寿命期的技术和经济指标最优化。PMC 的主要任务是自始至终对业主和项目负责，这可能包括项目任务书的编制、预算控制、法律与行政障碍的排除、土地资金的筹集等，同时使设计者、工料测量师和承包商的工作正确地分阶段进行，在适当的时候引入指定分包商的合同和任何专业建造商的单独合同，以使业主委托的活动得以顺利进行。PM 模式各方关系图如图 5-9 所示。

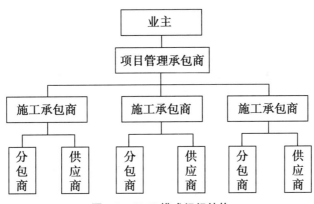

图 5-9 PMC 模式组织结构

PMC 模式具体做法如下：

首先，业主委托一家有相当实力的 PMC 对项目进行全面的管理承包。

其次，把项目分成两个阶段来进行，第一阶段叫做定义阶段，第二阶段叫做执行阶段。在项目定义阶段，PMC 的任务是代表业主对项目的前期阶段进行管理；而在项目执行阶段，PMC 承包商代表业主负责项目全部的管理协调和监督工作，直到项目完成。

PMC 的优点：

(1) 采用 PM 模式的项目，通过 PMC 的科学管理，可以大规模节约项目投资。

(2) 通过优化设计实现项目全寿命周期成本最低。PMC 会根据项目所在地的实际条件，运用自身的技术优势，对整个项目进行全方位的技术经济分析与比较，本着功能完善、技术先进、经济合理的原则对整个设计进行优化。

(3) 在完成基本设计之后通过一定的合同策略，选用合适的合同方式进行招标。PMC 会根据不同工作包的设计深度、技术复杂程度、工期长短、工程量大小等因素综合考虑采取何种合同形式，从整体上为业主节约投资。

(4) 通过 PMC 的多项目采购协议及统一的项目采购策略降低投资。多项目采购协议是业主就某种商品(设备/材料)与制造商签订的供货协议。与业主签订该协议的制造商是该项目这种商品(设备、材料)的唯一供应商。业主通过此协议获得价格、日常运行维护等方面的优惠。各个承包商必须按照业主所提供的协议去采购相应的材料、设备。多项目采购协议是 PM 项目采购策略中的一个重要部分。在项目中，要适量地选择商品的类别，以免对承包商限制过多，直接影响积极性。PMC 还应负责促进承包商之间的合作，以符合业主降低项目总投资的目标，包括最优化项目内容和全面符合计划等要求。

(5) PMC 的现金管理及现金流量优化。PMC 可通过其丰富的项目融资和财务管理经验，并结合工程实际情况，对整个项目的现金流进行优化。

PMC 模式的缺点：

(1) 业主与施工承包商没有合同关系，因而控制施工难度较大。

(2) 与传统模式相比，增加了一个管理层，也就增加了一笔管理费。

6) 建造—运营—移交模式(Build-Operate-Transfer，BOT 模式)

BOT 模式的基本思路是：由项目所在国政府或所属机构为项目的建设和经营提供一种特许权协议作为项目融资的基础，由本国公司或者外国公司作为项目的投资者和经营者安排融资,承担风险,开发建设项目,并在有限的时间内经营项目获取商业利润,最后根据协议将该项目转让给相应的政府机构。BOT方式是20世纪80年代在国外兴起的基础设施建设项目依靠私人资本的一种融资、建造的项目管理方式,或者说是基础设施国有项目民营化。政府开放本国基础设施建设和运营市场,授权项目公司负责筹资和组织建设,建成后负责运营及偿还贷款,规定的特许期满后再无偿移交给政府。BOT模式的各方关系如图5-10所示。

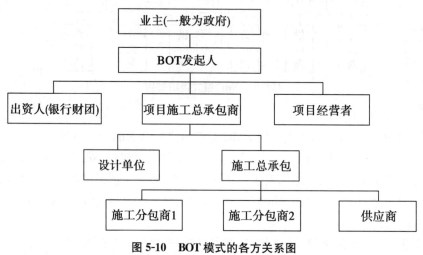

图 5-10　BOT模式的各方关系图

BOT模式具有如下优点:

(1) 降低政府财政负担。通过采取民间资本筹措、建设、经营的方式,吸引各种资金参与道路、码头、机场、铁路、桥梁等基础设施项目建设,以便政府集中资金用于其他公共物品的投资。项目融资的所有责任都转移给私人企业,减少了政府主权借债和还本付息的责任。

(2) 政府可以避免大量的项目风险。实行该种方式融资,使政府的投资风险由投资者、贷款者及相关当事人等共同分担,其中投资者承担了绝大部分风险。

(3) 有利于提高项目的运作效率。项目资金投入大、周期长,由于有民间资本参加,贷款机构对项目的审查、监督就比政府直接投资方式更加严格。同时,民间资本为了降低风险,获得较多的收益,客观上就更要加强管理,控制造价,这从客观上为项目建设和运营提供了约束机制和有利的外部环境。

(4) BOT项目通常都由外国公司承包,这会给项目所在国带来先进的技术和管理经验,既给本国的承包商带来较多的发展机会,也促进了国际经济的融合。

BOT模式具有如下缺点:

(1) 公共部门和私人企业往往都需要经过一个长期的调查了解、谈判和磋商过程,以致项目前期过长,投标费用过高。

(2) 投资方和贷款人风险过大,没有退路,使融资举步维艰。

(3) 参与项目各方存在某些利益冲突,对融资造成障碍。

(4) 机制不灵活,降低私人企业引进先进技术和管理经验的积极性。

(5) 在特许期内,政府对项目失去控制权。

BOT模式被认为是代表国际项目融资发展趋势的一种新型结构。BOT模式不仅得到了发展中国家政府的广泛重视和采纳,而且发达国家政府也考虑或计划采用BOT模式来完成政府企业的私有化过程。迄今为止,在发达国家和地区已进行的BOT项目中,比较著名的有横贯英法的英吉利海峡海底隧道工程、香港东区海底隧道项目、澳大利亚悉尼港海底隧道工程等。20世纪80年代以后,BOT模式得到了许多发展中国家政府的重视,中国、马来西亚、菲律宾、巴基斯坦、泰国等发展中国家都有成功运用BOT模式的项目,如中国广东深圳的沙角火力发电B厂、马来西亚的南北高速公路及菲律宾那法塔斯尔(Novotas)一号发电站等都是成功的案例。BOT模式主要用于基础设施项目,包括发电厂、机场、港口、收费公路、隧道、电信、供水和污水处理设施等,这些项目都是投资较大、建设周期长和可以运营获利的项目。

除了以上几种项目采购模式外,还有合伙模式(Partnering,起源于美国20世纪90年代)、PC—项目总控模式(Project Controlling,起源于德国20世纪90年代)、PFI—私人主动融资模式(Private Finance Initiative,起源于英国20世纪90年代)以及新近兴起的PPP—公私合营模式等(Private Public Partnership)。不同项目采购模式的承包范围参见图5-11。

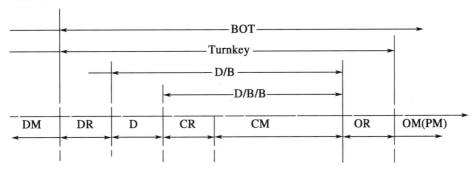

DM(Development Management):开发管理

DR(Design Ready):设计准备

D(Design):设计

CR(Construction Ready):建设准备

CM(Construction Management):建设管理

OR(Operation Ready):运营准备

OM(Operation Management):运营管理

PM(Property Management):设施管理

D/B/B(Design/Bid/Build):设计/招标/建造(传统采购方式)

D/B(Design/Build):设计/建造

Turnkey:交钥匙工程

BOT(Build/Operate/Transfer):设计/建造/移交

图5-11 不同项目采购模式的承包范围

5.2.2 工程项目交易策划

1) 不同项目采购模式的区别

主要介绍传统采购模式(DBB)与设计—建造模式(DB)、建设管理模式(CM)的区别。

(1) 业主介入施工活动的程度不同

DBB模式中,业主聘用工程师为其提供工程管理咨询,成本工程师、工料测量师或造价工程师等为其提供完善的工程成本管理服务。在国际工程中,建筑师也为业主承担大量的项目管理工作,因此业主不直接介入施工过程。

DB方式中,业主缺乏为其直接服务的项目管理人员,因此在施工过程中,业主必须承担相应的管理工作。

CM模式中,一般没有施工总承包商,业主与多数承包商直接签订工程合同。虽然CM经理协助业主进行工程施工管理,但业主必须适当介入施工活动。

(2) 设计师参与工程管理的程度不同

DBB模式中授予建筑师或工程师极其重要的管理地位,建筑师或工程师在项目的大多数重要决策中起决定性作用,承包商必须服从建筑师或工程师的指令,严格按合同施工。因此,在传统的项目采购方式中,设计师参与管理工作的程度最高。

DB方式中,设计和施工均属于同一公司内部的工作,设计参与管理工作的程度也很高。设计建造承包商通常首先表现为承包商,然后才表现为设计师。在总价合同条件下,设计建造承包商更多地关注成本和进度。设计工作和工程管理工作一定程度地分离。

CM模式中,设计工作和工程管理工作彻底分离。设计师虽然作为项目管理的一个重要参与方,但工程管理的中心是建设管理承包商,建设管理承包商要求设计人员在适当时间提供设计文件,配合承包商完成工程建设。

(3) 工作责任的明确程度不同

DBB模式中承包商的责任是按设计图纸施工,任何可能的工程纠纷首先从设计或施工等方面分析,然后从其他方面寻找原因。如果业主使用指定分包商,则导致工程责任划分更加复杂和困难。

DB方式具有最明确的责任划分,承包商对工程项目的所有工作负责,即使是自然因素导致的事故,承包商也要负责。

在CN模式中,业主和承包商直接签订工程合同,有助于明确工程责任。

(4) 适用项目的复杂程度不同

DBB模式的组织结构一般较复杂,不适用于简单工程项目的管理。传统模式在招标前已完成所有工程的设计,并且假定设计人员比施工人员知识丰富。

DB方式的管理职责简明,比较适用于简单的工程项目,也适用于较复杂的工程项目。但是,当项目组织非常复杂时,大多数设计建造承包商并不具备相应的协调管理能力。

对于非常复杂的工程项目,CM模式是最合适的。在建设管理模式中,建设管理承包商处于独立地位,与设计或施工均没有利益关系,因此建设管理承包商更擅长于组织协调。同样,建设管理模式也适合于简单项目。

(5) 工程项目建设的进度快慢不同

由于DBB模式在招标前必须完成设计,因此该模式下的项目进度最慢。为了克服进度缓慢的弊端,传统模式下业主经常争取让可能中标的承包商及早进行开工准备,或者设置大量暂定项目,先于施工图纸进行施工招标,但效果并不理想,时常导致问题发生。

DB方式的工作目标明确,可让设计和施工搭接,可以提前开工。

CM模式的建设进度最快,能保证工程快速施工,高水平地搭接。

(6) 工程成本的早期明确程度不同

工程项目的早期成本对大多数业主具有重要意义,但是由于风险因素的影响,导致工程成本具有不确定性。

DBB模式具有较早的成本明确程度。传统模式中工程量清单是影响成本的直接因素，如果工程量清单存在大量估计内容则成本的不确定性就大，如果工程量已经固定则成本的不确定性就小。

DB方式一般采用总价合同，包含了所有工作内容。虽然承包商可能为了解决某些未预料的问题而改变工作内容，但必须对此完全负责。从理论上而言，设计建造方式的工程成本可能较高，但早期成本最明确。

CM模式由一系列合同组成，随着工作进展，工程成本逐渐明确。因此，工程开始时一般无法明确工程的最终成本，只有工程项目接近完成时才可能最终明确工程成本。

2) 交易模式的策划

工程项目的交易策划也就是决定将整个项目任务分为多少个包(或标段)，以及如何划分这些标段。项目的分标方式，对业主来说是交易模式，对承包商来说就是承包方式。项目交易模式的确定是项目实施的战略性问题，对整个工程项目有重大影响。

(1) 通过分标和任务的委托保证项目总目标的实现。它必须反映项目战略和企业战略，反映业主的经营指导方针和根本利益。

(2) 分标策划决定了与业主签约的承包商的数量，决定着项目的组织结构及管理模式，从根本上决定合同各方面责任、权利和工作的划分，所以它对项目的实施过程和项目管理产生根本性的影响。业主通过分标和合同委托项目任务，并通过合同实现对项目的目标控制。

(3) 分标和合同是实施项目的手段。通过分标策划摆正工程过程中各方面的重大关系，防止由于这些重大问题的不协调或矛盾造成工作上的障碍，造成重大的损失。对于业主来说，正确的分标和合同策划能够保证圆满地履行各个合同，促使各个合同达到完美的协调，减少组织矛盾和争执，顺利地实现工程项目的整体目标。

项目交易模式策划的依据主要有：

(1) 业主方面：业主的目标以及目标的确定性，业主的项目实施战略，管理水平和具有的管理力量，期望对工程管理的介入深度，业主对工程师和承包商的信任程度，业主的管理风格，业主对工程的质量和工期要求等。

(2) 承包商方面：拟选择的承包商的能力，如是否具备施工总承包，"设计—施工"总承包，或"设计—施工—供应"总承包的能力，承包商的资信、企业规模、管理风格和水平、抗御风险的能力、相关工程和相关承包方式的经验等。

(3) 工程方面：工程的类型、规模、特点、技术复杂程度、工程质量要求、设计深度和工程范围的确定性，工期的限制，项目的盈利性，工程风险程度，工程资源(如资金、材料、设备等)供应及限制条件等。

(4) 环境方面：工程所处的法律环境，人们的诚实信用程度，人们常用的工程实施方式，建筑市场竞争激烈程度，资源供应的保证程度，获得额外资源的可能性等。

5.2.3 工程项目采购计划

项目采购计划是在确定了产品买卖双方的关系之后，从采购者的角度进行制定，编制项目采购计划是做好项目采购管理的基础性环节，是项目采购管理的主要依据。

1) 工程项目采购计划的概念

采购计划是项目计划的一部分。工程项目采购计划是对整个工程项目采购工作的全面、系统的计划和安排,主要包括:

(1) 按照项目的实施策略、项目总体计划、范围管理和项目分解结构确定对工程承包、材料采购和服务的数量、质量和时间。

(2) 相关采购的招标工作过程安排。在项目的计划中,留出充分的时间。

(3) 做项目采购和合同管理相关工作的组织和安排等,应为全部采购过程。

2) 工程项目采购计划的前提条件和依据

(1) 项目总目标、工程项目的总进度计划、质量要求、技术规范、目标成本等。

(2) 在项目范围确定和工作分解结构(WBS)的基础上,考虑对项目工作结构分解中的工作如何划定采购的对象。

(3) 项目的资源使用计划,包括项目的资源用量和资源使用曲线。

(4) 对工程项目相关的采购问题提出实施策略的安排,包括工程的承发包方式及管理模式。

(5) 环境对项目采购和供应的相关制约条件的调查和了解。

3) 工程项目采购计划所需的信息

为了保证项目采购计划的科学性、合理性和可行性,项目组织必须获得大量且足够的信息才能确定项目的采购计划,因为项目采购计划需要与整个项目管理保持很好的统一性和协调性。一般制定项目采购计划所需的资料和信息包括:

(1) 工程项目的范围信息

项目的范围信息描述了一个项目的边界和内容,项目的范围信息还包含了在项目采购计划中必须考虑的有关项目需求与战略方面的重要信息(这是项目范围管理中所生成的各种相关信息),如项目的合理性说明、可交付的成果和项目目标等。

(2) 工程项目产出物的信息

项目产出物的信息是指有关项目最终生成产品的描述和技术说明。这既包括工程项目的功能、特性和质量要求等方面的说明信息,也包括工程项目的各种图纸、技术说明书等方面的文献和资料。这些信息为项目采购计划的制定提供了需要考虑的有关技术方面的问题和相关信息。

(3) 工程项目资源需求信息

项目资源需求信息主要是指项目对外部资源需求的信息,这些资源包括各类人力资源、财力资源和物力资源的需求数据。一个项目组织必须清楚需要从外部获得哪些资源,以支持和完成项目的全部工作和实现项目目标。例如,对某些项目而言,必须获得外部专利技术或法律专家的支持和咨询等资源和服务。

(4) 市场条件

在项目采购计划的编制过程中必须考虑外部资源的市场条件,必须了解和掌握市场资源的分布和状态,确保项目实施过程中及时供给并达到项目对资源的需求标准,如市场的供应能力、供应条件、价格等。

(5) 其他的项目管理计划

在制定项目采购计划时必须兼顾到其他的项目管理计划。这些项目管理计划对于项目的采购计划具有约束或指导作用。项目采购计划制定中需要参考的计划包括：项目进度计划、项目集成计划、项目成本预算计划、项目质量管理计划、项目资金计划、人员配备计划等。项目的工作分解结构、组织分解结构和已识别的风险对于制定项目采购计划也是必须要考虑的。

(6) 约束条件与基本假设

约束条件是限制项目组织选择所需资源的各种因素。对于许多工程项目来说，最普遍的约束条件之一是资金的可获得性。在制定项目采购计划时，一定要考虑由于项目资金的限制，可能不得不牺牲资源的质量等级，而去寻找价格更低，但同样能满足项目需求的资源。例如，在房屋装修项目中，如果资金不足，那么项目组织就可能购买更便宜一些的地毯、瓷砖和地板。同时，还应考虑资源的约束条件，如可用性、安全性、环境与文化因素、国际间协议、政府法规、资金供应等对项目的影响。

由于项目采购存在着诸多变化不定的环境因素，项目的实施组织在实施采购过程中，面对变化不定的社会经济环境所做出的一些合理推断，就是基本假设。例如，现在只知道某种资源的现价，并不知道当项目将来实际采购这种资源时它的价格，所以就需要假设一个价格，以便确定项目采购计划。这些约束条件与基本假设对于制定项目采购计划都是很重要的信息。

4) 工程项目采购计划的编制

项目采购计划的编制过程就是依据上述有关项目采购计划所需的信息，结合项目组织自身条件和项目各项计划的要求，对整个项目实现过程中的资源供应情况做出具体的安排，并最后按照有关规定的标准或规范，编写出项目采购计划文件的管理工作过程。其中，项目采购计划的文件主要包括项目采购计划、项目采购工作计划、项目采购标书、供应商评价标准等。这些项目采购计划工作文件将用于指导后续的项目采购计划实施活动和具体的采购工作。例如，项目采购标书在项目采购或承发包招标之前，就需要交给潜在的供应商或分包商。一个项目组织在编制采购计划中需要开展下述工作和活动：

(1) 确定采购需求

采购需求是由采购实体确定的，确定采购需求时，应考虑采购的资源整体布局、资源产品的原产地、采购资源的社会效益等，控制盲目采购、重复采购等问题。确定采购需求是整个采购过程中的一个非常关键的环节。

(2) 预测采购风险

采购风险是指采购过程中可能出现的一些意外情况。例如支出增加、推迟交货等，这些情况都会影响采购预期。因此，预测采购风险也是采购工作中的一个重要步骤。

(3) 采购方式与合同类型的选择

在制定项目采购计划的过程中，项目组织还应该考虑以什么样的方式获得各种资源和究竟需要与资源供应商或分包商签订什么类型的采购合同。项目资源的获得方式可以通过询价选定一家供应商或分包商的方式，也可以采用招投标的方式。这需要根据如何能够既有利于维护项目组织的利益，同时又能保证项目资源充分而及时地供给，从而不耽误项目的完工。合同类型的选择一般需要选用下列三种之一：固定价格合同、成本补偿合同和单价合同。三种类型的合同对项目组织和供应商各有利弊，作为买主的项目组织应该根据项目具体情况和所要采购资源的具体情况仔细地反复权衡。

(4) 项目采购计划文件的编制和标准化

在分析和确定了上述因素之后，就可以使用各方面资料编制项目采购计划了。在这种计划的编制中，可以采用专家分析法、经济量订货法、综合平衡计划方法等具体方法。项目采购计划的文件一般包括管理、咨询及技术服务的招标计划、劳务计划、物资采购计划，还包括各个资源的供应方案、各个供应环节及供应的时间安排。工程项目的招标投标计划将在下一节介绍。

一般采购计划管理文件按照一定的标准格式编制，以便供应商或分包商容易理解。在这方面常见的标准格式文件包括：标准的采购合同、标准的劳务合同、标准的招标书、标准的计划文件等。如果项目组织需要从外部进行大量的资源采购活动，那么应该对这类文件的大部分进行标准化处理，从而使项目采购计划更为科学和实用。

5.3 工程项目的招标投标

5.3.1 概述

1) 招标投标的概念

招标投标是在市场经济条件下进行大宗货物的买卖、建设工程项目的发包与承包，以及服务项目的采购与提供时，愿意成为卖方者提出自己的条件，采购方选择条件最优者作为卖方的一种交易方式。

在市场经济中，建筑产品也是商品，因此，在国际上广泛采用招标投标的方式实现工程建设任务的发包与承包。工程建设招标与投标，是在国家法律的保护和监督之下，双方同意基础上的法人之间的经济活动。

工程项目招标是指业主(建设单位)为发包方，根据拟建工程的内容工期、质量和投资额等技术经济要求，邀请有资格和能力的企业或单位参加投标报价，从中择优选取承担可行性研究方案论证、科学试验或勘察、设计、施工等任务的承包单位。

工程项目投标是指经审查获得投标资格的投标人，以同意发包方招标文件所提出的条件为前提，经过广泛的市场调查掌握一定的信息并结合自身情况（能力、经营目标等），以投标报价的竞争形式获取工程任务。

根据国家颁布的有关法律和法规的要求，已将工程项目采用招标投标的方式选择实施单位，作为一项建筑市场的管理制度广泛推行。招标投标制是实现项目法人责任制的重要保障之一。它的推行，有利于促使工程建设按建设程序进行，保证建设的科学性、合理性；有利于保证工程质量、缩短工期、节约投资；有利于创造公平竞争的市场环境，促进企业间的公平竞争；有利于促进承包企业提高履约率，提高经营管理水平。

2) 我国工程项目招标的范围

(1) 法定必须招标的工程项目

我国《招标投标法》第 3 条规定，在我国境内建设的以下项目必须通过招标投标选择承包人：

① 大型基础设施、公用事业等关系社会公共利益、公众安全的项目。
② 全部或者部分使用国有资金投资或者国家融资的项目。
③ 使用国际组织或者外国政府贷款、援助资金的项目。

以上范围内全部或者部分使用国有资金投资或者国家融资的项目包括：
① 使用预算资金200万元人民币以上，并且该资金占投资额10%以上的项目。
② 使用国有企业事业单位资金，并且该资金占控股或者主导地位的项目。

使用国际组织或者外国政府贷款、援助资金的项目包括：
① 使用世界银行、亚洲开发银行等国际组织贷款、援助资金的项目。
② 使用外国政府及其机构贷款、援助资金的项目。

以上项目的勘察、设计、施工、监理以及与工程建设有关的重要设备、材料等的采购达到下列标准之一的，必须招标：

◆ 施工单项合同估算价在400万元人民币以上的。
◆ 重要设备、材料等货物的采购，单项合同估算价在200万元人民币以上的。
◆ 勘察、设计、监理等服务的采购，单项合同估算价在100万元人民币以上的。

同一项目中可以合并进行的勘察、设计、施工、监理以及与工程建设有关的重要设备、材料等的采购，合同估算价合计达到前款规定标准的，必须招标。

（2）可以不进行招标的项目

依照我国招标投标法及有关规定，在我国境内建设的以下项目可以不需通过招标投标来确定承包人：

① 涉及国家安全、国家秘密、抢险救灾或者属于利用扶贫资金实行以工代赈、需要使用农民工等特殊情况，不适宜进行招标的项目，按照国家有关规定可以不进行招标。
② 需要采用不可替代的专利或者专有技术；采购人依法能够自行建设、生产或者提供；已通过招标方式选定的特许经营项目投资人依法能够自行建设、生产或者提供；需要向原中标人采购工程、货物或者服务，否则将影响施工或者功能配套要求；国家规定的其他特殊情形。

3）招投标方式

我国《招标投标法》第10条规定，招标分为公开招标和邀请招标。

（1）公开招标

公开招标是指招标人通过公开媒体（如网络、报纸、电视等）公布招标公告，邀请不特定的法人或者其他组织投标。公开招标对投标人的数量一般不作限定。

我国《招标投标法》规定，依法必须进行招标的项目，其招标投标活动不受地区或者部门的限制。资格预审时，招标人不得以不合理的条件限制、排斥潜在投标人或者投标人，不得对潜在投标人或者投标人实行歧视待遇。任何单位和个人不得以行政手段或者其他不合理方式限制投标人的数量，不得违法限制或者排斥本地区、本系统以外的法人或者其他组织参加投标，不得以任何方式非法干涉招标投标活动。

这种招标方式使业主选择范围大，投标人之间充分地平等竞争，有利于降低报价，提高工程质量，缩短工期。但招标所需时间较长，业主有大量的管理工作，如准备许多资格预审文件和招标文件。资格预审、标前会议、投标文件审查、澄清会议、评标工作量大，且必须严格认真，以防止不合格投标人混入。在这个过程中，严格的资格预审是十分重要的。

必须看到,公开招标不仅会造成业主时间、精力和金钱的浪费,而且导致许多无效投标,造成大量社会资源的浪费。许多投标人参与竞争,每家都要花许多费用和精力分析招标文件,做环境调查,做施工方案,做报价,起草投标文件。除中标的投标人外,其他投标人的花费都是徒劳的。这会导致承包商经营费用的提高,最终导致整个承包市场上工程价格的提高。

(2) 邀请招标

邀请招标,也称选择性竞争招标,指业主根据工程的特点,有目标、有条件地选择几个企业或者其他组织,以投标邀请书的方式邀请特定的法人或其他组织投标。这是国内外经常采用的招标方式。采用这种招标方式,业主的事务性管理工作较少,招标所用的时间较短,费用低,同时业主可以获得一个比较合理的价格。

在我国,选择性竞争招标是受到限制的。有下列情形之一的,经批准可以进行邀请招标:

① 技术复杂、有特殊要求或者受自然环境限制,只有少量潜在投标人可供选择。

② 采用公开招标方式的费用占项目合同金额的比例过大。

我国的《招标投标法》规定,采用邀请招标,投标人数量不得少于3家。

国际工程经验证明,如果技术设计比较完备,信息齐全,签订工程承包合同最可靠的方法是采用选择性竞争招标。

(3) 议标

除了上述两种招标方式以外,还有一种招标方式即议标。

议标即业主直接与一个承包商进行合同谈判,签订合同。议标一般在如下一些特殊情况下采用:

① 业主对承包商十分信任,可能是老主顾关系,承包商资信很好。

② 由于工程的特殊性,如军事工程、保密工程、特殊专业工程和仅由一家承包商控制的专利技术工程等。

③ 有些采用成本加酬金合同的情况。

④ 在一些国际工程中,承包商帮助业主进行项目前期策划和可行性研究,甚至是项目的初步设计。当业主决定启动项目后,一般都采用总承包的形式委托工程,采用议标形式签订合同。因为该承包商最熟悉业主的要求、工程环境和工程的技术要求。

在此类合同谈判中,业主较省事,一对一谈判,无须准备大量的招标文件,无须复杂的管理工作,时间又很短,能够大大地缩短项目周期。甚至许多项目可以一边议标,一边开工。但由于没有竞争,承包商报价较高,合同价格比较高,且对其他的承包商不公平。

如果承包商能力和资信好,有足够的资本,报价合理,双方愿意,则通过议标直接签订合同也是一个很好的方法。

在我国,议标并不是法律规定的招标方式,但在实际工程中,还是时有采用。

三种招标方式的特点及适用范围如表5-1所示。

表 5-1 三种招标方式的特点及适用范围

招标方式	发布方式	发布对象	特点	备注
公开招标	招标公告	不特定的法人或组织，数量不限制，但以 4～10 家合适	竞争者多，增加资格审查与评标工作量，竞争者中标概率小	适用范围广
邀请招标	发邀请函	被认为有能力的承包商，有限数量	竞争者信誉及能力一般较好，但可能遗漏某些有竞争力的承包商	适用于大型复杂项目或专业性强的项目
议标	发函	一家或少数几家	节省时间，但难以获得有竞争力的报价	适用于造价低、工期紧或军事保密、专业强的项目

5.3.2 工程项目的招投标程序

现代工程已形成十分完备的招标投标程序和标准化的文件。在我国，有招标投标法，建设部以及许多地方的建设管理部门都颁发了工程招标投标管理和合同管理法规，还颁布了招标文件以及各种合同文件示范文本。在国际上也有一整套公开招标的国际惯例。

为了达到招标的目标，不仅要保证招标投标程序安排是科学的、合理的、合法的，而且在各项工作的时间安排上也要是合理的，以保证各方面有充裕的时间完成相关工作，并进行有效的沟通，否则会给合同双方和将来合同的执行带来严重的问题。

对于不同的招标方式，招标程序会有一定的区别。但总体来说，工程项目招投标一般要经历招标准备、投标邀请、发售招标文件、现场勘察、标前答疑、投标、开标、评标、定标、签约等过程。与邀请招标相比，公开招标程序在招标准备阶段增加了招标公告、资格预审等内容。图 5-12 为公开招投标的程序。

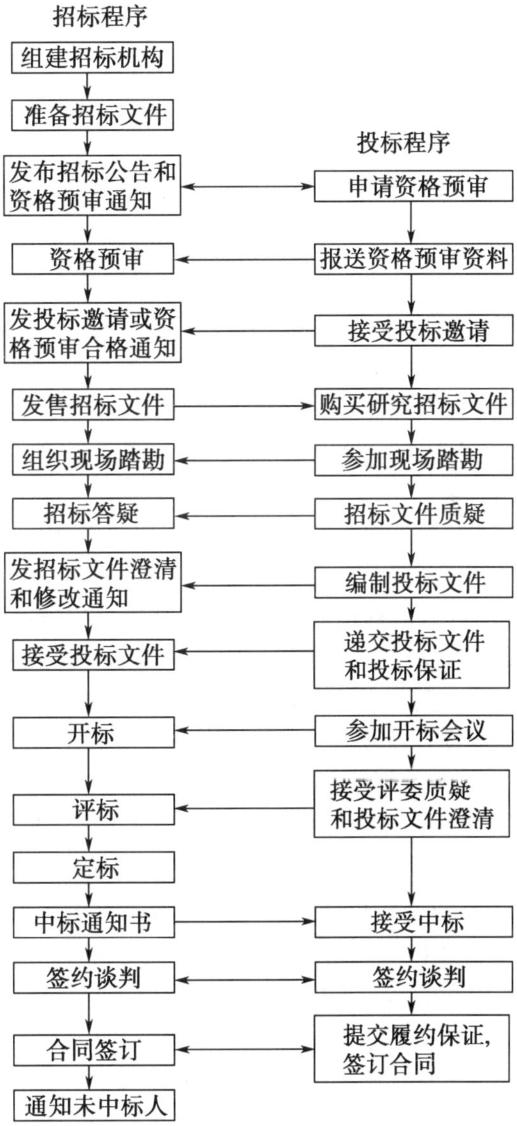

1) 招标的准备工作
(1) 建立招标的组织机构

图 5-12 公开招标程序

招标工作机构也就是业主的负责招标工作进行的工作班子。

招标工作班子的工作职责包括：决策，包括确定招标方式及方法，确定发包的范围、内容及方式，确定标底，决标及签订合同等；处理日常事务，包括发布招标通告或发出邀请投标函，编制和报送招标文件和标底，审查投标者资格，组织勘查现场和招标答疑，组织开标、评标和决标工作。

① 招标工作机构人员构成。招标工作机构通常由三类人员组成：

A. 决策人员。即上级主管部门的代表或业主的授权代表。

B. 专业技术人员。包括建筑师、结构、设备、工艺等工程师，造价师，以及精通法律及商务业务的人员等。

C. 助理人员。即负责日常事务处理的秘书、资料、绘图等工作的人员。

② 我国招标组织形式。招标活动必须有一个机构来完成，这个机构就是招标组织机构。招标人自行办理招标事宜的，应当具有编制招标文件和组织评标的能力，并报建设行政监督部门备案。自行办理招标的条件包括：有专门的招标组织机构；有与工程规模、复杂程度相适应并具有同类工程施工招标经验，熟悉有关工程建设招标法律法规的工程技术、概预算及工程管理的专业人员。

不具备上述条件的，招标人应当选择具有相应资格的工程招标代理机构，与其签订招标委托合同，委托其代为办理招标事宜。所谓工程建设项目招标代理机构是指具有从事招标代理业务的营业场所和相应的资金，具备法人资格，有健全的组织机构和内部管理的规章制度，拥有编制招标文件和组织评标的相应专业力量，具有可以作为评标委员会成员人选的技术、经济等方面的专家库，经国务院或者省、自治区、直辖市人民政府建设行政主管部门认定的甲级、乙级或暂定级招标代理资质的社会中介组织。在其资格许可的范围内接受招标人的委托，从事工程的勘察、设计、施工、监理以及与工程建设有关的重要设备（进口机电设备除外）、材料采购招标的代理业务。

（2）完成工程的各种审批手续，如规划、用地许可、项目的审批等，使本合同已具备法律规定的实施条件。

（3）向政府的招标投标管理机构提出招标申请，取得相应的招标许可。

（4）需要对合同的标的物（工程）完成符合招标和签订合同要求的技术设计，能够使投标人正确的制定实施方案和报价。如对施工合同必须完成工程图纸、规范等，对总承包合同必须完成设计任务书。

2）发布招标通告或发出招标邀请

（1）对公开招标项目一般在公共媒体（如报纸、杂志、互联网）上发布招标公告，介绍招标工程的基本情况、资金来源、工程范围、招标投标工作的总体安排。

招标人应通过招标公告使有资质和能力的投标人方便快捷地获得信息。从发出招标公告到资格预审文件提交截止应安排一定的时间，以保证有充分的投标人参与竞争，同时保证竞争的公平性和公正性。

（2）如果采用邀请招标方式，则要在广泛调查的基础上确定拟邀请的单位。招标人必须对相关工程领域潜在的承包商基本情况有比较多的了解，在确定邀请对象时应该有较多的选择。防止有一些投标人中途退出，导致最终投标人数量达不到法律规定的不得低于三家的要求。

在确定资格预审的标准和进行审查时,业主必须对投标人有基本的了解和分析,应有一个总体把握,保证最终有一定数量的有效投标人,不仅要达到法律规定的最少投标人数,而且要形成比较激烈的竞争。这样能取得一个合理的价格,选择余地较大,否则在开标时会很被动。如果投标人不能达到法律要求的最少数量,会导致招标无效。

3) 投标资格预审

资格预审是合同双方的初次互相选择。业主为全面了解投标人的资信、企业各方面的情况以及工程经验,发布统一内容和格式的资格预审文件。为了保证公开、公平竞争,业主在资格预审中不得以不合理条件限制或者排斥潜在投标人,不得对潜在投标人实行歧视待遇。

招标人可以自行组织力量对投标申请人进行资格预审,也可以委托工程招标代理机构对投标申请人进行资格预审。资格预审文件一般应当包括资格预审申请书格式、申请人须知以及需要投标申请人提供的企业资质、业绩、技术装备、财务状况和拟派出的项目经理与主要技术人员的简历、业绩等证明材料。

通过招标公告获得招标信息并有意参加投标竞争者,按照招标公告中的要求向招标人申请资格预审,领取资格预审文件,并按资格预审文件要求的时间、地点及内容提交全套资格报审材料。招标人在对资格材料审查并进行必要的实地考察后,对潜在投标人的履约能力及资信作出综合评价,从中择优选出若干个潜在的投标人,正式邀请其参加投标。

资格预审的主要内容包括投标人签约资格和履约能力。

签约资格是指投标人按国家有关规定承接招标项目必须具备的相应条件,如投标人是否是合法的企业或其他组织;有无与招标内容相适应的资质;是否正处于被责令停业或财产被接管、冻结或暂停参加投标的处罚期;最近三年内有无骗取中标和严重违约及重大工程质量问题。

履约能力是指投标人完成招标项目任务的能力,如投标人的财务状况、商业信誉、业绩表现、技术资格和能力、管理水平、人员与设备条件、完成类似工程项目的经验、履行中的合同数量等。

不进行资格预审的公开招标,投标人只要按招标公告中规定的时间,到指定的地点索购招标文件。不进行资格预审的公开招标,资格审查一般在开标后进行(称资格后审)。这样做要基于一个基本估计,既要能满足招标公告中要求的资格条件,而且有意参加投标的潜在投标人不会太多。否则开标后的资格审查工作量大、耗时长,而且会造成不合格的投标人不必要的投标开支,同时也会增加评标工作量和评标费用。

4) 编制招标文件

招标用的核心文件是发售给投标人作为投标依据的招标文件,也称标书。招标文件编制得好坏,直接关系到招标的成败,要予以特别重视,最好由具备丰富招投标经验的工程技术专家、经济专家及法律专家合作编制。

国家发展和改革委员会等九部委联合发布了适用于一定规模以上,且设计和施工不是由同一承包商承担的工程施工招标的《标准施工招标资格预审文件》和《标准施工招标文件》(2007年版),自2008年5月1日起在政府投资项目中试行。国务院有关行业主管部门根据《标准施工招标文件》,结合本行业施工招标特点和管理需要,可编制行业标准施工招标文件。行业标准施工招标文件重点对"专用合同条款""工程量清单""图纸""技术标准和要求"作出具体规定。这是我国迄今最完善的施工招标文件范本,值得我国所有施工招标人借鉴。

按工程性质(国内或国际)、工程规模、招标方式、合同种类的不同,招标文件的内容会有很大差异。工程施工招标文件通常包括以下几方面内容:

(1) 投标人须知

投标人须知是指导投标人投标的文件,一般由业主或其委托的工程咨询公司准备。投标人须知通常包括:工程项目综述;工程范围;采用的合同方式;投标期间与投标人联系的方式及人员;标书报送的地点、截止日期及报送份数;有关投标文件的填写要求、格式及准备投标的要求;随报价单同时提出有关资料的说明,以及业主在选择投标者方面的权力说明等。

(2) 合同文件

一般包括:

① 投标书及附件。这里业主提供的统一格式和要求的投标书,承包商可以直接填写。

② 合同协议书格式。由业主拟定,是业主对将签署的合同协议书的期望和要求。

③ 合同条件。业主提出或确定的适用于本工程的合同条件文本。通常包括通用条件和专用条件。通用条件,是工程项目进行承发包的基本合同条款。目前在国际工程承包市场上,普遍使用的是国际咨询工程师联合会(FIDIC)制定的通用条件。这个合同条件中规定了业主、工程师和承包商的职责、权利和义务等。专用条件,是针对工程具体情况拟定的。它对于承包商准确计算报价,做好投标工作是十分重要的。因此,在计算报价前承包商必须认真研究合同条件,并就一些不合理的苛刻条件与业主进行商讨。

④ 合同的技术文件,如技术规范、图纸、工程量表等。

⑤ 其他合同文件,如履约保函格式、预付款保函格式、业主供应材料设备一览表等,在我国,还可能有质量保修书、廉洁协议书等。

(3) 业主提供的其他文件

包括要求投标人提供的资格证明及辅助材料表;城市规划管理部门确定的规划控制条件和用地红线图;建设场地勘察报告,如工程地质、水文地质、工程测量等资料;供水、供电、供气、供热、环保、市政道路等方面的基础资料;由业主获得的场地内和周围自然环境情况的资料,如毗邻场地和在场地上的建筑物、构筑物和设备的资料,场地地表以下的设备、设施、地下管道和其他设施的资料等。

5) 投标人购买标书和起草投标文件

只有通过资格预审,才可以购买招标文件,参加投标。从投标人购买投标文件到投标截止时间是投标人的做标过程。这段时间不能太短,否则承包商没有足够的时间了解分析项目,其投标风险太大。我国《招标投标法》规定这个阶段至少 20 天。

6) 发出投标邀请和发售招标文件

无论是公开招标还是邀请招标,被邀请参加投标的法人或者其他组织都不能少于 3 家,且发出邀请投标的前提都是一样的,即被邀请人的履约能力及资信都是得到招标人认可的。因此,招标人发出投标邀请书必须是严肃的、负责任的行为,一般情况下是不能拒绝被邀请人投标的。

公开招标的投标邀请书是在投标资格预审合格后发出的,所以也可用投标资格预审合格通知书的形式代替。投标邀请书要简单复述招标公告的内容,并突出关于获取招标文件的办法。

在邀请招标的情况下,被邀请人是通过投标邀请书了解招标项目的,所以投标邀请书对项目的描述要详细、准确,保证必要的信息量,以利于被邀请人决定是否购买招标文件、参加投标竞争。投标人收到投标邀请书后要以书面形式回复是否参加投标。

招标文件的发放有两种形式,一种是卖给有资格的潜在投标人,酌收工本费;另一种是无偿发给有资格的潜在投标人,但收取一定的招标文件押金,待招标活动结束收回招标文件或其中的设计文件时退还。

自发售招标文件之日到停止发售之日,不得少于5天。潜在投标人收到招标文件,核对无误后要以书面形式确认。潜在投标人要认真研究招标文件,若有疑问或不清楚的地方,应在规定的时间内以书面形式要求招标人澄清解释。招标人对已发出的招标文件进行必要的澄清或者修改的,应当在招标文件要求提交投标文件截止时间至少15天前,以书面形式通知所有招标文件收受人。该澄清或者修改的内容为招标文件的组成部分。

7) 标前会议和现场考察

标前会议的基本目的是业主解答投标人提出的问题和组织投标人考察现场。通常在标前会议前,投标人已初步阅读、分析了招标文件,将其中的问题(如错误、不理解的地方、缺陷、需要业主补充说明的地方)在标前会议上向业主提出,由业主统一解答。所以它又是投标答疑会议和招标文件的澄清会议。

为了使投标人有充裕时间分析理解招标文件和了解现场情况,保证及时制定实施方案和做标,标前会议和考察现场应在投标截止期足够一段时间之前进行。

投标人要求对招标文件进行澄清,或提出任何问题应在标前会议召开前,以书面形式送达业主。这对于承包商了解业主的意图,解决招标文件分析中的问题,正确制定方案和报价是十分有好处的。

投标人一般着重对合同文件和技术文件(如图纸、规范、工程量表等)中不一致、矛盾的、含糊的地方提出疑问。作为业主,应当给予解答或澄清。为体现招投标活动的公平、公正和公开,对招标文件中的问题的澄清和答复,业主应当以会议纪要形式提供给所有获得招标文件的投标人。

业主对招标文件的修改、补充,通常必须符合如下规定:

(1) 业主要求对招标文件进行修改或补充,必须以补充通知的方式发给各投标人,并对他们起约束作用,而不以会议纪要的形式发出。

(2) 为了使投标人有合理的时间做标或修改投标报价或投标文件,通常规定,业主如果对招标文件进行补充和修改,应在投标截止期至少15日前送达所有投标人。该补充或修改的内容为招标文件的组成部分。

(3) 如果招标文件有重大修改时,业主可以酌情延长递交投标文件的截止时间。

8) 投标截止

在招标投标和工程合同中,投标截止期是一个重要的里程碑事件,有重要的法律意义:

(1) 投标人必须在该时间前提交投标文件,否则投标无效。

(2) 投标人的投标从该时间开始正式作为要约文件,如果投标人违反投标人须知中的规定,业主可以没收他的投标保函;而在此前,投标人可以撤回、修改投标文件。

(3)国际工程规定,投标人投标报价是以投标截止期前28天当日(即"基准期")的法律、汇率、物价状态为依据。如果基准期后法律、汇率等发生变化,承包商有权调整合同价格。

为保证招标人有足够的时间完成评标及与中标人签订合同,招标文件应当规定一个适当的投标有效期。投标有效期从投标人提交投标文件截止之日起计算。若在原投标有效期结束前发生特殊情况,招标人可以书面形式要求所有投标人延长投标有效期。投标人同意延长的,不得要求或被允许修改其投标文件的实质性内容,但应当相应延长其投标保证金的有效期;投标人拒绝延长的,其投标失效,但投标人有权收回其投标保证金。因延长投标有效期造成投标人损失的,招标人应当给予补偿,但因不可抗力需要延长投标有效期的除外。

9)开标与评标

(1)开标

开标是同时公开各投标人报送的投标文件的过程。一般当众检查各投标书的密封及表面印鉴,剔除不合格的标书,再当场拆开并宣读所有合格的投标书的报价和工期等指标。开标使投标人知道其他竞争对手的要约情况,也限定了招标人员只能在这个开标结果的基础上进行评标、定标。这是招标投标公开性、公平性原则的重要体现。

开标应当在招标文件中确定的递交投标文件截止时间的同一时间公开进行。开标地点应当为招标文件中预先确定的地点。所有投标人均应参加开标会议,并可邀请公证机关、工程建设项目有关主管部门、相关银行的代表出席。政府的招标投标管理机构可派人监督开标活动。开标时,由投标人或其推选的代表检验投标文件的密封情况,也可由招标人委托的公证机构检查并公证,确认无误后,由工作人员当众拆封、宣读投标人名称、投标价格和投标文件的其他主要内容;所有在投标致函中提出的附加条件、补充声明、优惠条件、替代方案等均应宣读;如果设有标底,也应同时公布。这一过程称为唱标。

开标过程应当记录并存档备查。开标后,任何人都不允许更改投标书的内容和报价,也不允许再增加优惠条件。有下列情形之一的投标文件,招标人将不予受理:

① 逾期送达的或者未送达指定地点的。

② 未按招标文件要求密封的。

(2)评标

① 评标组织

评标由招标人依法组建的评标委员会负责。评标委员会由招标人的代表和有关技术、经济等方面的专家组成,人数为5人以上单数。为保证评标的公正性,从专家库中抽取的技术、经济等方面的专家不得少于成员总数的2/3。评标委员会负责人在评标委员会中选举产生,但大多是由评标委员会中招标人的代表担任。评委应具备以下条件:从事相关专业领域工作满8年并具有高级职称或同等专业水平;熟悉有关招标投标的法律法规;能够认真、公正、诚实、廉洁地履行职责。

依法必须进行招标的项目,其技术、经济方面的专家由招标人从国务院或省、市、自治区、直辖市人民政府有关部门提供的评标专家库中选择;一般招标项目可以采取随机抽取方式,特殊招标项目可以由招标人直接确定。与投标人有利害关系的人不得进入相关项目的评标委员会,已进入的应当更换,以保证评标的公平性和公正性。

评标委员会成员的名单在中标结果确定之前应当保密。评标委员会成员和有关工作人员不得私下接触投标人,不得接受投标人的任何馈赠,不得参加投标人以任何形式组织的宴请、娱乐、旅游等活动,不得透露对投标文件的评审和比较、中标候选人的推荐以及与评标有关的其他情况。

② 评标程序

评标一般要经过评标准备、初步评审和详细评审3个阶段。

A. 评标准备

评标准备是组织评标委员熟悉招标文件,了解招标项目,熟悉评标标准和方法,必要时还要对一些特别的问题进行讨论,以统一评标尺度,使评标更公正、更科学。

当前很多地区都开发了专门的电子清标软件作为电子辅助评标工具。在正式评标前,利用清标软件对投标人的单价、合价及总价进行复核,并对子项的异常偏差进行分析,为评委评标提供参考。

B. 初步评审

初步评审重点在投标书的符合性审查,即审查投标书是否对招标文件的要求作出实质上响应。审查内容包括投标文件的签署情况、投标文件的完整性、与招标文件有无显著的差异和保留、投标资格是否符合要求(适用于采取资格后审招标的评标)。如果投标文件未对招标文件的要求作出实质上响应,将作无效标处理。

当投标文件有下列情形之一的,由评标委员会初审后按照废标处理:

a. 无单位盖章并无法定代表人或法定代表人授权的代理人签字或盖章的。

b. 未按规定的格式填写,内容不全或关键字迹模糊、无法辨认的。

c. 投标人递交两份或多份内容不同的投标文件,或在一份投标文件中对同一招标项目报有两个或多个报价,且未声明哪一个有效,按招标文件规定提交备选投标方案的除外。

d. 投标人名称或组织结构与资格预审时不一致的。

e. 未按招标文件要求提交投标保证金的。

f. 联合体投标未附联合体各方共同投标协议的。

当投标文件实质上响应了招标文件的要求,但在个别地方存在漏项或提供了不完整的技术信息和数据,补正这些遗漏或者不完整不会对其他投标人产生不公平的结果,这种偏差属于细微偏差,不影响投标文件的有效性。如报价的计算错误就属于细微偏差,通常的修正原则是:阿拉伯数字表示的金额与文字大写金额不一致的,以文字表示的金额为准;单价金额与总价金额不一致的,以单价金额为准,但单价金额小数点明显错误的除外;标书的副本与正本不一致的,以正本为准。计算错误的修改一般由评标委员会负责,但改正后一定要由投标人的法人代表或其授权人签字确认。

评标委员会可以书面方式要求投标人对投标文件中含义不明确、对同类问题表述不一致或者有明显文字和计算错误的内容作必要的澄清、说明或者补正。澄清、说明或者补正应以书面方式进行,且不得超出投标文件的范围或者改变投标文件的实质性内容。评标委员会不得向投标人提出带有暗示或诱导性的问题,或向其明确投标文件中的遗漏和错误。

没有通过初步评审的投标书不得进入下一阶段的评审。

C. 详细评审

经初步评审合格的投标文件,评标委员会根据招标文件确定的评标标准和方法,对其进行技术评审和商务评审。对于大型的,尤其是技术复杂的招标项目,技术评审和商务评审往往是分开进行的。我国《招标投标法》规定评标可采用经评审的最低投标价法和综合评估法以及法律与行政法规允许的其他评标方法。

a. 经评审的最低投标价法

能够满足招标文件的实质性要求,并且经评审的投标价格最低;但是投标价格低于成本的除外。

经评审的最低投标价法一般适用于具有通用技术性能标准或者招标人对技术、性能没有特殊要求的招标项目。评标委员会只需根据招标文件中规定的评标价格调整方法,对所有投标人的投标报价以及投标文件的商务部分做必要的价格调整,而无需对投标文件的技术部分进行折价,但投标文件的技术标应当符合招标文件规定的技术要求和标准。

由于我国建设领域的诚信体系尚不健全,同时由于成本价难以认定,一些不良承包商常利用经评审的最低投标价法评标的机会进行恶性低价竞争,中标后再恶意索赔。这是需要重点防范的。

b. 综合评估法

不宜采用经评审的最低投标价法的招标项目,一般应采用综合评估法进行评审。

综合评估法不仅要评价商务标,而且要评价技术标。

对于技术标的评审主要是对投标书的技术方案、技术措施、技术手段、技术装备、人员配置、组织方法和进度计划的先进性、合理性、可靠性、安全性、经济性进行分析评价。如果招标文件要求投标人派拟任项目负责人参加答辩,拟任项目负责人应当针对评标委员会提出的问题进行答辩,以帮助评委了解项目负责人的工作能力、工作经验和管理水平。没有通过技术评审的标书不能得标。

商务标包括投标报价和投标人资信等内容,但评标的重点是对投标报价的构成、计价方式、计算方法、支付条件、取费标准、价格调整、税费、保险及优惠条件等进行评审。在国际工程招标文件中,报关、汇率、支付方式等也是重要的评审内容。商务标评审的核心是评价报价的合理性以及投标人在履约过程中可能给招标人带来的风险。设有标底的招标,商务评标时要参考标底,但不得作为评标的唯一依据。

衡量投标文件是否最大限度地满足招标文件中规定的各项评价标准,可以采取评分法、折算货币法或其他方法,但需要量化的因素及其权重必须在招标文件中明确。

评分法是指按招标文件规定的评分标准,将评审内容分类后分别赋予不同权重,评标委员依据评分标准对各类细分的子项进行相应的打分,最后计算的累计分值反映投标人及其投标的综合水平,以得分最高的投标书为最优,推荐为中标候选人。这是综合评估法最常用的一种方法。

折算货币法是指评审过程中以报价为基础,将报价之外需要评定的要素按招标文件规定的折算办法换算成货币价值,根据对招标人有利或不利的影响及其大小,在投标报价基础上扣减或增加一定金额,最终构成评标价格,评标价低的标书为优,推荐为中标候选人。

当招标文件规定允许投标人投备选标的,评标委员会可以而且也只对中标候选人所投的备选标进行评审,以决定是否采纳。对于划分成多个单项合同的招标项目,招标文件允许投标人为获得整个项目合同而提出优惠的,评标委员会可以对投标人提出的优惠进行审查,以决定是否将招标项目作为一个整体合同授予中标人。其标准是整体合同中标人的投标应最有利于招标人。招标文件中没有规定的标准和方法不得作为评标的依据。

详细评审完成后,评标委员会应向招标人提交评标报告,作为招标人最后选择中标人的决策依据。评标报告的内容一般包括评标过程、评标标准、评审方法、评审结论、标价比较一览表或综合评估比较一览表、推荐的中标候选人、与中标候选人签约前应处理的事宜、投标人澄清(说明、补正)事项的纪要及评委之间存在的主要分歧点等。

采用经评审的最低价法的,应提交标价比较一览表,表中载明各投标人的投标报价、商务偏差调整、经评审的最终投标价。采用综合评估价法的,应提交综合评估比较表,表中载明投标人的投标报价、所做的任何修正、对商务偏差的调整、对技术偏差的调整、对各评审因素的评估以及对每一投标的最终评审结果。

评标报告中应按照招标文件中规定的评标方法,推荐不超过 3 名有排序的合格的中标候选人。如果评标委员会经过评审,认为所有投标都不符合招标文件的要求,可以否决所有投标。出现这种情况后,招标人应认真分析招标文件的有关要求以及招标过程,对招标工作范围或招标文件的有关内容作出实质性修改后重新进行招标。

评标报告由评标委员会全体成员签字。对评标结论持有异议的评标委员会成员可以书面方式阐述其不同意见和理由。评标委员会成员拒绝在评标报告上签字且不陈述其不同意见和理由的,视为同意评标结论,评标委员会应当将此记录在案。

评标的过程要保密。评标委员会成员和评标有关的工作人员不得私下接触投标人,不得透露评审、比较标书的情况,不得透露推荐中标候选人的情况以及其他与评标有关的情况。

评标委员会成员应当客观、公正地履行职责,遵守职业道德,对所提出的评审意见承担个人责任。

(3) 定标

定标是招标人享有的选择中标人的最终决定权、决策权。招标人一般应当在评标委员会提出书面评标报告后 15 日内确定中标人,但最迟应当在投标有效期结束日 30 个工作日前确定。在确定中标人之前,招标人不得与投标人就投标价格、投标方案等实质性内容进行谈判。

招标人根据评标委员会提出的书面评标报告和推荐的中标候选人,结合自己的实际,权衡利弊,选定中标人。对于特大型、特复杂且标价很高的招标项目,也可委托咨询机构对评标结果作出评估,然后再做决策。这样做有助于提高定标的正确性,减少风险,但也带来定标需要的时间长、费用大等问题。

当评委会在评标定标中无明显的失误和不当行为时,招标人应尊重评标委员会的选择。

招标人可以授权评标委员会直接确定中标人,而自己行使定标审批权和中标通知书的签发权。招标人不得在评标委员会依法推荐的中标候选人以外确定中标人,也不得在所有投标书被评标委员会依法否决后自行确定中标人。

(4) 签发中标通知

依法必须进行招标的项目,招标人应当给排名第一的中标候选人签发中标通知书。只有当排名第一的中标候选人放弃中标或未能按规定提交履约保证金时,方可确定排名第二的中标候选人为中标人,以此类推。中标通知书的主要内容有中标人名称、中标价、商签合同时间与地点、提交履约保证的方式和时间等。投标人在收到中标通知书后要出具书面回执,证实已经收到中标通知书。按规定提交履约保证金时,方可确定排名第二的中标候选人为中标人。

中标通知书对招标人和中标人具有法律效力。中标通知书发出后,招标人改变中标结果的,或者中标人放弃中标项目的,应当依法承担法律责任。依法必须进行施工招标的工程,招标人应当自发出中标通知书之日起15天内,向工程所在地县级以上地方人民政府建设行政主管部门提交招标投标情况的书面报告。书面报告包括招标范围,招标方式和发布招标公告的媒介,招标文件中投标人须知、技术条款、评标标准和方法、合同主要条款等内容,评标委员会的组成和评标报告,中标结果。

10) 合同的商谈和签订过程

按照合同法,中标函发出合同已正式生效。但通常正式签订合同协议书是工程惯例。

由于工程合同的签订并不是简单的对合同条件的承诺和协议书的签订过程,而是对合同状态的各个因素的统一认识和承诺的过程,所以在投标人提出投标书(要约)后,招标人和投标人之间有十分复杂的工作过程。

(1) 合同必须在投标有效期内签订。我国《招标投标法》第46条规定,在中标通知书发出之日起30日内中标人和中标人应当按照招标文件和中标人的投标文件订立书面合同。

(2) 从中标函发出,到签订合同协议书,业主和承包商通常还可以进行标后谈判。可以对合同条件、合同价格等进行进一步完善。但是,根据《招标投标法》第46条规定,招标人不得向中标人提出压低报价、增加工作量、缩短工期或其他违背中标人意愿的要求,以此作为签订合同的条件。也不得再行订立背离合同实质性内容的其他协议。

(3) 招标文件要求中标人提交履约保证的,中标人应当在合同签字前或合同生效前提交。中标人提交了履约担保并与招标人签订合同之后的五个工作日内,招标人应将投标保证金或投标保函退还给投标人。

履约担保是中标人通过经济形式保证按照合同约定履行义务、完成项目,同时保证不将项目主体或关键性的部分分包他人,不将中标项目转让他人或肢解后以分包的名义分别转包给他人。中标人向招标人提交的履约担保可由在中国注册的银行出具银行保函,也可由具有独立法人资格的企业出具履约担保书。由银行出具的保函一般要求的担保额为合同价格的5%,由独立法人资格企业出具履约担保书的担保额为合同价格的10%。投标人应使用招标文件中提供的履约担保格式。如果中标人不按规定执行、不肯提交履约担保、拒签合同,招标人将废除授标,并没收其投标保证金。

(4) 业主向没中标的投标人发出不中标函,并退回他们的投标保函。

5.3.3 工程项目的投标

承包商参与工程投标并尽可能拿到自己认为应该拿到的工程项目是承包企业首要的经营活动。显然,如果拿不到工程项目,企业的一切都无从谈起。因此,施工企业的一个重要任务就是投标并争取中标。

在一个工程项目的投标竞争中,承包企业能否中标,除了它这次所投的标价高低以外,还要由其他多种因素来决定。比如,企业的实力、信誉、投标人的活动能力以及与业主的关系、企业雇用的代理人是否可靠等等,有时候,甚至某个偶然因素能决定一次投标的成败。一些大型工程的招标投标,往往还有复杂的国际背景,涉及业主和投标人所属国家之间的关系。因此,工程投标是一项受到政治因素影响,涉及法律、金融、商业、工程诸方面的综合经营活动。

投标工作尽管复杂,但还是有其自身规律的,有一些投标人可以普遍遵循的原则。一般来说,一个工程的投标过程如图 5-12 所示。

(1) 投标决策

建筑市场上几乎每天都进行工程招标。任何一个承包企业都不可能也不应当"见标就投"。正确地决定投哪些标、不投哪些标以及投一个什么样的标,是提高承包企业的中标率(中标次数与投标次数之比)、获得较好经济效益的首要一环,对企业发展起着举足轻重的作用。因此,投标决策工作通常由企业的首脑人物担当。

从业主公布招标消息到截止出售招标文件是有一段时间过程的。稍有经验的投标人都会利用这段时间对投标环境进行客观的尽可能详细的分析,进而作出投标决策。

决定是否投标可从以下几个方面着手:

(1) 确定投标的目标

决定是否参加某项工程项目的投标,应根据企业的经营状况确定投标的目的。投标的目的可以是"获取最大利润"或"确保企业有活干即可",也可以是"新开辟某一地区市场为企业创牌子"或"为克服一次生存危机"。

(2) 确定对投标机会判断的标准

投标的目的不同,对投标机会的判断标准也不同。投标机会的判断标准一般应从三方面综合拟订:一是技术条件,即从企业自身的业务能力水平,包括资质等级、技术水平、机械设备和对类似工程的经验,看其对招标工程项目的满足程度;二是经济条件,包括企业资金周转、预期利润和中标承包后对今后机会的影响;三是外部条件,包括招标人的资信和竞争对手的实力。

(3) 判断是否投标

首先,根据投标机会判断标准,选定是否投标的影响因素;其次,对各影响因素进行评分,然后再利用"权数计分评价法"计算得出该招标工程的总得分;最后,依据以往经验确定最低得分标准,判断是否投标。

2) 投标准备

(1) 收集和整理招标、投标的信息资料

准确、全面、及时的掌握各项技术、经济、商务信息,是投标成功的关键。招标投标信息涉及面广,其主要内容可概括为以下几个方面:

① 招标信息。除公开发布的招标公告外,应通过多种渠道,广泛收集工程项目立项信息、政府投资方向信息、城市规划信息、建设市场变化和趋势信息。尽可能在招标工程项目发布公告前获取工程项目建设信息。

② 招标工程项目所在地信息。包括招标工程项目所在地的自然条件、交通运输条件以及资源要素价格行情等。

③ 科学技术发展信息。包括新规范、新标准、新结构、新技术、新工艺及新材料信息。

④ 招标单位信息。包括招标单位的资金状况及对工程造价、工期、质量等方面的要求。

⑤ 竞争对手信息。包括弄清有哪些竞争对手,分析他们的实力、优势及其对工程项目的兴趣和意向。

⑥ 有关报价的参考资料。包括企业外部近几年类似工程项目的施工方案、工期、报价及实际成本资料;企业内部近几年类似工程项目的施工方案、工期、报价及实际成本资料。

(2) 准备投标资格预审资料

资格预审资料不仅起到通过资格预审的作用,而且还是企业形象的重要宣传材料,应予以重视。可通过印制企业简介和广告宣传手册来突出企业业绩和技术力量。

(3) 招标文件分析工作

投标人取得(购得)招标文件后,通常首先进行总体检查,重点是招标文件的完备性。一般要对照招标文件目录检查文件是否齐全,是否有缺页,对照图纸目录检查图纸是否齐全。然后分三部分进行全面分析:

① 投标人须知分析。通过分析不仅要掌握招标条件、招标过程、评标的规则和各项要求,对投标报价工作作出具体安排,而且要了解投标风险,以确定投标策略。

② 工程技术文件分析,即进行图纸会审,工程量复核,图纸和规范中的问题分析。从中了解承包商具体的工程项目范围、技术要求、质量标准。在此基础上做施工组织和计划,确定劳动力的安排,进行材料、设备的分析,作实施方案,进行询价。

③ 合同评审。分析的对象是合同协议书和合同条件。从合同管理的角度,招标文件分析最重要的工作是合同评审。合同评审是一项综合性的、复杂的、技术性很强的工作,它要求合同管理者必须熟悉合同相关的法律、法规,精通合同条款,对工程环境有全面的了解,有合同管理的实际工作经验和经历。

3) 环境调查

环境调查工作,一定要由主要做标人员亲自去做。只有置身于拟建工程现场,才能获得现场的第一手资料,为以后的做标工作打好基础。

环境调查有极其广泛的内容,包括工程项目所在国、所在地,以及现场环境。

(1) 政治方面。政治制度,政局的稳定性,国内动乱、骚乱、政变的可能,宗教及其种族矛盾,发生战争、封锁、禁运等的可能。在国际工程中,应考虑该国与我国的关系等。

(2) 法律方面。了解与工程项目相关的主要法律及其基本精神,如合同法、劳工法、移民法、税法、海关法、环保法、招标投标法等,以及与本项目相关的特殊的优惠或限制政策。

(3) 经济方面。经济方面所要调查的内容繁多,而且要详细,要做大量的询价工作。

① 市场和价格。例如建筑工程、建材、劳动力、运输等的市场供应能力、条件和价格水平,生活费用价格,通信、能源等的价格,设备购置、租赁条件和价格等。

② 货币,如通货膨胀率、汇率、贷款利率、换汇限制等。

③ 经济发展状况及稳定性,在工程项目实施中有无大起大落的可能。

(4) 自然条件方面。

① 气候。如气温、降雨量、雨季分布及天数。

② 可以利用的建筑材料资源。如砂、石、土壤等。

③ 工程的水文地质情况、施工现场地形、平面布置、道路、给排水、交通工具及价格、能源供应、通信等。

④ 各种不可预见的自然灾害的情况,如地震、洪水、暴雨、风暴等。

(5) 参加投标的竞争对手情况,他们的能力、实绩、优势、基本战略、可能的报价水平。

(6) 过去同类工程的资料,包括价格水平、工期、合同及合同执行情况、经验和教训等。

(7) 其他方面。例如当地有关部门的办事效率和所需各种费用;当地的风俗习惯、生活条件和方便程度;当地人的商业习惯、文化程度、技术水平和工作效率等。

环境调查应符合如下要求：

(1) 保证真实性，反映实际，不可道听途说，特别是从竞争对手处或从业主处获得的口头信息，更要注意其可信度。

(2) 全面性。应包括对工程的实施方案、价格和工期，对承包商顺利地完成合同责任，承担合同风险有重大影响的各种信息不能遗漏。国外许多大的承包公司制定标准格式，固定调查内容（栏目）的调查表，并由专人负责处理这方面的事务。这样使调查内容完备，使整个调查工作规范化、条理化。

(3) 应建立文档保存环境调查的资料。许多资料，不仅是报价的依据，而且是施工计划、实施控制和索赔的依据。

(4) 承包商对环境的调查常常不仅要了解过去和目前的情况，还需对其趋势和将来有合理的预测。

当然，承包商在中标前不能花很多的时间、精力和费用来进行环境调查，所以他对现场调查准确性所能负的责任又有一定的限制。

4) 制定实施方案

承包商的实施方案是按照他自己的实际情况（如技术装备水平、管理水平、资源供应能力、资金等），在具体环境中全面、安全、稳定、高效率完成合同所规定的上述工程承包项目的技术、组织措施和手段。实施方案的确定有两个重要作用：

(1) 作为工程预算的依据。不同的实施方案有不同的工程预算成本，则有不同的报价。

(2) 虽然施工方案及施工组织文件不作为合同文件的一部分，但在投标书中承包商必须向业主说明拟采用的实施方案和工程总的进度安排。业主以此评价承包商投标的科学性、安全性、合理性和可靠性。这是业主选择承包商的重要决定因素。

实施方案通常包括如下内容：

(1) 施工方案，如工程施工所采用的技术、工艺、机械设备、劳动组合以及各种资源的供应方案等。

(2) 工程进度计划。在业主招标文件中确定的总工期计划控制下确定工程总进度计划，包括总的施工顺序，主要工程活动工期安排的横道图，工程中主要里程碑事件的安排。

(3) 现场的平面布置方案，如现场道路、仓库、办公室、各种临时设施、水电管网、围墙、门卫等。

(4) 施工中所采用的质量保证体系和安全措施，健康和环境保护措施。

(5) 其他方案，如设计和采购方案（对总承包合同）、运输方案、设备的租赁、分包方案等。

5) 确定投标策略

作出参与某一工程项目投标的决定后，就需采取一定的投标策略，以指导投标报价，争取中标，并预期获得尽可能多的利润。常见的投标策略有以下几种：

(1) 靠经营管理水平高取胜。这主要靠企业品牌、周密的施工组织设计、先进的施工技术、合理的施工方案、紧凑的施工进度及可靠的质量安全保障体系。

(2) 靠改进设计取胜。即仔细研究原设计图纸，发现有不合理之处，提出降低造价的措施。

(3) 靠缩短建设工期取胜。即采取有效措施，在招标文件规定的工期基础上再提前完工,从而使工程早投产、早收益。这在盈利性项目上是吸引业主的一种策略。

(4) 靠低价取胜。这主要适用于承包商任务不足,与其坐吃山空,不如以低利甚至无利承包一些工程项目,对企业来讲可以不亏或少亏,从企业角度来讲还是有利的。此外,承包商初到一个新的地区,为了打入这个地区的承包市场,建立信誉,也往往采用这种策略。

(5) 报低价,却着眼于施工索赔,从而得到高额利润。即利用图纸、技术说明书和合同条款中不明确处,寻找索赔机会。不过这种策略并不是到处可用。

(6) 着眼于发展,为争取将来的优势,宁愿目前少赚钱。承包商为了掌握某种有发展前途的施工技术,就可采用这种策略。这是一种较有远见的策略。

以上策略不是互相排斥的,须根据具体情况灵活运用。

6) 计算投标报价

工程预算是核算承包商为全面地完成招标文件规定的义务所必需的费用支出。它是承包商的保本点,是工程报价的基础。而报价一经确认,即成为有法律约束力的合同价格。所以承包商必须按实际情况作工程预算。它的计算基础为:

(1) 招标文件确定的承包商的项目范围。投标报价应是承包商完成招标文件所确定的项目范围内的全部工作的价格体现,应包括但不限于施工设备、劳务、管理、材料、安装、缺陷修补、利润、税金和合同包含的所有风险、责任及法律法规规定的各项应有费用。

(2) 工程环境,特别是劳动力、材料、机械、分包工程以及其他费用项目的价格水平。

(3) 实施方案,以及在这种环境中,按这种实施方案施工的生产效率和资源消耗水平。

工程预算是在工程量表的基础上进行的。工程量表通常由招标文件给出,工程项目划分有一定的规则,如在国际上经常采用《建筑工程计算规则(国际通用)》和《建筑工程量标准计算方法》,在我国有建设工程工程量清单计价规范(GB 50500—2013)。

在投标报价中采用一定的手法或技巧使业主可以接受而中标后又能获得更好的利润。一般有以下几种方法:

(1) 不平衡报价法

这一方法是指在工程项目总报价基本确定后,通过调整内部各个项目的报价,以期既不提高总报价、不影响中标,又能在结算时得到更理想的经济效益。一般可以考虑在以下几方面采用不平衡报价:

① 能早日结账收款的项目。

② 预计今后工程量会增加的项目,单价适当提高,这样在最终结算时可多赚钱;将工程量可能减少的项目单价降低,工程结算时损失不大。

③ 设计图纸不明确,估计修改后工程量要增加的,可以提高单价;而工程内容解说不清楚的,则可适当降低一些单价,待澄清后可再要求提价。

④ 暂定项目,对这类项目要具体分析,对其中肯定要做的单价可高些,不一定做的则应低些;如果该项目要分标由其他承包商施工的,则不宜报高价,以免抬高总报价。

(2) 计日工单价的报价

一般可稍高于工程中的工资单价,因为计日工不属于承包总价的范围,发生时实报实销。但如果招标文件中明确计日工单价要计入总报价时,则需要具体分析是否报高价,以免提高总报价。

(3) 突然袭击法

由于投标竞争激烈,为迷惑对方,可在整个报价过程中,仍然按照一般情况进行,甚至有意泄露一些虚假情况,如宣扬自己对该工程兴趣不大,不打算参加投标(或准备投高标),表现出无利可图不干等假象,到投标截止到前几小时,突然前往投标,并压低投标价,从而使对手措手不及而败北。

(4) 联合体法

联合体法比较常用,即两三家公司,其主营业务类似或相近,单独投标会出现经验、业绩不足或工作负荷过大而造成高报价,失去竞争优势。而以捆绑形式联合投标,可以做到优势互补、规避劣势、利益共享、风险共担,相对提高了竞争力和中标几率。这种方式目前在国内许多大项目中使用。

(5) 多方案报价法

对于一些报价文件,当工程说明书或合同条款有些不够明确之处、条款不很清楚或很不公正或技术规范要求过于苛刻时,承包商将会承担较大风险。为了减少风险就必须扩大工程单价,增加"不可预见费",但这样做又会因为报价过高增加了被淘汰的可能性。多方案报价法就是为应付这种两难局面的。其具体做法是在标书上报两个价格,按照原招标文件报一个价,然后再提出:"如果技术说明书或招标文件某条款做某些改动时,则招标的报价可降低多少……",从而给出一个较低价,吸引业主。

(6) 增加建议方案报价法

有时招标文件中规定,可以提一个建议方案,即是可以修改原设计方案,提出投标者的方案。投标者这时应抓住机会,组织一批有经验的设计和施工工程师,对原投标文件的设计和施工方案仔细研究,提出更为合理的方案以吸引业主,促成自己的方案中标。这种新建议方案可以降低总造价或是缩短工期,或使工程运用更为合理。但要注意对原招标方案一定也要报价。建议方案不要写得太具体,要保留方案的技术关键,防止业主将此方案交给其他承包商。同时要强调的是,建议方案一定要比较成熟,有很好的可操作性。

7) 编制及投送投标文件

编制标书前,投标人应仔细研究投标须知,按要求认真填写有关表格,填妥后认真校核,避免因疏忽而造成废标。经检查确认无误后,由投标单位及其负责人签名盖章,按投标须知的要求密封,在投标截止日期前送达招标人指定的收件地点,等候开标。在投标截止日期前,投标人若有补充或修改内容,密封后送达指定地点,同样具有效力。投标人可以提出修改设计、修改合同条件等建议方案,并确定相应标价和投标书;同时密封送达指定地点,供招标人参考。

投标文件是承包商对业主招标文件的响应。通常工程投标文件包括如下内容:

(1) 投标书,通常是以投标人给业主保证函的形式。这封保证函由业主在招标文件中统一给定,投标人只需填写数字并签字即可。

投标书必须附有投标人法人代表签发的授权委托书,他委托承包商的代表(项目经理)全权处理投标及工程事务。

投标书作为要约文件也应该是无歧义的,即不能有选择性的、二义性的结果和语言。

(2) 投标书附录。投标书附录是投标书的一部分。它通常是以表格的形式,由承包商按照招标文件的要求填写,作为要约的内容。它是对合同文件中一些定量内容的定义。一般包括：履约担保的金额、第三方责任保险的最低金额、开工期限、竣工时间、误期违约金的数额和最高限额、提前竣工的奖励数额、工程保修期、保留金百分比和限额、每次进度付款的最低限额、拖延付款的利率等。

按照合同的具体要求还可能有外汇支付的额度、预付款数额、汇率、材料价格调整方法等其他说明。

(3) 标有价格的工程量表和报价综合说明。该工程量表一般由业主在招标文件中给出，由承包商填写单价和合价后，作为一份报价文件，对单价合同来说它是最终工程结算的依据。

(4) 投标保函。按照招标文件要求的数额，并由规定的银行出具，按招标文件所给出的统一格式填写。

(5) 承包商提出的与报价有关的技术文件，主要包括：施工总体方案，具体施工方法的说明，总进度计划，质量保证体系，安全、健康及文明施工保证措施，技术方案优化与合理化建议，主要施工机械表、材料表及报价，供应措施，项目组成员名单，项目组织人员详细情况，劳动力计划及点工价格，现场临时设施及平面布置，承包商建议使用现场外施工作业区等。

如果承包商承担大部分设计，则还包括设计方案资料（即标前设计），承包商须提供图纸目录和技术规范。

(6) 属于原招标文件中的合同条件、技术说明和图纸。承包商将它们作为投标文件提出，这表示它们在性质上已属于承包商提出的要约文件。

(7) 投标人对投标或合同条件的保留意见或特别说明无条件同意的申明。

(8) 按招标文件规定提交的所有其他材料，如资格审查及辅助材料表，法定代表人资格证明书、授权委托书等。

(9) 其他，如竞争措施和优惠条件。

复习思考题

1. 简述工程项目采购的范围。
2. 简述 EPC 总承包的优缺点。
3. 简述招投标的程序。
4. 招标的方式有哪些？
5. 投标有哪些策略？

6 工程项目时间管理

6.1 概述

6.1.1 工期计划过程

工程项目实施活动的时间进度计划,即工期计划,是项目计划的主要内容,同时也是其他计划工作的基础。工期计划就是将为确保项目目标的实现所必须进行的工程活动,根据它们之间的内在联系及持续时间,用网络计划或横道图方法进行安排。工期计划过程包括:

(1) 明确工程项目进度目标。
(2) 进行项目结构分解。
(3) 定义项目结构分解的各项目单元。
(4) 按总的进度目标逐层编制时间进度网络计划,并进行网络分析。

工程项目的时间进度计划决定了项目中资源是如何综合起来并保证其良好的协调性,它在确定项目的资源在时间上的使用计划、评价工程项目的进度具有非常重要的作用。

工期计划是随着项目技术设计的细化和项目结构分解的深入而逐渐细化的,它经历了由总工期目标、粗横道图、细横道图、网络,再输出各层次横道图(或时标网络)的过程。

(1) 在项目目标设计时,工期目标一般仅是一个总值。例如建设期计划3年,并预计在2010年1月到2013年12月内进行。由于工程细节尚不清楚,所以无法做详细的安排。

(2) 在可行性研究和项目任务书中一般要按总工期目标作总体计划。将项目的生命期分成几个主要阶段,用粗横道图表示一些项目过程的主要活动或阶段的时间安排,有时确定一些里程碑事件(Milestone)的安排。

(3) 随着项目的进展和技术设计、结构分解的细化,计划更进一步详细,横道图也不断细化。

(4) 最详细的工期计划通常在承包合同签订后由承包商作出,并经业主的项目经理(或监理工程师)批准或同意后执行。

最详细的工期计划针对工作包,它由一些工序(活动)构成,形成一个子网络。在工作包分析的基础上,确定各工作包之间的逻辑关系,即可得到详细的总网络。用计算机分析这个总网络即确定了项目详细的工期计划。

(5) 在网络分析后将计算结果按需要(如专业、工程小组、时间段等)用横道图(可以带逻辑关系)或时标网络输出,同时也可以得到不同层次的横道图。这时的横道图是经过详细安排的、科学的。

6.1.2 工程项目时间管理内容

工程项目的时间管理就是要求项目按时完成必须实施的各项过程,也就是按照我们制定的工期计划来完成各项工程活动,这个过程包括四个步骤。

(1) 项目活动分解与界定

确定为产生项目各种可交付成果而必须进行的具体活动,实际上这属于范围管理的范畴,但又是时间管理中活动排序和工时估算的依据,因此,它也是时间管理的启动步骤。

(2) 活动排序和工时估算

指确定各计划活动之间的依赖关系,并估算各计划活动所需的时间,这是编制工期计划的基础。确定了各项任务的工时和它们之间的衔接顺序,项目的工期计划就完成了一半。

(3) 编制进度计划

分析活动排序、活动持续时间、资源要求以及进度制约关系,从而制定项目进度计划,并计算整个工期的长度,确定起始及结束时间,设置阶段性里程碑,建立时间储备库,找出项目工期的关键路径。这一系列工作都是为后续的进度控制制定一把衡量绩效的尺度。

(4) 进度控制

控制项目的进度,其目标是把进度计划与实施进程的偏差尽量控制在允许的范围之内,如果两者之间的偏差超出了正常范围,或者需要纠偏,让实际进度向计划靠拢,或者需要调整进度计划,让计划向现实靠拢。同时,为了控制计划变更引起的连锁反应向其他计划蔓延,还需要建立一套严格的计划变更程序。

6.1.3 计划总工期的确定和分解

从以上工期计划过程可以看出,计划总工期作为项目的目标之一,对整个工期计划具有规定性。一般在目标设计阶段它就被确定,并在可行性研究阶段被分解、细化、论证或修改。

计划总工期按项目实施顺序可以分解为设计和计划、前期准备、施工、交付并投入运营等主要阶段,这几个阶段的开始或结束作为项目最主要的里程碑事件(如批准,设计完成,现场开工,交付使用)。在这几个主要阶段的工期还可以按照项目结构图进一步分解。

总工期目标的确定对项目管理和项目实施的各个方面都有很大的影响。它直接影响工程项目的成本与质量,关系到项目能否顺利完成。项目的总工期目标和几个主要阶段的工期安排通常可以通过如下途径作出:

(1) 分析过去同类或相似工程项目的实际工期资料,并根据本工程的特点估算。在使用这些资料时应核查在现项目条件下的适应性,并对估计值进行调整。

(2) 采用工期定额。一定种类和规模的工程项目,其总工期以及设计工期和施工工期有一定的行业标准。这种行业标准是在许多过去工程资料统计的基础上得到的。例如原国家城乡建设环境保护部颁发的《建筑设计周期定额》和《建筑工期定额》。

按照定额标准可以进行一些总体的安排。但是由于技术的进步和管理水平的提高,工期定额与实际工期的差距越来越大。由此可见工期定额的参照价值越来越小。

(3) 在实际工程中,总工期目标通常由上层领导者从战略的角度确定,例如从市场、从经营的角度确定。而由于他们较少了解项目,没有掌握工程项目自身的客观要求和规律性,所以计划的科学性常常很难保证。

6.1.4 工程活动几种逻辑关系

在工作包中各工程活动之间以及工作包之间存在着时间上的相关性,即逻辑关系。只有全面定义了工程活动之间的逻辑关系才能将项目的静态结构(项目分解结构)演变成一个动态的实施过程(网络)。工程活动逻辑关系的安排是进度计划的一个重要方面。

两个活动之间有不同的逻辑关系,逻辑关系有时又被称为搭接关系,搭接所需的持续时间又被称为搭接时距。常见的搭接关系有:

(1) FTS,即结束—开始(Finish to Strat)关系。这是一种常见的逻辑关系,即紧后活动的开始时间受紧前活动的结束时间的制约。例如,墙面抹灰之后,至少需要 2 天干燥后才能刷涂料,见图 6-1。通常将前项工作称为后项工作的紧前活动,后项工作称为前项工作的紧后活动。在网络计划分析中,对一个工程活动通常按照它的前提条件(即紧前活动关系)确定逻辑关系,所以一般按照紧前活动关系绘制网络图。

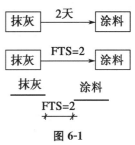

图 6-1

这里的 2 天为搭接时距,即刷涂料开始时间至少在墙面抹灰完成 2 天后才能进行,不得提前。

当 FTS=0 时,即紧前活动完成后就可以开始紧后活动。这是最常见的工程活动之间的逻辑关系。

(2) STS,即开始—开始(Start to Start)关系。紧前活动开始后一段时间,紧后活动才能开始,即紧后活动的开始时间受紧前活动的开始时间的制约。例如,某基础工程采用井点降水,按规定抽水设备安装完成后就可以开始基坑降水,基坑降水开始 2 天后即可开挖基坑,在开挖过程中降水不间断地进行,见图 6-2。

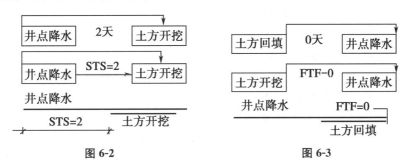

图 6-2　　　　　　　　图 6-3

(3) FTF,即结束—结束(Finish to Finish)关系。紧前活动结束后一段时间,紧后活动才能结束,即紧后活动的结束时间受紧前活动结束时间的制约。例如,基础回填土结束后井点降水才能停止,见图 6-3。

(4) STF 即开始—结束(Start to Finish)关系。紧前活动开始后一段时间,紧后活动才能结束,这在实际工程中用得较少。例如,某工程合同工期为 250 天,则从开工开始到竣工验收结束时间应为 250 天,如图 6-4 所示。

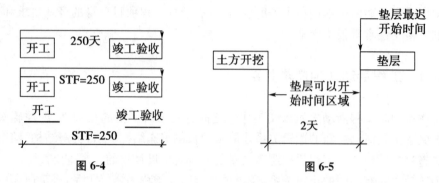

图 6-4　　　　　　　　　　　图 6-5

上述搭接时距是允许的最小值,即实际安排可以大于它,但不能小于它。例如图 6-1 中,墙面抹灰后至少 2 天才能刷涂料,4 天也可以,但 1 天就不行。搭接时距还可能有最大值定义,例如,按规定基坑挖土完成后,最多在 2 天内必须开始做垫层,以防止基坑土反弹和其他不利因素影响质量。挖土完成后,可以立即或停 1 天,或停 2 天做垫层,但不允许停 2 天以上(见图 6-5)。又如,按计划,材料必须在混凝土浇捣前 2 天进场,不得提前,否则会影响现场平面布置。

(5) 混合时距,如两种工作之间 STS 和 FTF 同时存在。

6.2　工程项目进度计划的编制

6.2.1　项目活动分解与界定

1) 项目活动分解与界定的概念

这是指通过对于项目范围说明和项目工作分解结构的进一步分解和细化。包括识别为实现项目目标所必须开展的各种项目具体活动,界定那些为生成项目产出物及项目阶段的可交付物而必须开展的具体活动等内容。

2) 项目活动界定的内容与方法

(1) 项目活动分解技术。依据 WBS 通过进一步分解和细化将项目的工作分解成具体活动的一种结构化、层次化的活动分解方法。

(2) 项目活动平台法。项目活动平台法也叫原型法,它是使用一个已完成的类似项目活动清单作为新项目活动界定的平台或原型,通过增减项目活动,定义出新项目的各项活动的一种方法。

3) 项目活动分解与界定的结果

(1) 项目活动清单。项目活动清单必须开列并说明项目所需开展的全部活动。

(2) 相关的支持细节。支持和说明项目活动清单的各种具体细节文件与信息,包括项目的约束条件和建设前提条件等。

(3) 更新的项目工作分解结构。当出现这种情况的时候,还需要同时更新相关的项目管理文件,如项目的成本估算文件等。

6.2.2 项目活动排序

1) 项目活动排序的概念

项目活动排序是指通过分析和确认项目活动清单中各项活动的相互关联与相互依赖关系,对项目各项活动的先后顺序进行合理安排与确定的这样一种项目时间管理的工作。为了制定科学合理的项目时间(工期)计划,人们就必须科学合理地安排一个项目各项活动的顺序关系。一般较小的项目或一个项目阶段的活动排序可以通过人工排序的方法完成,但是有些复杂项目的项目活动排序工作现在多数需要借助于计算机信息系统完成。为了制定项目时间(工期或进度)计划,必须准确合理地安排项目各项活动的顺序,并依据这些项目活动的顺序确定项目各种活动的路径,以及由这些项目活动路径所构成的项目活动网络。这些都属于项目活动排序工作的范畴。

2) 项目活动排序的依据

项目活动排序工作所需的依据主要包括如下几个方面:

(1) 项目活动清单及其相关支持细节文件

项目活动清单及其相关支持细节文件都是项目活动分解与界定阶段的工作成果。其中,项目活动清单开列出了项目所需开展的全部具体活动,而项目活动清单的相关支持细节文件则说明和描述了项目活动清单的各种细节、依据、约束条件与假设前提条件等。这些都是在项目活动排序工作使用的重要依据之一。

(2) 项目产出物的说明与描述

项目产出物是通过开展项目工作及活动形成的,所以它更是项目活动排序的关键依据之一。项目产出物的专业特性和管理要求会直接影响到项目活动顺序的安排与确定。通过对于项目产出物的特性分析,可以帮助人们科学地确定项目活动顺序;而对照项目产出物的描述,可以审查项目活动排序的正确性。所以项目产出物描述也是项目活动排序的重要依据之一。

(3) 项目活动之间的必然依存关系

项目活动之间的必然依存关系是指项目活动之间客观需要和不可违背的优先序列关系,这种关系一般是由于物质与环境条件和客观规律方面的限制造成的。例如,一个工程建筑项目只有建成地基之后才能建造上层部分,这是客观规律的要求,即必然的依存关系。因此,项目活动之间的必然依存关系也被称为项目活动排序中的"硬逻辑"关系,是一种不可违背的先后顺序逻辑关系,所以它也是项目活动排序的重要依据之一。

(4) 项目活动之间的人为依存关系

项目活动之间的人为依存关系是由项目管理人员人为规定的项目活动之间的关系,这种关系带有鲜明的人为性和主观性,所以它们也被称为项目活动顺序关系中的"软逻辑"关系,即这是一种可以由人们根据自己的主观意志去调整和安排的项目具体活动之间的关系。这种关系有时同样会限制一个项目的活动顺序安排,所以项目的管理者必须科学合理地确定这种人为依存关系,而不能够完全地随心所欲和为所欲为。

(5) 项目活动的外部依存关系

项目活动的外部依存关系是指在项目活动排序中需要考虑的外部环境和其他组织要求的各种项目活动依存关系。因为一个项目的活动是处于一定的社会经济环境下,而且项目实施中的很多项目活动需要由其他的项目实施组织或项目团队去完成,所以在项目活动排序中还必须考虑各种外部的依存关系。例如,一个建筑项目的选址确定,需要由政府组织部门作环境影响评估和需要获得政府的审批,否则就不能够开展项目下一步的活动。

(6) 项目活动的约束条件

项目活动的约束条件是指项目活动所面临的各种资源与环境条件的限制因素。这既包括对于人力资源、物力资源和财力资源的限制和约束,也包括经济环境、法律环境和社会环境对于项目的限制和制约,这些都会对项目活动的排序造成影响和限制。例如,在没有资源限制的情况下,两种项目活动就可以同时开展;但是在具有资源限制的条件下,两种项目活动就只能够依次进行了。

(7) 项目活动的假设前提条件

项目活动的假设前提条件是对项目活动所涉及的一些不确定性条件的人为假设认定,这是为了开展计划安排工作所必须要作出的假设认定。项目活动的假设前提条件同样会直接影响项目活动的排序,而且不同的假设前提条件会要求有完全不同的项目活动和项目活动顺序。例如,假设施工期间会下雨,则浇筑混凝土的活动就无法开展而需要向后推迟;反之,如果施工期间不下雨,浇筑混凝土的项目活动就可以开展。

3) 项目活动排序的方法

项目活动排序工作就是根据上述项目活动之间的各种依存关系、项目活动清单和项目产出物的描述,以及项目的各种约束和假设前提条件,通过反复的试验和优化,编排出项目活动之间顺序的一项管理工作。通过项目活动排序确定出的项目活动关系,可以使用网络图或文字描述等方式给出。通常计划安排和描述项目活动顺序的主要方法有下述几种:

(1) 紧前关系绘图法(单代号网络图法)

顺序图法(Precedence Diagramming Method,PDM)也称节点网络图法(Activity-on-Node,AON),这是一种通过编制项目网络图而给出项目活动顺序安排的方法,这一方法使用节点表示某一项目活动,使用节点之间的箭线表示项目活动之间的相互关系。图 6-6 就是一份使用顺序图法给出的一个关于简单项目活动排序结果的节点网络图。这种项目活动排序和描述的方法是大多数项目管理中所使用的方法。这种方法既可以使用人工绘制的方法,也可以使用计算机软件系统实现。

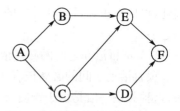

图 6-6 用顺序图法绘制的网络图

(2) 箭线图法

箭线图法(Arrow Diagramming Method,ADM)也是一种安排和描述项目活动顺序的网络图方法,只是这一方法使用箭线代表项目活动,使用节点代表项目活动之间的相互关系。图 6-7 给出的就是使用箭线图法绘制的原由图 6-6(顺序图法)给出的项目网络图。由图中可以看出,箭线图法比顺序图法

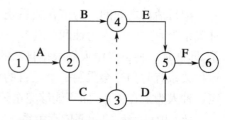

图 6-7 用箭线图法绘制的网络图

要复杂一些,但是在一些专门应用领域的项目中,它仍不失为一项可供选择的项目活动顺序安排与描述的方法。在箭线图法中,因为通常只有描述项目活动之间的结束—开始的关系,所以当需要给出项目活动的其他逻辑关系时,就需要借用"虚活动"来描述了。箭线图法同样既可以由人工完成,也可以使用计算机及其专用软件系统完成。

(3) 网络模板法

在某些情况下,一个项目实施组织可能给不同的客户做相似的项目,此时新项目的许多活动及其顺序关系可能都包含在某个以前曾经完成的项目的活动网络图中,所以人们可以使用过去已完成项目的网络图作为编制新项目网络图的模板,通过根据新项目的要求而增删一些项目活动去修订这种网络模板,从而获得新项目的活动网络图。这种网络模板法有助于尽快生成一个新项目的活动网络图,它可以用于对整个项目或项目某个阶段的活动进行排序。在有些情况下,这种网络模板法是非常有效的。例如,安居工程的民用住宅建设项目就可以使用网络模板法,不断地构筑新项目的网络图。

6.2.3 项目活动工期估算

1) 项目活动工期估算的概念

项目活动工期估算是对已确定的项目活动所做的工期(或时间)可能长度的估算工作,这包括对每项独立的项目活动的时间估算和对于整个项目工期的估算。这项工作通常是由项目团队中对项目各种活动比较熟悉的项目计划人员完成的;有时也可以由计算机项目管理信息系统给出估算,再由专家审查确认这种估算。对一个项目活动所需时间的估算,通常要考虑项目活动的作业时间、必要的休息时间、客观条件延误的时间(如,在浇筑混凝土活动中应该考虑浇筑时间、养生时间、因下雨和公休而延误的时间等)和各种提前及滞后的时间要求。通常,在输入各种项目计划参数之后,绝大多数项目计划管理软件都能够处理这类项目时间估算问题。

2) 项目活动工期估算的主要依据

在项目活动工期估算中使用的主要依据和数据有如下几个方面:

(1) 项目活动清单

项目活动清单是在项目活动分解与界定阶段得到的一份项目所需开展活动的表列文件。项目活动清单开列出了项目所需开展的全部活动,它是在对项目工作分解结构的进一步细化和具体化而得到的一种项目计划管理工作的文件。

(2) 项目活动的约束条件和假设前提条件

这是指项目活动在工期估算方面所应依据的各种约束条件和假设前提条件。其中,约束条件是指项目活动开展中面临的各种限制因素;假设前提条件是指项目活动开展中各种可能发生的情况。在项目活动工期估算中,人们必须全面考虑确定性的项目约束条件和不确定性的项目假设前提条件。

(3) 项目所需资源的数量和质量要求

绝大多数项目活动工期的长短受项目所需资源和所能得到资源的数量和质量的制约。例如,需要两个人工作一整天的项目活动,如果只有一个人作业就需要两天时间;而一项活动需要两个五级技工工作两天,但是只有三级工的资源可能就需要更长的工期了。一般情况下,项目所需资源数量和质量的多少是决定项目活动工期长短的最重要的参数之一。

(4) 历史信息

在估算和确定项目活动工期的过程中,还必须参考有关项目活动工期的一些历史信息。这类信息包括:相似项目的实际项目活动工期文件、商业性项目工期估算数据库(一些商业管理咨询公司收集的同类项目历史信息)资料、项目团队成员掌握的有关项目工期估算的知识和经验等。

3) 项目活动工期估算的方法

项目活动工期估算的主要方法包括下述几种:

(1) 专家评估法

专家评估法是由项目时间管理专家运用他们的经验和专长对项目活动工期作出估计和评价的方法。由于项目活动工期受许多因素的影响,所以在使用其他方法估算和推理有困难时就必须依赖专家的经验,因此专家评估法在很多情况下是十分有效的。

(2) 类比法

类比法是以过去相似项目活动的实际活动工期为基础。通过类比的办法估算出新项目活动工期的一种方法。当一个新项目活动工期方面的信息有限时,多数时间可以使用这种方法。但是这种方法的结果比较粗略,所以一般仅用于最初的项目活动工期估算。

(3) 模拟法

模拟法是以一定的假设条件和数据为前提,运用仿真的办法去进行项目活动工期估算的一种方法。常见的这类方法有蒙特卡罗模拟、三角模拟等。这种方法既可以用来确定每项项目活动工期的统计分布,也可以用来确定整个项目工期的统计分布。其中,三角模拟法相对比较简单,具体做法如下:

① 单项活动的工期估算

对于活动持续时间不确定的项目活动,可以通过仿真模拟给出一个项目活动的三个仿真模拟估计的时间,即乐观时间 t_o(这是在非常顺利的情况下完成某项活动所需的时间)、最可能时间 t_m(这是在正常情况下完成某活动最经常出现的时间)、悲观时间 t_p(这是在最不利情况下完成某项活动的时间)以及这三种项目活动时间所对应的发生概率。然后,使用这三个时间估计就能确定出每项活动的期望(平均数或折中值)工期了。按照项目计划评审方法(Project Evaluation and Review Technique,PERT)计算项目活动工期期望值公式:

$$t = \frac{t_o + 4t_m + t_p}{6}$$

例如,假定模拟仿真得到一项活动的乐观时间 t_o 为一周,最可能的时间是 t_m 为 5 周,悲观时间 t_p 是 15 周,按照项目计划评审方法计算项目活动工期期望值公式:

$$t = \frac{t_o + 4t_m + t_p}{6} = \frac{1 + 4 \times 5 + 15}{6} = 6 \text{ 周}$$

② 总工期期望值的计算方法

在项目的实施过程中,一些项目活动所实际花费的时间会比它们的期望工期少,而另一些项目活动实际花费的时间会比它们的期望工期多。所以对于整个项目的全部活动工期而言,这些实际多于期望工期和少于期望工期的项目活动时间有很大一部分是可以相互抵消的。因此所有期望工期与实际工期之间的净总差额值是符合正态概率分布规律的。这意味着,在项目活动排序给出的项目网络图中,工期最长的活动路径(关键路径)上的所有活动的总体概率分布符合正态分布规律,因此项目总工期估算的期望值等于各项活动期望工期之和,方差等于各项活动的方差之和,据此就可以确定出项目总工期的期望值了。但是在多数情况下,按照 PERT 方法可以直接通过计算项目各项活动的期望值之和来获得项目的总工期。

6.2.4 工期计划的表达方式

1) 横道图的形式

横道图是一种最直观的工期计划方法。它又被称为甘特图,在工程中广泛应用,并受到普遍欢迎。

横道图的基本形式如图 6-8 所示。它以横坐标表示时间,工程活动在图的左侧纵向排列,以活动所对应的横道位置表示活动的起始时间,横道的长短表示持续时间的长短。它实质上是图和表的结合形式。

工作名称	持续时间	进度计划(周)														
		1	2	3	4	5	6	7	8	9	10	11	12	13	14	15	16
挖土方	6																
做垫层	3																
支模板	4																
绑钢筋	5																
混凝土	4																
回填土	5																

图 6-8 横道图计划

(1) 横道图的优点

① 能够清楚地表达活动的开始时间、结束时间和持续时间。

② 使用方便,制作简单。

③ 不仅能够安排工期,而且可以与劳动力计划、资源计划、资金计划相结合。

(2) 横道图的缺点

① 很难表达工程活动之间的逻辑关系,即工程活动之间的前后顺序及搭接关系不能确定。如果因一个活动提前或推迟,或延长持续时间,会影响的哪些活动同样也表达不出。

② 不能表示活动的重要性,如哪些活动是关键的,哪些活动有推迟或拖延的余地,及余地的大小。

③ 横道图上所能表达的信息量较少。

④ 不能用计算机处理,即对一个复杂的工程不能进行工期计算,更不能进行工期方案的优化。

(3) 适用范围

由于横道图的优缺点,就决定了它既有广泛的应用范围和很强的生命力,同时又有局限性。

① 可直接用于一些简单的小项目。由于活动较少,可以直接用它排工期计划。

② 项目初期由于尚没有作详细的项目结构分解,工程活动之间复杂的逻辑关系尚未分析出来,一般人们都用横道图作总体计划。

③ 上层管理者一般仅需了解总体计划,故都用横道图表示。

④ 作为网络分析的输出结果。现在几乎所有的网络分析程序都有横道图的输出功能,而且被广泛使用。

在现代各种计划方法中,如各种网络图、速度图、线路图等都可以与横道图互换。

2) 线形图

线形图与横道图的形式很相近。它有许多种形式,如"时间—距离"图,"时间—效率"图等,它们都是以二维平面上的线(直线、折线或曲线)的形式表示工程的进度。它和横道图有相似的特点。

3) 网络计划方法

网络计划有广泛的适用性。除极少数情况外,它是最理想的工期计划方法和工期控制方法。与横道图相比,它有如下特点:

(1) 网络所表达的不仅仅是项目的工期计划,而且它实质上表示了项目活动的流程图。网络的使用能使项目管理者对项目过程有富于逻辑性的、系统的、通盘的考虑。

(2) 通过网络分析,能够给人们提供丰富的信息,例如最早开始时间、最迟开始时间、时差。

(3) 可以十分方便地进行工期和资源的优化。

(4) 给各层管理者以十分清晰的关键线路的概念。这对于计划的调整和实施控制是非常重要的。

由于网络计划方法有普遍的适应性,特别对复杂的大型项目更显示出它的优越性,因此它是现代项目管理中被人们普遍采用的计划方法。当然,网络的绘制、分析和使用比较复杂,需要计算机作为分析工具。

6.2.5　网络计划技术概述

网络计划技术是一门科学管理技术,具有逻辑严密,主要矛盾突出,有利于计划的优化、调整和便于利用计算机的特点。因此,在工业、农业、国防和关系复杂的科学研究计划管理中都得到了广泛的应用。我国建筑企业自 20 世纪 60 年代开始应用这种方法来安排施工进度计划,在提高企业管理水平、缩短工期、提高劳动生产率和降低成本等方面都取得了显著效果。

为了使网络计划在管理中遵循统一的标准,做到要领一致,计算原理和表达方式统一,保证计划管理的科学性,建设部于 2015 年 11 月 1 日起施行《工程网络计划技术规程》(JGJ/T 121—2015)。

1) 网络计划技术基本原理

要说明网络计划技术,首先要了解网络图。网络图是一种表示整个计划(施工计划)中各项工作的先后次序和所需时间的网状图形。它由若干个带箭头的箭线、节点和线路组成。

网络图按画图符号和表达方式不同可分为单代号网络图、双代号网络图、时标网络图和搭接网络图等。

(1) 单代号网络图

以一个节点代表一项工作(或一道工序、一个施工过程、一个施工段、一个分项工程),然后按照施工工艺的要求,将各节点用箭线联结成网状图,称单代号网络图。

(2) 双代号网络图

用两个节点和一根箭线代表一道工作(或一道工序、一个施工过程、一个流水段、一个分项工程),然后按照施工工艺要求联结而成的网状图,称双代号网络图。

(3) 时标网络图

时标网络图是在横道图的基础上引进网络图工作之间的逻辑关系而形成的一种网状图。它既克服了横道图不能显示各工序之间逻辑关系的缺点,又解决了一般网络图的时间表示不直观的问题。

在建筑工程计划管理中,可以将网络计划技术的基本原理归纳为:

① 把一项工程的全部建造过程分解为若干个分项工作,并按其开展顺序和相互制约、相互依赖的关系绘制出网络图。

② 进行该项工程网络图时间参数的计算,找出关键工作和关键线路。

③ 利用最优化原理,改进初始方案,寻求最优网络计划方案。

④ 在网络计划执行过程中,进行有效的监督与控制,以最少的消耗获得最佳的经济效果。

2) 网络计划的优点

长期以来,建筑企业常用横道图编制施工进度计划。它具有编制简单、直观易懂和使用方便等优点,但其中各项施工活动之间的内在联系和相互依赖的关系不明确,关键线路和关键工作无法表达,不便于调整和优化。随着管理科学的发展,计算机在建筑施工中的应用不断扩大,网络计划得到了进一步普及和发展。其主要优点为:

(1) 能明确地反映各施工过程之间的逻辑关系,使各个施工过程组成一个有机整体。

(2) 能在错综复杂的计划中抓住关键工作。

(3) 利用计算机对复杂的计划进行计算、调整与优化,实现计划管理的科学化。

在建筑施工中,网络计划技术主要用于编制企业的生产计划和施工进度计划,并对计划进行调整、优化和控制,达到缩短工期、提高工效、降低成本、增加效益的目的。

3) 双代号网络计划

由于目前我国建筑工程表示施工进度计划用得较多的是双代号网络图,故本章着重介绍双代号网络图。

(1) 双代号网络图的表示方法

双代号网络图是由若干表示工作或工序(或施工过程)的箭线和节点组成,每一个工作或工序(或施工过程)都由一根箭线和两个节点表示,根据施工顺序和相互关系,将一项计划用上述符号从左向右绘制而成的网状图形,如图6-9所示。

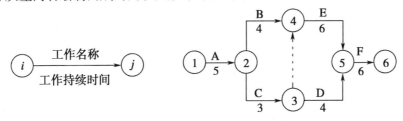

图 6-9 双代号网络表示方法及网络图

(2) 双代号网络图的构成要素

双代号网络图由箭线、节点、线路三个要素组成,其含义和特点介绍如下:

① 箭线

A. 在双代号网络图中,一根箭线表示一项工作(或工序、施工过程、活动等),如支模板、绑钢筋等。所包括的工作内容可大可小,既可以表示一项分部工程,又可以表示某一建筑物的全部施工过程(一个单位工程或一个工程项目),也可以表示某一分项工程等。

B. 每一项工作都要消耗一定的时间和资源。只要消耗一定时间的施工过程都可作为一项工作。各施工过程用实箭线表示。

C. 在双代号网络图中,为了正确表达施工过程的逻辑关系,有时必须使用一种虚箭线,如图 6-9 中的③→④。这种虚箭线没有工作名称,不占用时间,不消耗资源,只解决工作之间的连接问题,称为虚工作。虚工作在双代号网络计划中起施工过程之间逻辑连接或逻辑间断的作用。

D. 在一般双代号网络图中,箭线的长短不按比例绘制。即其长短不表示工作持续时间的长短。箭线在原则上是任意的,但为使图形整齐、醒目,一般应画成水平直线或垂直折线。

E. 双代号网络图中,就某一工作而言,紧靠其前面的工作称紧前工作,紧靠其后面的工作称紧后工作,该工作本身则称为本工作,与之平行的工作称为平行工作。

② 节点

网络图中表示工作或工序开始、结束或连接关系的圆圈称为节点。

节点只是一个"瞬间"概念,它既不消耗时间,也不消耗资源。节点表示前道工序的结束和后道工序的开始。如图 6-10 所示。

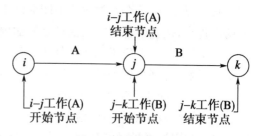

图 6-10 节点示意图

一项计划的网络图中的节点有开始节点、中间节点、结束节点三类。网络图的第一个节点为开始节点,表现为该节点前无内向箭线,仅节点后有外向箭线,表示一项计划的开始;网络图的最后一个节点称为结束节点或终点节点,表现为该节点仅节点前有内向箭线,而节点后无外向箭线,表示一项计划的结束;其余都称为中间节点,表现为该节点既在节点前有内向箭线,而节点后也有外向箭线,任何一个中间节点既是其紧前工作的结束节点,又是紧后工作的开始节点。如图 6-11 所示。

图 6-11 节点示意图

网络图中的每个节点都要编号。编号方法是:从开始点开始,从小到大,自左向右,从上到下,用阿拉伯数字表示。编号原则是:每一个箭尾节点的号码 i 必须小于箭头节点的号码 j(即 $i<j$),编号可连续,也可隔号不连续,但所有节点的编号不能重复。

③ 线路

从网络图的开始节点到结束节点,沿着箭线的指向所构成的若干条"通道"即为线路。

如图 6-9 中从开始①至结束⑥共有三条线路：①→②→④→⑤→⑥；①→②→③→⑤→⑥；①→②→③→④→⑤→⑥。其中时间之和最大者称为"关键线路"，即①→②→④→⑤→⑥，工期为 21 天。关键线路用粗箭线或双箭线标出，以区别于其他非关键线路。在一项网络计划中至少会有一条关键线路，有时会出现几条关键线路。关键线路在一定条件下会发生变化，关键线路可能会转变成为非关键线路，而非关键线路也可能转化为关键线路。

（3）双代号网络图的绘制

网络计划必须通过网络图来反映，网络图的绘制是网络计划技术的基础。要正确绘制网络图，就必须正确地反映网络图的逻辑关系，遵守绘图的基本规则。

① 网络图的各种逻辑关系及其正确的表示方法

网络图的逻辑关系是指工作中客观存在的一种先后顺序关系和施工组织要求的相互制约、相互依赖的关系。在表示建筑施工计划的网络图中，这种顺序可分为两大类：一类是反映施工工艺的关系，称工艺逻辑，工艺逻辑是由施工工艺所决定的各个施工过程之间客观存在的先后顺序关系，其顺序一般是固定的，有的是绝对不能颠倒的。另一类是反映施工组织上的关系，称为组织逻辑。组织逻辑是在施工组织安排中，综合考虑各种因素，在各施工过程之间主观安排的先后顺序关系。这种关系不受施工工艺的限制，不由工程性质本身决定，在保证施工质量、安全和工期等前提下，可以人为安排。

在网络图中，各工序之间在逻辑关系上的关系是变化多端的。表 6-1 中所列的是双代号网络图与单代号网络图中常见的一些逻辑关系及其表示方法，工序名称均以字母表示。

表 6-1 网络中常见的逻辑关系

序号	各工作之间的逻辑关系	双代号表示方法	单代号表示方法
1	A 完成后同时进行 B、C	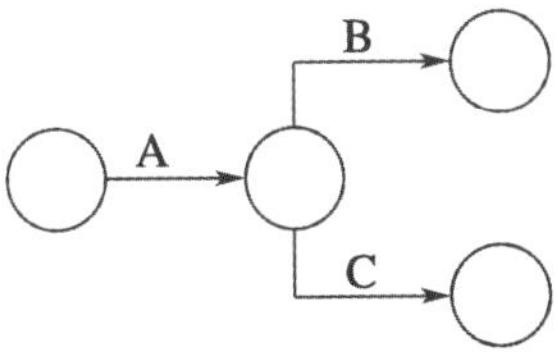	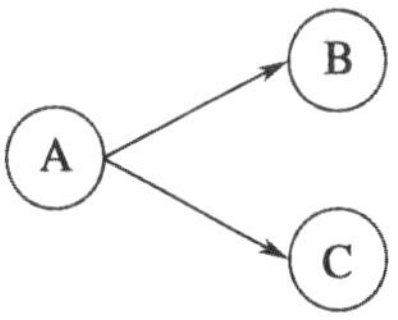
2	A、B 完成后均进行 C	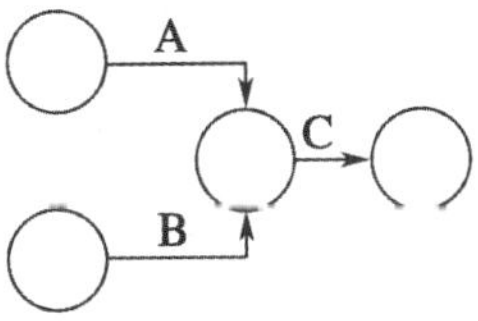	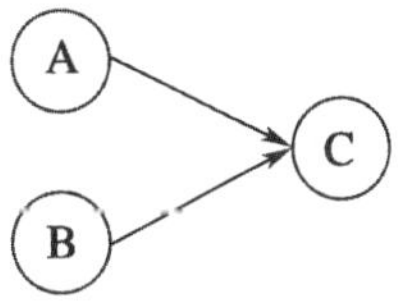
3	A、B 均完成后同时进行 C、D	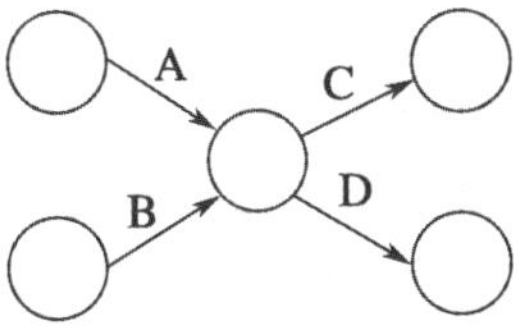	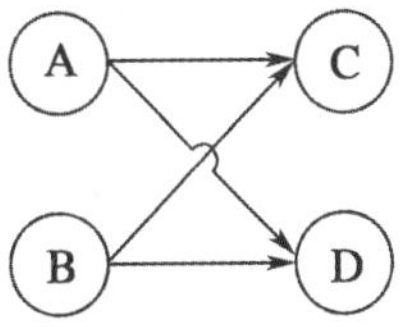

续表 6-1

序号	各工作之间的逻辑关系	双代号表示方法	单代号表示方法
4	A 完成后进行 C，A、B 均完成后进行 D	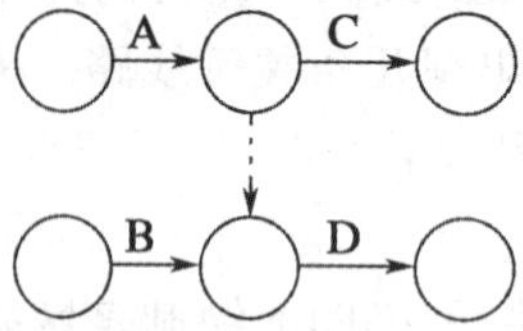	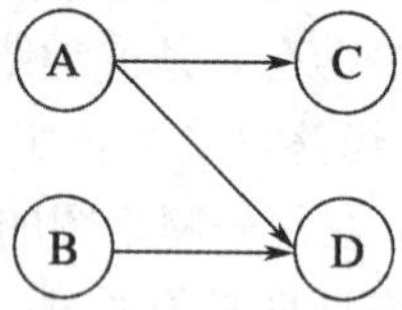
5	A、B 均完成后进行 D，A、B、C 均完成后进行 E	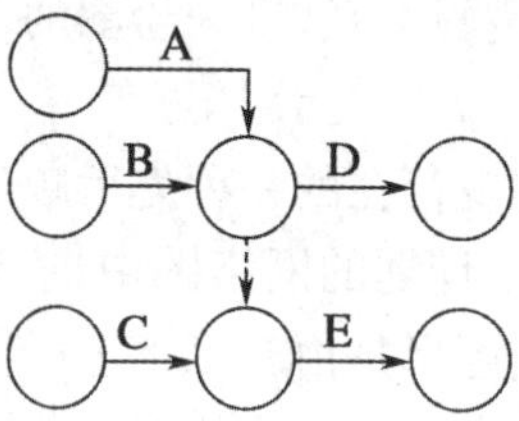	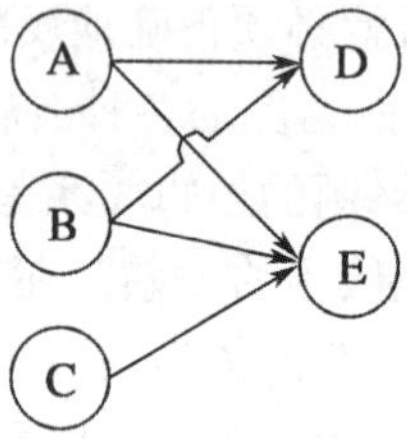
6	A、B 均完成后进行 D；B、C 均完成后进行 E	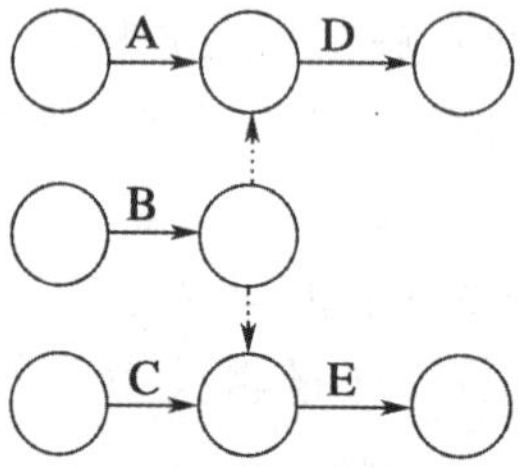	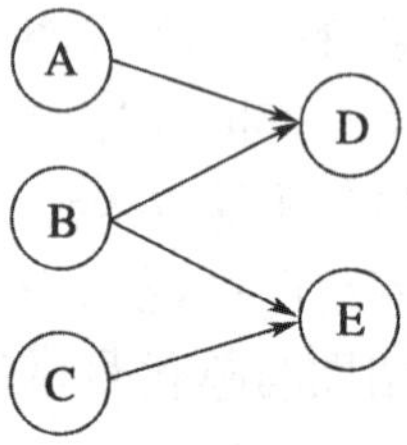
7	A、B、C 均完成后进行 D；B、C 均完成后进行 E	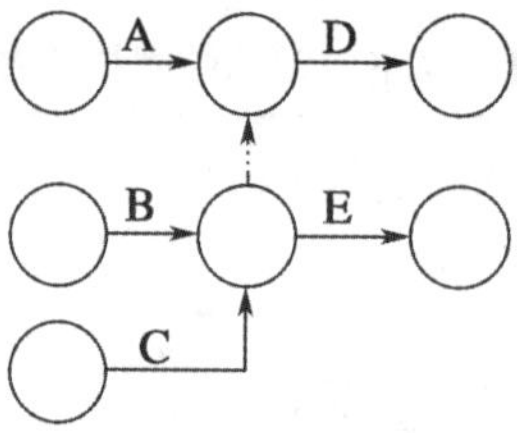	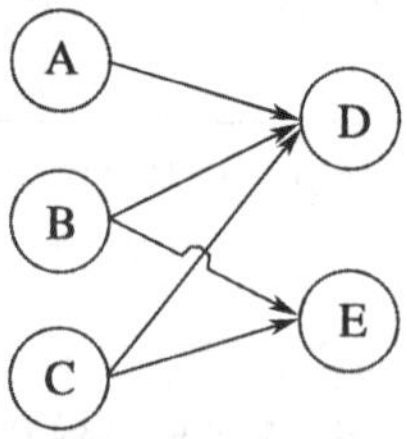
8	A 完成后进行 C；B 完成后进行 D；A、B 均完成后进行 E	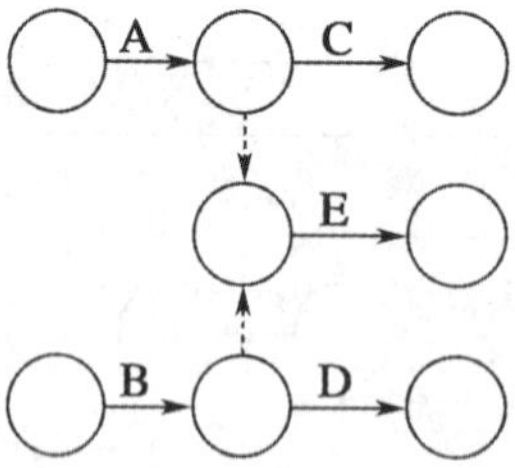	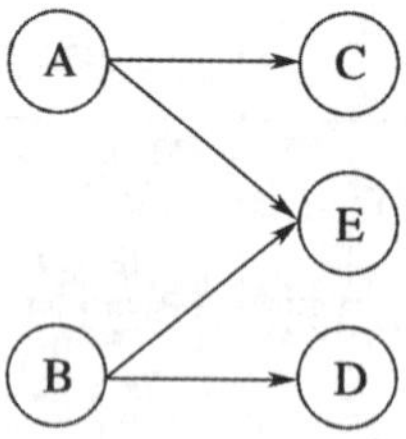

② 双代号网络图绘制规则

A. 网络图必须能正确表示各工序的逻辑关系。

B. 一张网络图中，起点节点和终点节点应是唯一的，即只允许有一个起点节点和一个终点节点。

C. 同一计划网络图中不允许出现编号相同的箭线，如图 6-12(a) 所示，正确的表达方法如图(b)所示。

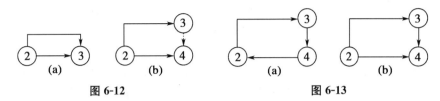

图 6-12　　　　　　　　　图 6-13

D. 网络图中不允许出现闭合回路。如图 6-13(a)出现从某节点开始经过其他节点又回到原节点是错误的,正确的如图(b)所示。

E. 网络图中严禁出现双向箭头和无箭头的连线。图 6-14 为错误的表示方法。

图 6-14

F. 严禁在网络图中出现没有箭尾节点或箭头节点的箭线。如图 6-15 所示。

图 6-15

G. 箭尾节点的编号应当小于箭头节点的编号,以防止出现闭合回路或逆向箭线。

H. 当网络图中不可避免地出现箭线交叉时,应采用过桥法或断线法来表示。过桥法及断线法的表示如图 6-16 所示。

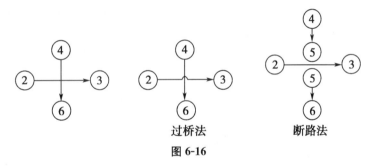

图 6-16

I. 当网络图的开始节点有多条外向箭线或结束节点有多条内向箭线时,为使图形简洁,可用母线法表示。如图 6-17 所示。

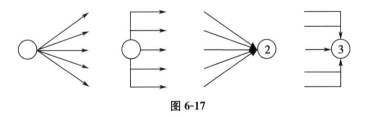

图 6-17

(4) 双代号网络图绘制方法和步骤

① 绘制方法

一般利用计算机进行网络分析,人们仅需将工程活动的逻辑关系输入计算机。计算机可以自动绘制网络图,并进行网络分析。但有些小的项目或一些子网络需要人工绘制和分析。

在双代号网络的绘制过程中有效且灵活地使用虚箭线是十分重要的。双代号网络的绘制容易出现逻辑关系的错误,防止错误的关键是正确使用虚箭线。一般先按照某个活动的紧前活动关系多加虚箭线,以防止出错。待将所有的活动画完后再进行图形整理,将多余的虚箭杆去除。通常当一个工程活动(实箭线)的紧前或紧后仅有一根虚箭杆时,该虚箭线就可以删除。

② 双代号网络图绘制步骤

A. 收集整理有关资料,根据已知的紧前工作确定出紧后工作或根据已知的紧后工作确定出紧前工作。

B. 绘制草图。

C. 检查逻辑关系是否正确,是否符合绘图规则。

D. 整理、完善网络图,使其条理清楚、层次分明。

E. 对节点进行编号。

③ 绘图方法和技巧

A. 绘制没有紧前工作的工作,使它们具有相同的开始节点,即起始节点。

B. 绘制没有紧后工作的工作,使它们具有相同的结束节点,即终点节点。

C. 当所绘制的工作只有一个紧前工作时,将该工作直接画在其紧前工作的结束节点之后。

D. 当所绘制的工作有多个紧前工作时,按以下四种情况分别考虑:

a. 如果在其紧前工作中存在一项只作为本工作紧前工作的工作,则将本工作直接画在该紧前工作结束节点之后。

b. 如果在其紧前工作中存在多项只作为本工作紧前工作的工作,先将这些紧前工作的结束节点合并,再从合并后的节点开始,画出本工作。

c. 如果其所有紧前工作都同时作为其他工作的紧前工作,先将它们的完成节点合并后,再从合并后的节点开始,画出本工作。

d. 如果不存在上述情况,则将本工作箭线单独画在其紧前工作箭线之后的中部,然后用虚工作将紧前工作与本工作相连。

【例 6-1】 已知某网络图的资料如表 6-3 所示,试绘制其双代号网络图。

表 6-3

工作	A	B	C	D	E	F	G	H	I	J
紧前工作	—	A	A	A	B	B,C	C	E,F	D、GF	I、H

首先整理资料,根据题目中的紧前工作找出紧后工作。

表 6-4

工作	A	B	C	D	E	F	G	H	I	J
紧前工作	—	A	A	A	B	BC	C	EF	DGF	IH
紧后工作	BCD	EF	FG	I	H	HI	I	J	J	—

从整理的资料中,找出开始工作为 A 工作,结束工作为 J 工作。

根据绘图方法和技巧画双代号网络图,如 B 的紧后工作有 E、F,E 的紧前工作只有 B,则 F 的紧前工作有 B 和 C,因此,E 就直接画在 B 后面,同理 G 应当画在 C 后面,最后画出草图,如图 6-18 所示。

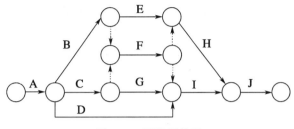

图 6-18 网络图草图

最后进行整理编号如图 6-19 所示。

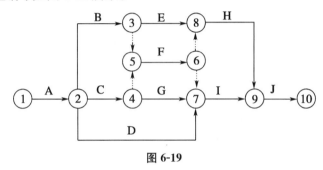

图 6-19

（5）双代号网络图的计算

网络图的计算主要是确定网络图各工作和节点的时间参数,从而确定各项工作和整个网络计划的完成时间,找出关键工作和关键线路,以此作为网络计划执行、实施、调整和优化的依据。网络图计算的时间参数分为工期参数、工作的时间参数和工作的时差三种,如表 6-5 所示。

表 6-5 双代号网络图各时间参数

参数	名称	符号	定义
工期	计算工期	T_c	根据网络计划时间参数计算得出的工期
	要求工期	T_r	要求工期是任务委托人提出的指令性工期
	计划工期	T_p	根据要求工期和计算工期所确定的作为实施的工期
工作时间参数	最早开始时间	ES_{ij}	指在其所有的紧前工作全部完成后,本工作可能开始的最早时刻
	最早完成时间	EF_{ij}	指在其所有的紧前工作全部完成后,本工作可能完成的最早时刻
	最迟开始时间	LS_{ij}	在不影响整个任务按期完成的前提下,工作必须开始的最迟时刻
	最迟完成时间	LF_{ij}	在不影响整个任务按期完成的前提下,工作必须完成的最迟时刻
工作时差参数	总时差	TF_{ij}	在不影响总工期的前提下,本工作可以利用的机动时间
	自由时差	FF_{ij}	在不影响其紧后工作最早时间的前提下,本工作可以利用的机动时间

① 时间参数表达方式及计算方法

双代号网络时间参数有两种计算方法：图上计算法和表格计算法。对不太复杂的网络一般采用图上计算法,即直接在网络图上将各时间参数表示出来,如图 6-20 所示。

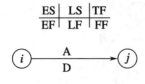

A: 工序名称;D: 工序持续时间
ES: 工序最早开始时间;
EF: 工序最早完成时间;
LS: 工序最迟开始时间;
LF: 工序最迟完成时间;
TF: 工序总时差;
FF: 工序自由时差

图 6-20　时间参数表达方式

A. 活动的最早开始时间(ES)和最早结束时间(EF)

最早开始时间是指活动最早可能开始的时间,它等于代表该活动的箭线的箭尾为结点的最早开始时间。

最早结束时间是指活动最早可能结束的时间,它等于活动最早开始时间加上该活动的作业时间。

最早开始时间和最早结束时间参数,应当从起始节点开始,逐步向后计算。

对于起始工序, $ES_{ij} = 0, EF_{ij} = ES_{ij} + D_{ij}$

对于其他工序,分为两种情况:

第一,当本工序仅一道紧前工序时,

$$ES_{jk} = EF_{ij} = ES_{ij} + D_{ij}, EF_{jk} = ES_{jk} + D_{jk}$$

第二,当本工序有两道以上紧前工序时,

$$ES_{jk} = \max\{EF_{ij}\} = \max\{ES_{ij} + D_{ij}\}, EF_{jk} = ES_{jk} + D_{jk}$$

B. 活动的最迟结束时间(LF)和最迟开始时间(LS)

最迟结束时间是指为保证工程按期完工的活动最迟必须完成的时间。它等于代表该活动的箭线的箭头结点的最迟结束时间。

最迟开始时间是指活动最迟必须开始的时间,它等于活动的最迟结束时间和活动的作业时间的差。

最迟结束时间和最迟开始时间参数的计算,应当从终点节点开始,反结点编号顺序逐渐向前计算。

对于终点工序, $LF_{ij} = T_p, LS_{ij} = LF_{ij} - D_{ij}$

对于其他工序,可分为两种情况:

第一,当本工序仅一道紧后工序时,

$$LF_{ij} = LS_{jk} = LF_{jk} - D_{jk}, LS_{ij} = LF_{ij} - D_{ij}$$

第二,当本工序有两道以上紧后工序时,

$$LF_{ij} = \min\{LS_{jk}\} = \min\{LF_{jk} - D_{jk}\}, LS_{ij} = LF_{ij} - D_{ij}$$

C. 工作总时差(TF)

总时差是指在不影响总工期的前提下,本工作可以利用的机动时间,工作 $i-j$ 的总时

差用 TF_{i-j} 表示：

$$TF_{ij} = LS_{ij} - ES_{ij} = LF_{ij} - EF_{ij}$$

D. 自由时差（FF）

自由时差是指在不影响紧后工作最早时间的前提下，本工作可以利用的机动时间。工作 $i-j$ 的自由时差用 FF_{ij} 表示。

$$FF_{ij} = ES_{jk} - EF_{ij}$$

② 关键线路和非关键线路

线路上总的工作持续时间最长的线路称为关键线路，关键线路即由总时差为 0 的活动所组成的线路。关键线路上的活动的持续时间和搭接时距时间决定着总工期。位于关键线路上的工作称为关键工作或关键活动。关键工作完成快慢直接影响整个计划工期的实现。由于总时差为 0，这些活动持续时间延长或缩短，开始、结束时间的提前或推迟，都必然会影响总工期。

关键线路是项目的工程活动最重要的集合线，必须按这条线组织项目实施活动，在时间上、资源上予以特殊的保证，在工期控制中予以特别的重视。所以在计划中，它们要被特别地标出。

网络图中，其余线路称为非关键线路。这些活动存在一定的时差，即开始期和结束期有一定的回旋余地。这些活动在不影响总工期（或其他活动）的情况下，持续时间可在一定范围（时差值）内延长，开始时间可以推迟。

时差是项目赋予计划者的机动余地，利用时差可以调整人力和资源的使用高峰，使施工过程比较均衡。通常在计划时非关键活动的工期按最早时间安排。

[例 6-2] 根据表 6-6 中逻辑关系，绘制双代号网络图，并采用工作计算法计算各工作的时间参数。

表 6-6

工作	A	B	C	D	E	F	G	H	I	J
紧前工作	—	A	A	A	B	BC	C	EF	DGF	IH
持续时间	3	3	5	6	4	4	5	2	3	2

计算结果如图 6-21 所示。

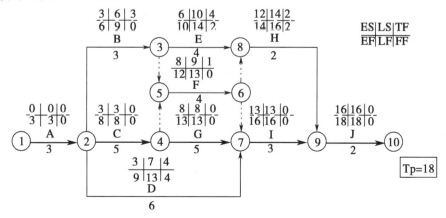

图 6-21 双代号网络计划时间参数计算

根据计算结果，我们可以找出关键线路为①→②→④→⑦→⑨→⑩，关键线路上的工作为关键工作，则 A、C、G、I 和 J 为关键工作。

具体计算过程如下：

① 活动的最早开始时间（ES）和最早结束时间（EF）

$$ES_{12} = 0, EF_{12} = ES_{12} + D_{12} = 0 + 3 = 3,$$

$$ES_{23} = EF_{12} = 3, EF_{23} = ES_{23} + D_{23} = 3 + 3 = 6,$$

$$ES_{24} = EF_{12} = 3, EF_{24} = ES_{24} + D_{24} = 3 + 5 = 8,$$

$$ES_{27} = EF_{12} = 3, EF_{27} = ES_{27} + D_{27} = 3 + 6 = 9,$$

$$ES_{38} = EF_{23} = 6, EF_{38} = ES_{38} + D_{38} = 6 + 4 = 10,$$

$$ES_{47} = EF_{24} = 8, EF_{47} = ES_{47} + D_{47} = 8 + 5 = 13,$$

$$ES_{56} = \max\{EF_{23}, EF_{24}\} = \max\{6, 8\} = 8, EF_{56} = ES_{56} + D_{56} = 8 + 4 = 12,$$

$$ES_{79} = \max\{EF_{27}, EF_{47}, EF_{56}\} = \max\{9, 13, 12\} = 13, EF_{79} = ES_{79} + D_{79} = 13 + 3 = 16,$$

$$ES_{89} = \max\{EF_{38}, EF_{56}\} = \max\{10, 12\} = 12, EF_{89} = ES_{89} + D_{89} = 12 + 2 = 14,$$

$$ES_{910} = \max\{EF_{79}, EF_{89}\} = \max\{16, 14\} = 16, EF_{910} = ES_{910} + D_{910} = 16 + 2 = 18。$$

② 活动的最迟结束时间（LF）和最迟开始时间（LS）

它从网络图的终点事项开始，反结点编号顺序计算。

$$LF_{910} = Tp = 18, LS_{910} = LF_{910} - D_{910} = 18 - 2 = 16,$$

$$LF_{79} = LS_{910} = 16, LS_{79} = LF_{79} - D_{79} = 16 - 3 = 13,$$

$$LF_{89} = LS_{910} = 16, LS_{89} = LF_{89} - D_{89} = 16 - 2 = 14,$$

$$LF_{47} = LS_{79} = 13, LS_{47} = LF_{47} - D_{47} = 13 - 5 = 8,$$

$$LF_{27} = LS_{79} = 13, LS_{27} = LF_{27} - D_{27} = 13 - 6 = 7,$$

$$LF_{38} = LS_{89} = 14, LS_{38} = LF_{38} - D_{38} = 14 - 4 = 10,$$

$$LF_{56} = \min\{LS_{79}, LS_{89}\} = \min\{13, 14\} = 13, LS_{56} = LF_{56} - D_{56} = 13 - 4 = 9,$$

$$LF_{24} = \min\{LS_{47}, LS_{56}\} = \min\{8, 9\} = 8, LS_{24} = LF_{24} - D_{24} = 8 - 5 = 3,$$

$$LF_{23} = \min\{LS_{38}, LS_{56}\} = \min\{10, 9\} = 9, LS_{23} = LF_{23} - D_{23} = 9 - 3 = 6,$$

$$LF_{12} = \min\{LS_{23}, LS_{24}, LS_{27}\} = \min\{6, 3, 7\} = 3, LS_{12} = LF_{12} - D_{12} = 3 - 3 = 0。$$

③ 总时差

$$TF_{12} = LS_{12} - ES_{12} = 0 - 0 = 0, 同理, TF_{24} = TF_{47} = TF_{79} = TF_{910} = 0,$$

$$TF_{23} = 3, TF_{38} = 4, TF_{89} = 2, TF_{56} = 1, TF_{27} = 4。$$

④ 自由时差

$$FF_{12} = ES_{24} - EF_{12} = 3-3 = 0,同理,$$

$$FF_{23} = FF_{24} = FF_{47} = FF_{567} = FF_{79} = FF_{910} = 0,$$

$$FF_{38} = 2, FF_{89} = 2, FF_{27} = 4。$$

4) 单代号网络图

单代号的基本形式如图 6-22 所示,节点用圆圈或方框表示,一个节点表示一项具体的工作。箭线只表示工作之间的相互关系。箭线的箭头方向表示工作的前进方向。一项工作只能有一个代号。

图 6-22 单代号网络图表示方法

(1) 绘制单代号的基本准则

单代号网络图的绘图规则与双代号网络图的绘图规则基本相同,主要区别在于:当网络图中有多项开始工作时,应增设一项虚拟的工作 S(Start),作为该网络图的起点节点;当网络图中有多项结束工作时,应增设一项虚拟的工作 Fin(Final),作为该网络图的终点节点。如图 6-23 所示。除此之外,单代号中不需要也不应该出现虚工作。

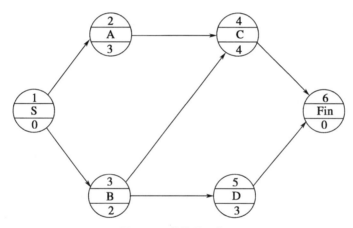

图 6-23 单代号网络图

(2) 绘制单代号网络图的方法

单代号网络图的绘图方法与双代号网络图的绘图方法相似,甚至更为容易。可按上述双代号网络图的绘制方法进行。

根据表 6-6 所示工程项目的活动及逻辑关系,绘制单代号网络计划如图 6-24 所示。

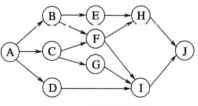

图 6-24 单代号网络图

(3) 单代号网络图计划参数的计算

单代号网络图的各个时间参数的意义及其计算公式、方法与双代号网络图基本相同。

单代号网络图图上计算示例参见图 6-25。计算结果及步骤与双代号网络图方法基本相同。

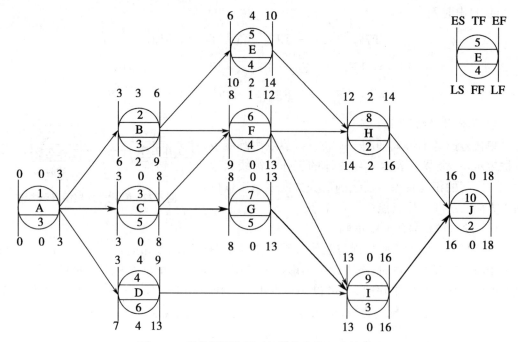

图 6-25 单代号网络图时间计算参数图上计算法

5) 单代号搭接网络

前面我们讲的单代号网络图是结束开始关系,即前面的工作完成后,后面的工作才开始 (FTS=0),单代号搭接网络图中活动之间存在各种形式的搭接关系(如 FTS、FTF、STS、STF)。单代号搭接网络图比较接近实际工程状况,存在着各种搭接关系,而不是单一的结束后才开始的关系。

单代号网络计划的计算步骤分为三步:早时间的计算、迟时间的计算、时差的计算。由于各项工作的搭接关系的缘故,单代号网络计划的计算可能要复杂一些。单代号搭接网络计划的计算过程及步骤与双代号网络计划、单代号搭接网络计划几乎相同,不同的是各项工作的时间参数计算一般要通过工作之间的搭接关系进行。所以要掌握单代号搭接网络图的计算应在熟悉前面所讲的网络图的计算内容与方法的基础上,弄清各种工作搭接关系的真正含义,而无须去机械记忆公式。

[例 6-3] 某工程单代号搭接网络计划中,工作 A 最早开始时间和最早完成时间分别为 8 天和 18 天,工作持续时间为 10 天,工作 A 和工作 B 之间的搭接关系 $STF_{AB}=2$,$FTF_{AB}=6$,两工作均要求连续作业,工作 B 的持续时间为 6 天,求工作 B 的最早开始时间和最早完成时间。

由于工作 A 和工作 B 之间存在双重逻辑关系,答案必须两个条件均需满足。

根据 $STF_{AB}=2$,因此工作 B 的最早开始时间为:$ES_B=ES_A+STF_{AB}=8+2=10$,即只要工作 A 开始两天后工作 B 就可以开始。

而根据 $FTF_{AB}=6$,工作 B 必须等到工作 A 完成 6 天后才能完成,因此,

$$EF_B=EF_A+FTF_{AB}=18+6=24, ES_B=EF_B-D_B=24-6=18$$

由于工作 B 要连续作业,因此,应当选择大值即 $ES_B=18$ 天。

图 6-26 为单代号搭接网络计划时间参数计算示例。

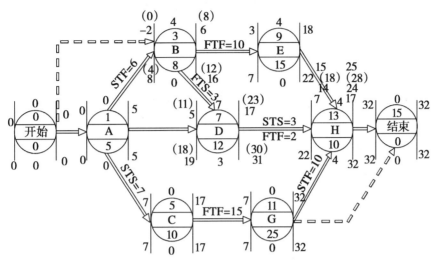

图 6-26 单代号搭接网络计划时间参数计算

6）时标网络图

（1）基本概念

时标网络计划是以时间坐标为尺度编制的网络计划。时标网络计划绘制在时标计划表上。时标的时间单位应根据需要，在编制网络计划之前确定，可以是小时、天、周、月或季度等。时间可标注在计划表顶部，也可以标注在底部，必要时还可以在顶部及底部同时标注。对于实际工程计划，应加注日历对应的时间。时标计划表中的刻度线宜采用细线。

时标网络图中工序工作时间一目了然、直观易懂，可直接看出网络图的时间参数。可在网络图的下面绘制资源需要量曲线，但修改、调整较麻烦。

在时标网络计划中，以实箭线表示工作，以虚箭线表示虚工作，以波形线表示工作的自由时差。当实箭线之后有波形线且其末端有垂直部分时，其垂直部分用实线绘制。虚工作必须以垂直方向的虚箭线表示，箭线不足部分加波形线连接。

时标网络计划一般是按照工序最早可能开始时间绘制带时标的网络图。

① 确定坐标线所代表的时间，绘于图的上方。

② 确定各工序最早可能开始时间的节点位置。

③ 将各工序的持续时间用实线沿起始节点后的水平方向绘出，其水平投影长度等于该工序的作业持续时间。

④ 用水平波形线把实线部分与该工序的完工节点连接起来，波线水平投影长度是该工序的自由时差。

⑤ 虚工作不占用时间，因此用虚箭线连接各相关节点以表示逻辑关系。

⑥ 把时差为零的箭线从开始节点到结束节点连接起来得到关键线路。

根据表 6-6 给出的逻辑关系，绘制出的双代号早时标网络图如图 6-27 所示。

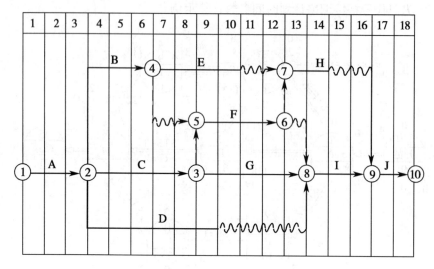

图 6-27 双代号早时标网络计划

6.3 工程项目资源计划

6.3.1 工程项目资源的种类

资源作为工程项目实施的基本要素，通常包括：

(1) 劳动力，包括劳动力总量，各专业、各种级别的劳动力，以及不同层次和职能的管理人员。

(2) 原材料和设备。它构成工程建筑的实体，例如常见的砂石、水泥、砌体材料、钢筋、木材、生产设备等。

(3) 周转材料，如模板、脚手材料、施工用工器具以及施工设备的备件、配件等。

(4) 项目施工所需的施工设备、临时设施和必需的后勤供应。施工设备，如塔吊、混凝土拌和设备、运输设备。临时设施，如施工用仓库、宿舍、办公室、工棚、厕所、现场施工用供排系统。

此外，还可能包括计算机软件、信息系统、服务、专利技术等，有时人们将资金也作为一种资源。

6.3.2 编制项目资源计划的步骤

资源计划应纳入项目的整体计划和组织系统中。资源计划包括如下过程：

(1) 在工程技术设计和施工方案的基础上确定资源的种类、质量、用量。这可由工作量和单位工作量资源消耗标准得到，然后逐步汇总得到整个项目的各种资源的总用量表。

(2) 资源供应情况调查和询价。即调查如何及从何处得到资源；供应商提供资源的能力、质量和稳定性；确定各个资源的单价，进而确定各种资源的费用。

(3) 确定各种资源使用的约束条件，包括总量限制，单位时间用量限制，供应条件和过程的限制。在安排计划时就必须考虑到可用资源的限制,这些约束条件由项目的环境条件或企业的资源总量和资源的分配政策决定。对特殊的进口资源,应考虑资源可用性、安全性、环境影响、国际关系、政府法规等。

(4) 在工期计划的基础上,确定资源使用计划,即资源投入量—时间关系直方图(表),确定各资源的使用时间和地点。在作此计划时假设它在活动时间上平均分配,从而得到单位时间的投入量(强度)。

(5) 确定各个资源的供应方案、各个供应环节,并确定它们的时间安排。如材料设备的仓储、运输、生产、订货、采购计划,人员的调遣、培训、招雇、解聘计划等。这些供应活动组成供应网络,在项目的实施过程中,它与工期网络计划互相对应,互相影响。

(6) 确定项目的后勤保障体系,如按上述计划确定现场的仓库、办公室、宿舍、工棚、汽车的数量及平面布置,确定现场的水电管网及布置。

6.3.3 资源计划方法

1) 劳动力计划

(1) 劳动力使用计划

劳动力使用计划是确定劳动力的需求量,是劳动力计划最主要的部分,它不仅决定劳动力招聘、培训计划,而且影响其他资源计划(如临时设施计划、后勤供应计划)。

① 确定各活动劳动量

在一个工程中,分项工作量一般是确定的,它可以通过图纸和规范的计算得到,而劳动效率的确定十分复杂。在建筑工程中劳动效率可以在《劳动定额》中查到。它代表社会平均先进的劳动效率。在实际应用时,必须考虑到具体情况,如环境、气候、地形、地质、工程特点、实施方案的特点、现场平面布置、劳动组合等,进行调整。

$$劳动力投入总劳动量 = \frac{工作量}{产量定额} = 工作量 \times 时间定额$$

② 确定各活动劳动力投入量

在确定每日班次及每班次劳动时间的情况下:

$$某活动劳动力投入量 = \frac{劳动力投入总劳动量}{班次 \times 活动持续时间}$$

这里假设在持续时间内,劳动力投入强度是相等的,而且劳动效率也是相等的。

这里有如下几个问题值得注意:

在上式中,工程量、劳动力投入量、持续时间、班次、劳动效率、每班工作时间之间存在一定的变量关系。在计划中它们经常是互相调节的。

现在工程经常安排混合班组承担一些工作包任务,则要考虑整体劳动效率。这里有时既要考虑到设备能力和材料供应能力的制约,又要考虑与其他班组工作的协调。

③ 确定整个项目劳动力投入曲线。

④ 现场其他人员的使用计划,包括为劳动力服务的人员(如医生、厨师、司机等),工地警卫、勤杂人员、工地管理人员等,可根据劳动力投入量计划按比例计算,或根据现场的实际需要安排。

(2) 劳动力的招聘、调遣、培训和解聘计划

为了保证劳动力的使用,在这之前必须进行招聘、调遣和培训工作,工程完工或暂时停工必须解聘或调到其他工地工作。这必须按照实际需要和环境等因素确定培训和调遣时间的长短,及早安排招聘,并签订劳务合同或工程的劳务分包合同。这些计划可以根据具体情况以及招聘、调遣和培训方案,由劳动力使用计划向前倒排,作出相应的计划安排。

3) 其他劳动力计划

作为一个完整的工程建设项目,劳动力计划常常还包括项目运行阶段的劳动力计划,包括项目运行操作人员、管理人员的招聘、调遣、培训的安排,如对新的项目、设备和工艺引进的项目常常还要将操作人员和管理人员送到国外培训。通常按照项目顺利、正常投入运行的要求,编排子网络计划,并由项目交付使用期向前安排。

2) 材料和设备供应计划

(1) 材料供应过程

① 作需求计划表,包括材料说明、数量、质量、规格,并作需求时间曲线。

② 对主要的供应活动做出安排。在施工进度计划的基础上,建立供应活动网络、装配网络。确定各供应活动时间安排,形成工期网络和供应子网络的互相联系、互相制约。

③ 市场调查。了解市场供应能力、供应条件、价格等,了解供应商名称、地址、联系人。有时直接向供应商询价。由于通常需求计划(即使用时间安排)是一定的,则必须以这个时间向前倒排作各项工作的时间安排。

④ 采购订货,通过合同的形式委托供应任务,以保证正常的供应。

⑤ 运输的安排。

⑥ 进场及各种检验工作。

⑦ 仓储等的安排。

(2) 设备供应过程

设备的供应比材料供应更为复杂:

① 生产设备通常成套供应的,有一个独立的系统,它不仅要求各部分内在质量高,而且要保证系统运行效率,达到预定的生产能力。

② 对设备供应有时要介入设备的生产过程,对生产过程质量进行控制,而材料一般仅在现场作材质检验。

③ 要求设备供应商辅助安装、作指导、协助解决安装中出现的问题。

④ 有时还要求设备供应商为用户培训操作人员。

⑤ 设备供应不仅包括设备系统,而且包括一定的零配件和辅助设备,还包括各种操作文件和设备生产的技术文件,以及软件,甚至包括运行的规章制度。

⑥ 设备在供应(或安装)后必须有一个保修期(缺陷责任期),供应方必须对设备运行中出现的由供应方责任造成的问题负责。

(3) 需求计划

需求计划是按照工程范围、工程技术要求、工期计划等确定的材料的使用计划。它包括两个方面的内容:

① 各种材料需求量的确定

对每个工作包(如某分项工程的施工),按照图纸、设计规范和实施方案,可以确定它的

工作量,以及具体材料的品种、规格和质量要求。这里必须精确地了解设计文件、招标文件、合同,否则容易造成供应失误。进一步又可以按照过去工程的经验,历史工程资料或材料消耗标准(定额)确定该工作包单位工程量的材料消耗量,作为材料消耗标准。例如我国建筑工程中常用的消耗定额,通常用每单位工作量材料消耗量表示。则该分项工程每一种材料消耗总量为:

$$某工作包某种材料消耗总量=该工作包工作量×(材料消耗定额)$$

若材料消耗量为净用量,在确定实际采购量时还必须考虑各种合理的损耗。包括:运输、仓储(包括检验等)过程中的损耗;材料使用中的损耗,包括使用中散失、破碎、边角料的损耗。

按照上述计算结果,将该工程项目中不同分项工程的同种材料量汇集求和,则可以得到该工程项目的材料用量表,同时材料消耗量作为消耗指标随任务下达作为材料控制标准。要降低成本必须对材料消耗进行严格控制,建立定额采购、定额领料、用料制度。

② 材料需求时间曲线

材料是按时、按量、按品种规格供应的。材料供应量与时间的关系曲线按如下步骤确定:

A. 将各分项工程的各种材料消耗总量分配到各自的分项工程的持续时间上。

B. 将各工程活动的材料耗用量按项目的工期求和,得到每一种材料在各时间段上的使用量计划表。

C. 作使用量—时间曲线。

材料的计划方法,与劳动力使用计划相似。

(4) 市场调查

采购要预先确定费用,确定采购地点和供应商。由于现代大的工程项目都采用国际采购,所以常常必须观察整个国际市场,在项目中进行生产要素的国际优化组合。项目管理者必须对市场一目了然,从各方面获得信息,建立广泛的联系,及时准确地提出价格。

由于各国、各地区供求关系、生产者的生产或供应能力、材料价格、运费、支付条件、保险费、关税、途中损失、仓储费用各不相同,所以确定材料采购计划时必须进行不同方案的总采购费用比较。

在市场调查时要考虑到不同采购方案的风险,例如工资变化、汇率损失、国际关系、国家政策的变化带来的影响。

在国际上许多大的承包商(采购者)都长期的结识一些供应商或生产者,在自己的周围有一些较为稳定的合作伙伴,形成稳定的供应网络。

6.4 项目进度计划的控制

6.4.1 项目进度计划控制的概念

项目进度计划控制,是指项目进度计划制定以后,在项目实施过程中,对实施进展情况进行的检查、对比、分析、调整,以确保项目进度计划总目标得以实现的活动。

在项目实施过程中,必须经常检查项目的实际进展情况,并与项目进度计划进行比较。

如实际进度与计划进度相符,则表明项目完成情况良好,进度计划总目标的实现有保证。如发现实际进度已偏离了计划进度,则应分析产生偏差的原因和对后续工作及项目进度计划总目标的影响,找出解决问题的办法和避免进度计划总目标受影响的切实可行措施,并根据这些办法和措施,对原进度计划进行修改,使之符合现在的实际情况并保证原进度计划总目标得以实现。然后再进行新的检查、对比分析、调整,直至项目最终完成。从而确保项目进度总目标的实现,甚至可在不影响项目完成质量和不增加项目成本的前提下,使项目提前完成。

1) 表达进度的要素

进度通常是指工程项目实施结果的进展情况,在工程项目实施过程中要消耗时间(工期)、劳动力、材料、成本等才能完成项目的任务。当然,项目实施结果应该以项目任务的完成情况,如工程的数量来表达。但由于工程项目对象系统(技术系统)的复杂性,常常很难选定一个恰当的、统一的指标来全面反映工程的进度。有时时间和费用与计划都吻合,但工程实物进度(工作量)未达到目标,则后期就必须投入更多的时间和费用。

在现代工程项目管理中,人们已赋予进度以综合的含义,它将工程项目任务、工期、成本有机地结合起来,形成一个综合的指标,能全面反映项目的实施状况。进度控制已不只是传统的工期控制,而且还将工期与工程实物、成本、劳动消耗、资源等统一起来。因此,进度的要素包括:

(1) 持续时间。持续时间是进度的重要指标。

(2) 实物工程量。按工程活动的结果状态数量描述。这主要针对专门的领域,其生产对象简单,工程活动简单,例如:土方、混凝土工程按体积表达,钢筋按吨表达等等。

(3) 已完成工程的价值量,即用已经完成的工作量与相应的合同价格(单价)或预算价格计算。它将不同种类的分项工程统一起来,能够较好地反映工程的进度状况。这是常用的进度指标。

(4) 资源消耗指标,最常用的有劳动工时、机械台班、成本的消耗等。它们有统一性和较好的可比性,即各个工程活动直到整个项目都可用它们作为指标,这样可以统一分析尺度。

2) 进度控制的过程

(1) 采用各种控制手段保证项目及各个工程活动按计划及时开始,在工程过程中记录各工程活动的开始和结束时间及完成程度。

(2) 在各控制期末(如月末、季末,一个工程阶段结束)将各活动的完成程度与计划对比,确定整个项目的完成程度,并结合工期、生产成果、劳动效率、消耗等指标,评价项目进度状况,分析其中的问题,找出哪些地方需要采取纠正措施。

(3) 对下期工作作出安排,对一些已开始但尚未结束的项目单元的剩余时间作估算,提出调整进度的措施,根据已完成状况作新的安排和计划,调整网络(如变更逻辑关系,延长/缩短持续时间,增加新的活动等),重新进行网络分析,预测新的工期状况。

(4) 对调整措施和新计划作出评审,分析调整措施的效果,分析新的工期是否符合目标要求。

6.4.2 项目进度计划控制的检查

工程项目在实施过程中,要对实际进度进行记录,并进行对比检查。一般进行进度对比的方法有:

1) 横道图比较法

横道图记录比较法,是把在项目施工中检查实际进度收集的信息,经整理后直接用横道线并列标于原计划的横道线一起,进行直观比较的方法。例如某工程项目基础工程的计划进度和截止到第 10 周末的实际进度如图 6-28 所示,其中粗实线表示该工程计划进度,双线条表示实际进度。从图中实际进度与计划进度的比较可以看出,到第 10 周末进行实际进度检查时,挖土方和垫层两项工作已经完成;支模按计划也应已经完成,但实际只完成 66.7%,任务量拖欠 33.3%;绑扎钢筋按计划应该完成 40%,而实际只完成 20%,任务量拖欠 20%。

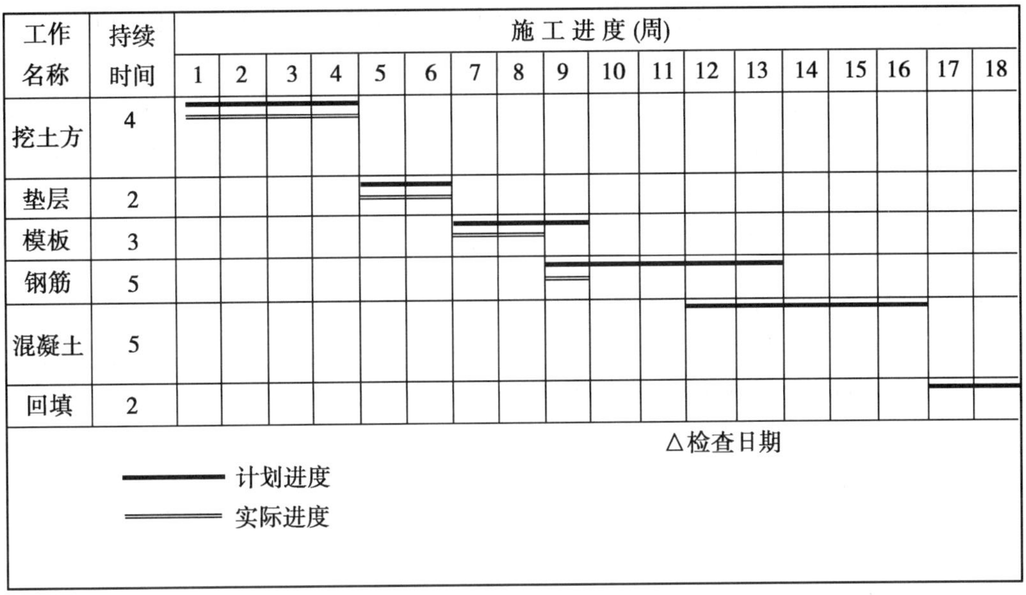

工作名称	持续时间	施工进度(周)																	
		1	2	3	4	5	6	7	8	9	10	11	12	13	14	15	16	17	18
挖土方	4																		
垫层	2																		
模板	3																		
钢筋	5																		
混凝土	5																		
回填	2																		

△检查日期

——— 计划进度
═══ 实际进度

图 6-28 横道图比较法示例

横道图比较法又可分为以下几种方法:

(1) 匀速施工横道图比较法

匀速施工是指施工项目实施过程中,每项工作的施工进展速度都是匀速的,即在单位时间内完成的任务量都是相等的,累计完成的任务量与时间成直线变化。横道图比较法,是把在项目施工中检查实际进度收集的信息,经整理后直接用横道线并列标于原计划的横道线一起,进行直观比较的方法。

均速施工横道图比较法的步骤如下:

① 根据横道图进度计划,分别描述当前各项工作任务的计划状况。
② 在每一个工作任务的计划线上标出检查日期。
③ 将检查收集的实际进度数据,按比例用涂黑粗线标于计划进度线的下方,如图 6-29 所示。

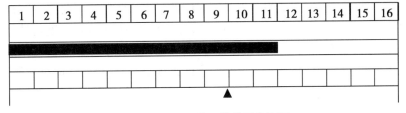

图 6-29 均速施工横道图比较图

比较分析实际进度与计划进度：
① 涂黑的粗线右端与检查日期重合，表明实际进度与计划进度一致。
② 涂黑的粗线右端在检查日期左侧，表明实际进度拖后。
③ 涂黑的粗线右端在检查日期右侧，表明实际进度超前。

(2) 非匀速进展横道图比较法

当工作在不同的单位时间里的进展速度不同时，可以采用非匀速进展横道图比较法。该方法在表示工作实际进度的涂黑粗线的同时，标出其对应时刻完成任务的累计百分比，将该百分比与其同时刻计划完成任务的累计百分比相比较，判断工作的实际进度与计划进度之间的关系：当同一时刻上下两个累计百分比相等，表明实际进度与计划进度一致；当同一时刻上面的累计百分比大于下面的累计百分比，则表明该时刻实际施工进度拖前，拖后量为二者之差；当同一时刻上面的累计百分比小于下面的累计百分比，则表明该时刻实际施工进度超前，超前的量为二者之差。

① 双比例单侧横道图比较法

双比例单侧横道图比较法是适用于工作的进度按变速进展的情况下，工作实际进度与计划进度进行比较的一种方法。它是在表示工作实际进度的涂黑粗线同时，在表上标出某对应时刻完成任务的累计百分比，将该百分比与其同时刻计划完成任务累计百分比相比较，判断工作的实际进度与计划进度之间的关系的一种方法。如图 6-30 所示。

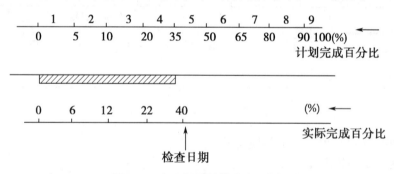

图 6-30 双比例单侧横道图比较法

双比例单侧横道图比较法的步骤为：

A. 编制横道图进度计划。

B. 在横道线上方标出各工作主要时间的计划完成任务累计百分比。

C. 在计划横道线的下方标出工作的相应日期实际完成的任务累计百分比。

D. 用涂黑粗线标出实际进度线，并从开工日标出，同时反映施工过程中工作的连续与间断情况。若实际进度横道线的起点在计划横道线起点的右侧，表示实际晚开工，两端点之间的差距表示实际晚开工的时间。

E. 对照横道线上方计划完成累计量与同时间的下方实际完成累计量，比较出实际进度与计划进度之偏差：当同一时刻上下两个累计百分比相等，表明实际进度与计划进度一致；当同一时刻计划累计百分比大于实际累计百分比，表明该时刻实际施工进度拖后，拖后的量为两者之差；当同一时刻计划累计百分比小于实际累计百分比，表明该时刻实际施工进度超前，超前的量为两者之差。

这种比较法不仅适合于施工速度变化情况下的进度比较,同时除找出检查日期进度比较情况外还能提供某一指定时间两者比较情况的信息。

② 双比例双侧横道图比较法

双比例双侧横道图比较法适用于工作进度按变速进展的情况,工作实际进度与计划进度进行比较的一种方法。双比例双侧横道图比较法是双比例单侧横道图比较法的改进和发展,它是将表示工作实际进度的涂黑粗线,按检查的期间和完成的累计百分比交替地绘制在计划横道线上下两面,其长度表示该时间内完成的任务量。工作的实际完成累计百分比标于横道线下面的检查日期处,通过两个上下相对的百分比相比较,判断该工作的实际进度与计划进度之间的关系。这种比较方法从各阶段的涂黑粗线的长度看出各期间实际完成的任务量及其本期间的实际进度与计划进度之间的关系。

双比例双侧横道图比较法的步骤为:

A. 编制横道图进度计划表。

B. 在计划横道线的上方标出各工作主要时间的计划完成任务累计百分比。

C. 在计划横道线的下方标出工作的相应日期实际完成的任务累计百分比。

D. 用涂黑粗线分别在横道线上方和下方交替地绘制出每次检查实际完成的百分比。

E. 比较实际进度与计划进度,即通过标在横道线上下方两个累计百分比,比较各时刻的两种进度偏差,同样有上述与双比例单侧横道图比较法相同的三种情况。

同样,将采用双比例单侧横道图比较法的某工程施工计划用双比例双侧横道图比较法进行比较,实际施工时每天检查一次,对施工实际进度和计划进度进行比较,如图 6-31 所示。

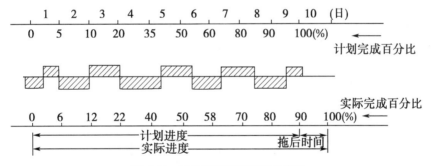

图 6-31 双比例双侧横道图比较法

双比例双侧横道图比较法除了能提供前两种方法提供的信息外,还能用各段涂黑粗线长度表达在相应检查期间内工作实际进度,便于比较各阶段工作完成情况,但是其绘制方法和识别都较前两种方法复杂。

2) 前锋线比较法

前锋线比较法是通过绘制某检查时刻工程项目实际进度前锋线,进行工程实际进度与计划进度比较的方法,主要适用于时标网络计划。所谓前锋线,是指在原时标网络计划上,从检查时刻的时标点出发,用点划线依次将各项工作实际进展位置点连接而成的折线。前锋线法就是通过实际进度前锋线与原进度计划中各工作箭线交点的位置来判断工作实际进度与计划进度的偏差,进而判定该偏差对后续工作及总工期影响程度的一种方法。

采用前锋线比较法进行实际进度与计划进度的比较,其步骤如下:

(1) 绘制时标网络计划图

工程项目实际进度前锋线是在时标网络计划图上标示,为清楚起见,可在时标网络计划图的上方和下方各设一时间坐标。

(2) 绘制实际进度前锋线

一般从时标网络计划图上方时间坐标的检查日期开始绘制,依次连接相邻工作的实际进展位置点,最后与时标网络计划图下方坐标的检查日期相连接。

(3) 进行实际进度与计划进度的比较

前锋线可以直观地反映出检查日期有关工作实际进度与计划进度之间的关系。对某项工作来说,其实际进度与计划进度之间的关系可能存在以下三种情况:

① 工作实际进展位置点落在检查日期的左侧,表明该工作实际进度拖后,拖后的时间为二者之差。

② 工作实际进展位置点与检查日期重合,表明该工作实际进度与计划进度一致。

③ 工作实际进展位置点落在检查日期的右侧,表明该工作实际进度超前,超前的时间为二者之差。

由图 6-32 可见,该计划执行到第 9 周末检查实际进度时,发现工作 A、B 和 C 已经全部完成,工作 D、E、F 和 G 分别完成计划任务量的 83.33%、25%、50%和 20%。图中点划线表示第 9 周末实际进度检查结果。通过比较可以看出:

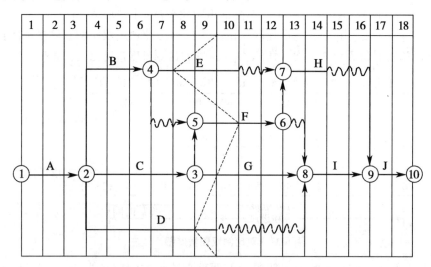

图 6-32　前锋线比较法

① 工作 D 实际进度拖后 1 周,但由于有 4 周自由时差,因此,对后续工作 I 的最早开始时间没有影响,也不影响总工期。

② 工作 E 实际进度拖后 2 周,由于有 2 周自由时差,既不影响总工期,也不影响其后续工作的正常进行。

③ 工作 F 实际进度提前 1 周,对后续工作和总工期没有影响。

④ 工作 G 按计划执行。

综上所述,目前进度偏差对总工期和后续工作均无影响。

(4) 预测进度偏差对后续工作及总工期的影响

通过实际进度与计划进度的比较确定进度偏差后,还可根据工作的自由时差和总时差预测该进度偏差对后续工作及项目总工期的影响。由此可见，前锋线比较法既适用于工作实际进度与计划进度之间的局部比较，也可用来分析和预测工程项目整体进展状况。

3）S形曲线比较法

（1）S形曲线的概念

S形曲线比较法是以横坐标表示时间，纵坐标表示累计完成任务量，绘制一条按计划时间累计完成任务量的S曲线，然后将工程项目实施过程中各检查时间实际累计完成任务量的S曲线也绘制在同一坐标系中，进行实际进度与计划进度比较的一种方法。

（2）S形曲线的绘制步骤

① 确定工程进展速度曲线，在实际工程中计划进度曲线很难找到定性分析的连续曲线，但可以根据每单位时间内完成的实物工程量或投入的劳动力与费用，计算出计划单位时间的量值。

② 计算规定时间计划累计完成的任务量 Q_j，其计算方法等于各单位时间完成的任务量累加求和。

③ 按各规定时间的 Q_j 值，绘制 S 形曲线。

（3）S形曲线比较

S形曲线比较法，同横道图一样，是在图上直观地进行施工项目实际进度与计划进度相比较。一般情况下，计划进度控制人员在计划实施前绘制出S形曲线。在项目施工过程中，按规定时间将检查的实际完成情况绘制在与计划S形曲线同一张图上，可得出实际进度S形曲线，比较两条S形曲线可以得到如下信息：

① 项目实际进度与计划进度比较，当实际工程进展点落在计划S形曲线左侧，表示此时实际进度比计划进度超前；若落在其右侧，表示拖后；若刚好落在其上，则表示二者一致。

② 项目实际进度比计划进度超前或拖后的时间，ΔT_a 表示 T_a 时刻实际进度超前的时间；ΔT_b 表示 T_b 时刻实际进度拖后的时间。

③ 项目实际进度比计划进度超额或拖欠的任务量，如图6-33所示。ΔQ_a 表示 Q_a 时刻超额完成的任务量；ΔQ_b 表示在 T_b 时刻拖欠的任务量。

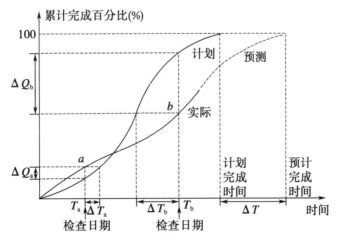

图6-33 S形曲线比较法

④ 预测工程进度后期工程按原计划速度进行，则工期拖延预测值为 ΔT。

4) 香蕉曲线比较法

香蕉曲线由两条以同一开始时间、同一结束时间的 S 形曲线组合而成。其中,一条 S 形曲线是工作按最早开始时间安排进度所绘制的,简称 ES 曲线;而另一条 S 形曲线是工作按最迟开始时间安排进度所绘制的,简称 LS 曲线。除了项目的开始和结束点外,ES 曲线在 LS 曲线的上方,同一时刻两条曲线所对应完成的工作量是不同的。在项目实施过程中,理想的状况是任一时刻的实际进度在这两条曲线所包区域内的曲线,如图 6-34 所示。

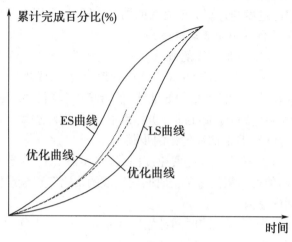

图 6-34 香蕉曲线比较法

5) 检查方法的使用说明

(1) 前锋线比较法与横道图比较法只对工期进行与计划的对比,当资源投入及工程效率比较正常时,用它们比较的结果可以反映施工项目进度情况。其中,横道图法比前锋线法所表达的信息更全面一些,不仅表示结果,而且反映实际进展,如开始、结束时间和工期完成情况。

(2) S 形曲线比较法与香蕉图比较法不仅进行工期方面比较,还结合能表达进度指标的实物工程量(或工作量、劳动消耗量、施工成本(直接成本))进行比较,其反映的结果比较科学,符合进度的概念。香蕉图法与 S 形曲线法相比,还考虑利用时差的因素,即在时差范围内完成,即使实际进度落后于早时间进度(ES 曲线),但只要不晚于迟时间进度曲线(LS 曲线),就认为目前进度得到认可,不必调整计划。

(3) 如果 S 形曲线比较法中反映进度的指标采用成本,不仅可以进行进度比较,还可以进行成本比较。挣值法就是在此基础上建立起来的。

6.4.3 项目进度计划的调整

1) 分析进度偏差的影响

通过前述的进度比较方法,当判断出现进度偏差时,应当分析该偏差对后续工作和对总工期的影响。

(1) 分析进度偏差的工作是否为关键工作

若出现偏差的工作为关键工作,则无论偏差大小,都对后续工作及总工期产生影响,必须采取相应的调整措施;若出现偏差的工作不为关键工作,需要做进一步分析,根据偏差值与总时差和自由时差的大小关系,确定对后续工作和总工期的影响程度。

(2) 分析进度偏差是否大于总时差

若工作的进度偏差大于该工作的总时差,说明此偏差必将影响后续工作和总工期,必须采取相应的调整措施;若工作的进度偏差小于或等于该工作的总时差,说明此偏差对总工期无影响,但它对后续工作的影响程度需要做进一步分析,根据比较偏差与自由时差的情况来确定偏差是否对后续工作产生影响。

(3) 分析进度偏差是否大于自由时差

若工作的进度偏差大于该工作的自由时差,说明此偏差对后续工作产生影响,应该如何调整,应根据后续工作允许影响的程度而定;若工作的进度偏差小于或等于该工作的自由时差,则说明此偏差对后续工作无影响,因此,原进度计划可以不作调整。

经过如此分析,进度控制人员可以确认应该调整产生进度偏差的工作和调整偏差值的大小,以便确定采取调整措施,获得符合实际进度情况和计划目标的新进度计划。

2) 施工项目进度计划的调整方法

在对实施的进度计划进行分析的基础上,应确定原计划的调整方法,一般主要有以下两种:

(1) 改变某些工作间的逻辑关系

若检查的实际施工进度产生的偏差影响了总工期,在工作之间的逻辑关系允许改变的条件下,改变关键线路和超过计划工期的非关键线路上有关工作之间的逻辑关系,达到缩短工期的目的。如依次进行的工作改变平行的或互相搭接的以及分成几个施工段进行流水施工等都可以达到缩短工期的目的。

(2) 缩短某些工作的持续时间

这种方法是不改变工作之间的逻辑关系,而是缩短某些工作的持续时间,使施工进度加快,并保证实现计划工期的方法。这些被压缩持续时间的工作是位于由于实际施工进度的拖延而引起总工期增长的关键线路和某些非关键线路上的工作。同时,这些工作又是可压缩持续时间的工作。

① 压缩原则

A. 赶工应符合项目的总目标与总战略。

B. 压缩工序时必须满足工程质量和安全要求。

C. 措施应是有效的、可以实现的。

D. 压缩工序时必须有充足的资源(人力资源、材料和机械设备)作保证。

E. 对项目的实施、承包商、供应商的影响较小。

F. 压缩时成本增加尽可能少。

② 压缩工作时间的方法

A. 增加资源投入,例如增加劳动力、材料、周转材料和设备的投入量。这是最常用的办法。

B. 重新分配资源,例如将服务部门的人员投入到生产中去,投入风险准备资源,采用加班或多班制工作。

C. 减少工作范围,包括减少工作量或删去一些工作包(或分项工程)。

D. 改善工器具以提高劳动效率。

E. 提高劳动生产率,主要通过辅助措施和合理的工作过程。

F. 将部分任务转移,如分包、委托给另外的单位,将原计划由自己生产的结构件改为外购等。当然,这不仅有风险,产生新的费用,而且需要增加控制和协调工作。

G. 将一些工作包合并,特别是在关键线路上按先后顺序实施的工作包合并,与实施者一齐研究,通过局部调整实施过程和人力、物力的分配,达到缩短工期。

H. 修改实施方案,例如将现浇混凝土改为场外预制,现场安装,这样可以提高施工速度。

复习思考题

1. 工程项目时间管理的内容有哪些?
2. 工程活动存在哪几种逻辑关系?
3. 工程活动排序的依据是什么?
4. 简述双代号时标网络图的特点。
5. 某工程活动及逻辑关系见表6-7所示。

表 6-7

活动	A	B	C	D	E	F	G	H	I	J	K
持续时间(天)	5	4	10	2	4	6	8	4	2	2	2
紧前活动	—	A	A	A	B	B,C	C,D	D	E,F	G、H,F	I,J

要求:(1)画出双代号网络图;
(2)计算各时间参数,并确定总工期及关键线路。

6. 某工程由表6-8所列的工程活动组成。

表 6-8

工 序	A	B	C	D	E	F	G	H	I	J
紧后工序	BCD	E	EG	FH	I	G	J	J	J	—
持续时间	4	4	5	6	4	5	6	3	2	2
劳动量投入	5	5	9	6	8	5	7	5	4	4

要求:(1)画出双代号网络图;
(2)计算各时间参数;
(3)确定总工期及关键线路;
(4)画时标网络;
(5)作劳动力曲线。

7. 简述项目进度调整方法。

7 工程项目质量管理

7.1 概述

7.1.1 工程项目质量

工程项目具有一次性和不可逆性。如果项目在建设过程中出现质量问题,可能会造成工期和成本等项目其他目标出现偏差,严重时甚至造成工程报废,给项目相关利益方和国家财产带来损失。在项目实施过程中,当出现工期拖延、成本超支时,质量目标是最容易被放弃或削弱的。所以,工程项目质量管理需要贯穿到项目建设的全过程,需要各方共同参与和努力。

1) 质量

我国国家标准(GB/T 19000:2000)中对质量进行了定义,认为它是指一组固有特性满足要求的程度。对这个概念的理解,需要注意以下三个方面:

(1) 质量不仅是指产品质量,也可以是某项活动或过程的工作质量,还可以是质量管理体系运行的质量。

(2) 特性是一事物区别于另一事物的特征,而固有特性是存在于某事物中的,尤其是那种永久的特性,它区别于事物本来就赋予的特性,如产品的价格。质量特性是固有的特性,并通过产品、过程或体系设计和开发及其后实现过程形成的属性。

(3) 满足要求的程度能够反映质量的好坏,这里满足要求是指应该满足明示的(如合同、法规、标准、技术、文件、图纸中明确规定的)、隐含的(如组织的惯例、一般习惯)或必须履行的(如法律、法规、行业规则)的需要和期望,具有相对性、时间性和动态性。

综合上述三个方面的理解,质量的主体不仅包括产品,而且包括活动、过程的工作质量,还包括质量管理体系运行的质量。质量的关注点是一组固有的特性,而不是赋予的特性。要求包括明确的、隐含的和必须履行的需求或期望。

2) 工程项目质量

工程项目质量是指工程项目满足业主需求的,符合国家法律、法规、技术规范标准、设计文件及合同规定的特性综合。根据质量的定义,可知工程项目质量包括工程本身的质量和工程项目的工作质量两个方面。

(1) 工程本身的质量

工程本身的质量是指项目最终可交付成果的质量。根据工程实体建设的各个阶段,反映为不同的内容。

① 项目设计和施工的安全性和可靠性。
② 项目使用的材料、设备和工艺的质量以及耐久性。
③ 项目投产运行后，工程的可用性、使用效果以及稳定性。
④ 项目提供的服务质量，通常体现为服务的满意程度和人性化等方面。
⑤ 项目的可维护性、与环境协调性、对社会周边组织产生的影响程度等等。

（2）工程项目的工作质量

工程项目的工作质量是指为了保证工程质量，参与项目的实施者和管理者所从事工作的水平和完善程度。包括项目范围内所有阶段、子项目和专业工作的质量以及项目过程中的管理工作和决策工作的质量。工作质量包括：社会工作质量，如社会调查、市场预测、质量回访和保修服务等；生产过程工作质量，如政治工作质量、管理工作质量、技术工作质量和后勤工作质量等。

（3）工程项目质量的形成过程

工程项目上述两方面的内容是在工程建设的全过程中逐渐形成和发展的，工程项目的质量可以按工程项目的建设过程、工程项目的组成等方面来进行分析。

① 按工程项目的建设过程分析

工程项目的质量是在工程项目建设的各个阶段，即可行性研究、决策、设计、施工、竣工验收等阶段，都会对工程项目质量的形成产生不同的影响，因此工程项目的建设过程就是工程项目质量的形成过程。

项目的可行性研究阶段是对拟建项目的经济效益、社会效益和环境效益进行技术分析论证，为项目决策、设计提供依据。该阶段需要确定工程项目的质量要求，并与项目的投资目标相协调。可行性研究的水平，不仅取决于与拟建项目有关的技术、经济、社会、环境各方面条件的调查研究的深度、广度，还取决于拟建项目多种投资方案的分析论证。因此，这一阶段的工作质量直接影响工程项目的决策质量和设计质量。

项目的决策阶段是在可行性研究的基础上，对项目的建设方案（项目的建设规模、建设布局、投资和进度等）做出决策，使项目的建设符合使用者的意愿，并与地区环境相适应。因而，它是影响工程项目质量的关键阶段。

项目的设计阶段是根据项目决策阶段已确定的质量目标和水平，通过设计解决如何达到质量目标和水平，通过设计体现出质量目标和水平。因而，设计阶段质量的好坏，会影响项目建成后的使用价值和功能的正常发挥，该阶段是影响工程项目质量的决定性环节。

项目的施工阶段是根据图纸的要求，通过施工手段形成工程实体，即实现图纸中所描述的实体形态。因此，项目的施工阶段是项目的质量目标和水平的实现。

项目的竣工验收阶段是对项目的施工质量通过检查评定、试车运行，考核项目的质量是否达到设计要求，是否符合决策阶段所确定的质量目标和水平，并通过竣工验收确保工程项目的质量。所以，项目的竣工验收阶段是项目的质量目标和水平的保证。

项目的生产运行阶段是通过质量回访、定期和不定期的检查以及日常的维修管理，使工程项目既能充分发挥其功能和效益，又能确保安全运行。所以，项目的生产运行阶段是项目的质量目标和水平的保持。

从工程项目建设的全过程来说，工程项目建设各阶段对项目质量好坏及项目质量最终形成的影响是不同的。可行性研究阶段是确定项目质量目标和水平的依据；决策阶段是确定项目的质量目标和水平;设计阶段是使项目的质量目标和水平具体化;施工阶段是实现项目的质量目标和水平;竣工验收阶段是保证项目的质量目标和水平;生产运行阶段是保持项目的质量目标和水平。整个工程项目质量的最终形成是一个系统过程,是由建设项目的全寿命期各阶段所得到的质量的综合反映。

② 按工程项目的组成分析

一般而言,一个工程项目由若干个单位工程组成,一个单位工程又是由若干个分部工程组成,一个分部工程是由几个分项工程所组成,而一个分项工程则是由若干道工序所组成。

如果从工程项目组成的角度来认识质量,那么一个工程项目的质量是由多个单位工程的质量所组成,单位工程的质量又是由多个分部工程的质量所组成,而分部工程的质量又是由多个分项工程的质量所组成,分项工程的质量则是由若干个工序的质量所组成。换句话说,若干工序的质量形成了一个分项工程的质量,若干个分项工程的质量形成了一个分部工程的质量,若干个分部工程的质量形成了一个单位工程的质量,若干个单位工程的质量形成了一个工程项目的质量,如图 7-1 所示。

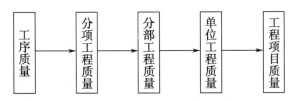

图 7-1 工程项目质量的形成

由图 7-1 可知,工序的质量是形成工程项目质量的基础,因此,只有严格工序质量的管理和控制,确保工序的质量,才能保证工程项目的质量。

(4) 工程项目质量包含的特性因素

① 适用性。适用性是指任何建筑物首先要满足它的使用要求,在规定条件下完成规定功能的能力,如产品的使用条件、使用效能、维修性、技术性能(采光、通风、隔热、隔声、防火、强度、刚度、稳定性等)。对于工程项目来说,适用性常常体现在工程项目的平面布置、立面布置和空间布置的合理性,使用、维修、管理的方便程度,使用的效能等方面。

② 可靠性。可靠性是指工程在规定的时间和规定的条件下完成规定功能的能力。任何建筑物都必须坚实可靠,足以承担它所负荷的人和物的重量以及风、雪和自然灾害的侵袭。这就要求对荷载和钢、土、混凝土、砖石等不同性质的工程结构的计算、分析方法,在相关的标准、规范中加以明确。对于工程项目,通常包括安全性、有效性等。其中安全性是指工程建成后在使用过程中保证结构安全、保证人身和环境免受危害的程度,也即工程结构应具有足够的强度、刚度、稳定性、抗震以及防火等抗灾能力,在规定的使用条件下能确保工程的正常使用。有效性是指满足使用寿命的要求和满足抗腐蚀性的要求。

③ 经济性。经济性是指工程从规划、勘察、设计、施工到整个产品使用寿命周期内的成本和消费的费用。当建筑物满足了适用、可靠、耐久、美观等各种要求以后能否体现最佳的经济效益,主要取决于它的经济性。只有做到物美价廉,才能取得最大的经济效益。它包括造价(投资)、运行费用和效益三个方面。

工程项目的造价是指工程从项目建议书开始,经过可行性研究、勘察、设计、施工到交付使用的全部费用。

工程项目的运行管理费用即工程的使用成本，包括工程的正常运行费用（维修、能源消耗等）和工程管理费用（人员工资、办公费用等）。

工程项目的效益是指工程投入运行后所产生的效益，包括经济效益和社会效益。

④ 与环境的协调性。与环境的协调性是指工程项目要与周围的生态环境的协调、与周围社区经济的协调以及与已建工程的协调。

⑤ 耐久性。耐久性是指工程在规定的条件下完成规定的功能时所能达到的使用年限。任何建筑物都要考虑满足它使用年限和防止水、火、腐蚀性物质的侵袭，这就要求对建筑布局、构造和使用材料制定一系列防水、防火、防腐蚀等标准、规范加以明确。

(5) 工程项目质量的特点

工程项目建设，由于涉及面广，是一个极其复杂的综合过程，再加上工程项目建设地点固定、流动性大，结构类型、质量要求和施工方法不一，以及体形大、整体性强、建设周期长、受自然条件影响大等特点，因此，工程项目的质量比一般工业产品的质量更加难以控制。也正是由于工程项目建设的一次性、高投入性、高风险性等特点，形成了工程项目质量一些独特的特点，具体包括：

① 影响因素多。例如决策、设计、材料、机械、地形、地质、水文、气象、施工工艺、操作方法、技术措施、管理制度等均直接影响着工程项目的质量。

② 质量波动大。工程建设不像工业产品生产那样，有固定的自动生产线和流水生产线，有规范化的生产工艺和完善的检测技术，有成套的生产设备和稳定的生产环境，有相同系列规格和相同功能的产品，质量波动性较大。

③ 质量变异大。由于影响质量的因素较多，当使用材料的规格、品种、性能有误，施工方法不妥，操作不按规程，机械故障，仪表失灵，设计计算错误等时，均会引起系统因素的质量变异，造成工程质量事故。

④ 质量隐蔽性。工程项目在实施过程中，由于工序交接多，中间产品多，隐蔽工程多，若不及时检查实质，事后再看表面，就容易产生第二判断错误，亦即容易将不合格的产品认为是合格的产品。

⑤ 终检局限性大。工程项目建成后，不可能像其他工业产品那样再拆卸或解体开来检查内在的质量；即使发现质量有问题，也不可能像工业产品那样实行"包换"或"退款"。

由于工程项目质量的这些特点，我们应加倍重视，严加控制，并且必须将质量控制贯穿于工程项目建设的全过程中。

3) 工程项目质量管理

(1) 质量管理

质量管理的发展大致经历了质量检验、统计质量管理和全面质量管理三个阶段。

① 质量检验阶段（20 世纪 20—40 年代）

20 世纪之前，生产方式主要是手工作业和个体生产方式，完全依靠生产操作者自身的手艺和经验来保证质量，我们称其为"操作者质量管理"时期。进入 20 世纪，由于资本主义生产力的发展，机器化大生产方式与手工作业的管理制度的矛盾，阻碍了生产力的发展，于是出现了管理革命。美国的泰勒研究了从工业革命以来的大工业生产的管理实践，创立了"科学管理"的新理论。他提出了计划与执行、检验与生产的职能需要分开的主张，即在企业中设置专职的质量检验部门和人员，从事质量检验。这使产品质量有了基本保证，对提高产品质量、防止不合格产品出厂或流入下一道工序有积极的意义。这种制度把过去的"操作者的质量管理"变成了"检验员的质量管理",标志着进入了质量检验阶段。由于这个阶段的特点是质量管理单纯依靠事后检查、剔除废品,因此它的管理效能有限。按现在的观点来看,它只是质量管理中的一个必不可少的环节。

1924年,美国统计学家休哈特提出了"预防缺陷"的概念。他认为,质量管理除了事后检查以外,还应做到事先预防,在有不合格产品出现的苗头时就应发现并及时采取措施予以制止。他创造了统计质量控制图等一套预防质量事故的理论。与此同时,还有一些统计学家提出了抽样检验的办法,把统计方法引入了质量管理领域,使得检验成本降低。但由于当时不为人们充分认识和理解,因此没能做到真正执行。

② 统计质量管理阶段(20世纪40—50年代)

第二次世界大战初期,由于战争的需要,美国许多民用生产企业转为军用品生产。由于事先无法控制产品质量,造成废品量很大,耽误了交货期,甚至因军火质量差而发生事故。同时,军需品的质量检验大多属于破坏性检验,不可能进行事后检验。于是人们采用休哈特的"预防缺陷"理论。美国国防部请休哈特等研究制定了一套美国战时质量管理,强制生产企业执行。这套方法主要是采用统计质量控制图。了解质量变动的先兆,进行预防,使不合格产品率大为下降,对保证产品质量收到了较好的效果。这种用数理统计方法来控制生产过程影响质量的因素,把单纯的质量检验变成了过程管理,使质量管理从"事后"转到了"事中",较单纯的质量检验进了一大步。战后,许多工业发达国家生产企业也纷纷采用和仿效这种质量工作模式。但因为对数理统计知识的掌握有一定的要求,在过分强调统计的情况下,给人们以统计质量管理是少数数理统计人员责任的错觉,而忽略了广大生产与管理人员的作用,结果是既没有充分发挥数理统计方法的作用,又没有向管理功能发展,把数理统计在质量管理中的应用推向了极端。到了50年代,人们认识到统计质量管理方法并不能全面保证产品质量,进而导致了"全面质量管理"新阶段的出现。

③ 全面质量管理阶段(自20世纪60年代开始)

从20世纪60年代初开始,随着社会生产力的发展和科学技术的进步,经济上的竞争也日趋激烈。特别是一大批高安全性、高可靠性、高科技和高价值的技术密集型产品和大型复杂产品的质量在很大程度上依靠对各种影响质量的因素加以控制,才能达到设计标准和使用要求。人们对控制质量的认识有了深化,意识到单纯靠统计检验手段已不能满足要求了,大规模的工业化生产,质量保证除与设备、工艺、材料、环境等因素有关外,与职工的思想意识、技术素质以及企业的生产技术管理等息息相关。同时,检验质量的标准与用户所需求的功能标准之间也存在偏差。必须及时收集反馈信息,修改制定满足用户需要的质量标准,使产品具有竞争性。60年代,美国的菲根堡姆首先提出了较系统的"全面质量管理"概念。其中心意思是,数理统计方法是重要的,但不能单纯依靠它。只有将它和企业管理结合起来,才能保证产品质量。这一理论很快应用于不同行业生产企业(包括服务行业和其他行业)的质量工作,此后,这一概念通过不断完善,便形成了今天的"全面质量管理"。

该阶段质量管理的特点是针对不同企业的生产条件、工作环境及工作状态等多方面因素的变化,把组织管理、数理统计方法以及现代科学技术、社会心理学、行为科学等综合运用于质量管理,建立适用和完善的质量工作体系,对每一个生产环节加以管理,做到全面运行和控制。通过改善和提高工作质量来保证产品质量;通过对产品的形成和使用全过程管理,全面保证产品质量;通过形成生产(服务)企业全员、全企业、全过程的质量工作系统,建立质量体系以保证产品质量始终满足用户需要,使企业用最少的投入获取最佳的效益。

全面质量管理的核心是"三全"管理,即全过程、全员、全企业的质量管理。

全过程的质量管理是指一个工程项目从决策、立项、设计、施工到竣工验收的全过程,或指工程项目施工的全过程,即从施工准备、施工实施、竣工验收直到回访保修的全过程。全过程管理就是对每一道工序都要有质量标准,严把质量关,防止不合格产品流入下一道工序。

全员的质量管理是指要使每一道工序质量都符合质量标准,必然要求每一位职工具有强烈的质量意识和优秀的工作质量。因此,全员质量管理要强调企业的全体员工用自己的工作质量来保证每一道工序质量。

全企业的质量管理主要是从组织管理来理解。在企业管理中,每一个管理层次都有相应的质量管理活动,不同层次的质量管理活动的重点不同。上层侧重于决策与制定项目目标、方针;下层侧重于执行其质量职能;基层(施工班组)侧重于严格按技术标准和操作规程进行施工。

全面质量管理的基本观点是全面质量的观点、为用户服务的观点、预防为主的观点和用数据说话的观点。除了要重视产品本身的质量特性外,还要特别重视数量(工程量)、交货期(工期)、成本(造价)和服务(回访保修)的质量以及各部门各环节的工作质量。把产品质量建立在企业各个环节的工作质量的基础上,用科学技术和高效的工作质量来保证产品质量。

全面质量管理的基本工作方法是 PDCA 循环法。美国质量管理专家戴明博士把全面质量管理活动的全过程划分为计划(Plan)、实施(Do)、检查(Check)、处理(Action)四个阶段,即按计划→实施→检查→处理四个阶段周而复始地进行质量管理,这四个阶段不断循环、周而复始地运转,每运转一次工程质量就提高一步。该法也称"戴明环",如图 7-2、图 7-3 所示。

其中,"P"表示计划,项目开始后,项目管理者要编制一份质量计划,以确保项目的技术标准能够得以准确实现。"D"表示执行,要求所有的项目成员在了解计划的目的、要求、标准等内容的基础上按计划规定的方法开展项目作业活动。"C"表示检查,项目管理者要检查项目可交付成果是否满足质量计划的要求,以及在计划执行过程中,项目人员、材料、机械、方法和环境等因素是否满足生产合格产品的要求。通过检查发现项目实际状况与质量计划的偏差,分析偏差产生的原因。"A"表示采取措施,对于上一阶段发现的偏差要予以纠正,以保证项目处于受控状态。这一阶段主要工作是预防和纠偏。预防是为了杜绝今后类似质量问题的发生;而对于不符合技术标准的产品或过程,需要采取补救措施或返工。

PDCA 表示循环的关系,如果是以一个企业为单位,小环代表班组的管理,中环代表施工队(工程处)的管理,大环代表公司的管理。如果是以一个工程为单位开展质量控制管理,则小环代表分项工程的管理,中环代表分部工程的管理,大环代表单位工程的管理。图 7-3 则表示循环是逐步提高的,每循环一次就提高一步,这是质量管理最基本的形式,或者说是质量管理的核心。

7 工程项目质量管理

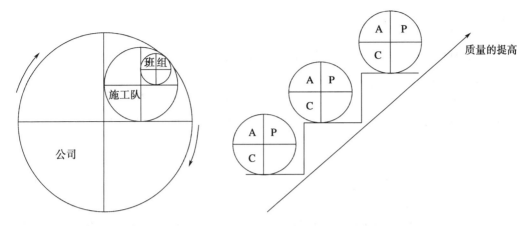

图 7-2　PDCA 循环关系示意图　　　图 7-3　PDCA 质量循环逐步提高示意图

PDCA 循环实际上是认识→实践→再认识→再实践的过程。做任何工作总有一个设想、计划或初步打算；然后根据计划去实施；在实施过程中或进行到某一阶段，要把实施结果与原来的设想、计划进行对比，检查计划执行的情况，最后根据检查的结果来改进工作，总结经验教训，或者修改原来的设想、制订新的工作计划。这样，通过一次次的循环，便能把质量管理活动推向一个新的高度，使产品的质量不断得到改进和提高。

全面质量管理继承了传统质量管理的方法，并且在深度和广度方面都向前发展了，主要表现在一个"全"字上。全面质量管理已超越了产品质量的范围，强调了工作质量，强调发动群众，全员、全部门参加管理。全面质量管理注重以预防为主的观点，也着眼于一个"全"字，即对从施工准备、施工过程到交工验收全过程每一个环节中影响质量的因素，依据科学理论、程序和方法进行预防性的控制。全面质量管理要树立"为用户服务"和"下一道工序就是用户"的观点。每一工序（分项、分部工程）对下一工序来说是一种"产品"，凡本工序的质量问题一定要在本工序内解决，不给下道工序留下麻烦。全面质量管理注重好、快、省的结合，不仅要注意工程质量本身，而且还要重视工期和成本，强调好、快、省和安全的全面效果。

④ 质量管理的概念

2000 年版 ISO 9000 族标准中认为质量管理是指导和控制组织关于质量的相互协调的活动。质量管理包括质量方针、质量目标、质量策划、质量控制、质量保证、质量改进等一系列活动。

质量方针是由组织的最高管理者正式发布的该组织总的质量宗旨和方向。质量方针应与组织的总方针相一致，体现组织较长期的质量战略。在质量宗旨方面，质量方针要着重体现组织关于质量的指导思想，特别是为顾客持续提供满意的产品的决心。在质量方向方面，要体现对质量的追求、对质量的态度、对质量的投入、质量工作的努力方向。

质量目标是在质量方面所追求的目的。应对组织的相关职能和层次规定目标，即应对组织的质量目标进行展开，分解为相关职能和层次的目标和措施，或建立相关目标。

质量策划主要致力于制定质量目标并规定必要的运行过程和相关资源以实现质量目标。

质量控制致力于满足质量要求，是为达到质量要求所采取的作业技术和活动。控制的目的在于减少波动，保持质量的稳定性和一致性。这也是长期以来我国质量管理的基本内容。

质量保证则致力于提供质量要求会得到满足的信任,是为了证实组织能够满足质量要求,在质量管理体系中实施并根据需要进行证实的全部有计划和有系统的活动,质量保证活动的目的在于提供信任。

质量改进致力于增强满足质量要求的能力。要求可以是多方面的,如质量特性、功能、有效性、效率或可追溯性等。向顾客提供更高的价值和使顾客满意是实施质量改进的出发点和归宿。

⑤ 质量管理体系

ISO 9000:2000 中对质量管理体系定义为在质量方面指挥和控制组织的管理体系。具体来说质量管理体系也是建立质量方针和质量目标并实现这些目标的体系。建筑工程的质量体系就是以控制和保证施工产品的质量为目标,从施工准备、施工生产到竣工投产的全过程,运用系统的方法,在全员参与下,建立一套严密、协调、高效的全方位的管理体系。它包括管理职责、资源管理、产品实现以及工程项目实施过程的测量、分析及改进等过程。

其中,管理职责主要包括制定质量方针和目标、建立组织结构两个方面。

资源管理包括人力资源管理和物质资源管理。人力资源是指人才、专业技能,应具备的资格、经验等;物质资源包括各种设备、材料、机械、仪器仪表、计算机软件、各种文件和记录等。

产品实现是指产品生产的全过程的管理,也就是质量形成的全过程的管理。

测量、分析和改进是指在产品实现的全过程中,要通过监视、监测和试验进行监控,收集有关的资料和数据,通过分析发现存在的问题,然后采取相应的措施进行改进。

质量管理体系文件应包括质量方针、质量目标、质量手册、程序文件、作业指导书、质量记录等。

质量方针是组织的质量宗旨和质量方向,是实施和改进组织质量管理体系的推动力。质量方针提供了质量目标制定和评审的框架,是评价质量管理体系有效性的基础。质量方针一般均以简洁的文字来表述,应反映用户及社会对工程质量的要求及企业对质量水平和服务的承诺。

质量目标是指在质量方面所追求的目的。质量目标在质量方针给定的框架内制定并展开,也是组织各职能和层次上所追求并加以实现的主要工作任务。

质量手册是企业质量工作的指南,使企业的质量工作有明确的方向,同时质量手册也是企业的质量法规,使企业质量体系审核和评价有了依据。投资者在招标和选择施工单位时,对施工企业的质量保证能力、质量控制水平有充分的了解,并提供了见证。

质量管理体系程序文件是质量手册的支持性文件,是企业各职能部门为落实质量手册要求而规定的细则。建立质量管理体系文件的价值是便于沟通意图、统一行动,有利于质量管理体系的实施、保持和改进。所以,编制质量管理体系文件不是目的,而是手段,是质量管理体系的一种资源。质量管理体系的建立、健全要从编制完善的体系文件开始,质量管理体系的运行、审核与改进都是依据文件的规定进行的,质量管理实施的结果也要形成文件,作为证实产品质量符合规定要求及质量管理体系有效的证据。

为确保过程的有效运行和控制,在程序文件的指导下,按每个项目管理需要编制相关文件,如作业指导书、具体工程的质量计划等,因为每个项目是一个一次性的质量控制工作体系。

质量记录可提供产品、过程和体系符合要求及体系有效运行的客观证据。根据各组织的类型、规模、产品、过程、顾客、法律和法规以及人员素质的不同,质量管理体系文件的数量、详尽程度和媒体种类也会有所不同。质量记录应清晰、完整地反映质量活动实施、验证和评审的情况,并记载关键活动的过程参数,具有可追溯性的特点。

在 ISO 9000:2000 标准中增加了 8 项质量管理原则,这是在近年来质量管理理论和实践的基础上提出来的,是组织领导做好质量管理工作必须遵循的准则。8 项质量管理原则已成为改进组织业绩的框架,可帮助组织达到持续成功。

A. 以顾客为关注焦点

组织依存于其顾客。因此,组织应理解顾客当前和未来的需求,满足顾客的要求并争取超越顾客的期望。

组织贯彻实施以顾客为关注焦点的质量管理原则,有助于掌握市场动向,提高市场占有率,提高企业经营效益。以顾客为中心不仅可以稳定老顾客、吸引新顾客,而且可以招来回头客。

B. 领导作用

强调领导作用的原则,是因为质量管理体系是最高管理者推动的,质量方针和目标是领导组织策划的,组织机构和职能分配是领导确定的,资源配置和管理是领导决定安排的,顾客和相关方要求是领导确认的,企业环境和技术进步、质量体系改进和提高是领导决策的。所以,领导者应将本组织的宗旨、方向和内部环境统一起来,并创造使员工能够充分参与实现组织目标的环境。

C. 全员参与

各级人员是组织之本。只有他们的充分参与,才能使他们的才干为组织带来收益。

质量管理是一个系统工程,关系到过程中的每一个岗位和每一个人。实施全员参与这一质量管理原则,将会调动全体员工的积极性和创造性,努力工作、勇于负责、持续改进、作出贡献,这对提高质量管理体系的有效性和效率具有极其重要的作用。

D. 过程方法

过程方法是将活动和相关的资源作为过程进行管理,可以更高效地得到期望的结果。因为过程概念反映了从输入到输出具有完整的质量概念,过程管理强调活动与资源结合,具有投入产出的概念。过程概念体现了用 PDCA 循环改进质量活动的思想。过程管理有利于适时进行测量,保证上下工序的质量。通过过程管理可以降低成本、缩短周期,从而可更高效的获得预期效果。

E. 管理的系统方法

管理的系统方法是将相互关联的过程作为系统加以识别、理解和管理,有助于组织提高实现目标的有效性和效率。

系统方法包括系统分析、系统工程和系统管理三大环节。系统分析是运用数据、资料或客观事实,确定要达到的优化目标;然后通过系统工程,设计或策划为达到目标而采取的措施和步骤,以及进行资源配置;最后在实施中通过系统管理取得高有效性和高效率。

在质量管理中采用系统方法,就是要把质量管理体系作为一个大系统,对组成质量管理体系的各个过程加以识别、理解和管理,以实现质量方针和质量目标。

F. 持续改进

持续改进是组织永恒的追求、永恒的目标、永恒的活动。为了满足顾客和其他相关方对质量更高期望的要求,为了赢得竞争优势,必须不断地改进和提高产品及服务质量。

G. 基于事实的决策方法

有效决策建立在数据和信息分析的基础上。基于事实的决策方法,首先应明确规定收集信息的种类、渠道和职责,保证资料能够为使用者得到。通过对得到的资料和信息分析,保证其准确、可靠。通过对事实分析、判断,结合过去的经验做出决策并采取行动。

H. 与供方互利的关系

供方是产品和服务供应链上的第一环节,供方的过程是质量形成过程的组成部分。供方的质量影响产品和服务的质量,在组织的质量效益中包含有供方的贡献。供方应按组织的要求也建立质量管理体系。通过互利关系,可以增强组织及供方创造价值的能力,也有利于降低成本和优化资源配置,并增强对付风险的能力。

上述8项质量管理原则之间是相互联系和相互影响的。其中,以顾客为关注焦点是主要的,是满足顾客要求的核心。为了以顾客为关注焦点,必须持续改进,才能满足顾客不断提高的要求。而持续改进又是依靠领导作用、全员参与和互利的供方关系来完成的。所采用的方法是过程方法(控制论)、管理的系统方法(系统论)和基于事实的决策方法(信息论)。可见,这8项质量管理原则,体现了现代管理理论和实践发展的成果,并被人们普遍接受。

(2) 工程项目质量管理

工程项目目标的实现要依靠对项目过程实施严格的质量管理,注重过程控制和实施结果的统一。工程项目质量管理与企业生产质量管理有很大的区别。企业生产管理的对象是一般的工业产品,用户在市场上直接购买一个最终产品,不介入该产品的生产过程。而工程的建设过程是十分复杂的,它的用户(业主、投资者)直接介入整个生产过程,参与全过程、各个环节的质量管理,做出决策,指令变更。因此,工程项目质量管理过程是各方面共同参与的过程,同时又是一个不断变更的过程。

工程项目质量管理是指为项目的用户及其相关者提供高质量的工程和服务,使项目达到预定的质量目标,最终使用户满意的综合性管理工作。它涉及所有的项目管理职能和过程,包括项目前期策划、计划、实施控制的质量,以及范围管理、工期管理、成本管理、组织管理、沟通管理、人力资源管理、风险管理、采购管理等管理职能。

工程项目质量管理针对项目质量的产品和过程两个方面,要求管理者不仅要重视用数理统计、检测和分析等技术方法来进行控制,也要重视质量保证体系的建立,抓好质量控制程序,平衡项目的三大目标以及质量监督、诊断等工作,进而保证技术工作的有效性和完备性。

为实现产品和过程两方面质量的统一,要求按照建设过程的程序依次控制各个阶段的工程质量。

在项目决策阶段,做到合理地选址,质量要求符合业主意图,质量目标与投资目标相符,与项目所在地区环境相协调。

在设计阶段,优选设计单位保证工程项目的质量,设计符合技术规范标准,保证设计专业之间的协调。

在工程施工阶段,通过招标选择施工承包商,严格监督承包商按图施工等等。

7.1.2 工程质量控制体系

1) 工程质量控制的概念

工程项目质量要符合建设要求及有关技术规范和标准,质量控制是必不可少的环节。

工程质量控制是指为达到工程质量要求,也就是为了保证工程质量满足工程合同、设计文件规范标准所采取的一系列措施、方法和手段。工程质量控制是质量管理的重要组成部分,其重点是为了使产品、体系或过程的固有特性达到规定的要求,通过采取一系列的作业技术和活动对各个过程实施控制。

质量控制应贯穿在产品形成和体系运行的全过程,围绕每个阶段,对影响质量的人、机、料、法、环(4M1E)的因素进行控制,对质量活动的成果进行分阶段验证,以便及时发现问题,查明原因,采取相应的纠偏措施,防止不合格工程的发生。

2) 工程质量控制的分类

(1) 按工程质量控制的实施主体分类

① 勘察设计单位的质量控制。以法律、法规及合同为依据,对勘察设计的整个过程进行控制,包括工作程序、工作进度、费用及成果文件所包含的功能和使用价值,以满足建设单位对勘察设计质量的要求。

② 施工单位的质量控制。以工程合同、设计图纸和技术规范为依据,对施工准备阶段、施工阶段、竣工验收交付阶段等施工全过程的工作质量和工程质量进行控制,以达到合同文件规定的质量要求。

③ 政府的工程质量控制。以法律法规为依据,通过抓工程报建、施工图设计文件审查、施工许可、材料和设备准用、工程质量监督、重大工程竣工验收备案等主要环节进行。

④ 工程监理单位的质量控制。监理单位受建设单位的委托,代表建设单位对工程实施全过程进行的质量监督和控制,包括勘察设计阶段质量控制、施工阶段质量控制,以满足建设单位对工程质量的要求。

上述这些主体可以分为自控主体和监控主体,前者是指直接从事质量职能的活动者,如勘察设计和施工单位;后者是指他人对质量能力和效果的监控者,如政府和监理单位。

(2) 按不同阶段的质量控制分类

① 决策阶段的质量控制。通过项目的可行性研究,选择最佳建设方案,使项目的质量要求符合业主的意图,并与投资目标相协调,与所在地区环境相协调。

② 工程勘察设计阶段的质量控制。通过勘察设计单位的选择,保证工程设计符合决策阶段确定的质量要求,符合有关技术规范和标准的规定,设计文件图纸符合现场和施工的实际条件,并且其深度要能满足施工的需要。

③ 工程施工阶段的质量控制。择优选择能保证工程质量的施工单位,严格监督承包商按设计图纸进行施工,形成符合合同文件规定质量要求的最终建筑产品。

(3) 按控制的实施阶段分类

① 事前质量控制。事前质量控制是指在实施前进行的质量控制,是质量控制的关键。以施工阶段为例,事前质量控制的重点是做好施工准备工作,并且要将准备工作贯彻到施工全过程中。

② 事中质量控制。事中质量控制是指在实施过程中进行的质量控制。施工阶段的事中控制重点是控制工序质量,可采取的具体措施包括做好工序交接的检查、图纸会审、施工方案的编制、材料的实验、隐蔽工程的验收、质量文件的存档等工作。

③ 事后质量控制。事后质量控制是指在过程完成后形成产品的质量控制。施工阶段事后质量控制包括准备竣工验收资料,组织自检和初步验收,按规定的质量评定标准和办法,对完成的分项、分部工程,单位工程进行质量评定,组织竣工检验等。

3) 工程质量控制的原则

① 坚持质量第一的原则。工程项目的质量不仅关系到工程的适用性和建设项目投资效果,而且关系到人民群众生命财产的安全。所以,在进行投资、进度、质量三大目标控制时,在处理三者关系时,应坚持"百年大计,质量第一",在工程建设中自始至终把"质量第一"作为对工程质量控制的基本原则。

② 坚持以人为本的原则。工程项目中的人包括工程建设的决策者、组织者、管理者和操作者。建设各方的工作质量水平和完善程度,都会直接和间接地影响工程质量。因此在工程质量控制中,要以人为核心,重点控制人的素质和人的行为,充分发挥人的积极性和创造性,以人的工作质量保证工程质量。

③ 坚持预防为主的原则。工程质量控制应该是积极主动的,事先对影响质量的各种因素加以控制,而不能消极被动地等待出现质量问题后再进行处理,造成不必要的损失。所以,要重视事前控制和事中控制,以预防为主,加强中间产品和中间过程的质量控制。

④ 坚持质量标准的原则。质量标准是评价和检验产品质量的尺度,工作质量是否符合合同规定的质量标准要求,要通过质量检验并与质量标准对照,符合质量标准要求的才是合格的,不符合质量标准要求的就必须返工处理。

⑤ 贯彻科学、公正、守法的职业规范。在监控和处理质量问题过程中,应尊重客观事实,尊重科学,客观、公正,不持偏见,遵纪守法,坚持原则,严格要求。

4) 工程质量控制体系

工程质量控制体系一般由工程项目各参与方,包括业主、承包单位、监理单位和政府质量监督管理部门共同组成。各参与方应根据国家颁布的《建设工程质量管理条例》以及合同、协议和有关文件的规定承担相应的质量责任。

(1) 建设单位的质量责任

建设单位要根据工程特点和技术要求,按有关规定选择相应资质等级的勘察、设计单位和施工单位,在合同中必须有质量条款,明确质量责任,并真实、准确、齐全地提供与建设工程有关的原始资料。凡建设工程项目的勘察、设计、施工、监理以及工程建设有关重要设备材料等的采购均实行招标,依法确定程序和方法,择优选定中标者。不得将应由一个承包单位完成的建设工程项目肢解成若干部分发包给几个承包单位;不得迫使承包方以低于成本的价格竞标;不得任意压缩合理工期;不得明示或暗示设计单位或施工单位违反建设强制性标准,降低建设工程质量。建设单位对其自行选择的设计、施工单位发生的质量问题承担相应责任。

建设单位应根据工程特点,配备相应的质量管理人员。对国家规定强制实行监理的工程项目,必须委托有相应资质等级的工程监理单位进行监理。建设单位应与监理单位签订监理合同,明确双方的权利和义务。

建设单位在工程开工前,负责办理有关施工图设计文件审查、工程施工许可证和工程质量监督手续,组织设计和施工单位认真进行设计交底;在工程施工中,应按国家现行有关工程建设法律法规、技术规范、标准及合同规定,对工程质量进行检查,涉及建筑主体和承重结构变动的装修工程,建设单位应在施工前委托原设计单位或者相应资质等级的设计单位提出设计方案,经原审查机构审批后方可施工。工程项目竣工后,应及时组织设计、施工、工程监理等有关单位进行施工验收,未经验收备案或验收备案不合格的不得交付使用。

建设单位按合同的约定负责采购供应的建筑材料、建筑构配件和设备,应符合设计文件和合同要求,对发生的质量问题应承担相应的责任。

(2) 勘察、设计单位的质量责任

勘察、设计单位必须在其资质等级许可的范围内承揽相应的勘察设计任务,不许承揽超越其资质等级许可范围以外的任务,不得将承揽工程转包或违法分包,也不得以任何形式用其他单位的名义承揽业务或允许其他单位或个人以本单位的名义承揽业务。

勘察、设计单位必须按照国家现行的有关规定、工程建设强制性技术标准和合同要求进行勘察、设计工作,并对所编制的勘察、设计文件的质量负责。勘察单位提供的地质、测量、水文等勘察成果文件必须真实、准确。设计单位提供的设计文件应当符合国家规定的设计深度要求,注明工程合理使用年限。设计文件中选用的材料、构配件和设备,应当注明规格、型号、性能等技术指标,其质量必须符合国家规定的标准。除有特殊要求的建筑材料、专用设备、工艺生产线外,不得指定生产厂、供应商。设计单位应就审查合格的施工图文件向施工单位做出详细说明,解决施工中对设计提出的问题,负责设计变更。参与工程质量事故分析,并对因设计造成的质量事故,提出相应的技术处理方案。

(3) 施工单位的质量责任

施工单位必须在其资质等级许可的范围内承揽相应的施工任务,不许承揽超越其资质等级业务范围以外的任务,不得将承接的工程转包或违法分包,也不得以任何形式用其他施工单位的名义承揽工程或允许其他单位或个人以本单位的名义承揽工程。

施工单位对所承包的工程项目的施工质量负责。应当建立健全质量管理体系,落实质量责任制,确定工程项目的项目经理、技术负责人和施工管理负责人。实行总承包的工程,总承包单位应对全部建设工程质量负责。建设工程勘察、设计、施工、设备采购的一项或多项实行总承包的,总承包单位应对其承包的建设工程或采购的设备的质量负责;实行总分包的工程,分包应按照分包合同约定对其分包工程的质量向总承包单位负责,总承包单位与分包单位对分包工程的质量承担连带责任。

施工单位必须按照工程设计图纸和施工技术规范标准组织施工。未经设计单位同意,不得擅自修改工程设计。在施工中,必须按照工程设计要求、施工技术规范标准和合同约定,对建筑材料、构配件、设备和商品混凝土进行检验,不偷工减料,不使用不符合设计和强制性技术标准要求的产品,不使用未经检验和试验或检验和试验不合格的产品。

(4) 工程监理单位的质量责任

工程监理单位应按其资质等级许可的范围承担工程监理业务,不许超越本单位资质等级许可的范围或以其他工程监理单位的名义承担工程监理业务,不得转让工程监理业务,不许其他单位或个人以本单位的名义承担工程监理业务。工程监理单位应依照法律、法规以及有关技术标准、设计文件和建设工程承包合同,与建设单位签订监理合同,代表建设单位对工程质量实施监理,并对工程质量承担监理责任。监理责任主要有违法责任和违约责任两个方面。如果监理单位故意弄虚作假,降低工程质量标准,造成质量事故的,要承担法律责任。若监理单位与承包单位串通,谋取非法利益,给建设单位造成损失的,应当与承包单位承担连带赔偿责任。如果监理单位在责任期内,不按照监理合同约定履行监理职责,给建设单位或其他单位造成损失的,属违约责任,应当向建设单位赔偿。

(5) 建筑材料、构配件及设备生产或供应单位的质量责任

建筑材料、构配件及设备生产或供应单位对其生产或供应的产品质量负责。生产厂或供应商必须具备相应的生产条件、技术装备和质量管理体系,所生产或供应的建筑材料、构配件及设备的质量应符合国家和行业现行的技术规定的合格标准和设计要求,并与说明书和包装上的质量标准相符,且应有相应的产品检验合格证,设备应有详细的使用说明等。

5) 质量控制的主要工作内容

① 确定项目质量要求和标准,包括设计、施工、工艺、材料和设备等方面。
② 编制设计竞赛文件,确定有关设计质量方面的评选原则。
③ 审核各设计阶段的设计文件(图纸和说明等)是否符合质量要求和标准,并根据需要提出意见。
④ 确定或审核招标文件和合同文件中的质量条款。
⑤ 审核或检测材料、成品、半成品和设备的质量。
⑥ 检查施工质量,参与分部、分项工程及各隐蔽工程验收和竣工验收。
⑦ 审查或组织审查施工组织设计和施工安全措施。
⑧ 协助业主处理工程质量、安全事故的有关事宜。
⑨ 协助业主确认施工单位选择的分包单位,并审核施工单位的质量保证体系。

7.2 设计质量的控制

7.2.1 概述

设计是工程项目实施阶段的第一个步骤,是实施工程项目在技术上和经济上所做的全面安排,是工程施工的依据。设计质量的好坏,直接影响工程项目的使用功能和投资的经济效益,关系到国家和人民生命财产的安全。

项目的设计质量包括产品质量和过程质量两个方面。前者要求在满足技术规范、标准、法律法规和合同的基础上,设计的项目满足业主所需要的功能和使用价值;后者是指设计工作质量要达到设计成果的正确性、各专业设计的协调性、文件的完备性等要求。

项目设计首先应满足业主所需的功能和使用价值,符合业主的投资意图,而业主所需的功能和使用价值又受到资金、资源、技术、环境、时间等因素的制约,这些都会影响项目的质量。设计质量的好坏决定着工程项目建成后的使用价值和功能,设计阶段是影响工程项目质量的决定性环节。我国工程质量事故统计资料表明,由于设计原因引起的质量事故占总

事故的 40.1%。因此,要加强对设计质量的控制。

1) 设计的组织与分工

工程项目是由许多专业技术子系统构成的。一般大型建筑工程项目是由地基与基础工程、建筑主体结构及建筑、给排水、电气、暖通、通信、消防、智能化等子系统所构成。此外,交通、桥梁、水利等工程项目的划分更为复杂,涉及更多的专业子系统。这些专业的设置通常要有利于工作的开展,做到分工明确,便于协调。

现代工程项目由于其技术系统的复杂性,项目的设计会涉及众多专业设计人员的配合,往往要组建一个临时的项目设计组织。项目设计组织中所含专业应根据合同规定的任务范围确定,还需要有关部门和人员支持及配合,如档案室、后勤部门等,这些部门的有关人员一般不列入项目设计组织。

项目设计组织的职责大体上包括以下几个方面:

(1) 质量计划的编制、审核、实施与监督。
(2) 项目设计任务书的编写。
(3) 对各专业设计的检查。
(4) 对设计各阶段的控制不合格信息的收集,不合格品的评价、处置上报和记录。
(5) 审查项目设计数据的可靠性。
(6) 综合性设计方案的审查,各专业间设计协作关系的协调。
(7) 负责专业设计质量。
(8) 设计变更程序的确定。
(9) 有关质量记录的控制。

2) 设计控制工作

根据控制的原理,设计阶段的控制工作包括事前控制、事中控制和事后控制。

(1) 设计事前控制

根据合同及有关资料,建立质量目标,规定质量控制要求,设计事前控制的重点是制定开展各项设计活动的计划,明确设计活动内容及其职责分工,配备合格人员和资源。项目的设计前期工作要形成文件,通常以项目设计计划的形式编制,作为项目设计管理和控制的主要文件。

(2) 设计事中控制

为了使设计过程中设计部门和其他部门以及各设计专业之间能做到协调,必须明确规定并切实做好设计部门与其他部门、设计内部各专业间的界面管理和协调工作。设计界面分组织界面和技术界面,应制定相应的设计界面管理程序,经技术管理部门组织评审后实施。设计过程中应严格按照规定的程序进行设计界面管理。

(3) 设计事后控制

包括设计评审和设计文件会签。设计评审是对设计进行综合的、系统的、文件化的检查,以评价设计是否满足了相关质量要求,找出存在的问题,并提出解决的办法。设计评审分别按不同的设计阶段以及设计单位程序文件的有关规定进行。包括:

① 设计文件质量的评审,应主要依据其质量特性的功能性、可信性、安全性、可实施性、适应性、经济性和时间性7个方面是否满足要求来衡量。

② 对工业项目设计进行工艺方案评审。

③ 总体方案评审。
④ 专业设计方案评审。
⑤ 施工图设计评审。

设计文件的会签是保证各专业设计相互配合和正确衔接的必要手段,通过会签,可以消除专业设计人员之间的误解、错误或遗漏,是保证设计质量的重要环节。包括综合会签和专业会签两部分。综合会签主要是保证各专业在建筑内或装置或厂区内的布置合理,互不碰撞;专业会签主要是保证各专业的设计图纸和设计条件相符。

3) 业主或组织者对设计质量的控制

设计单位要对设计质量负责。设计单位的选择对设计质量有根本性的影响,而许多业主和项目管理者在项目初期对它没有引起足够的重视,有时为了图方便、省钱或其他原因,将工作委托给不合格的设计单位甚至委托给业余设计者,结果造成很大的麻烦和经济损失。一般应选择正规的、管理规范的,与工程项目有相应资质等级的设计单位,并且有同类工程经验,在过去的项目中与业主合作良好、信誉好。

7.2.2 设计工作控制

(1) 对阶段性设计成果在审批签章之后再进行更深入的设计,否则无效。

(2) 由于设计工作的特殊性,对一些大的、技术复杂的工程,业主和项目管理者常常委托设计监理或聘请有关专家对设计进度和质量、设计成果进行审查,这是十分有效的控制手段。

(3) 设计单位往往缺少对项目的经济性的考虑,所以他们常常从自身效益的角度出发尽快地出方案、出图,不希望也不愿意做多方案的对比分析。为此须做如下考虑:

① 采用设计招标,在中标前审查方案,而且可以对比多家方案,这样定下一个设计单位就等于选择了一个好的方案,但这需要时间和花费。

② 采取奖励措施。鼓励设计单位进行设计方案优化,从优化所降低的费用中取一部分作为奖励。

③ 聘请科研专家对方案进行试验或研究,进行全面的技术经济分析,最后选择优化的方案。

(4) 对设计工作质量进行检查。

① 检查设计工作以及设计文件的完备性,包括说明工程形象的各种文件。

② 从宏观到微观上分析设计构思、设计工作和设计文件的正确性、全面性及安全性,识别系统的错误和薄弱环节。

③ 设计应符合规范的要求,特别是强制性的规范,如防火、安全、环保、抗震的标准,以及一些质量标准、卫生标准。

7.2.3 设计交底和图纸会审

设计交底是指在施工图完成并经审查合格后,设计单位在设计文件交付施工时,按法律规定的义务就施工图设计文件向施工单位和监理单位做出详细的说明,其目的是对施工单位和监理单位正确贯彻设计意图,使其加深对设计文件特点、难点、疑点的理解,掌握关键工程部位的质量要求,确保工程质量。

图纸会审是指承担施工阶段的监理单位组织施工单位以及建设单位、材料、设备供货等相关单位,在收到审查合格的施工图设计文件后,在设计交底前进行的全面、细致地熟悉和审查施工图纸的活动。其目的包括两个方面:一是使施工单位和各参建单位熟悉设计图纸,了解工程特点和设计意图,找出需要解决的技术难题,并制定解决方案;二是为了解决图纸中存在的问题,减少图纸的差错,检查技术设计中有没有考虑到施工的可能性、便捷性和安全性等问题。

7.3 工程施工质量的控制

7.3.1 控制要点

施工单位要对施工质量负责。工程施工中的质量控制属于生产过程的质量控制,不仅要保证工程的各个要素(材料、设备、工艺等)符合合同和设计文件的要求,而且还要保证各部分的成果即分部分项工程符合规定,保证最终整个工程符合质量要求,达到预定的功能,整个系统能经济、安全、高效率地运行。

施工项目质量是指反映施工项目满足相关标准规定的或合同规定的要求,包括其在安全、使用功能、耐久性能、环境保护等方面所有明显和隐含能力的特性总和。

施工质量控制的关键因素是实施者,业主与项目管理者应重视对承(分)包商、供应商的选择。在委托任务、商讨价格、签订合同时应注意考查他们的质量能力和信誉,比如技术水平、装备水平、项目管理人员的管理能力和经历,承包企业质量管理体系、已建工程的质量标准、企业等级、资信及企业形象等,将这些因素作为评标、授予合同的一个重要指标。

施工阶段要保证质量,必须从以下几个方面进行质量控制:

1) 人的控制

包括直接参与工程建设的决策者、组织者、指挥者和操作者。

领导者要努力提高领导层整体素质,提高决策能力和领导水平。实践证明,领导层的整体素质,是提高工作质量和工程质量的关键。

工程技术人员,其理论、技术水平直接影响工程质量水平。要求工程技术人员具有丰富的理论知识,又要有丰富的实践经验;要求技术工人经验丰富,生产操作熟练。

普通工作人员,要根据工程施工的特点和环境,严格控制人的生理缺陷、不良情绪、错误行为、违纪违章行为,避免出现质量事故、安全事故,确保质量的关键工序和操作。目前,在工程质量管理过程中对施工操作者加强岗前培训,增强质量、安全意识。此外,应严格禁止无技术资质的人员上岗操作。

2) 材料的控制

(1) 材料采购控制

施工所用材料、构配件,根据施工合同,可以由承包单位自行采购,也可以由建设单位供给。采购前要制订详细的采购计划。首先,掌握供应商信息,必要时可到生产厂家实地考察,多方面性能比较后优选供货厂家,并及时追踪材料市场信息;其次,根据施工进度计划及时组织材料供应,确保施工正常进行。

(2) 加强材料检查验收,严把质量关

① 对用于工程的主要材料,进场时必须具备正式的出厂合格证和材质化验单;工程中所用各种构件,必须具有厂家批号和出厂合格证。

② 材料质量的检验方法。

书面检验,是通过对提供的材料质量保证资料、试验报告等进行审核,取得认可后方能使用。

外观检验,是对材料从品种、规格、标志、外形尺寸等进行直观检查,看其有无质量问题。

理化检验,是借助试验设备和仪器对材料样品的化学成分、机械性能等进行科学的鉴定。

无损检验,是在不破坏材料样品的前提下,利用超声波、表面操作仪等进行检测。

③ 材料检验程度。根据材料来源和材料质量保证资料情况的不同,材料质量检验的程度则可分为免检、抽检和全部检验方式。

④ 材料质量检验项目:"一般试验项目""其他试验项目"。如水泥,一般要进行标准稠度、凝结时间、抗压和抗折强度检验;若是小窑水泥,往往安定性不好,则应进行安定性检验。

⑤ 重视材料的使用认证。材料认证不合格时,不许用于工程中,有些不合格的材料,需予以论证,但不允许用于重要的工程或部位。

(3) 重视材料存储质量,合理安排材料的使用。

材料的存储和使用不当,均会严重影响工程质量或造成质量事故。例如,过期水泥或受潮、结块的水泥,需重新检定水泥强度,根据材料受损程度,考虑用于工程次要部位。

3) 方法的控制

方法控制,包含工程项目整个建设周期内所采取的技术方案、工艺流程、组织措施、检验手段、施工组织设计等的控制。例如,拟定大体积混凝土浇筑方案时,要考虑避免水化热过高,造成大体积混凝土的开裂,保证大体积混凝土的施工质量,可以采用全面分层、分段分层、斜面分层的浇筑方案。

目前,国家推行工法制度,以加快企业科技进步和技术创新的步伐。工法是企业标准的重要组成部分,是企业开发应用新技术工作的一项重要内容,也是企业技术水平和施工能力的重要标志。它是以工程为对象,以工艺为核心,运用系统工程的原理,把先进的科学技术和科学的管理结合起来,经过工程实践形成的综合配套的施工方法,对保障工程质量、保证文明施工、提高施工效率、降低工程成本、缩短施工工期起着重要作用。

4) 施工机械设备选用的质量控制

机械设备,包括生产机械设备和施工机械设备,着重从以下三个方面进行控制:

(1) 机械设备的选型原则

机械设备的选择,应本着因地制宜,因工程制宜,按照技术上先进、经济上合理、生产上适用、性能上可靠、使用上安全、操作上方便和维修方便等原则。

(2) 机械设备的主要性能参数的选择

机械设备的主要性能参数是选择机械设备的依据,要满足施工需要和保证质量要求。例如,起重机的性能参数,主要包括起重量(Q)、起重高度(H)和起重半径(R),所选机型的性能参数要满足正常施工的要求。

(3) 机械设备的使用、操作要求

严格遵守操作规程,要求"人机固定"。注重机械设备的维护和保养工作,避免机械设备带病工作,防止发生安全质量事故。

5) 环境因素的控制

影响工程项目质量的环境因素较多,有工程技术环境、工程管理环境、劳动环境。

工程技术环境,如工程地质、水文、气象条件等。在判定施工方案和保证质量措施时,要充分考虑工程技术环境因素,保证工程项目质量。

例如,季节性施工中,要采取切实可行的保证质量和安全的措施,避免工程实体受到冻害、干裂、冲刷、坍塌的危害。

工程管理环境,如质量保证体系的建立、运行、认证等。

劳动环境,如劳动组合、工作面等,也包括文明工地建设。

除了上述五个方面,在实际工作中,防止实施者为了追求高效率和低费用而牺牲质量,发现工期拖延、费用超支时,首先应考虑选择修改或制定周密的计划,防止以牺牲质量为代价赶工和降低费用。由于质量是工程的内在因素,它的指标常常不硬,所以人们特别容易忽视。

7.3.2 施工项目质量控制的内容和方法

1) 施工项目的质量事前控制

施工项目的事前控制主要是质量预控,事先分析在施工中可能发生的质量问题,分析原因,并提出对策,制定对策表,采取有效的措施进行预先控制,以防止在施工中发生质量问题。同时也要审核有关技术文件、报告或报表,具体包括:

(1) 审核有关技术资质证明文件。

(2) 审核开工报告,并经现场核实。

(3) 审核施工方案、施工组织设计和技术措施。

(4) 审核有关材料、半成品的质量检验报告。

(5) 审核设计变更、修改图纸和技术核定书等。

2) 施工项目的质量事中控制

施工项目的质量事中控制要做好现场质量检验,包括图纸会审、技术复核、技术交底、设计变更、隐蔽工程验收、三检制、材料检验、施工日记、质保材料、质量检验、成品保护等内容。

(1) 现场质量检验的内容

① 开工前检查。着重审查施工组织设计,审查开工报告,确定是否具备开工条件。避免由于开工准备不足而造成施工中途停工。

② 工序施工过程中的跟踪监督与检查。及时发现问题,及时解决问题。获得工序施工质量的第一手资料,质量的判定以数据说话。

③ 工序交接检查。严格"三检"制度,上道工序未经检验合格不得进入下道工序施工。

④ 隐蔽工程检查。隐蔽工程由于其特殊性,一旦出现质量问题,处理质量问题难度较大,因而隐蔽工程必须经检验合格后才可以闭合。

⑤ 停工后、复工前的检查。停工后,要注意工程实体中间产品的保护,不能由于人为、环境因素造成工程实体的损坏。

⑥ 分项、分部工程完工检查。根据《建筑工程施工质量验收统一标准》(GB 50300—

2001)及配套工程质量验收规范,使用江苏省建设厅组织编制的《建筑工程质量验收资料》,进行分项、分部工程完工检查。

⑦ 成品保护检查。检查成品有无保护措施,或保护措施是否可靠。成品保护措施包括合理安排施工顺序、护、包、盖、封。

合理安排施工顺序,主要是通过合理安排不同工作间的施工顺序先后以防止后道工序损坏或污染已完施工的成品或生产设备。例如,门窗扇的安装通常在抹灰后进行;一般先油漆,后安装玻璃等,可避免施工污染,有利于成品保护。

护,就是提前保护,以防止成品可能发生的损伤和污染。如清水墙楼梯踏步采用护棱角铁上下连通固定;门扇安好后要加楔固定等。

包,就是包裹,以防止成品被损伤或污染。铝合金门窗应用塑料布包扎;大理石柱子贴好后,应用立板包裹捆扎等。

盖,就是表面覆盖,防止堵塞、损失。如高级大理石地面,应用苫布或棉毡覆盖;落水口、排水管安好后要覆盖,以防堵塞。

封,就是局部封闭,如室内装修完成后应加锁封闭,防止人们随意进入而受到损伤等。

(2) 现场质量检查的方法

一般可分为三类,即目测法、检测工具量测法和试验法。

① 目测法

采用看、摸、敲、照等手法对检查对象进行检查。

看,就是根据质量标准进行外观目测。如墙纸裱糊质量应是:纸面无瘢痕、空鼓、气泡、褶皱;每一墙面纸的颜色、花纹一致;斜视无胶痕,纹理无压平、起光现象;对缝处图案、花纹完整等。

摸,即手感检查,如检查油漆的光滑度,地面有无起砂等。

敲,对地面工程、装饰工程中的水磨石、面砖、锦砖和大理石贴面等,均应进行敲击检查,确定有无空鼓。

照,检查难以看到之处或暗处。

② 量测法

采用靠、吊、量、套方法。

靠,是用直尺、塞尺检查墙面、地面、屋面的平整度。

吊,线坠吊线检查垂直度。

量,检查尺寸、轴线、标高的偏差。

套,阴阳角的方正、门窗口检查。

③ 试验法

指通过进行现场试验或试验室试验等理化手段进行检查,包括理化试验和无损测试或检验。

3) 施工项目的质量事后控制

施工项目的质量事后控制是指施工项目质量检查与验收工作。具体内容见本节第四部分和第五部分。

4) 质量控制的方法

对施工项目进行质量控制应有正确的控制工具和方法,项目质量控制的方法常用的有排列图法、因果分析图法、直方图法、控制图法、相关图法、调查分析表法和分层法等。

（1）排列图法

排列图法又称帕累托图法或主次因素排列图法，是意大利经济学家帕累托发明的。这种方法的基本思想是：在影响质量的诸多因素中，存在关键的少数和次要的多数的关系。使用排列图，就是为了找出这些"关键的少数"。

排列图由两个纵坐标、一个横坐标、几个长方形和一条曲线组成。左侧的纵坐标是频数或件数，右侧的纵坐标是累计频率，横轴则是项目（或因素），按项目频数大小顺序在横轴上自左而右画长方形，其高度为频数，并根据右侧纵坐标，画出累计频率曲线，又称帕累托曲线。通常，把累计百分数分为三类：0%～80%为A类，落在这个区间内的因素一般少于三类，是影响质量的主要因素；80%～90%为B类，落在这个区间的因素是次要因素；90%～100%为C类，落在这个区间的因素为一般因素。下面以"地坪起砂原因排列图"为例说明。

【例 7-1】 某建筑工程对房间地坪质量不合格问题进行了调查，发现有80间房间起砂，调查结果统计如表7-1所示，试用排列图法进行主次因素分析。

表7-1 地坪质量不合格问题调查表

地坪起砂的原因	出现房间数
砂含量过大	16
砂粒径过细	45
后期养护不良	5
砂浆配合比不当	7
水泥标号太低	2
砂浆终凝前压光不足	2
其他	3

【解】 根据表7-1作出排列表，见表7-2。再根据表7-2中的频数和累计频率的数据画出"地坪起砂原因排列图"，如图7-4所示。

表7-2 地坪起砂原因排列表

项目	频数	累计频数	累计频率(%)
砂粒径过细	45	45	56.2
砂含量过大	16	61	76.2
砂浆配合比不当	7	68	85
后期养护不良	5	73	91.3
水泥标号太低	2	75	93.8
砂浆终凝前压光不足	2	77	96.2
其他	3	80	100

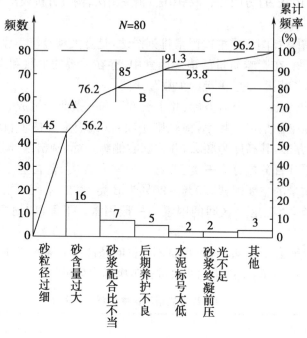

图 7-4 地坪起砂原因排列图

图 7-4 的纵坐标不是独立的,其左侧纵坐标高度为累计频数 $N=80$,从 80 处作一条平行线交右侧纵坐标处即为累计频率的 100%,然后再将右侧纵坐标等分为 10 份。

该地坪起砂主要影响因素是"砂粒径过细"和"砂含量过大",因而要相应采取措施加以解决。

(2) 因果分析图法

通过排列图,找到了影响质量的主要问题。而因果分析图法就是分析质量问题产生原因的有效工具。

因果图的作法是将要分析的问题放在图形的右侧,用一条带箭头的主杆指向要解决的质量问题,一般从人、材料、机械、方法、环境五个方面进行分析,这就是所谓的大原因。对具体问题来讲,这五个方面的原因不一定同时存在,要找到解决问题的办法,还需要对上述五个方面进一步分解,这就是中原因、小原因或更小原因,它们之间的关系也用带箭头的箭线表示,如图 7-5 所示。图 7-6 是混凝土强度不足的因果分析图。

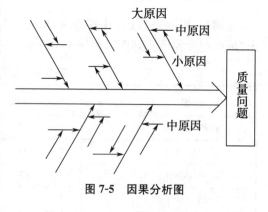

图 7-5 因果分析图

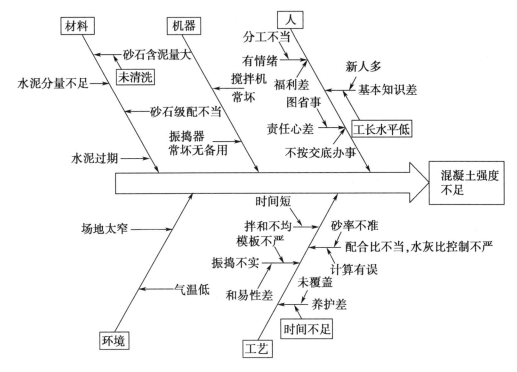

图 7-6 混凝土强度不足因果分析图

(3) 直方图法

直方图法又称矩形图法,它是将收集到的质量数据进行分组整理,绘制频数或频率分布直方图,用以描述质量发布状态的一种分析方法。

直方图由一个纵坐标、一个横坐标和若干个长方形组成。横坐标为质量特性,纵坐标是频数时,直方图为频数直方图;纵坐标是频率时,直方图为频率直方图,如图 7-7 所示。

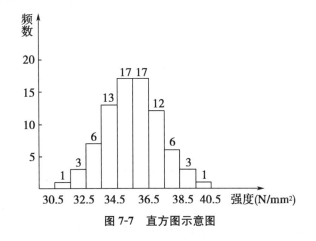

图 7-7 直方图示意图

(4) 控制图法

控制图是根据数据随时间的变化,可以动态地反映质量特性的变化,反映生产过程中各个阶段质量波动状态的图形。

控制图的形式很简单,一个纵坐标为质量特性,横坐标为样本的序号,图中有三条线,中间的一条细实线为中心线，是数据的均值，用 CL 表示，上下两条虚线为上控制界限 UCL 和下控制界限 LCL，中心线与上下控制界限的距离为 3σ，如图 7-8 所示。

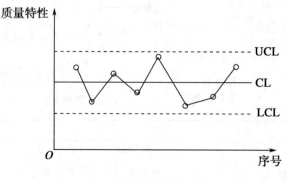

图 7-8 控制图

在项目实施过程中，按规定事件取样，将获得的数据用散点分别描绘在控制图上，并将这些点连起来得到控制曲线。在正常生产情况下，所有的点应落在中心线附近，在上下控制界限之内，散点的排列是随机的，没有出现异常现象，表示生产过程处于稳定状态。当散点出现以下异常情况时，说明产品质量可能出现问题，应引起注意，查明原因，采取纠偏措施进行控制：

① 连续 7 个点落在中心线一侧。
② 点在中心线一侧多次出现，如连续 11 个点中有 10 个点在同侧。
③ 连续 3 个点中 2 个点接近控制线。
④ 连续 7 个点或 2 个点上升或下降排列。
⑤ 点排列显示周期性变化，如从上到下，或从下到上，周而复始。

(5) 相关图法

相关图又称散布图，它是将两个变量（两个质量特性）间的相互关系用一个直角坐标表示出来，借以观察两个质量特性之间的关系。其相互关系包括：正相关（图 7-9(a)）、负相关（图 7-9(b)）、不相关（图 7-9(c)）、非线性相关（图 7-9(d)）。

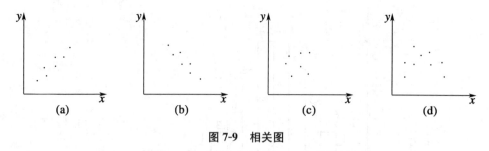

图 7-9 相关图

(6) 调查分析表法

调查分析表法又称为统计调查表法，是利用表格进行数据收集和统计的一种方法。

常用的统计调查表有材料缺陷统计调查表、不合格项目统计调查表、影响产品质量主要原因的统计调查表、质量检查验收情况的统计调查表等。

(7) 分层法

分层法又称分组法或分类法，它是加工整理数据的一种重要方法。这种方法是把收集起来的数据,按照不同的标志,把在同一生产条件下相同性质的数据归在一起,目的是通过分类,从错综复杂的数据中理出头绪,把影响质量的原因及其责任划分清楚,并找出解决方法。常用的数据分类方法有以下几种:

① 按不同时间分,如按不同日期、班次、工作时间分。
② 按操作人员分,如按工种、文化技术水平、男女性别、工龄长短分。
③ 按使用设备分,如按机床型号、产地以及按不同的工艺装备分。
④ 按原材料分,如按供应商、材质的不同分。
⑤ 按操作方法分,如按不同的操作条件、环境、所采用的工艺方法分。
⑥ 按检测手段分,如按测量人员、测量工具、取样方法分。

7.3.3 技术文件的会审

要将技术设计付诸实施,首先实施者要对技术设计进行会审。这应作为一个工程制度。

(1) 作为施工单位,必须全面理解设计文件和设计意图,只有这样才能正确制定实施方案和报价。

(2) 对设计文件中发现的问题,例如矛盾、错误、二义性、说明不清楚或无法实施的地方,在会审中提出,向设计单位质询或要求修改。

(3) 由于设计和施工单位较多,必须解决它们之间的协调问题,即各个承包商的实施方案必须在质量要求、在时间上协调一致。只有通过会审才能有效的解决沟通和协调问题。

7.3.4 材料质量控制

工程项目建设过程中材料费用占工程费用的大部分(一般在50%以上),材料的计划和采购是工程项目质量和费用控制的重点。材料是构成工程实体的要素,它决定了工程内在质量。可以这样说,材料不合格则不会有合格的工程。当然,有合格的材料也可能有不合格的工程。

材料、设备等质量控制的具体措施有:

(1) 采购前必须将项目所需材料的质量要求(包括品种、规格、规范、标准等)、用途、投入时间、数量说明清楚,做出材料计划表并在采购合同中明确规定这些内容。

(2) 采购选择。在选择供应商之前对产品的质量应有深入的了解,多收集一些说明书、产品介绍方面的信息。

① 采购前要求提供样品认可,特别是对承包商(或分包商)自己采购的材料。样品认可后封存,在材料到现场时再做对比检查。

② 尽可能选择有长期合作伙伴关系的供应商。一个大型的承包公司周围应有一些长期的合作伙伴,这有利于保证质量、保证供应、抵御风险。

③ 要求供应商提供其产品证书,如官方认可的质量系统文件和证明、生产许可证、质量认证书,也可以走访以前的用户。

④ 对重要的、大批量供应或专项物资供应,可以派自己的人员在生产厂进行巡视,检查产品质量及生产管理系统,验收产品。

⑤ 与供应商或其生产厂家一起研究质量改进措施。

⑥ 供应的可靠度,即供应商的生产(供应)能力,现已承接的业务的数量,供应时间。这不仅影响工程质量,而且会影响工期。通常超过能力进行生产,供应时间不能保证,质量也不能保证。

(3) 入库和使用前的检查。检查供应的质量,并做出评价,保存记录。不合格的材料不得进入工地,更不得使用。

7.3.5 工程质量检查和监督

1) 施工项目质量检查的目的

防止不合格工程或产品进入到下个施工活动或进入用户手中,把住质量关,把发生或可能发生的质量问题在施工过程中解决,并通过质量检查得到反馈的质量信息,发现存在的质量问题,采取有效的措施进行处理和整改,确保工程或产品质量的稳定与提高。

2) 施工项目质量检查的依据

国家颁发的工程施工质量验收统一标准、专业工程施工质量验收规范;原材料、半成品及构配件的质量检验标准;设计图纸及施工说明书等有关设计文件。

3) 施工项目质量检查的内容

(1) 原材料、半成品及构配件的检查。

(2) 工程地质、地貌测量定位、标高等资料的复核检查。

(3) 分部、分项工程的各项施工活动的质量检查。

(4) 隐蔽工程项目检查。

(5) 施工过程中的原始记录及技术档案资料的检查。

(6) 竣工项目的处理检查。

(7) 对施工项目使用功能的检查。

4) 施工项目质量检查的层次

对施工项目的质量检查包括两个层次,分别为:

(1) 实施单位(如承包商、供应商、工程小组)内部的质量管理工作,如领导、协调、计划、组织控制,通过生产过程的内部监督和调整及质量特征的检查达到质量保证的结果,要做好技术监督工作和质量信息的收集、判断工作。

(2) 项目管理者对质量的控制权,包括:行使质量检查的权力;行使对质量文件的批准、确认、变更的权力;对不符合质量标准的工程(包括材料、设备、工程)的处置的权力;在工程中做到隐蔽工程不签字不得覆盖,工序间未经验收下道工序不得施工;不经质量检查,已完的分项工程不能验收、不能结算工程价款。这些具体措施都必须在合同中予以明确规定。

工程质量的检查包括常规检查、专项检查、非常规检查、现场检查以及现场以外的结构件、设备、生产场地检查。对每一项检查应确定查什么,怎样检查,在何处何时查,谁检查谁,检查频度等。

单位工程竣工后,必须进行最终检验和试验,这是对产品质量的最后把关,是全面考核产品质量是否满足设计要求的重要手段。最终检验和试验提供的资料是产品符合合同要求的证据。单位工程项目技术负责人应按编制竣工资料的要求收集和整理设备及构件的质量合格证明材料、各种材料的试验检验资料、隐蔽工程记录、施工记录等质量记录。对查出的质量缺陷应予以纠正,并且在纠正后再次验证以证实其符合性。

7.3.6 工程验收和移交

1) 工程验收的内容

工程验收的重点在于工程项目的整体是否达到设计的生产能力和规范的要求,检查系统的完整性。在工程接近完成前双方就应商讨安排验收和移交问题,由项目经理组织各单位、各专业协调进行。

工程验收一般包括下面几个阶段:

(1) 检查阶段

一方面是对工程项目的质量进行检查,检查其是否达到设计和规范的要求,如结构、地面、油漆工程、门窗、建筑垃圾的处理、绿化工程等;另一方面是对工程的完整性进行检查,即查出各项目内容的疏漏,保证项目的功能完整。检查包括对工程实体的检查和各种质量文件的检查。对查出来的问题应限期解决,既可以边移交边解决,也可以推迟移交,再作复查。

(2) 试验阶段

按规范采用某些技术检验方法,对一些设备进行功能方面的检查,如管线的试压和气密性试验、对一些材料和设备的特殊检验等等。

(3) 移交阶段

全部工程完成以后,业主组织力量或委托某些专业工程师对整个工程的实体和全部的施工记录资料进行交接检查,找出存在的问题,并为下一步的质量评定工作做好准备。

在竣工阶段竣工图纸和文件的移交是一项十分重要的工作。竣工图不仅作为工程实施状况和最终工程技术系统状况的证明文件,而且是一份重要的历史文件,对工程以后的使用、修理、改建、加固都有重要作用。最终由项目管理者签发证书,工程正式移交。

2) 检验项目

根据建筑工程施工质量验收统一标准,建设工程质量验收的划分有:检验批、分项工程、分部(子分部)工程、单位(子单位)工程。其中检验批和分项工程是质量验收的基本单元,分部工程是在所含全部分项工程验收的基础上进行验收的,它们是在施工过程中随完工随验收;而单位工程是完整的具有独立使用功能的建筑产品,进行最终的竣工验收。因此,施工过程的质量验收包括检验批质量验收、分项工程质量验收和分部工程质量验收。

检验项目分为主控项目和一般项目。

主控项目是对检验批的基本质量起决定性影响的检验项目。如一般抹灰工程中,要求抹灰前基层表面的尘土、污垢、油渍等应清除干净,并应洒水润湿。检查方法:检查施工记录。再如,一般抹灰所用材料的品种和性能应符合设计要求。水泥的凝结时间和安定性复验应合格。砂浆的配合比应符合设计要求。检查方法:检查产品合格证书、进场验收记录、复验报告和施工记录。

一般项目是除主控项目以外的检验项目,如一般抹灰工程的表面质量、抹灰层的总厚度、抹灰分格缝的设置等。

(1) 检验批质量验收

所谓检验批是指按统一的生产条件或按规定的方式汇总起来供检验用的,由一定数量样本组成的检验体。检验批可根据施工及质量控制和专业验收需要按楼层、施工段、变形缝等进行划分。

① 检验批合格质量应符合下列规定：主控项目和一般项目的质量经抽样检验合格；具有完整的施工操作依据和质量检查记录。

② 主控项目的验收必须从严要求，不允许有不符合要求的检验结果，主控项目的检查具有否决权。

(2) 分项工程质量验收

① 分项工程应按主要工种、材料、施工工艺、设备类别等进行划分。分项工程可由一个或若干检验批组成。

② 分项工程质量验收合格应符合下列规定：分项工程所含的检验批均应符合合格质量的规定；分项工程所含的检验批的质量验收记录应完整。

(3) 分部工程质量验收

① 分部工程的划分应按专业性质、建筑部位确定；当分部工程较大或较复杂时，可按材料种类、施工特点、施工程序、专业系统及类别等分为若干子分部工程。

② 分部(子分部)工程质量验收合格应符合下列规定：所含分项工程的质量均应验收合格；质量控制资料应完整；地基与基础、主体结构和设备安装等分部工程有关安全及功能的检验和抽样检测结果应符合有关规定；观感质量验收应符合要求。

由于分部工程所含的各分项工程性质不同，因此它并不是在所含分项验收基础上的简单相加，即所含分项验收合格且质量控制资料完整，只是分部工程质量验收的基本条件，还必须在此基础上对涉及安全和使用功能的地基基础、主体结构、有关安全及重要使用功能的安装分部工程进行见证取样试验或抽样检测，而且需要对其观感质量进行验收，并综合给出质量评价，观感差的检查点应通过返修处理等补救。

(4) 单位工程质量验收

单位工程质量验收的合格规定为：

① 单位工程所含分部工程的质量均应验收合格。

② 质量控制资料应完整。

③ 单位工程所含分部工程有关安全和功能的检测资料应完整。

④ 主要功能项目的抽查结果应符合相关专业质量验收规范的规定。

⑤ 观感质量验收应符合要求。

单位工程质量验收也称质量竣工验收，是施工项目投入使用前的最后一次验收，也是最重要的一次验收。验收合格的条件有五个，除构成单位工程的各分部工程应该合格，并且有关的资料文件应完整以外，还应进行以下三个方面的检查。

涉及安全和使用功能的分部工程应进行检验资料的复查。不仅要全面检查其完整性(不得有漏检缺项)，而且对分部工程验收时补充进行的见证抽样检验报告也要复核。这种强化验收的手段体现了对安全和主要使用功能的重视。

此外，对主要使用功能还需进行抽查。使用功能的检查是对建筑工程和设备安装工程最终质量的综合检查，也是用户最为关心的内容。因此，在分项、分部工程验收合格的基础上，竣工验收时再做全面检查。抽查项目是在检查资料文件的基础上由参加验收的各方人员商定，并用计量、计数的抽样方法确定检查部位。检查要求按有关专业工程施工质量验收标准进行。

最后,还需由参加验收的各方人员共同进行观感质量检查。检查的方法、内容、结论等应在分部工程的相应部分中阐述,最后共同确定是否通过验收。

(5) 工程质量验收记录的规定

质量验收中,工程质量不符合要求时的处理方法如下:

① 经返工重做或更换器具、设备的检验批,应该重新进行验收。

② 经有资质的检测单位检测鉴定能达到设计要求的检验批,应予以验收。

③ 经有资质的检测单位检测鉴定达不到设计要求,但经原设计单位核算认可能够满足结构安全和使用功能的检验批,可予以验收。

④ 经返修或加固处理的分项、分部工程,虽然改变外形尺寸,但仍能满足安全使用要求,可按技术处理方案和协商文件进行验收。

⑤ 通过返修或加固后处理仍不能满足安全使用要求的分部工程、单位(子单位)工程,严禁验收。

3) 建筑工程质量验收组织管理

(1) 检验批及分项工程应由监理工程师(建设单位项目技术负责人)组织施工单位项目专业质量(技术)负责人等进行验收。

(2) 分部工程应由总监理工程师(建设单位项目负责人)组织施工单位项目负责人和技术、质量负责人等进行验收;地基与基础、主体结构分部工程的勘察、设计单位工程项目负责人和施工单位技术、质量部门负责人也应参加相关分部工程验收。

(3) 单位工程完工后,施工单位应自行组织有关人员进行检查评定,并向建设单位提交工程验收报告。

(4) 建设单位收到工程验收报告后,应由建设单位(项目)负责人组织施工(含分包单位)、设计、监理等单位(项目)负责人进行单位(子单位)工程验收。

(5) 单位工程质量验收合格后,建设单位应在规定时间内将工程竣工验收报告和有关文件报建设行政管理部门备案。

4) 工程项目的验收报告

验收报告可按不同的项目需要编写,一般工业工程项目的验收报告应包括以下内容:

(1) 总说明

项目情况介绍,包括项目的批准依据、建设规模、新增生产能力、设计依据、设计单位、批准部门、重大设计变更、施工单位、形象进度、施工大事记、设计概算、竣工决算等;生产准备情况,包括组织机构、人员培训、原材料供应、水电气的供给和生产技术准备等;试运行结果的考核,各项技术指标分析;总的工程质量评定;三废处理情况;影响生产的遗留问题及处理意见;合同各方面的执行情况;投资效果分析;项目的经验和教训等。

(2) 竣工验收报告附表

竣工工程概况表;竣工工程验收清册及交付使用的固定资产表;移交的工、器具和家具表;库存结余的设备材料表;重大事故一览表;重大设计变更表;单位工程质量表;设计质量评定表;关键设备质量评定表;三废治理情况表。

(3) 工程验收鉴定书

包括工程名称、建设规模、工程地址、移交日期、验收委员会名单、工程建设总说明、验收委员会鉴定意见、验收签章等。

7.4 工程项目运行质量管理

7.4.1 试运行条件准备

工程的运行条件准备是项目施工和运行两个重要阶段的中间环节,对许多复杂的工业建设项目,试运行本身包括极其复杂的工作内容,具有项目的特征,可以作为一个独立的子项目进行全面的计划、准备、协调、控制。这一阶段需要做好如下工作:

(1) 提供运行文件,包括系统运行(使用、操作)手册、维护要求、技术要求、使用条件说明。这是作为项目成果由项目管理者负责的,具体由设计单位设备供应商承担并完成。

(2) 培训操作人员及维护人员。对专业性强的工作常常必须经过正规的培训,避免操作失误,并防止由此造成的工程损坏。

(3) 物质准备。包括生产用原材料、能源、设备运行的备用件等一切必要的生产条件,在承包(或供应)合同中应注明这些供应的责任人。

(4) 对于由新项目组建的企业或企业分部,须建立新企业的运行机制、生产管理规章制度、管理组织及管理系统。

7.4.2 试运行

项目试运行是对整个项目的设计、计划、实施和管理工作综合性的检验。作为使用单位,应尽可能地按设计生产能力满负荷运行,以考验工程。由于保修期是从移交开始的,所以一经移交就应进入使用状态。若工程项目是分批移交的,则在计划期就应考虑到移交后应能进行局部运行,否则会减轻施工单位的保修责任。

试运行阶段,必须完全按照操作规程和规定的条件运行,否则质量问题的责任由运行者负责。运行过程中质量管理更重要的是通过各种措施保证工程设备良好的运行状态和高生产效率、低费用。通过质量保证措施的投入(一般为生产成本的5%~10%)使产品质量好,竞争能力强,销量增加,废品少,返修少,设备运行期延长。这一阶段要做好运行状态的全部记录,为落实保修责任做准备。

7.4.3 缺陷责任和保修

对运行初期的质量保证在很大程度上仍属于实施者的责任,一般工程承包合同都有保修期的规定,为了保证承包商对工程的缺陷责任,常常留有一笔保留金作为维修的保证。

在保修期中应定期派人进行系统检查,进行各种监测,早期(一般一年中)几乎所有的质量问题都能暴露,所以能及时地按合同解决出现的问题。

《建设工程质量管理条例》对建设工程的质量责任、最低保修期年限、保修办法都有明确的规定。

1) 房屋建筑工程质量保修的定义

房屋建筑工程质量保修是指对房屋建筑工程竣工验收后在保修期限内出现的质量缺陷予以修复。

2) 质量保修范围

建筑工程质量保修范围包括地基基础工程、主体结构工程、屋面防水工程，有防水要求的卫生间、房间和外墙面的防渗漏，供热与供冷系统，电气管线、给排水管道、设备安装和装修工程，以及发包人与承包人约定的其他项目。

3) 最低保修期限

民用建筑主体结构确定的建筑物耐久年限分为四级：一级耐久年限为100年以上，适用于重要建筑和高层建筑（指10层以上住宅建筑、总高度超过24米的公共建筑和综合性建筑）；二级耐久年限为50~100年，适用于一般建筑；三级耐久年限为25~50年，适用于次要建筑；四级耐久年限为15年以下，适用于临时性建筑。

正常使用下，房屋建筑工程的最低保修期限如下：

(1) 地基基础和主体结构工程，为设计文件规定的该工程的合理使用年限。

(2) 屋面防水工程，有防水要求的卫生间、房间和外墙面的防渗漏，为5年。

(3) 供热与供冷系统，为2个采暖期、供冷期。

(4) 电气管线系统、给排水管道、设备安装为2年。

(5) 装修工程为2年。

其他项目的保修期限由建设单位和施工单位约定。

4) 质量保修责任

(1) 属于保修范围、内容的项目，承包人应当在接到保修通知之日起7天内派人保修。承包人不在约定期限内派人保修的，发包人可以委托他人修理。保修费用从质量保修金内扣除。

(2) 发生紧急抢修事故的，承包人在接到事故通知后，应当立即到达事故现场抢修。非承包人施工质量引起的事故，抢修费用由发包人承担。

(3) 对于涉及结构安全的质量问题，应当按照《房屋工程质量保修办法》的规定，立即向当地建设行政主管部门报告，采取安全防范措施；由原设计单位或者具有相应资质等级的设计单位提出保修方案，承包人实施保修。

(4) 质量保修完成后，由发包人组织验收。

(5) 保修费用由造成质量缺陷的责任方承担。

(6) 建设工程的保修期，自竣工验收合格之日起计算。

复习思考题

1. 简述工程质量和工程质量管理的概念。
2. 简述设计质量控制的内容。
3. 试分析施工阶段影响质量的因素有哪些？
4. 《建设工程质量管理条例》中对质量责任和最低保修期有哪些具体规定？

8 工程项目费用管理

8.1 工程项目费用管理概述

8.1.1 项目费用管理的概念

1) 项目费用管理的概念

(1) 项目费用的概念

工程项目关于价值消耗方面的术语较多,包括投资、成本和费用等。其中,投资是指货币转化为资本的过程;成本是指为过程增值和结果有效已付出或应付出的资源代价;费用是指生产经营过程中发生的各项耗费。从不同的项目参加者角度名称也有所差异,如投资主要是针对项目投资者和业主,是从投资者角度出发的;成本主要应用于各承包商;而费用的意义更为广泛,各种对象都可使用。无论从业主还是从承包商的角度,其计划和控制方法是相同的。

(2) 项目费用管理的概念

项目的费用管理就是在整个项目的实施过程中,定期的、经常性的收集项目的实际费用数据,进行费用的计划值(目标值)和实际值的动态比较分析(包括总目标和分目标等多层次的比较分析),进行费用预测,如发现偏差,则及时采取纠偏措施(包括经济、技术、合同、组织管理等综合措施),以使项目的费用目标尽可能好的实现。

项目费用管理是确保完成项目的总费用不超过批准的预算所需的一系列过程。项目费用管理是有关项目成本和项目价值两个方面的管理,是为保障以最小的成本实现最大的项目价值而开展的项目专项管理工作。

项目费用管理首先关心的是完成项目活动所需资源的成本,但也应该考虑项目决策对项目投产运营的影响。项目费用管理的这种广义的观点常被称为"项目全生命周期造价管理"。

根据建设程序,工程项目费用的确定与工程建设阶段性工作深度相对应,在工程项目的不同阶段,工程项目费用的确定如图 8-1 所示。

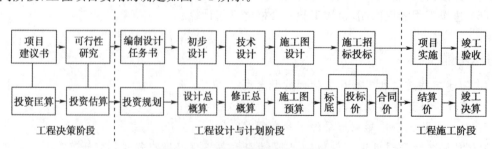

图 8-1 各建设阶段建设费用的确定

2) 项目费用管理的作用

现代项目费用管理的主要作用包括：

(1) 确定和控制项目费用。

(2) 确定项目全生命周期的费用。

(3) 运用价值工程等方法节约项目费用和时间。

(4) 为项目相关利益主体提供费用和效益信息。

(5) 为项目的资金筹措和财务管理提供帮助。

3) 项目费用管理的内容

根据PMBOK，项目费用管理的内容主要包括：

(1) 制定项目资源计划。主要是根据项目进度计划，确定项目所需资源的种类和数量。

(2) 项目费用估算。估算完成各项活动或工作包所需的费用。对比较小的项目，可以直接对活动进行费用估算；而对较大的项目，可能只需要对工作包进行费用估算。

(3) 项目费用预算。将项目各活动或工作包的各项费用估算的结果进行分类、逐层向上汇总，建立费用基准。在汇总过程中，需要做一些相应的调整。

(4) 项目费用控制。对导致项目费用偏差的因素施加影响，并控制项目预算的变更。

4) 项目费用管理的特点

(1) 费用管理的综合性

项目费用目标不是孤立的，它只有与工程范围、质量目标、进度目标、效率、消耗等相结合才有其价值。因此，在项目范围确定后，必须正确处理投资（成本）、功能（质量）和进度之间的关系，以追求三大目标之间的综合平衡。必须做到：

① 费用目标必须与详细的技术（质量）要求、进度要求、工作范围、工作量等同时落实到责任者（承担者），作为以后评价的尺度。

② 不能片面强调费用目标，否则容易造成误导。例如为降低造价（特别是建设期成本）而使用劣质材料、廉价设备，结果会拖延工期，损害工程的整体功能和效益。

(2) 费用管理的复杂性

与时间管理和质量管理相比，项目的费用管理的不确定性大，管理难度也大。对于进度控制可通过调整计划、增加作业时间、增加资源等方法来弥补进度的延误；工程质量问题一般可以通过局部修复、返工、设计变更等手段来改进工程实施过程中发生的质量缺陷；而在实际工程中，成本超支是很难弥补的，除非是以牺牲其他的项目目标为代价，如减少工程量、降低质量要求和功能要求，这反过来又会损害工程的整体功能和效益。

项目费用超支往往并非费用管理本身的问题，而是由于质量标准的提高、进度的调整、工程量的增加、业主由于工程管理失误造成的索赔和不可抗力因素等原因引起的。这些问题通常不是成本管理人员能够单独控制的。因此，费用管理必须与质量管理、时间管理、合同控制（包括索赔和反索赔）同步进行。

(3) 费用管理的实时性

费用管理的时效性很强，需要及时、准确的信息反馈，包括工程消耗、工程完成程度、质量资料。费用管理的基本方法是规定各成本责任单位定期上报其成本报告，再由控制部门对其进行审核，以保证各种支出的合法性，然后再将已经发生的费用与预算相比较，及时发现费用是否出现超支，一旦超支，即分析超支的原因和发展趋势，并采取相应的措施加以弥补。这样才能提高费用管理的准确性和详细程度。

8.1.2 项目资源计划

1) 项目资源计划编制的概念

项目资源计划编制是指通过分析和识别项目的资源需求,确定出项目需要投入的资源种类(包括人力、设备、材料、资金、信息和技术等)、项目资源投入的质量和数量及项目资源投入的时间,从而制定出项目资源供应计划的项目费用管理活动。项目资源的获得方式包括人员招聘和物品采购。

2) 资源计划的主要依据

(1) 项目工作结构分解(WBS)

项目工作结构分解(WBS)确定了要实现项目预定目标而必须进行的工作或活动,而这些工作或活动决定了项目所需要的资源要求。应用 WBS 制定项目资源计划可以保证工作的完备性,不会遗漏具体的资源要素。

(2) 项目进度计划

项目进度计划是项目其他计划的基础,进度计划决定了项目计划进展情况,从而也决定了项目何时需要何种资源,需要量为多少,有何要求,这些是确定资源计划最直接的依据。

(3) 历史资料

历史信息记录了以往类似项目的资源需求和使用情况,可以为本项目资源计划的制定提供参考。如果有可能,要尽可能多地了解历史上类似项目的详细信息,以完善本项目资源计划。

(4) 项目范围说明书

项目范围说明书包括项目目标和项目工作说明,项目范围表达了项目要达到的最终结果,项目实施中的具体内容以及实施项目的原因等问题。

(5) 资源库描述

资源库就是项目团队拥有的可供使用的资源信息资料的集合。资源库中资源分为两类:

① 硬件,包括完成项目任务的人员、设备、材料等。

② 软件,包括完成项目任务所需要的技术、信息等。

(6) 组织策略

在编制项目资源计划时还应当考虑到材料采购、人员聘用、租用、厂商关系等组织策略,以指导项目管理者利用组织特有的核心竞争力来发挥组织的竞争优势,在竞争中达到团队目标的一种策略。

(7) 资源需求文件

资源需求文件是通过资源计划最终得到的输出文件,是对项目实施过程中资源获得、资源分配具有约束力的文件。资源需求文件包括项目所需的所有资源类型及需求量的详细描述,其详细程度应该为 WBS 中每个基本单元列出的资源需求和资源数量。

3) 项目资源计划的编制方法

项目资源计划的编制方法包括:

(1) 专家判断法

即由项目费用管理专家根据经验和判断去确定和编制项目资源计划的方法。专家判断法实施步骤包括:专家和参与者的选择,问题的阐述,产生备选方案,方案的评价与选择,方案的实施与管理。

(2) 头脑风暴法(Brain Storming Method)

头脑风暴法又称为智力激励法,是最著名并且被广泛使用的通过出主意、提建议的方式来解决问题的方法。其本质是通过激发创造性思维来找到解决问题的方法。其实施步骤包括:准备,热身,明确问题,重新表述问题,畅谈阶段,筛选阶段。

(3) 德尔菲法

德尔菲法是由兰德公司于20世纪50年代创立的一种最著名的预测方法。该方法采用专家成员不直接见面,而采用调查问卷表的方式,可避免其他专家的意见被绝对专家所左右,从而保证最终结果更加真实、客观。

(4) 统一定额法

即使用国家或行业标准定额和工程量计算规则来制定项目资源计划的方法。

(5) 资料统计法

即使用历史项目的统计数据资料,计算和确定项目资源计划的方法。

(6) 项目管理软件法

即运用现行的项目管理软件来计算和确定项目资源计划的方法。

资源计划的结果是编制资源的需求计划,对各种需求及其计划加以描述,将资源的需求安排分解到具体工作上,资源计划的结果通常以各种形式的表格予以反映。

8.1.3 项目费用估算

1) 项目费用估算的概念

项目费用估算是根据项目资源计划以及各种资源的价格信息(包括价格指数),粗略地估算和确定项目及其项目各项活动的费用和项目总费用的项目管理活动。

项目费用估算是对完成项目所需费用的估算和计划,是项目计划中的一个重要组成部分。项目费用估算是一个非常复杂的系统工程,在项目费用管理中具有非常重要的意义,要实行费用控制,首先要进行费用估算。

项目成本估算包括初步项目成本估算(量级估算)、技术设计后的成本估算(预算)和详细设计的成本估算(最终估算)等几种不同精度的项目成本估算。项目费用估算过程如图8-2所示。

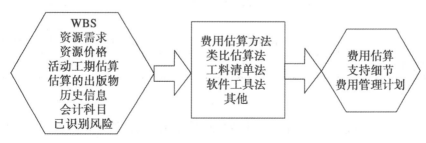

图 8-2 项目费用估算过程

2) 项目费用估算的作用

(1) 是项目决策、项目融资及项目评标定标的依据。

(2) 是承包商投标报价的基础。

(3) 是项目资金计划的编制依据。

(4) 是项目资源安排的依据。

(5) 是费用控制的基础。

3) 项目费用估算的类型

项目费用估算贯穿于项目整个生命周期。随着项目的进展,项目费用估算也可以进行多次。由于项目各个阶段所具备的条件和掌握的资料不同,估算的精度也不一样。随着项目不断展开、深化,项目费用估算所需掌握的信息越来越多,信息的准确性也不断提高,从而项目费用估算的精度也随之提高。

(1) 国外对项目费用估算的划分

① 三阶段划分

按照三阶段划分,项目费用估算的划分如表 8-1 所示。

表 8-1　项目费用估算的划分

估算类型	精确度	何时做	用途	类似说法
量级估算	$-25\%\sim+75\%$	非常早,通常在概念和启动阶段,在项目完成前 3~5 年	用于可行性研究	概念估算、可行性估算
预算估算	$-10\%\sim+25\%$	早,通常在计划阶段,是自上而下的估算方法	用于项目获得批准,将资金拨入预算计划	自上而下估算、类比估算
最终估算	$-5\%\sim+10\%$	项目后期,项目完成前一年内,最准确	为采购提供决策依据,估算实际费用	详细估算、WBS 估算、控制估算

② 四阶段划分

按照美国建筑学会四阶段划分,项目费用估算的划分如表 8-2 所示。

表 8-2　项目费用估算的划分

估算等级	百分比范围	说明(方法)
数量级估算	$\pm30\%\sim\pm50\%$	可行性研究—成本产量曲线
系数估算	$\pm25\%\sim\pm30\%$	主要设备—用于成本的系数
控制估算	$\pm10\%\sim\pm15\%$	根据机械、电气、土建图纸计算的数量
详细或最终估算	$<\pm10\%$	根据详图

③ 五阶段划分

按照美国国际造价工程师协会五阶段划分,项目费用估算的划分如表 8-3 所示。

表 8-3 项目费用估算的划分

估算等级	项目定义程度	最终用途	期望精度范围
1	1%~2%	概念筛选	-50%~100%
2	1%~5%	可行性研究	-30%~+50%
3	10%~40%	预算、批准或控制	-20%~+30%
4	30%~70%	控制或招投标	-15%~+20%
5	50%~100%	检查估算或招投标	-10%~+15%

④ 六阶段划分

根据哈罗德·科兹纳六阶段划分，项目费用估算的划分如表 8-4 所示。

表 8-4 项目费用估算的划分

估算等级	种类	精度范围
Ⅵ	量级估算	>±35%
Ⅴ	可行性估算	±25%~±30%
Ⅳ	拨款估算	±20%~±25%
Ⅲ	拨款估算（有资金成本）	±15%~±20%
Ⅱ	资本估算	±10%~±15%
Ⅰ	确切估算	<±5%

（2）国内项目费用估算的类型

我国项目费用估算可以划分为：

① 投资估算（量级估算）。在投资决策阶段，对项目从前期准备工作开始到项目竣工验收交付使用为止所发生的费用的估计。

② 设计概算（预算估算）。在方案设计阶段，由设计单位根据方案设计图纸预先计算和确定项目从筹建到竣工验收交付使用的确保建设费用。

③ 施工图预算（最终估算）。在施工图设计阶段，根据施工图设计确定的建筑安装工程费用。

需要注意的是，在进行项目费用估算时，一定要包括项目全寿命周期费用（Life-Cycle Costing，LCC），包括获得、实施、维护和处置的成本或投资。

4）项目费用估算精度的影响因素

（1）费用估算信息

项目费用估算是否准确在很大程度上取决于项目管理者是否能够获取与项目费用相关的信息资料，如历史类似工程费用信息、物价、消耗量等，掌握的资料越丰富，费用估算的精度也越高。

（2）项目工作进展

项目费用是在项目全寿命周期中随着项目进展而逐渐形成的，其各阶段的费用目标也是不断细化、精确度不断提高。

(3) 物价水平

项目费用与物价高低直接相关,如果物价水平波动频繁,项目费用估算难度就加大,精度也会受到影响。

(4) 估算人员的素质

估算人员的知识水平、工作经验也会影响项目费用估算的精度。

5) 项目费用估算的步骤

(1) 明确要进行预测的费用对象。

(2) 决定费用动因。费用动因是揭示费用开销的业务驱动因素,依据费用动因进行费用分类,可以帮助较快地透过费用数据发现业务环节中隐含的问题。费用动因是费用预测的首要因素,可能存在多个费用动因,而且有些还可能不是很明显。

(3) 收集整理费用数据。每一时期的数据应按照相同的会计基础来计算,所有的交易都应当在它们发生的当期正确记录下来。

数据的准确性取决于数据来源的性质。本单位本部门内部的数据往往非常可靠,而来自外部的费用数据准确性差异较大,需要项目管理者加以分析、调整,找出正常数据分布。

(4) 确定费用估算方法。根据不同项目及不同的费用项目,选择出精确性与成本之比最佳的估算方法。

(5) 评价费用估算的精确度。

6) 项目费用估算的方法

项目费用估算实际上就是根据历史标准和依据类似项目费用执行情况估算完成项目所需的费用。项目费用估算的方法有:

(1) 类比估算法

类比估算法又称自上而下估算法,是指根据以往类似工程项目的费用支出情况,利用类似项目实际发生的费用作为估算依据,确定拟建项目的费用目标,并以此为基准,将费用层层分解,从而估算出各阶段各单元的费用。

工程项目常常采用生产规模指数估算法和单元指标估算法来确定项目总费用。

生产规模指数估算法是根据近期已经建成的性质相同的工程项目费用投资额或其设备投资额估算出拟建项目的投资额或设备投资额。其估算公式为:

$$C_2 = C_1 \left(\frac{A_2}{A_1}\right)^n \cdot f$$

式中：C_2——拟建项目投资额。

C_1——类似项目投资额。

A_1——类似项目的生产规模。

A_2——拟建项目的生产规模,需要注意的是 A_1 和 A_2 必须使用统一的生产规模指标。

n——生产规模指数,$0.6 < n \leqslant 1$。其取值原则为：当两个项目生产能力、规模相差不大时,取 n 近似等于 1；若两个项目生产规模差别较大,而生产能力的扩大是通过扩大单个设备的生产容量来实现的,则 n 取 0.6~0.7 之间；若是通过增加与 A_1 相同规格设备的数量来扩大生产能力的,则 n 取 0.8~0.9 之间。

f——考虑不同时期、不同地点引起的价格调整系数。

单元指标估算是指根据类似项目单位投资来估算拟建项目的投资费用。对工业建设项目，单元指数估算值为：

$$项目投资额 = 单元指标 \times 生产能力 \times 物价浮动指数$$

民用项目单元指数估算值为：

$$项目投资额 = 单元指标 \times 民用建筑功能 \times 物价浮动指数$$

单元指标是指每个估算单位的投资额。工业项目一般按照单位生产能力投资指标（如元/件、元/吨、元/千瓦时等），民用建筑项目一般按照单方投资或单位功能投资（如元/平方米、元/座位等）进行估算。

采用类比估算法有如下优点：
① 总体预算比较准确。
② 可以避免某些项目或项目单元被过分重视而获得过多的预算。
③ 避免重要的项目单元被忽略。

缺点：管理人员根据自己的经验赋予费用估算，当分解到下层时可能会出现基层人员认为不足以完成相应任务的情况，此时上层和基层经常会存在沟通问题。

适用范围：通常用于项目早期，缺乏项目费用信息。

（2）工料清单法

工料清单法又称自下而上估算法，该方法是根据 WBS 体系、基本任务以及进程和个体单元预算来估算各项项目费用，再自下而上汇总各个估算结果，得出总费用。使用该方法进行估算需要对任务的时间和预算进行详细考察，以尽可能通过项目构思精确度。

采用自下而上估算法的优点：比起高层管理人员，直接参与项目建设的人员更为清楚项目涉及活动所需要的资源量，而且由于参与估算的人员也是项目实施时参与具体项目任务的实际对应人员，因此也可以避免引起争执和不满。

缺点：可能会出现虚报账目，不利于资源有效配置。

适用范围：项目详细设计完成后，确定了详细的工作分解结构。

（3）基于活动的费用方法（ABC 法）

利用活动的费用估算方法（Activity Based Costing，ABC），先把项目任务进行合理的细分，分到可以确认的程度，如某种材料、某种设备、某一活动单元等，然后估算每个 WBS 要素的费用。

特点：工作量大，准确度较高，且便于费用控制。

ABC 法就是为了保证在预定的工期、成本和功能或质量范围内资源得到最佳利用而采用具有合理逻辑顺序的项目估算技术。其出发点是利用 WBS 方法，先将项目任务进行合理的细分，然后估算每个 WBS 要素的费用。

为了对资源更好的估价，可采取以下步骤对工程项目费用进行估算：

① 确定工作说明、项目规范、项目初始总进度

根据工程项目的目标定义、工程项目建议书、工程项目可行性研究报告等工程项目文件确定工作说明（Scope (or Statement) of Work，SOW）、项目规范（Specifications）、项目初始总进度（Gross or Summary Schedules）。

工作说明（SOW）是实现工程项目目标所必须执行的所有工作的简要描述，它说明工程

项目所要达到的目标。SOW 包括项目目标、工作的简要描述、边界条件。SOW 可由项目组织者组织编写,也可请潜在的投标者帮助他们编写。SOW 对工程策划阶段的估价是非常重要的,因为它实际上确定了项目的工作范围,所有参与估价过程的工作人员都必须学习和体会 SOW。

项目规范对各个技术系统设计与形成有决定性的影响,是劳动力、设备、材料估价的基础。项目规范任何细小的变化都会导致工程项目费用发生很大的变化。项目规范一般采用各种现行规范。

工程项目初始进度包括开始日期、结束日期、里程碑事件。这些时间最好与时间日历结合。工程项目的费用要素在不同的时间里价格变化很大,项目持续时间的不同其费用也有比较大的变化。

② 建立工作流程网络

工作流程网络是网络计划技术与 WBS 的基础,它简单表明项目管理者达到控制项目的各项工作的逻辑顺序。在工程估价初期,它有助于人们作出切合实际的时间、费用、质量等相关估计。

③ 项目工作结构分解(WBS)

工程项目管理者一般在 WBS 的第三级(项目任务级)上进行费用估算和费用控制。承包商及其他项目参加者在此基础上做进一步分解,以便得到更精确的费用估算与控制。

工作流程网络中的各项工作或活动这时一般当作 WBS 第三级上的任务,其中相关的任务组成一个单项项目。

通常工作流程网络与 WBS 被作为项目需求定义的一部分,因为 WBS 是项目成本能在特定的级别或更详细的级别上得到控制所必需的。

④ 根据 WBS 进行估价

在估价工作中,项目管理者建立项目的需求,确立项目的对象(What)、时间(When)、原因(Why),承包商通过确定项目如何做(How)、谁去做(Who)和工作地点(Where)来对工作或活动进行估价。

当项目的 WBS 和工作或活动的进度确定后,项目组织者应作 WBS 的交底,以确保各种有效的估价信息能顺利传达和交流。

根据项目单元的定义,不同的项目管理者对特定级别的项目单元(一般是工作包)的成本要素进行估算,估算一般采用历史资料。这些成本要素一般都与时间因素相关联。通过所估价的项目单元向上汇总,可进一步获得整个项目的估价。

⑤ 审查 WBS 估价

审查的一个重要方面就是时间状态下的人工估算。这样,项目管理者可以提出人工方面的限制,查询估价中各种风险的估计。

作为审查的一部分,项目管理者必须提出以下问题:

A. 估价的时间是否充分。
B. 估价是否基于历史或标准,是否是最合适的。
C. 是否需继续对项目进行人员调整。

显然,对这些问题的回答将对估价产生影响。

⑥ 合理定义项目单元的费用目标

因为项目是通过项目的 WBS 进行控制的,所以项目管理者必须针对 WBS 项目单元合理定义其成本目标。项目组织者一般定义第三级项目单元,承包商可针对更为详细的工作包作费用目标定义。当项目实施开始后,项目单元的费用目标就成为项目目标的基础。但此时必须考虑资源受到限制所产生的影响,因为资源有限制时,项目的成本将会增加。

⑦ 建立项目线性责任图

项目管理者进行项目工作责任的分配,建立项目线性责任图。项目线性责任图的建立必须根据项目的费用是如何估计和控制的。项目费用的估计和控制基本方法有:

A. 工作任务的费用估计和费用控制基于项目各部门的平均工资水平。
B. 工作任务的费用估计基于项目各部门的平均水平。
C. 所有工作任务费用控制基于项目实际工资账单。
D. 工作任务的费用估计和工作任务费用控制基于项目参加人员的实际工资状况。

项目的估价是一个基于时间、成本、质量的整体优化的不断重复的过程。项目的详细计划作出后,全部的估价过程必须重新进行。如果前面大部分的估价成果仍可利用,则仅需对项目的成本估价作简单的修改。但当业主对项目规模或质量作重大调整时,一开始的成本估算将不被认可。

⑧ 编制成本估算摘要报告

尽管项目的估价是一个重复的过程,项目组织者必须承担每一个过程中的责任,通过成本估算摘要报告保证作出关键的项目决策。在至少两种情况下需作出详细的估价报告:一种情况是为估价目标及估价审查做准备;另一种情况是必须对先前的估价报告进行简单的,诸如替代实施方案的选用或原材料采购供应成本的修改。

⑨ 将最终结果形成总体项目计划的文件

以上是基于 WBS 对项目从策划到实施前所作估价的一系列工作步骤,是一种系统的工作方法,它更多地为业主的投资估算与决策服务。承包商同样可参照此方法进行估价。实际工作中可结合具体情况进行适当调整。

(4) 因素估算法

因素估算法是一种比较科学的传统估算方法,是以过去为根据,利用数学知识来预测未来。

前提:有过去类似项目的资料,这些资料在同一基础上。项目费用信息资料具有可比性。

如规模 费用图。在编制规模—费用图时,确定这些点需要有一个"基准年度",目的是消除通货膨胀的影响。画在图上的点应该是经过调整的数据。

项目规模确定后,从线上找出相应的点,还需调整到当年,才是估算出的成本数字。

如果项目周期较长,还应考虑今后几年可能发生的通货膨胀、材料涨价等因素。

规模—费用图如图 8-3 所示。

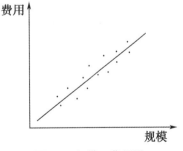

图 8-3 规模—费用图

(5) 经验估算法

即利用类似项目的成本对现在的项目所需的费用进行的一种近似的猜测,属于专家评价法的一种。主要适用于机会研究,可以作为提出项目任务考虑投资的参考。

(6) 参数模型估计

参数模型估计是一种建模统计技术,是利用项目特性参数建立数学模型来估算项目成本的方法。如:

回归分析:说明变量之间的相关关系;

回归方程:通过回归分析导出的方程;

回归预测:用方程估计一个变量的未知值。

(7) 比较估算法

比较估算法以类似项目的历史数据作为当前项目费用估算的依据。这种方法依赖于以往类似项目和具体项目数据的可获得性和精确性,在进行估算时,应根据通货膨胀率适当调整成本估算。

(8) 最终估算法

最终估算仅在大部分项目设计工作已经完成且项目范围和内容明确界定以后才会进行。在此阶段,所有的主要采购单已经提交,其价格和有效性已经清楚明了,完成项目的步骤已经确定,合理的项目计划已经制定,因此精确度较高,偏差可控制在±5%左右。

8.1.4 项目费用预算

1) 项目费用预算概念

项目费用预算是将总的费用估算分配到各个单项工作包上。项目费用预算是一项制定项目费用计划和控制标准的项目费用管理工作,它涉及根据项目的费用估算确定项目工作预算以及项目总预算的工作。

2) 费用预算过程

费用预算过程向每个项目活动分配费用估算,用来在以后的工程组中衡量项目的变更情况和费用执行情况。因此费用预算包括给每一独立工作分配全部费用,以获得度量项目执行的费用基线(图 8-4)。

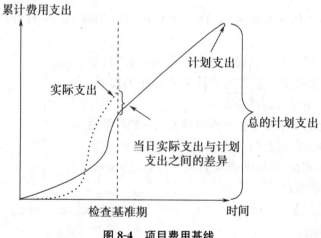

图 8-4 项目费用基线

费用预算的过程如图 8-5 所示。

图 8-5　项目费用预算过程

从图 8-5 中可以看出,项目费用预算的输入包括费用估算、WBS、风险管理计划和项目进度。因此,项目进度计划和项目费用估算应当在项目费用预算之前完成。

3) 项目费用预算的依据

(1) 项目费用估算文件。

(2) 项目的工作结构分解(WBS)。

(3) 项目的工期进度计划。

(4) 项目风险及其管理计划(不可预见情况)。

4) 费用预算的方法和步骤

项目费用预算的方法与项目费用估算相同。

项目费用预算过程包括两个步骤:首先,将项目费用估算分摊到项目工作分解结构(WBS)中的各个工作包;其次,将每个工作包的预算分摊到整个工作包的工期内,以确定在任何时点预算开支情况。

(1) 分摊总预算成本

项目总费用将按各费用要素(人工、材料、设备和分包商费用等)分摊到工作分解结构中适当的工作包,并为每个工作包建立总预算费用(Total Budgeted Cost,TBC)。为每个工作包建立 TBC 的方法有两种:一种是自上而下法,即在总项目费用之内按照每个工作包的相关工作范围来考察,以总项目费用的一定比例分摊到各个工作包中;另一种是自下而上法,它是根据与每个工作包有关的具体活动而进行费用估算的方法。在提交项目建议书时通常对项目费用作出了粗略的估算,但那时并没有做具体的计划。在项目开始实施后,就需要详细说明具体活动并制定网络计划,一旦对具体的活动做了详细具体的说明,就能够对每个活动进行时间、所需资源和费用的估算了。每个工作包的 TBC 就是组成工作包的所有活动的费用汇总。

某写字楼项目费用预算如图 8-6 所示。

图中表明了把 14 500 万元的项目费用分摊到工作分解结构中各个工作包的情况。

分摊到各工作包的数字就是为了完成与各工作包有关的所有活动的 TBC。无论是自上而下法还是自下而上法,都可以用来建立每个工作包的总预算费用。所以,在把所有工作包的预算汇总时,它们不能超过项目总预算费用。

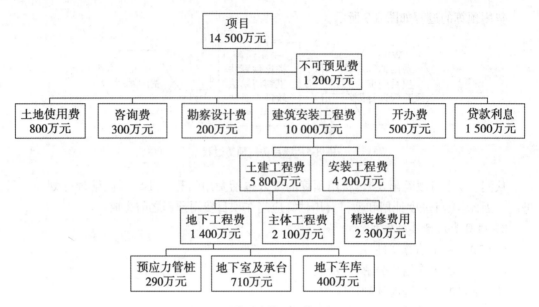

图 8-6　某项目费用预算分解图

(2) 生成累计预算费用

一旦为每个工作包建立了总预算费用,项目费用预算过程的第二步就是将 TBC 分摊到各工作包的整个工期中去。每一时刻的费用预算是由组成该工作包的各个活动所完成的时间决定的。当每一个工作包的 TBC 分摊到整个项目的周期过程区间,就能够确定某一时点需要多少费用,该费用可以通过截止到某期的每期预算费用汇总而得到。这一合计数称为累计预算(成本)费用(Cumulative Budgeted Cost,CBC),它是直到某期为止按照进度完成的工作预算值。CBC 将作为测量与监控项目费用绩效的基准。

项目费用(成本)基线通常是以 S 曲线的形式显示出来,如图 8-7 所示。因为项目费用开支在项目开始的时候最少,到项目中期达到高峰,到了项目后期又会缓慢下降,所以一般项目费用(成本)基线用 S 曲线来表达。

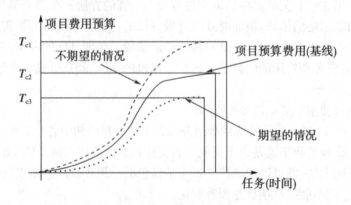

图 8-7　项目费用预算及其不同期望示意图——S 曲线图

利用 S 曲线可以进行不同技术方案的比选、工期—费用优化以及项目费用控制。根据工程项目的实际费用模型,进行项目"计划—实际"费用及进度的对比,这对把握整个工程项目进度、分析费用执行情况、预测费用趋向作用重大。

S曲线的绘制步骤如下：

① 经过网络分析后，按各个活动的最早开始时间输出横道图计划，并确定相应项目单元的工程成本（委托合同价、预算费用等）。

② 假设工程成本在相应工程活动的持续时间内平均分配，即在各活动上计划成本—时间关系是直线，则可得出各活动的计划成本强度。

③ 按项目总工期将各期（如每天、每周、每月）各活动的计划成本进行汇集，得各时间段成本强度。

④ 作成本—工期表（图）。这是一个直方图形。

⑤ 计算各期期末的计划成本累计值，并作曲线。

某基础工程的计划成本数据如表8-5所示，经过网络分析后，其横道图计划如图8-8所示。

表8-5 某基础工程各项活动的成本数据表

项目名称	井点降水	土方	垫层	模板	钢筋	混凝土基础	回填土	合计
持续时间（天）	45	10	10	10	10	10	5	
计划成本（万元）	4.5	10	40	40	50	60	15	219.5
单位时间累计成本（万元/天）	0.1	1	4	4	5	6	3	

根据成本数据及横道图计划即可得到各时间段上项目的成本强度，它是在横道图上作出的（见图8-9），为一直方图。同时求出各期末项目计划成本累计值，则可得到累计曲线。

活动名称	工程进度								
	5	10	15	20	25	30	35	40	45
井点降水	4.5								
土方	10								
垫层			40						
模板					20	20			
钢筋						25	25		
混凝土基础							30	30	
回填土									15
单位时间成本	1.1	1.1	4.1	4.1	4.1	9.1	11.1	6.1	3.1
单位时间期末成本	5.5	5.5	20.5	20.5	20.5	45.5	55.5	30.5	15.5
累计成本合计	5.5	11	31.5	52	72.5	118	173.5	204	219.5

图8-8 活动横道图及成本强度

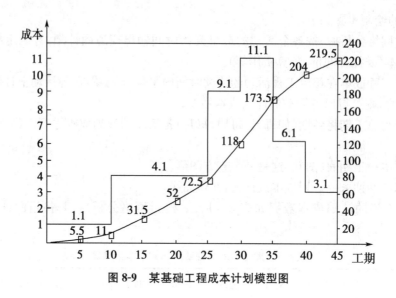

图 8-9 某基础工程成本计划模型图

8.1.5 项目费用控制

1) 项目费用控制的概念

项目的费用控制就是在整个项目的实施过程中,经常性地定期收集项目的实际费用数据,进行费用的计划值(目标值)和实际值的动态比较分析(包括总目标和分目标等多层次的比较分析),进行费用预测,如发现偏差,则及时采取纠偏措施(包括经济、技术、合同、组织管理等综合措施),以保证各项工作要在它们各自的预算范围内进行。

费用控制就是要控制预先进行的项目费用预算。项目费用控制过程如图 8-10 所示。

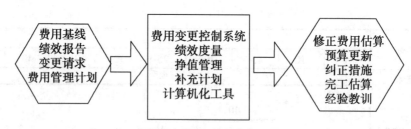

图 8-10 项目费用控制过程

2) 项目费用控制的内容

费用控制主要关注影响改变费用线的各种因素、确定费用线是否改变以及管理和调整实际的改变。费用控制内容包括:

(1) 确使所有发生的变化被准确记录在费用线上。

(2) 监控费用执行情况以确定与计划的偏差。

(3) 避免不正确的、不合适的或者无效的变更反映在费用线上。

(4) 费用控制还应包括寻找费用向正反两方面变化的原因,同时还必须考虑与其他控制过程(范围控制、进度控制、质量控制等)相协调,比如不合适的费用变更可能导致质量、进度方面的问题或者导致不可接受的项目风险。

3) 费用控制的依据

(1) 总预算费用(TBC)及累计预算(成本)费用(CBC)

这是度量项目执行的费用基线。

(2) 实施执行报告

这是费用控制的基础,实施执行报告通常包括了项目各工作的所有费用支出,同时也是发现问题的最基本依据。

(3) 变更

工程变更一般是指在工程施工过程中,根据合同的约定对施工的程序、工程的数量、质量要求及标准等作出的变更。

项目变更一般主要有以下几个方面的原因:

① 业主新的变更指令,对建筑的新要求。如业主有新的意图、削减预算等。

② 由于设计人员、工程师、承包商错误理解业主的意图或设计的错误,导致图纸修改。

③ 工程环境的变化,预定的工程条件不准确,要求实施方案或实施计划变更。

④ 由于产生新的技术和知识,有必要改变原设计、实施方案或实施计划,或由于业主指令及业主责任的原因造成承包商施工方案的改变。

⑤ 政府部门对工程新的要求,如国家计划变化、环境保护要求、城市规划变动等。

⑥ 由于项目实施出现问题,必须调整项目目标。

工程变更对项目实施影响很大,特别是对项目费用计划和支付计划产生很大影响,所以应十分慎重地对待工程变更问题。

4) 费用控制的方法与技术

费用控制的基本方法是规定各部门定期上报其费用报告,再由控制部门对其进行费用审核,以保证各种支出的合法性,然后再将已经发生的费用与预算相比较,分析其是否超支,并采取相应的措施加以弥补。

(1) 费用变更控制系统

建立费用变更控制系统,说明费用变更的基本步骤,包括文书工作、跟踪系统及调整系统,费用的改变应该与其他控制系统相协调。

(2) 项目费用绩效的度量

主要帮助分析各种变化产生的原因,可采用挣得值分析法和关键比值法。

(3) 项目费用附加计划

很少有项目能够准确的按照期望的计划执行,不可预见的各种情况要求在项目实施过程中重新对项目的费用作出新的估计和修改。

(4) 项目费用控制软件工具

通常是借助相关的项目管理软件和电子制表软件来跟踪计划费用、实际费用和预测费用改变的影响。

5) 项目费用控制应当注意的问题

(1) 费用管理不能脱离技术管理和进度管理独立存在,相反,要在成本、技术、进度三者之间作综合平衡。及时、准确的成本、进度和技术跟踪报告,是项目经费管理和费用控制的依据。

(2) 项目不确定性成本的控制工作。项目费用按照其性质可分为确定性、风险性和完全不确定性费用。

项目不确定性费用的成因有三个方面：
① 项目具体活动本身的不确定性(可发生或不发生)。
② 活动规模及其所耗资源数量的不确定性。
③ 项目活动所耗资源价格的不确定性(价格可高可低)。

项目成本控制的关键是项目不确定性费用的控制，项目不确定性费用控制的根本任务是识别和消除不确定性事件，从而使不确定性费用不发生。

8.2 工程项目投资控制

8.2.1 工程项目投资控制的含义

1) 工程项目投资控制的概念

工程项目投资控制是指在项目建设全过程，包括投资决策阶段、设计阶段、发包阶段和实施阶段，合理充分地利用有限的资源，将项目的投资控制在批准的投资限额以内，随时纠正发生的偏差，保证项目投资目标得以实现，以取得较好的投资效益和社会效益。

工程项目投资控制的目的就是在工程项目的各个阶段，通过投资计划和动态控制，将实际发生的投资额控制在投资的计划值以内，使项目的实际总投资不超过项目的计划总投资。

工程项目投资控制过程包括工程项目投资计划过程和控制过程。其中，在项目建设前期，投资控制过程主要是以投资计划为主；在项目实施的中期和后期，投资控制占据主导地位。

工程项目投资控制贯穿于工程项目管理的全过程，包括项目的决策阶段、实施阶段和运营阶段。特别是在项目决策阶段应当考虑项目投入使用后的运营成本，正确处理建设成本和运营成本的关系。1982年，前联邦德国曾经对办公楼的成本进行测算，假设办公楼项目的运营期为30年，则办公楼的建设成本仅仅占总成本的19%，投资利息占39%，而项目的运营成本占总费用的42%。

工程项目投资目标与工程建设阶段性工作深度相对应，在工程项目的不同阶段，项目的投资目标是由投资估算、设计概算、设计预算和承包合同价等随着工程项目建设的不断深入而逐步建立起来的，工程项目投资目标如图8-1所示。这些有机联系的阶段性目标相互制约、相互补充，前者控制后者，后者补充前者，共同组成项目投资控制目标体系。

2) 工程项目投资控制原理

工程项目投资控制的目标就是通过制定投资控制计划和采取控制措施，在满足工程项目预定的进度和功能(质量)要求的条件下，力求使工程实际投资不超过计划投资。

由于工程项目投资是一个循序渐进的过程，因此，投资控制应当实行动态控制的方法，如图8-11所示。

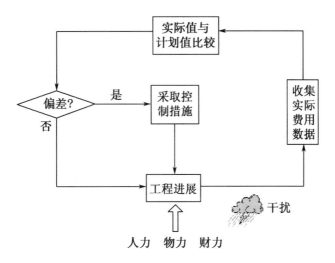

图 8-11 工程项目投资动态控制

要使工程项目投资得到有效控制,首先需要设置投资控制标准,再在项目实施过程中及时收集项目进展的实际数据,将各期投资的实际值与计划值进行比较,判断是否存在偏差,若存在偏差,则分析偏差产生的原因,并采取针对性措施纠正实际结果与标准间的偏差。

在工程项目实施过程中,项目投资的目标值和实际值是不断发生变化的,其目标值和实际值只是一个相对值,如:相当于工程预算,工程概算是投资的计划值;而相当于合同价,则工程预算和工程概算都作为投资的计划值,如图 8-12 所示。

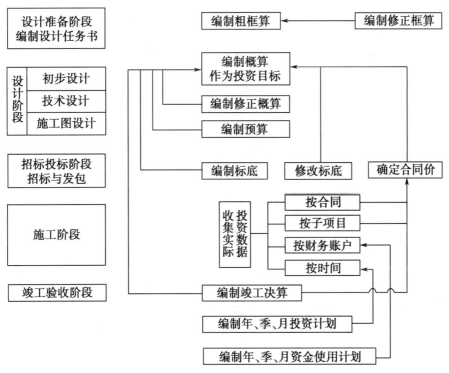

图 8-12 计划值与实际值的比较

工程项目投资管理采用动态调整和优化控制的方法进行控制，具体体现在以下几个方面：

（1）主动控制。在项目实施前预先分析项目执行时可能出现的干扰，并预先采取相应的防范措施，防止项目实施过程中产生偏差。

（2）现场控制。指对正在进行的项目活动进行监督、调节，保证项目实施的正常进行。其纠正对象是现场项目实施的活动。

（3）反馈原理。依据工程项目已实施部分的结果进行分析而采取相应的纠偏措施。其纠正内容主要是改进资源输入和改进具体作业措施。

8.2.2 工程项目投资计划

1）概述

工程项目建设是一个投资规模大、建设周期长、影响因素多的复杂过程。其投资计划也是一个不断深入、不断细化的过程。因此，投资计划需根据建设阶段分阶段设置，而每阶段的投资计划值也是相对而言的，如图8-13所示。

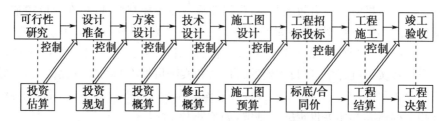

图8-13 工程项目各阶段投资计划过程

其中，设计概算是设计文件的重要组成部分，是在投资估算的控制下由设计单位根据方案设计图纸、概算定额（或概算指标）、费用定额、设备及材料预算价格等资料编制的工程项目从筹建项目到竣工验收交付使用所需要的全部投资的文件。

施工图预算是由设计单位在施工图设计完成后，根据施工图设计图纸、现行计价标准、费用定额以及地区设备、材料、人工、施工机械台班等预算价格编制和确定的建筑安装工程造价文件。因此，工程项目的投资计划应当随着工程项目建设的不断深入分阶段编制。在各阶段形成的投资计划相互联系、相互补充又相互制约，前者控制后者，后者补充前者，前一阶段投资计划控制的结果即为后一阶段投资控制的目标和投资计划值，每一阶段投资控制的结果就成为更加准确、更加细化的投资计划文件，从而形成一个由粗到细、由浅入深、精确度由低到高的工程项目投资计划系统。

2）投资规划

（1）投资规划的概念

工程项目投资规划是在工程项目实施前期对项目投资费用的用途作出计划和安排。依据工程项目的性质、特点和要求等，对可行性研究阶段所提出的投资计划目标进行论证和必要的调整，将工程项目投资总费用根据拟定的项目组织和项目组成内容或项目实施过程进行合理的分配，将投资目标分解到具体的项目单元。

（2）投资规划的作用

根据投资项目的性质、特点，对总投资目标进行论证和分析，用以控制和指导初步设计、施工图设计、施工招标和发包、施工,使初步设计的概算、施工图设计的预算和实际投资不至于偏离论证后的总投资目标。

工程项目投资规划还可以用来制订投资控制实施方案,确定投资控制工作流程,进行风险分析,建立投资控制工作制度等。投资规划文件可以用于控制项目实施阶段工作,特别是指导和控制方案设计、技术设计和施工图设计等设计工作。工程设计文件及由此形成的投资费用文件是投资规划的进一步深化和细化,投资规划可以对设计工作起到限制作用,保证方案设计的设计概算和施工图设计的施工预算不致偏离论证后的投资目标。

(3) 投资规划工作内容

投资规划前,项目管理者首先应当熟悉项目前期策划的内容,充分掌握投资者建设意图,了解项目的构思、定义和定位,确定项目的基本规划框架,从而确定项目各组成部分投资的控制目标及总投资控制目标。

① 投资目标的分析与论证。在工程项目实施前期,通过投资规划对项目的投资目标作进一步的分析和论证,可以确认投资目标的可行性。投资规划可以成为可行性研究的有效补充及项目建设方案的决策依据。在投资规划的基础上,通过进一步完善和优化建设方案,依据有关规定和指标体系合理确定项目实施阶段的投资目标。

② 投资目标的分解。通过投资规划,根据项目结构分解 PBS 或工作结构分解 WBS 的结果,将项目投资目标进行合理分解,通过分解,得到各项目阶段、各专业工程和各项目单元的投资目标,对投资计划的合理确定和投资控制有效进行影响重大。

③ 控制方案的制定与实施。根据投资规划的结果,制定投资控制实施方案,确定投资控制工作流程,进行风险分析,建立投资控制工作制度等。

(4) 投资规划编制的依据

① 工程前期技术资料。包括项目构思与策划报告,可行性研究报告,投资估算,设计任务书等。

② 要素价格信息。包括当地人工费标准,设备、材料价格,土地使用费,与项目建设有关的其他费用标准,保险费标准,贷款利率等。

③ 建设环境和条件。包括当地基础设施状况,公用事业状况,交通运输状况,资源可获得性状况,自然条件情况,社会环境和技术环境等。

(5) 工程项目投资规划编制工作流程

项目投资规划编制工作流程如图 8-14 所示。

(6) 投资规划编制的方法

① 综合指标估算方法。即按照单位生产能力或单位生产规模投资指标来估算拟建工程的投资额。

② 比例投资估算方法。即将工程项目投资分为设备投资、建筑物与构筑物投资、其他投资三部分,先估算出其中某一部分投资额,然后再按一定比例估算出其他部分的投资额,三者相加即得工程项目总投资。

③ 单位工程指标估算方法。即根据单位工程指标,如单方造价等来估算工程项目投资额。

④ 模拟概算方法。即根据类似工程的投资数据,结合价格指数,利用数学模型模拟项目的投资额。

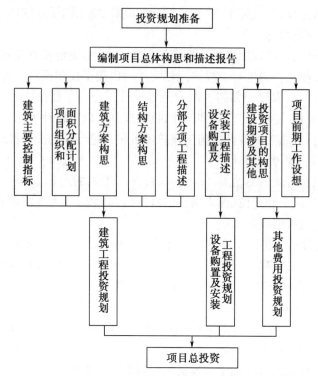

图 8-14 工程项目投资规划编制工作流程

3）投资目标的分析和论证

（1）项目的总体构思和描述

项目的总体构思和描述报告主要是依据项目设计任务书或可行性研究报告的相关内容和要求，结合对建设项目提出的具体功能、使用要求、相应的建设标准等进行编制。项目的总体构思和描述是对可行性研究报告相关内容的细化、深化和具体化，它是项目投资目标分析和论证的第一步，是编制投资计划的基础，也是工程设计工作的指导性文件。项目的总体构思和描述包括对项目的总体目标和总体功能的说明，功能区域平面的确定，各功能和各子项目的初步规划等。

项目投资目标分析和论证技术性较强，涉及各个专业领域的协同配合。项目构思必须合理、科学、恰当，系统描述必须清楚，界面划分清晰，将项目的总体构架较为清晰地呈现出来。

（2）项目投资目标的分解

在项目的目标设计时就提出总投资目标，经过可行性研究对总投资目标进行进一步分析论证。项目被批准立项后，需编制项目投资规划，确定该项目总投资目标。它对以后每一步设计和计划起总控制作用。为了便于从各个方面、各个角度对项目投资进行精确的全面的计划和有效的控制，必须多方位、多角度地将投资目标进行分解，拆分到各个投资对象，例如项目单元、工程分项、项目的各个阶段等，形成一个多维的投资目标体系，作为对这些单元或部分进行设计和计划的依据或限制。并按照这个限额提出它们的设计标准，决定功能、工程范围、质量要求等。这样形成一个由上而下的控制过程。

（3）投资费用分配

在进行投资目标分解后，即可根据投资目标分解结果详细计算各项目单元的投资额，并将投资费用进行合理的分配。

我国建设项目总投资可以分为固定资产投资(即工程造价)和流动资产投资(即流动资金)。而工程造价又可以分解为：

① 建筑安装工程费用。
② 设备、工具、器具、家具购置费用。
③ 工程建设其他费用(包括土地使用费、与工程建设相关的其他费用、与未来企业生产经营相关的其他费用等)。
④ 预备费(包括基本预备费、价差预备费等)。
⑤ 建设期贷款利息。
⑥ 固定资产投资方向调节税。

其他费用，如土地、建设单位管理费、拆迁费用等。

如果进行项目全生命期计划投资核算或分析，还必须考虑项目的运行费用。

(4) 投资费用的分析和论证

根据各项目单元的投资费用，计算出项目总体投资费用，并对各项目单元的投资费用和项目总投资费用进行分析，进而结合工程项目的功能要求、项目特点、使用要求及建设标准，对拟定的投资费用进行分析和论证。

(5) 投资方案的调整

根据投资费用分析和论证的结果，对项目总体构思方案和项目的功能要求等进行合理的修正，或者对项目的投资目标作出适当的调整。

8.2.3 工程项目投资控制

1) 投资控制过程

(1) 投资决策阶段

① 初步投资建议和经济性评价。在项目构思阶段，业主根据项目的使用和功能要求、建设目标和标准提出建设方案的初步设想，项目管理者应当会同其他项目参加者一道，提出初步投资建议并进行初步经济性评价。

② 项目总投资目标的分析、论证。在可行性研究阶段，项目目标设计已经完成，项目管理者可针对各种拟建方案进行综合评价，论证每一方案在功能、技术和财务上的可行性。

③ 编制投资估算和项目总投资切块、分解规划。在方案建议阶段，按照不同的设计方案编制投资估算，以便业主确定建设方案。建设方案确定后，编制项目总投资切块、分解规划，并在项目实施过程中控制其执行。若有必要，及时提出调整总投资切块、分解规划的建议。

(2) 设计阶段

① 限额设计。设计中引入竞争机制，开展设计方案优化竞赛。以技术先进、造型新颖、安全适用、经济合理、节约投资作为衡量设计方案的基本标准。

② 编制设计概算。在初步设计阶段，制定投资分项初步概算，根据概算及工程项目建设计划，制定资金支出初步估算表，以保证投资得到最有效地运用，并将投资估算作为项目的投资限额。

③ 编制施工图预算。在施工图设计阶段，根据施工图和预算定额测定的工程量及当地

价格情况,编制分项施工图预算,并将其与项目投资限额进行比较。

④ 加强技术经济分析和设计方案优化工作。优化设计方案是设计阶段控制工程投资的有效方法,运用价值工程对设计方案进行技术经济评价方法,正确处理好技术与经济的对立统一关系。在总平面图设计、建筑空间和平面设计、建筑结构和建材的选择、工艺技术方案,以及设备选型与设计过程中,加强技术经济分析和多方案比选,实现设计技术先进、可靠、经济合理。

(3) 施工阶段

① 严格工程招标承包制,优选承包商。根据工程项目的特点,选择适当的工程采购模式。认真制定招标文件、工程量清单,确定科学合理的评标办法,审核工程标底,跟踪招标、投标过程,确保通过招投标方式选择有效的承包商。

② 加强合同管理,全过程监督合同履行。认真选择施工合同文本,起草并审核施工合同条款,加强合同履行过程的跟踪和检查,加强工程签证管理,严格控制不合理的变更,认真审核工程索赔。

③ 施工方案的优化。优化施工组织设计,优选施工方案,加强施工过程中的监控,确保工程质量、进度和投资目标能够得到实现。

④ 合理安排与使用建设资金。编制项目实施各阶段、各年、季、月度资金使用计划,并控制其执行。必要时,对上述计划提出调整建议,审核各类工程付款单。在项目实施过程中,每月进行投资计划值与实际值的比较,并每月、季、年提交各种投资控制报表和报告。

⑤ 竣工决算审核。审核承包商工程竣工验收报告和竣工决算报告,确定工程竣工报表的支付金额。

⑥ 项目投资控制执行情况总结。工程项目投资控制流程如图 8-15 所示。

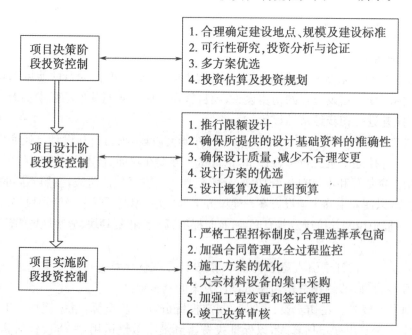

图 8-15 工程项目投资控制流程及各阶段控制要点

2) 工程项目投资控制的技术与方法

(1) 以设计阶段为重点的建设全过程投资控制

统计资料表明,在工程项目决算和规划设计阶段,项目累计投资虽然只占项目总投资的5%~10%,但其影响投资的可能性却达到75%~95%;而在施工阶段,通过技术经济措施节约投资的可能性只有5%~10%,如图8-16所示。由此可见,项目的建设前期是影响工程投资最重要的阶段,亦是降低成本可能性最大的阶段。要有效地控制投资,必须做到以建设工程项目规划设计阶段为重点的全过程投资控制。

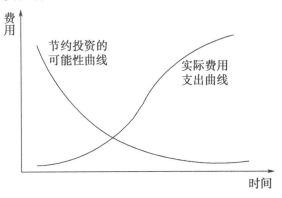

图 8-16 节约投资的可能性

(2) 价值工程

价值工程是以提高价值为目标,以业主建设意图和要求为重点,以功能分析为核心,正确处理好技术与经济的对立统一关系,建立一种工程的必要功能和工程造价的良性协调控制机制,通过对设计方案功能、造价和运营成本的分析,使之能够以较低的造价和运营成本,可靠地实现工程项目的必要功能,从而提高工程项目的价值。

(3) 限额设计

限额设计是指按照批准的设计任务书及投资估算控制初步设计,按照批准的初步设计概算控制施工图设计,同时各个专业在保证达到使用功能的前提下,按分配的限额控制设计,严格控制对技术设计和施工图设计的不合理的变更,保证总投资限额不被突破。限额设计的控制对象是影响工程设计的静态投资(或基础价格)项目。

限额设计的根本理念是在项目设计全过程,采用主动控制、事前控制的思想和方法来控制项目投资目标。

投资分解和工程量控制是实行限额设计的有效途径和主要方法。限额设计是将上一阶段审定的投资额和工程量先行分解到各专业,然后再分解到各单位工程和分部工程。限额设计的目标体现了设计标准、规模、原则的合理确定及有关概预算基础资料的合理取定,通过项目投资结构分解,实现了对投资限额的控制与管理,同时也实现了设计规模、设计标准、工程数量、概预算指标等方面的综合控制。

(4) 标准设计

标准设计是按照共性和通用条件编制,按规定程序批准的,是经过长期论证和实践得到的成熟设计,已经被设计界广泛采用。采用标准设计可以节约设计成本,大大加快设计出图速度,缩短设计周期;采用标准构件有利于构配件的批量生产,大幅度降低成本;可以使施工准备和构件制作时间提前,大大加快施工进度,既有利于保证施工质量,又能降低工程造价,为工程项目早日投入使用,创造良好的经济效益提供保证。

8.3 施工项目成本管理

8.3.1 施工项目成本管理概述

1) 施工项目成本管理的概念

施工项目成本管理是指以工程项目为对象,在既定的预算成本的基础上,在施工生产的动态过程中,通过控制手段,在达到预定工程功能和工期要求的同时,统筹计划施工各阶段、各部分的工程成本,科学有效地实施动态控制,确保将总成本控制在预算(计划)范围内的过程。

2) 施工项目成本的主要形式

施工项目成本有多种划分形式,主要有:

(1) 按成本控制需要,从成本发生时间划分为:

① 预算成本。主要依据预算定额而确定的工程成本。它反映各地区建筑业的平均成本水平。

② 计划成本。施工中采用技术组织措施和实现降低成本计划要求所确定的工程成本,反映施工企业成本水平。

③ 实际成本。施工项目在报告期内实际发生的各项费用的总和,反映施工企业成本水平。

(2) 按生产费用计入成本的方法可划分为:

① 直接成本。是指在工程项目施工过程中耗费的构成工程实体或有助于工程实体形成的各项费用支出,是可以直接计入工程对象的费用,包括材料费、人工费、机械使用费和施工措施费等。

② 间接成本。是指为施工准备、组织和管理施工生产的全部费用支出,是非直接用于也无法计入工程对象,单为保证工程施工所必须发生的费用,如管理人员工资、办公费用、差旅费等。

(3) 按成本与施工所完成的工程量关系成本可划分为:

① 固定成本。固定成本是指在一定的范围内不随施工产值的变动的那部分成本,如管理费等。

② 变动成本。变动成本是指那些成本的总发生额在相关范围内随着施工产值的变动而呈线性变动的成本,如工程直接费。

(4) 施工项目成本管理原理

施工项目成本管理可采用动态控制方法,并可将主动控制和被动控制相结合,保证成本控制目标不被突破。成本管理包括:

① 成本计划工作。主要是成本预算工作,按计划方案预算成本,提出报告。将成本目标或成本计划分解,提出采购、施工方案等各种费用的限额,并按照限额进行资金使用的控制。

② 成本监督。包括:监控成本开支情况,对各项费用的审核,确定是否按规定支付工程款,监督已支付的项目是否已完成,有无漏洞,并保证每月按实际工程状况定时定量支付(或收款);作实际成本报告,这是成本控制的基础,同时也是发现问题的最基本依据,实施执行

报告通常包括了项目各工作的所有费用支出;对各项工作进行成本控制,如对工程款项的支付和收款进行控制;进行审计活动。

③ 成本跟踪。作详细的成本分析报告,并向各个方面提供不同要求和不同详细程度的报告,以确定实际与计划的偏差,确保所有发生的变化被准确记录在费用线上。

④ 成本诊断工作。包括:超支量及原因分析,如果超出规定限额的偏差,应分析偏离原因并采取措施。原因分析必须同时考虑其他因素的共同作用,如范围的变化、进度的调整、质量的变化等。

⑤ 剩余工作所需成本预算和工程成本趋势分析。应核查在总成本预算内完成整个后续工作的可能性。分析项目成本趋势,分析后续工作计划,预测可能出现的成本问题。

⑥ 制定成本超支问题的解决方案并付诸实施。

其控制原理如图 8-17 所示。

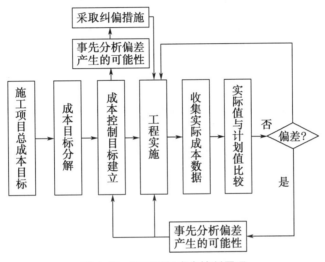

图 8-17 施工项目成本控制原理

8.3.2 施工项目成本管理的任务

施工项目成本管理的任务和环节主要包括:

1) 施工成本预测

施工成本预测是指根据施工成本信息和工程项目的具体情况,对未来的施工成本水平及其可能的发展趋势作出科学的估计,即在正式施工之前对施工成本进行估计。

施工成本预测的目标是在达到预定工程功能、工期要求和承包商自身要求的同时,在施工项目成本形成过程中,针对薄弱环节,加强成本控制,克服盲目性。因此,施工成本预测是施工项目成本决策与计划的依据。

施工成本预测主要是对施工期间造成成本变化的影响因素进行分析,参照近期已经完工或将要完工的施工项目的成本,预测这些因素对工程成本的影响程度,预测施工项目的单位成本和总成本。

2) 施工成本计划

(1) 施工成本计划的定义

施工成本计划是指以货币形式编制施工项目进行中的施工生产耗费、成本水平、成本降低率以及降低成本措施的规划方案。施工成本计划是施工项目成本控制的一个重要环节，是降低成本的指导性文件，是设立目标成本的依据。

(2) 施工成本计划的作用

① 作为成本控制的标准或依据。

② 作为编制其他计划的基础。

③ 是对生产消耗进行控制、分析和考核的依据。

(3) 施工成本计划的种类

对于一个施工项目而言，其成本计划是一个不断深化的过程。在这一过程的不同阶段形成深度和作用不同的成本计划，按其作用可分为三类。

① 竞争性成本计划。即工程项目投标及签订合同阶段的估算成本计划。这类成本计划以招标文件中的合同条件、投标者须知、技术规程、设计图纸或工程量清单等为依据，以有关价格条件说明为基础，结合调研和现场考察获得的情况，根据本企业的工料消耗标准、水平、价格资料和费用指标，对本企业完成招标工程所需要支出的全部费用的估算。在投标报价过程中，虽也着力考虑降低成本的途径和措施，但总体上较为粗略。

② 指导性成本计划。这是项目经理的责任成本目标。它是以合同标书为依据，按照企业的预算定额标准制定的设计预算成本计划，且一般情况下只是确定责任总成本指标。

③ 实施性计划成本。即项目施工准备阶段的施工预算成本计划，它是以项目实施方案为依据，落实项目经理责任目标为出发点，采用企业的施工定额，通过施工预算的编制而形成的实施性施工成本计划。

(4) 施工项目成本计划的内容

施工项目成本计划包括施工项目直接成本计划和间接成本计划，具体内容包括：

① 编制说明。指对工程的范围、投标竞争过程及合同条件、承包人对项目经理提出的责任成本目标、施工成本计划编制的指导思想和依据等的具体说明。

② 相关表格。包括：项目成本计划任务书；技术组织措施表；降低成本计划表；施工现场管理费计划表。

③ 施工项目成本计划的风险分析。包括：风险识别及风险影响评价；确定降低施工项目成本的可能途径。

④ 降低成本措施效果的计算。

(5) 施工项目成本计划指标

施工成本计划的指标应经过科学的分析预测确定。施工成本计划一般情况下有以下三类指标。

① 成本计划的数量指标，如：按子项汇总的工程项目计划总成本指标；按分部汇总的各单位工程计划成本指标；按人工、材料、机械等各主要生产要素计划成本指标。

② 成本计划的质量指标，如施工项目总成本降低率，可采用：

$$预算成本计划降低率 = \frac{预算总成本计划降低额}{预算总成本} \times 100\%$$

$$责任目标成本计划降低率 = \frac{责任目标总成本计划降低额}{责任目标总成本} \times 100\%$$

③ 成本计划的效益指标,如工程项目成本降低额:

$$预算成本计划降低额 = 预算总成本 - 计划总成本$$

$$责任目标成本计划降低额 = 责任目标总成本 - 计划总成本$$

(6) 施工项目成本计划的编制程序

根据项目施工合同确定项目经理部的责任目标成本,通过项目管理目标责任书下达给项目经理部;项目经理部通过编制项目管理实施规划对降低成本的途径进行规划;项目经理部编制施工预算,确定计划目标成本;项目经理部对计划目标成本进行分解;项目经理部编制目标成本控制措施表,落实成本控制责任。

项目成本计划应在项目实施方案确定和不断优化的前提下进行编制,因为不同的实施方案将导致直接工程费、措施费和企业管理费的差异。成本计划的编制是施工成本预控的重要手段。因此,应在工程开工前编制完成,以便将计划成本目标分解落实,为各项成本的执行提供明确的目标、控制手段和管理措施。

(7) 施工项目的资金计划

项目的现金流量已越来越引起人们的重视,并将它纳入计划范围。对承包商来说,项目的费用支出和收入常常在时间上不平衡,对于付款条件苛刻的项目,承包商常常必须垫资承包。

① 资金计划的作用

工程项目的现金流量计划有如下作用:

A. 合理安排资金以保证施工正常进行。

B. 计算资金成本,即计算当工程出现负现金流量时所造成的利息支出。这对工程经济效益有很大的影响。自有资金投入太多会大大降低承包工程利润。所以承包商的目标是在取得一定量的利润的前提下,尽量减少自有资金的投入量,同时使投入资金的利率最低。

C. 考虑到财务风险问题,垫资多,资金缺口大,财务风险大,则要考虑相应的对策。

② 资金计划的内容

承包商的资金计划较为复杂,包括:

A. 支付计划

承包商工程项目的支付计划包括:人工费支付计划;材料费支付计划;设备费支付计划;分包工程款支付计划;现场管理费支付计划和其他费用计划(如上级管理费、保险费、利息等各种其他开支)等。

B. 工程款收入计划

承包商工程款收入计划即为业主的工程款支付计划。它与两个因素有关:工程进度,即按照成本计划确定的工程完成状况;合同确定的付款方式,通常有工程预付款、按月进度付款、按形象进度分阶段支付及其他方式。

C. 现金流量

在工程支付计划和工程收入计划的基础上可以得到工程的现金流量。它可以通过表或图的形式反映。通常按时间将工程支付和工程收入的主要费用项目罗列在一张表中,按时间计算出当期收支相抵的余额,再按时间计算到该期末的累计余额。在此基础上即可绘制现金流量图。如图8-18所示。

D. 融资计划

由于工程支付计划与工程款收入计划之间会存在差异,如果现金流量为正,表明承包商占用了业主的资金进行工程建设;如果现金流量为负,则承包商必须

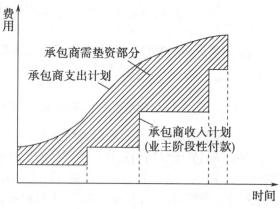

图 8-18 承包商现金流量图

在该时间垫入相同的资金,以保证工程顺利开展。这里要考虑两个问题:

第一,项目融资计划的确定,即何时需要注入多少资金才能满足工程需要,这可由现金流量表得到。

第二,以什么样的融资方式取得资金。目前融资渠道很多,但每一个渠道有它的特殊性,各种来源都有不同的项目借贷条件和使用条件,最终有不同的风险。通常要综合考虑风险、资金成本、收益等各种因素,确定本项目资金的来源、结构、币制、筹集时间,以及还款的计划安排等,确定符合技术、经济和法律要求的融资计划。

3) 施工成本控制

(1) 施工成本控制的概念

施工项目的成本控制,是指在项目成本的形成过程中,对影响施工成本的各种因素加强管理,对整个工程施工过程中所消耗的人力资源、物质资源和费用开支进行指导、监督、调节和限制,严格审查各项费用是否符合标准,是否在成本计划范围内,随时揭示并及时反馈,计算实际成本和计划成本之间的差异并进行分析,及时纠正施工项目实施中发生的偏差,把各项生产费用控制在计划成本范围之内,以保证成本目标的实现。

工程项目施工成本控制应贯穿于项目从投标阶段开始直至竣工验收的全过程,它是成本管理的重要环节。施工成本控制可分为事先控制、事中控制(过程控制)和事后控制。在项目的施工过程中,需按动态控制原理对实际施工成本的发生过程进行有效控制。

(2) 施工成本控制的原则

① 目标管理

目标管理是贯彻执行计划的一种方法,它把计划的方针、任务目标和措施等逐一加以分解,提出进一步的具体要求,并分别落实到执行计划的有关部门、单位和个人。从投标阶段开始,到工程竣工交付使用后的保修期结束,认真细致地作出计划,对各职能部门、施工队及班组进行成本目标的安排落实,以保证成本总目标得以实现。

② 全面控制

即项目成本的全员控制和项目成本的全过程控制。项目成本是一项综合性的指标,涉及项目组织中各部门、各个子项目和项目单元,因此,需要将成本目标落实到每个项目参加者,以使成本控制落到实处。工程项目确定以后,从投标阶段开始,到工程竣工交付使用后的保修期结束,每一项业务活动,都要纳入成本控制的轨道。

③ 以项目经理为核心

项目经理责任者是工程项目管理的特征之一,项目经理必须对工程的进度、成本、质量、安全等全面负责,特别是应当将成本控制放在首位。

④ 责、权、利相结合的原则

建立经济责任制,贯彻责、权、利相结合的原则。在工程项目施工过程中,项目经理、工程技术人员、业务管理人员以及各施工队和生产班组都负有一定的成本控制责任,从而形成整个项目的成本控制责任网络。另外,各管理部门、施工单位、班组在肩负成本控制责任的同时,还应有成本控制的权力,即在规定的权力范围内能自主决定费用的开支。最后,项目经理还要对各部门、各作业队及各班组进行定期的成本检查和考评,并与工资分配紧密挂钩,实行有奖有罚,保证成本控制目标的实现。

⑤ 收支对比

在分部分项工程成本核算和月度成本核算中,将实际成本与预算收入进行对比分析,从中探索成本节超的原因,纠正项目成本的不利偏差,提高降低项目成本的水平。

⑥ 以施工过程控制为重点

施工准备阶段的成本控制是为施工过程阶段的成本控制做准备的,而竣工阶段的成本控制由于盈亏已基本成定局,即使发生了偏差,纠正为时已晚。因此,施工过程阶段成本控制的好坏,对项目经济效益的高低具有关键性作用。

⑦ 开源与节流相结合的原则

成本控制的目的是提高经济效益,其途径包括降低成本支出和增加预算收入两个方面。这就需要在成本形成过程中,一方面"以收定支",定期进行成本核算和分析,以便及时发现成本节、超的原因;另一方面,加强合同管理,及时办理合同外价款的结算,以提高项目成本的管理水平。

(3) 成本控制的要求

① 按照计划成本目标值来控制生产要素的采购价格,并认真做好材料、设备进场数量和质量的检查、验收与保管。

② 控制生产要素的利用效率和消耗定额。如任务单管理、限额领料、验工报告审核等。同时要做好不可预见成本风险的分析和预控,包括编制相应的应急措施等。

③ 控制影响效率和消耗量的其他因素(如工程变更等)所引起的成本增加。

④ 把施工成本管理责任制度与对项目管理者的激励机制结合起来,以增强管理人员的成本意识和控制能力。

⑤ 建立健全项目财务管理制度,按规定的权限和程序对项目资金的使用和费用的结算支付进行审核、审批,使其成为施工成本控制的一个重要手段。

(4) 成本控制的对象和内容

① 以施工项目成本形成的过程作为控制对象。

② 以施工项目的职能部门、施工队和生产班组作为控制对象。

③ 以分部分项工程作为项目成本的控制对象。

④ 以对外经济合同作为控制对象。

(5) 施工项目成本控制的实施

① 施工前期的成本控制

A. 投标阶段,根据招标文件、设计文件和工程量清单,进行成本预测,提出投标决策。

B. 中标后,以中标价或合同价为基础,确定项目的成本目标,以此作为项目经理部的成本责任。

C. 施工准备阶段,运用价值工程,认真研究分析工程的特点和要求,制定科学先进、经济合理的施工方案。

D. 落实成本目标,以工作包或项目单元的实际工程量或工作量为基础,结合降低成本计划,编制明确而具体的成本计划,并将成本责任落实到各部门、各班组,为以后的成本控制提供控制基准。

E. 根据施工工期和资源投入,编制间接预算并进行分解,落实到各部门、各班组,为成本控制和绩效考核提供依据。

② 施工期间的成本控制

A. 加强施工任务单和限额领料单的管理。施工任务单和限额领料单应当与工作包编制相结合,在工作包说明表中详细填写工作内容、进度要求、质量要求、劳动力和材料设备消耗限额等,为成本控制提供真实可靠的信息资料。

B. 根据施工任务单和限额领料单进行实际与计划的对比,找出其成本差异,分析其产生原因,采取有效的纠偏措施。

C. 做好检查周期内成本原始资料的收集、整理,计算工作包的成本,做好已完工作包实际成本的统计,分析该检查期内实际成本与计划成本的差异。

D. 进行责任成本核算,由责任部门或责任者自行分析成本差异及产生差异的原因,自行采取措施纠正差异。

E. 加强合同管理,对非自身因素造成的损失及时提出索赔。

③ 竣工验收及保修阶段的成本控制

A. 精心安排,干净利落地完成竣工扫尾工作。

B. 重视竣工验收工作,顺利交付使用。

C. 及时办理结算,注意结算资料的完整,避免漏算。

D. 在工程保修期间,明确保修责任者,加强保修期间的费用控制。

(6) 施工项目成本控制方法

① 以施工图预算控制成本支出,严格控制人工费、材料费、施工机械使用费支出

A. 成本控制

材料成本控制包括材料用量控制和材料价格控制两个方面。

材料用量的控制包括:坚持按定额确定的材料消费量,实行限额领料制度;改进施工技术,推广使用降低料耗的各种新技术、新工艺、新材料;在对工程进行功能分析、对材料进行性能分析的基础上,力求用价格低的材料代替价格高的材料;认真计量验收,坚持余料回收,降低料耗水平;加强现场管理,合理堆放,减少搬运,降低堆放、仓储损耗。

材料价格控制包括:买价控制,通过市场行情的调查研究,在保质保量的前提下货比三家,择优购料;运费控制,合理组织运输,就近购料,选用最经济的运输方法,以降低运输成本;考虑资金、时间价值,减少资金占用,合理确定进货批量和批次,尽可能降低材料储备。

B. 人工费控制

主要从用工数量方面进行控制。包括:根据劳动定额计算出定额用工量,进行包干控

制;要提高生产工人的技术水平和班组的组织管理水平,合理进行劳动组织,减少和避免无效劳动,提高劳动效率,精简人员;对于技术含量较低的单位工程,可分包给分包商,采取包干控制,降低工费。

C. 机械费控制

充分利用现有机械设备、内部合理调度,力求提高主要机械的利用率,在设备选型配套中注意一机多用,减少设备维修养护人员的数量和设备零星配件的费用。

② 加强质量管理,控制质量成本

质量成本是指项目组织为了保证和提高产出物的质量而支出的有关费用,以及因未达到预先规定的质量水平而造成的一切损失费用的总和。

质量成本包括预防成本、鉴定成本、内部损失成本和外部损失成本。

预防成本是指用于预防不合格品与故障所需的各项费用,包括质量工作费、质量培训费、质量奖励费、新材料新工艺评审费及产品评审费、质量改进措施费等。

鉴定成本是指用于产品是否满足规定要求所需的各项费用,包括检验费、工序检验费、竣工检查费、检测设备的折旧费、维修费等。

内部损失成本是指产品交付使用前因不满足要求而支付的费用,包括废品损失、返工损失、停工损失、事故分析处理费、质量降级损失等。

外部损失成本是指产品交付使用后不满足要求,导致索赔、维修、更换或信誉损失而支付的费用,包括申诉受理费、回访保修费和索赔费等。

质量成本各要素与工程项目质量存在着内在逻辑联系。随着工程质量要求的提高,对工程的质量控制力度就会加大,预防鉴定成本就随之增加,而工程质量提高其内外部事故成本则会下降。反之,如果工程质量低,出现质量问题的几率就会加大,内外部事故成本反而会提高,而预防鉴定成本随着工程质量要求的降低而减少,质量成本曲线如图8-19所示。因此,在满足合同要求和业主方功能要求的前提下,应当合理确定最佳质量成本水平,以降低工程成本。

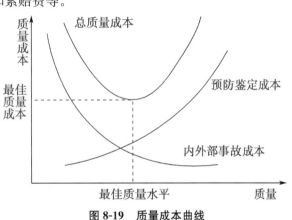

图8-19 质量成本曲线

4) 施工项目成本核算

施工项目成本核算包括两个基本环节:一是按照规定的成本开支范围对施工费用进行归集和分配,计算出施工费用的实际发生额;二是根据成本核算对象,采用适当的方法,计算出该施工项目的总成本和单位成本。施工成本管理需要正确及时地核算施工过程中发生的各项费用,计算施工项目的实际成本。施工项目成本核算所提供的各种成本信息是成本预测、成本计划、成本控制、成本分析和成本考核等各个环节所需信息的重要来源,也是施工项目进行成本分析和考核的基本依据。

(1) 施工项目成本核算对象

施工成本一般以单位工程为成本核算对象,但也可以按照承包工程项目的规模、工期、结构类型、施工组织和施工现场等情况，结合成本管理要求，灵活划分成本核算对象。规模大、工期长的单位工程，可以分部工程为核算对象；若干个单位工程，可以合并成一个成本核算对象。

（2）施工成本核算的内容

施工成本核算主要包括：

① 人工费核算。

② 材料费核算。

③ 周转材料费核算。

④ 结构件费核算。

⑤ 机械使用费核算。

⑥ 其他措施费核算。

⑦ 分包工程成本核算。

⑧ 间接费核算。

⑨ 项目月度施工成本报告编制。

（3）施工项目成本核算的任务

① 执行国家有关成本开支范围、费用开支标准、工程预算定额和企业施工预算、成本计划的有关规定，控制费用，促使项目合理、节约地使用人力、物力和财力。这是先决前提和首要任务。

② 正确及时地核算施工过程中发生的各项费用，计算施工项目的实际成本。这是主体和中心任务。

③ 反映和监督施工项目成本计划的完成情况，为项目成本预测、技术经济评价、参与经营决策提供可靠的成本报告和有关信息，促进项目改善经营管理，降低成本，提高经济效益。这是根本目的。

（4）施工项目成本核算的要求

① 划清成本、费用支出和非成本、费用支出的界限。

② 划清施工项目工程成本和期间费用的界限。

③ 划清各个成本核算对象的成本界限。

④ 划清本期工程成本和下期工程成本的界限。

⑤ 划清已完工程成本和未完工程成本的界限。

（5）成本核算的基础工作

① 建立、健全材料、劳动、机械台班等内部消耗定额以及材料作业、劳务等的内部计价制度。

② 建立、健全各种财产物资的收发、领退、转移、报废、清查、盘点、索赔制度。

③ 建立、健全与成本核算有关的各项原始记录和工程量统计制度。

④ 完善各种计量检测设施，建立、健全计量检验制度。

⑤ 建立健全内部成本管理责任制。

（6）施工成本核算制

施工成本核算制是明确施工成本核算的原则、范围、程序、方法、内容、责任及要求的制度。施工成本核算制和项目经理责任制等共同构成了我国项目管理的运行机制。组织管理层与项目管理层的经济关系、管理责任关系、管理权限关系,以及项目管理组织所承担的责任成本核算的范围、核算业务流程和要求等,都应以制度的形式作出明确规定。

(7) 施工成本核算的实施

项目经理部要建立一系列项目业务核算台账和施工成本会计账户,实施全过程的成本核算。具体可分为定期的成本核算和竣工工程成本核算,如每天、每周、每月的成本核算。定期的成本核算是竣工工程全面成本核算的基础。

形象进度、产值统计、实际成本归集三同步,即三者的取值范围应是一致的。形象进度表达的工程量、统计施工产值的工程量和实际成本归集所依据的工程量均应是相同的数值。

对竣工工程的成本核算,应区分为竣工工程现场成本和竣工工程完全成本,分别由项目经理部和企业财务部门进行核算分析,其目的在于分别考核项目管理绩效和企业经营效益。

5) 施工成本分析

(1) 施工项目成本分析的基本概念

施工项目的成本分析,就是以成本核算提供的成本信息为依据,按照一定程序,运用专门科学的办法,对成本计划的执行过程、结果和原因进行研究,据以评价施工项目成本管理工作,并寻求进一步降低成本的途径;另一方面,通过成本分析,可从成本信息、报表反映的成本现象看清成本的实质,从而增强项目成本的透明度和可控性,为加强成本控制、实现项目成本创造条件。通过成本分析,及时发现矛盾,从而改善施工项目管理水平,同时又可降低成本。

施工成本分析贯穿于施工成本管理的全过程,特别是在成本的形成过程中。成本分析主要利用施工项目的成本核算资料,与目标成本、预算成本以及类似的施工项目的实际成本等进行比较,了解成本的变动情况,同时分析主要技术经济指标对成本的影响,系统地研究成本变动的因素,检查成本计划的合理性,并通过成本分析,深入揭示成本变动的规律,寻找降低施工项目成本的途径,以便有效地进行成本控制。成本偏差的控制,分析是关键,纠偏是核心,要针对分析得出的偏差发生原因,采取切实措施加以纠正。

(2) 施工项目成本分析的内容

① 按项目施工的进展进行的成本分析。包括:分部分项工程成本分析,月(季)度成本分析,年度成本分析,竣工成本分析。

② 按成本项目进行的成本分析。包括:人工费分析,材料费分析,机械使用费分析,其他直接费分析,间接成本分析。

③ 针对特定问题及与成本有关事项分析。包括:施工索赔分析,成本盈亏异常分析,工期成本分析,资金成本分析,技术组织措施节约效果分析,其他有利因素和不利因素对成本影响的分析。

成本分析的方法可以单独使用,也可以结合使用。尤其是在进行成本综合分析时,必须使用基本方法。为了更好地说明成本升降的具体原因,必须依据定量分析的结果进行定性分析。

(3) 施工项目成本分析的方法

① 施工项目成本分析的基本方法

施工项目成本分析的基本方法包括比较法、因素分析法、差额计算法、比率法等基本方法。

因素分析法,又称连锁置换法或连环替代法,可用来分析各种因素对施工成本形成的影响程度。在进行分析时,首先要假定众多因素中的一个因素发生了变化,而其他因素则不变,然后逐个替换,并分别比较其计算结果,以确定各个因素的变化对成本的影响程度。

差额计算法是因素分析法的一种简化形式,它利用各个因素的计划与实际的差额来计算其对成本的影响程度。

比率法是指用两个以上的指标的比例进行分析的方法。它的基本特点是:先把对比分析的数值变成相对数,再观察其相互之间的关系。

② 综合成本分析法

所谓综合成本,是指涉及多种生产要素,并受多种因素影响的成本费用,如分部分项工程成本,月(季)度成本,年度成本,竣工成本等,由于这些成本都是随着项目施工的进展而逐步形成的,与生产经营有着密切的关系。

6) 施工项目成本考核

施工成本考核是指在施工项目完成后,对施工项目成本形成中的各责任者,按施工项目成本目标责任制的有关规定,将成本的实际指标与计划、定额、预算进行对比和考核,评定施工项目成本计划的完成情况和各责任者的业绩,并以此给以相应的奖励和处罚。

施工项目成本考核,应该包括两方面的考核,即项目成本目标(降低成本目标)完成情况的考核和成本管理工作业绩的考核。项目成本目标完成情况的考核主要以施工成本降低额和施工成本降低率作为成本考核的主要指标。通过考核,可以对施工项目管理及其成本管理工作业绩作出正确评价。施工项目成本考核的内容,应该包括责任成本完成情况的考核和成本管理工作业绩的考核。

(1) 施工项目成本考核的层次及其内容

① 企业对项目经理考核的内容。

② 项目经理对所属各部门、各施工队和班组考核的内容。

(2) 施工项目成本考核的实施

① 施工项目的成本考核采取评分制。

② 施工项目的成本考核要与相关指标的完成情况相结合。

(3) 强调项目成本的中间考核

① 月度成本考核。

② 阶段成本考核。

(4) 正确考核施工项目的竣工成本

(5) 施工项目成本的奖罚

项目管理组织对项目经理部进行考核与奖惩时,既要防止虚盈实亏,也要避免实际成本归集差错等的影响,使施工成本考核真正做到公平、公正、公开,在此基础上兑现施工成本管理责任制的奖惩或激励措施。

施工成本管理的每一个环节都是相互联系和相互作用的。成本预测是成本决策的前提,成本计划是成本决策所确定目标的具体化。成本计划控制则是对成本计划的实施进行控制和监督,保证决策的成本目标的实现。而成本核算又是对成本计划是否实现的最后检验,它所提供的成本信息又对下一个施工项目成本预测和决策提供基础资料。成本考核是实现成本目标责任制的保证和实现决策目标的重要手段。

8.4 挣值法

8.4.1 基本概念及术语

1) 概述

挣值法(Earned Value Concept，EVC)是综合的项目控制过程的一个重要工具，也是项目绩效测量的一个非常有效的工具，它是综合了项目范围、进度计划和资源来测量项目绩效的一种方法。挣值法通过比较计划工作、实际挣得的工作和实际的花费，来确定成本和进度是否按照计划执行。所有的价值，包括计划的与实际的进度或成本都用货币值来表示偏差，反映出项目的绩效(Project Performance)。

挣值法应用的基础是挣值分析，挣值是以单独的一个货币值综合反映成本、进度和执行绩效状况。

2) 挣值法的三个基本参数

(1) 计划值(Planed Value，PV)

计划值又称计划工作量的预算费用(Budgeted Cost for Work Scheduled，BCWS)。PV 是指项目实施过程中某阶段计划要求完成的工作量所需的预算费用(或工时)，即计划工作量的预算值曲线，简称计划值曲线。它是按照批准的项目进度计划(横道图)，将各个工程活动的预算成本在活动的持续时间上平均分配，然后在项目生命期上累加得到的 S 曲线，表示按照原定的计划应该完成的工作量。这条曲线是项目控制的基准曲线(Baseline)。计算公式为：

$$PV = 计划工作量 \times 预算定额$$

PV 主要是反映进度计划应当完成的工作量，而不是反映应消耗的费用(或工时)。对业主而言 PV 是计划工程投资额。

(2) 实际成本(Actual Cost，AC)

实际成本又称为已完成工作量的实际费用(Actual Cost for Work Performed，ACWP)。AC 是指项目实施过程中某阶段实际完成的工作量所消耗的工时(或费用)。AC 对应已完工作量实际上消耗的费用，逐项记录实际消耗的费用并逐月累加，即可生成这条实耗值曲线。AC 表示完成工作实际费用或消耗工程投资额，主要是反映项目执行的实际消耗指标。计算公式为：

$$AC = 已完工作量 \times 实际价格$$

(3) 挣值(Earned Value，EV)

挣值又称为已完工作量的预算成本(Budgeted Cost for Work Performed，BCWP)。EV 是指项目实施过程中某阶段按实际完成工作量及按预算定额计算出来的工时(或费用)，即到测量日期为止完成的所有项目活动累计的预算成本，即按控制期统计已完工作量，并将此已完工作量的值乘以预算单价，逐月累加，生成"实际工程价值曲线"。EV 的计算公式为：

$$EV = 已完工作量 \times 预算定额$$

挣值与实际消耗的人工时或实际消耗的费用无关，它是用预算值或单价来计算已完工作量所取得的实物进展的值，是测量项目实际进展所取得的效绩的尺度。

对承包商来说，这是他有权利能够从业主处获得的工程价款，或他真正已"赢得"的价值。它较好地反映了工程实物进度。

对业主而言，EV 完成工程预算费用或实现工程投资额。

3）挣值法的原理

挣值法将计划中所进行的工作的费用和进度通过 S 形曲线进行动态、定量的综合评估，即在项目实施过程中任一时刻已完工作（程）量的预算值（EV）与该时刻的此项任务的计划值（PV）进行对比，以评估和测算其进度的执行效果；将 EV 与资源实耗值（AC）作对比，以评估和测算其资源的执行效果，如图 8-20 所示。

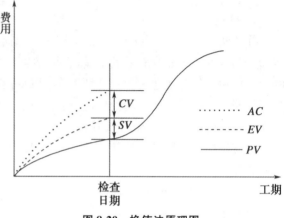

图 8-20 挣值法原理图

4）挣值法的评价指标

（1）费用偏差（Cost Variance，CV）

CV 是指检查期间 EV 与 AC 之间的差异，由于两者均以已完工作量作为计算基准，因此两者的偏差即反映出项目进展的费用差异，计算公式为：

$$CV = EV - AC \quad 或 \quad CV = BCWP - ACWP$$

当 CV 为负值时表示执行效果不佳，即实际消费费用超过预算值即超支。反之，当 CV 为正值时表示实际消耗费用低于预算值，表示有节余或效率高。$CV=0$，表示实际消耗费用与预算费用相符。

（2）进度偏差（Schedule Variance，SV）

SV 是指检查日期 EV 与 PV 之间的差异。由于两者均以已完工程量作为计算基础，因此两者的偏差即反映出项目进展的进度差异。EV 反映项目实施过程中对执行效果进行检测时，对已完的工作量按预算定额结算的费用值（或人工时值），而 PV 是反映项目实施过程中按进度计划应完成工作量的预算费用（或人工时）。两者同时建立在相同的费用基础上。若在同一时间里进行比较，PV 表示按进度计划应完成的工作量，EV 表示实际完成的工作量。其计算公式为：

$$SV = EV - PV \quad 或 \quad SV = BCWP - BCWS$$

当 SV 为正值时表示进度提前；SV 为负值时表示进度延误；$SV=0$，表示项目实际进度与计划进度相符。

（3）成本绩效指数（Cost Performance Index，CPI）

CPI 是指预算费用与实际费用值之比（或工时值之比）：

$$CPI = \frac{EV}{AC} \quad 或 \quad CPI = \frac{BCWP}{ACWP}$$

$CPI>1$ 表示低于预算,表示效益好或效率高;$CPI<1$ 表示超出预算,表示效益差或效益低;$CPI=1$ 表示实际费用与预算费用吻合,表示效益或效率达到预定目标。

(4) 进度绩效指数(Schedule Performance Index,SPI)

$$SPI = \frac{EV}{PV} \quad 或 \quad SPI = \frac{BCWP}{BCWS}$$

$SPI>1$ 表示进度提前;$SPI<1$ 表示进度延误;$SPI=1$ 表示实际进度等于计划进度。

这四项指标中,前两项为绝对差异,分别表示由于项目成本管理和工期管理的问题对于项目造价(价值)所造成的绝对影响;后两项为相对差异,分别表示由于项目成本管理和工期管理的问题对于项目造价(价值)所造成的相对影响。

5) 运用挣值分析进行项目成本预测

(1) 完工预算(Budget At Completion,BAC),即目标成本。

(2) 预测项目未来完工成本(Estimate At Completion,EAC),即最终成本,有以下几种确定方法:

① 当最初的估算假定有缺陷或者不再与变动相关时,

$$EAC = AC + ETC$$

② 当前的变化不典型且没有相似的变动时,可假定项目未完工部分按计划效率实施,即

$$EAC = AC + (BAC - EV)$$

③ 当前的变化比较典型且没有相似的变动时,可采用

$$EAC = AC + \frac{BAC - EV}{CPI}$$

或

$$EAC = \frac{BAC}{CPI}$$

(3) 完工尚需估算(Estimate To Completion,ETC),即项目剩余工作的成本

$$ETC = EAC - AC$$

(4) 完工成本偏差(Variance At Completion,VAC),即成本超支或节省

$$VAC = BAC - EAC$$

$VAC>0$,代表成本节省;$VAC<0$,代表成本超支。

8.4.2 挣值法的应用

运用挣值法原理可以对费用/进度进行综合控制。其优点如下:
(1) 可以形象地用 S 曲线把进度表中各项活动的计划要求和实际支出与实际进展相比较。
(2) 可对项目的进度和资金的执行情况进行测量,并可进行生产效率分析。
(3) 对资金和人员的需求,可随时进行分析和调整。
(4) 可以灵活地编制项目报告,即根据不同项目的需要,可以提供标准的或按不同习惯要求的各种报告。

运用挣值法对项目的实施情况作出客观的评估，可及时发现原有问题和执行中的问题，有利于查找问题的根源，并能判断这些问题对进度和费用产生影响的程度，以便采取必要的措施去解决这些问题。

通过对三条曲线的分析对比，可以很直观地发现项目实施过程中费用和进度的差异，而且可以通过 WBS 不同级别的三条曲线，很快发现项目在哪些具体部分出了问题。接着就可以查出产生这些偏差的原因，进一步确定需要采取的补救措施，而对暂时性的影响较小的偏差则不要求采取特别的补救措施。通常可以在作为测量基准的 PV 曲线的两侧，规定两条临界曲线，作为限制容许偏差的极限。如果偏差值始终保持在临界曲线的范围内，则不需要采取特别的补救措施，否则应当采取补救措施。应用方法如表 8-6 所示。

表 8-6 挣值法参数分析与对应措施表

序号	图形	三参数之间的关系	分析	措施
1	AC>EV>PV 曲线图	AC>EV>PV SV>0 CV<0	效率较低 进度较快 投入超前	抽出部分人员，增加少量骨干人员
2	PV>AC>EV 曲线图	PV>AC>EV SV<0 CV<0	效率较低 进度慢 投入延后	增加高效人员投入
3	PV>EV>AC 曲线图	PV>EV>AC SV<0 CV>0	效率较高 进度较慢 投入延后	迅速增加人员投入
4	AC>PV>EV 曲线图	AC>PV>EV SV<0 CV<0	效率低 进度较慢 投入超前	用工作效率高的人员更换一批工作效率低的人员
5	EV>PV>AC 曲线图	EV>PV>AC SV>0 CV>0	效率高 进度较快 投入延后	若偏离不大，维持现状
6	EV>AC>PV 曲线图	EV>AC>PV SV>0 CV>0	效率较高 进度快 投入超前	抽出部分人员，放慢进度

【**例 8-1**】 某工程计划进度如表 8-7 所示，表中粗实线表示计划进度（进度线上方的数据为每周计划投资），粗虚线表示实际进度（进度线上方的数据为每周实际投资），假定各分项工程每周计划完成和实际完成的工程量相等，且进度匀速进展。要求计算每周投资数据，并将结果填入表 8-8 中；绘制该工程三种投资曲线；分析第 5 周末和第 8 周末的投资偏差和进度偏差。

8 工程项目费用管理

表 8-7

分项工程	进度计划(周)									
	1	2	3	4	5	6	7	8	9	10
A	6	6	6							
	5	6	6							
B		7	7	7	7					
				6	6	7	7			
C				8	8	8	8			
					7	7	8	8		
D						5	5	5	5	
							6	6	5	5

表 8-8

项 目	投 资 数 据(万元)									
	1	2	3	4	5	6	7	8	9	10
每周拟完工程计划投资										
拟完工程计划投资累计										
每周已完工程实际投资										
已完工程实际投资累计										
每周已完工程计划投资										
已完工程计划投资累计										

【解】（1）表中第一行每周拟完工程计划投资应为表 8-8 中各项计划进度线实线上方计划投资的汇总；第二行拟完工程计划投资累计为第一行数值进行累计所得；第三行每周已完工程实际投资为表 8-8 中各项工作实际进度线虚线上方实际投资的汇总；第四行已完工程实际投资累计为第三行数值进行累计所得；根据题意，各分项工程每周计划完成与实际工程量相等，且进度匀速进展，所以第五行每周已完工程计划投资数值与计划投资相同，但进度线为实际进度线（相当于将实线上方的数据填写到虚线上方，并将各项工作数据按每周进行汇总并填入表中）；最后一行为上一行数据累加。结果详见表 8-9。

表 8-9

项 目	投 资 数 据(万元)									
	1	2	3	4	5	6	7	8	9	10
每周拟完工程计划投资	6	13	13	15	15	13	13	5	5	0
拟完工程计划投资累计	6	19	32	47	62	75	88	93	98	98
每周已完工程实际投资	5	6	6	6	13	14	21	14	5	5
已完工程实际投资累计	5	11	17	23	36	50	71	85	90	95
每周已完工程计划投资	6	6	6	7	15	15	20	13	5	5
已完工程计划投资累计	6	12	18	25	40	55	75	88	93	98

(2) 根据表 8-9 中第 2、4、6 行数据,绘制 PV、EV、AC 三条曲线,见图 8-21 所示。

(3) 从表 8-9 中看出,第 5 周的投资偏差和进度偏差为:

$$CV = AC - EV = 36 - 40$$
$$= -4(万元) < 0, 节约$$
$$SV = PV - EV = 62 - 40$$
$$= 22(万元) > 0, 拖延$$

第 8 周的投资偏差和进度偏差为:

$$CV = AC - EV = 85 - 88$$
$$= -3(万元) < 0, 节约$$

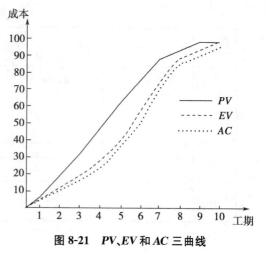

图 8-21 PV、EV 和 AC 三曲线

$$SV = PV - EV = 93 - 88 = 5(万元) > 0, 拖延$$

复习思考题

1. 项目费用管理的内容有哪些?
2. 简述项目费用管理的特点。
3. 项目费用估算有哪些方法?简述各自优缺点及适用范围。
4. 简述投资规划的工作内容和流程。
5. 试述工程项目投资控制的技术与方法。
6. 简述施工项目成本管理的任务和环节。
7. 简述施工成本控制的原则。
8. 某工程计划进度如表 8-10 所示,表中粗实线表示计划进度(进度线上方的数据为每周计划投资),粗虚线表示实际进度(进度线上方的数据为每周实际投资),假定各分项工程每周计划完成和实际完成的工程量相等,且进度匀速进展。要求用表格计算每周投资数据,绘制该工程三种投资曲线,分析第 8 周末的投资偏差和进度偏差。

表 8-10

分项工程	进度计划(周)											
	1	2	3	4	5	6	7	8	9	10	11	12
A	6	6	6									
	6	5	5									
B				5	5	5	5					
				5	5	4	6					
C					9	9	9	9	9			
					9	8	8	7	7			
D						5	5	5	5	5		
						5	5	4	4	3		
E									4	4	4	4
									4	3	3	3

9 工程项目风险管理

风险管理在项目管理中有着极其重要的作用,工程项目失败的主要原因之一就是因为没有进行风险管理或者是由于没有实施降低风险的工作。作为工程界的人都知道,工程项目若没有很好地去规划或者没有采取对策有效地去降低风险,就有可能导致一个规划和管理良好的项目陷入混乱并失败。本章主要介绍项目在生命周期中,项目风险因素识别及风险评价、风险应对计划和风险控制的实施措施。

9.1 工程项目风险管理概述

9.1.1 全面风险管理的概念

1) 风险的定义

风险是人们日常生活和生产中始终存在的客观现象,从不同的研究角度,对风险定义的描述是不尽相同的。在项目管理中,我们一般将"风险"定义为:威胁到项目计划实施的潜在事件或环境。这个定义将"风险"一词置于完全消极的情景之中。对于"风险"一词也有其他的定义,例如项目管理学会的定义,认为风险也可能包括对项目有利的机会(影响)。我们在工程项目管理中对风险的定义可作这样的表述:风险是指发生某种损失的不确定性,包含两层含义:一是可能存在的经济损失;二是这种损失的存在是不确定性的。一般来说,风险具备下列要素:

(1) 事件(不希望发生的变化)。
(2) 事件发生的概率(事件发生具有不确定性)。
(3) 事件的影响(后果)。
(4) 风险的原因。

2) 与风险有关的几个概念

风险因素、风险事件和风险损失是与风险有关的三个概念,三个概念有联系但内容不同。

(1) 风险因素

风险因素是指能增加或产生损失频率、损失程度的要素,包括触发条件和转化条件,它是风险事故发生的潜在原因。风险因素可分为实质性风险因素、道德风险因素和心理风险因素三类。

① 实质性风险因素指能引起增加损失机会与损失程度的特例或实质性的因素。

② 道德风险因素是指能引起或增加损失机会和程度的、个人道德品质问题方面的原因,如抢劫、敲诈、不诚实等。

③ 心理风险因素是指能引起或增加损失机会和程度的人的心理状态方面的原因,如不

关心、私利、情绪波动等。

其中道德风险因素和心理风险因素均属人为因素,前者偏于人的故意行为,后者偏于人的非故意行为,两者是无形的。

(2) 风险事件

风险事件一般是指导致损失的偶发事件(随机事件)。如房屋倒塌、车祸、食物中毒、地震、火山爆发等。风险事件的偶然性是由客观存在的不确定性所决定的,它的可能发生或不可能发生是不确定性的外在表现形式。

(3) 风险损失

风险损失是指非故意的、非计划的和非预期的经济价值的减少,可分为直接损失和间接损失两种,其中间接损失又包括额外费用损失、收入损失和责任损失三种。

风险因素、风险事故和风险损失这三者之间的关系可通过风险的作用链条表示,如图 9-1 所示。

图 9-1 风险要素及其关系

3) 工程项目风险的基本概念

工程项目风险是指项目在设计、施工和竣工验收等各个阶段可能遭到的风险。可将其定义为:在工程项目目标规定的条件下,该目标不能实现的可能性。工程项目不同阶段有不同的风险,工程项目风险大多数会随着项目的进展而变化,项目不同阶段的风险性质、风险后果也不一样。项目大量的风险存在于项目的早期,而早期决策对项目后续阶段和项目目标的实现影响也非常大。

对工程项目风险的认识,可以从以下方面去认识:

(1) 工程项目风险因素复杂

工程建设由于周期持续时间较长,所涉及的风险因素较多。我们都知道,工程项目的立项、可行性研究及设计与计划等都是基于正常的、理想的技术、管理和组织以及对将来情况(政治、经济、社会等各方面)预测的基础之上而进行的。而在项目的实际运行过程中,所有的这些因素都可能发生变化,而这些变化将可能使原定的目标受到干扰甚至不能实现,这些事先不能确定的内部和外部的干扰因素,称为风险,风险即是项目中的不可靠因素。任何的工程项目中都存在着风险,风险会造成工程项目实施的失控现象,如工期延长、成本增加、计划修改等,这些都会造成经济效益的降低,甚至项目的失败。

(2) 风险影响不尽相同

工程建设各方所遇到的风险事件有较大的差异,即使是同一风险事件,对建设项目不同参与方的后果往往迥然不同。例如,同样是通货膨胀风险事件,在可调价格合同条件下,对业主来说就是相当大的风险,而对承包人来说则是风险很小。但是,在固定总价合同条件下,对业主来说就不是风险,而对承包人来说是相当大的风险。

4) 全面风险管理的概念

全面风险管理是用系统的、动态的方法进行风险控制,以减少项目实行过程中的不确定性。它不仅使各层次的项目管理者树立风险意识,重视风险问题,防患于未然,而且在各个阶段、各个方面实施有效的风险控制,形成一个前后连贯的管理过程。

全面风险管理有四个方面的含义:

(1) 项目全过程的风险管理。从项目的立项到项目的结束,都必须进行风险的研究与预测、过程控制以及风险评价,实行全过程的有效控制以及积累经验和教训。

(2) 对全部风险的管理。在项目实施过程中所涉及的所有的各个阶段都要进行风险管理,不能有遗漏和疏忽。

(3) 全方位的管理。在风险管理中要把可预见的风险和不可预见的潜在风险采取预防和补救措施,对风险要从整个项目以及工期、成本、施工过程、合同、技术、计划等各个方面考虑,一般采纳的对策措施也必须考虑综合手段,从合同、经济、组织、技术、管理等各个方面确定解决方法,一般包括风险分析、风险辨别、风险文档管理、风险评价、风险控制等全过程。

(4) 全面的组织措施。对已被确认的有重要影响的风险应落实专人负责风险管理,并赋予相应的职责、权限和资源。在组织上全面落实风险控制责任,建立风险控制体系,将风险管理作为项目各层次管理人员的任务之一。让大家都有风险意识,都做风险的监控工作。

9.1.2 工程项目风险管理的特点

建设工程项目风险具有以下基本特点:

(1) 客观性。工程项目实施过程中的自然界的各种突变,社会生活的各种矛盾都是客观存在的,不以人的意志为转移的,尤其在工程项目建设中,无论是自然界的风暴、地震、滑坡,还是与人们活动紧密相关的施工技术、施工方案等不得当造成的风险损失,都是不以人的意志为转移的客观现实。它们的存在与发生就总体而言是一种必然现象,从认识论角度看,自然界的物体运动及人类社会的运动规律都是客观存在的。

(2) 不确定性。工程项目风险事件的发生和导致的后果往往是以偶然和不确定形式出现的。工程项目风险何时、何处、发生何种风险及程度是不确定的。偶然是指工程风险事件有可能发生也有可能不发生,它只是反映了风险存在的趋向性。不确定是指一方面项目风险事件存在的不确定性是由于工程项目风险事件的存在受各种风险因素包括各种不确定因素的支配,在一定的条件下,虽然存在,但不一定发生;另一方面,同性质的工程项目风险事件在不同的事件、地点发生所造成的损失规模及其后果也是不确定的。

(3) 可变性。工程项目的可变性主要表现在风险性质的变化、后果的变化,出现新的风险或风险因素已消除。

(4) 相对性。工程项目风险主体(主要是指工程项目的当事人)的相对性和风险大小的相对性。

(5) 阶段性。工程项目风险阶段性包括在风险阶段、风险发生阶段和造成后果阶段具有明显的时段性特点。

9.1.3 风险管理的主要工作

风险管理工作是工程项目管理的主要部分,它贯穿于整个工程项目过程之中。从项目时间进展过程上看,风险管理应按阶段进行风险分析和风险管理,这样可取得较好的效果,如分为可行性研究阶段、项目审批阶段、招投标阶段、合同签订阶段、工程实施期间阶段等。从工程实施的时间上看,风险管理的重点应放在工程出现里程碑事件或出现转折点情况时。对于投资额大的工程项目,使用创新或新技术的工程,受到法律、法规、安全等方面严格要求的工程,涉及参与者本身生产经营影响特别大的工程,以及某些特别重要工程项目部位或目标对项目的实施起着关键作用的部分,也都是风险管理的重点。

工程项目的参与者要按科学的程序进行风险管理,其主要工作内容是从建立风险管理体系开始,制定风险管理计划,在组织上落实项目各层次管理人员的风险管理责任。从项目的各个方面(如工期、成本、施工过程、合同、技术、计划)识别和评价风险,制定风险对策,采取各种风险防范技术和控制手段,从合同、经济、技术管理等方面全面防范、控制风险。

按"GB/T 19016—2005/ISO 10006:2003"《质量管理体系——项目质量管理指南》的规定,项目风险是指与项目过程有关的以及与项目产品有关的两个方面的风险。与风险管理有关的过程有4个:

(1) 风险识别

即确定项目风险。工程建设项目进行风险管理的第一步是风险识别,根据对项目组成结构特点进行分析,综合项目内外环境等各要素的关系,发现项目运行过程中存在的不确定性及其来源。

(2) 风险评估

即评估发生风险事件的可能性和风险事件对项目的影响。风险评估是在风险识别基础上运用各种工具与方法评价项目面临的风险的严重程度,以及这些风险对项目可能造成的影响。风险评估可分为两个方面:风险估计和风险评价。风险估计是计算风险事件发生的可能性及后果的大小,以减少风险的计量不确定性。风险评估是对风险事件的后果进行评价,并确定其严重程度。

风险识别与风险评估总称为风险分析阶段。

(3) 风险规划

风险规划即编制相应风险的规划。风险规划是在风险分析后对项目面临的风险做出行动方案的选择,制定出风险规避的策略和风险控制的计划。

(4) 风险控制

风险控制即实施并修订风险计划。风险控制是在项目实施过程中对风险进行监测和实施控制措施的工作。风险控制工作有两方面内容:

① 实施风险控制计划中预定规避措施对项目风险进行有效的控制,妥善处理风险事件造成的不利后果。

② 监测项目变更,及时做出反馈与调整。当项目变更超出原先预计或出现未预料的风险事件时,必须重新进行风险识别和风险评估,并制定的规避措施。

风险规划和风险控制总称为风险管理阶段。

9.2 工程项目风险因素识别

工程风险复杂多样,在实际工程中可能出现的风险因素也是复杂多样的,因此,风险的识别是一项复杂的工作,需要做大量细致的工作。要对各种可能导致风险的因素去伪存真,反复比较;要对各种倾向、趋势进行推测,做出判断;还要对工程项目的各种内外因素及其变量进行评估;将这些风险因素逐一列出,作为风险管理的对象。在不同的阶段,由于目标设计、项目的技术设计和计划,环境调查的深度不同,人们对风险的认识程度也不同,都需经历一个由浅入深逐步细化的过程,但不管在哪个阶段首先都要将对项目的总目标、子目标及操作目标等有影响的各种风险因素从多角度、多方面进行罗列,然后制作成项目风险目录表,最后采用系统方法来进行分析。一般而言,工程项目过程中的风险大致可归结为项目环境要素风险、项目系统结构风险、项目技术系统的风险、管理过程的风险。风险识别程序如图9-2所示。

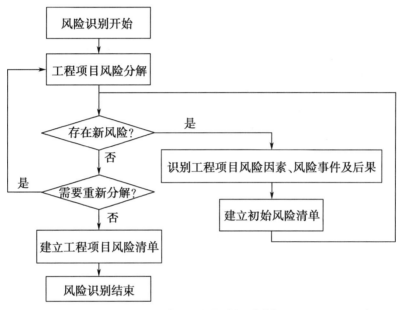

图 9-2 建设工程风险识别过程

9.2.1 项目环境要素风险

在环境要素分析中,我们首先要分析各环境要素可能存在的不确定性和变化,它常常是其他风险的原因,它的分析可以与环境调查相对应,所以环境系统结构的建立和环境调查对风险分析是有很大帮助的,一般最常见的项目环境要素风险因素(如图9-3所示)为:

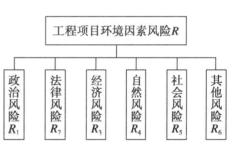

图 9-3 工程要素风险分类

(1) 政治风险。例如政局的不稳定性,战争状态、动乱、政变的可能性,国家的对外关系,政府信用和政府廉洁程度,政策及政策的稳定性,经济的开放程度或排外性,国有化的可能性、国内的民族矛盾、保护主义倾向等。

(2) 法律风险。如法律不健全,有法不依,执法不严,相关法律内容的变化,法律对项目的干预;可能对相关法律未能全面、正确理解,工程中可能有触犯法律的行为等。

(3) 经济风险。国家经济政策的变化,产业结构的调整,银根紧缩,项目的产品的市场变化;项目的工程承包市场、材料供应市场、劳动力市场的变动,工资的提高,物价上涨,通货膨胀速度加快,原材料进口风险,金融风险,外汇汇率的变化等。

(4) 自然风险。如地震、风暴、特殊的未预测到的地质条件,如泥石流、河塘、垃圾场、流砂、泉眼等,反常的恶劣的雨、雪天气,冰冻天气,恶劣的现场条件,周边存在对项目的干扰源,工程项目的建设可能造成对自然环境的破坏,不良的运输条件可能造成供应的中断。

(5) 社会风险。包括宗教信仰的影响和冲击、社会治安的稳定性、社会的禁忌、劳动者的文化素质、社会风气等。

9.2.2 项目系统的结构风险

项目系统结构风险,是以项目结构图上项目单元作为分析对象,即各个层次的项目单元,直到工作包在实施以及运行过程中可能遇到的技术问题,人工、材料、机械、费用消耗的增加,在实施过程中可能的各种障碍、异常情况。

9.2.3 项目技术系统的风险

在项目管理中,项目的技术性风险主要包括地质勘探、设计技术、施工技术、生产工艺、应用设备、原材料等技术原因。

9.2.4 项目的行为主体产生的风险

项目的行为主体产生的风险从组织角度去分析可划分为:

1) 建设项目业主风险

建设项目业主风险主要有投资决策的经济风险、组织实施风险和法律环境等方面的责任风险。

经济风险主要来自于宏观经济形势、投资环境、市场物价、资金筹措等方面。

组织实施风险主要来自于工程项目建设受到政府或行政主管部门的干预,建设体制或法规的影响,合同条件的缺陷,承包商的能力和诚意,实施过程中的自然条件的变化,材料、工程设备的质量以及供应商的履约情况等。

法律环境等方面的责任风险主要来自于业主本身和工程项目参与各方的法律意识和行为等。

2) 工程承包商(分包商、供应商)的风险

承包商的风险分为两大类:一类是由设计和施工工艺的原因造成的技术风险;另一类是非技术的原因造成的风险,导致的因素比较广泛,有自然与环境、政治与社会、组织与协调、法律与合同、经济与资源等。风险所造成的损失有质量的、安全的、时间的和经济的以及责任性的,但是各种损失最终都可形成经济损失。当前工程施工承包人最关心、也最需要防范的就是经济风险。经济风险造成的损失的数量大,发生的概率高,给承包人造成的损失多,威胁到承包人的生存。

承包商的经济风险主要是工程项目承包费用的风险。如投标过程中的报价失误,在工程项目建造实施过程中,由于价格波动、通货膨胀、汇率波动、利率升降以及业主违约等对工程项目所导致的经济损失等。现阶段工程施工承包领域里的"压价发包、带资承包、索要回

扣和拖欠工程款"等都是承包人承包中可能带来的风险。

承包商在工程施工过程中不可抗力引起的风险。由于自然因素，如台风、洪水、冰雹、地震、火山爆发、地面下陷下沉、环境的变化以及其他人力不可抗拒的破坏力强大的自然现象引起的工程项目财产损失，包括所造成的工程项目的工期延长、资金的增加及工程质量的缺陷等。

工程本身技术条件的限制（如工程设计不当、原材料的缺陷、新型材料的应用等），给承包商在建设过程中带来的种种损失风险等。

承包商在建设过程中，由于管理施工组织不力、技术能力不足和行为的反常造成工程质量低劣、项目财产损失等职业责任性风险。承包商的责任风险主要发生在以下两个方面：① 由于其拙劣的施工，或者某些疏忽和差错会给工程留下隐患；② 由于合同的违约、行为不当或疏忽等，以及由承包商代理人、分包商和承包商的雇员造成而应该由承包商承担的其他法律责任，如玩忽职守、盗窃工程设施导致的工程项目财产损失和人身伤亡事故等，这些都是承包商在管理过程中的责任性风险。

3) 项目管理者的风险

项目管理者的管理能力、组织能力、工作热情和积极性、职业道德、公正性方面都会带来风险，比如工程项目监理人角色，需要掌握相应的工程技术、设备、材料等方面的知识，熟悉工程图纸的技术规范，同时还应具备丰富的阅历和经验，在能处理各种繁杂的事务纠纷的同时还要有高度的应变能力。在处理业主和承包商两方面的关系时，要依据事实做出公平合理的决定。监理人本身素质也会带来责任风险以及建设项目业主、承包商在不规范的建设经营活动中转嫁来的经济、责任风险等。

4) 其他方面

比如中介人的资信、可靠性差；政府机关工作人员、城市公共供应部门（如水、电、质量监督等部门）的干预、苛求和个人需求；项目周边或涉及的居民或单位的干预、抗议或苛刻的要求等。

9.2.5 管理过程风险

1) 高层战略风险

如领导层对指导方针、战略思想出现错误造成的项目目标设计错误。

2) 工程设计变更风险

在施工过程中，工程设计的缺陷常常产生大量的工程变更，而设计变更是造成施工索赔的重要因素，对于业主而言，设计变更往往造成投资额的增加，使工程项目的造价难以掌握和控制。

3) 施工技术风险

每一个施工方案，无论它是传统的还是新创的都有自身独特的优点和局限，存在变更和索赔的可能性。

4) 环境预测带来的风险

环境风险主要包括洪水、地震、火灾、台风、雷电等不可抗拒自然力，另外不明的水文气象条件、复杂的工程地质条件、恶劣的气候、施工对环境的影响等都是潜在的风险因素。

5) 政治社会风险

由于政治原因，政府投资方发现整体投资规模过大，要重新调整工程规模，或停止投资等,以及在城市工程实施过程中由于拆迁问题而造成的工期延误等,工程延期也会使得招标人要承担工期延误及工程延期索赔的双重风险。

6) 合同风险

合同文件是招标文件的重要组成部分,合同风险是在合同拟定过程中,由于合同条款责任不清、权利不明导致合同伙伴发生争执产生索赔要求等所造成的风险。业主在拟定合同条件时往往过多地将风险偏重于承包商一方,造成承包商对合同履行不力,这样有失公平的合同对于业主来说常常潜伏更大的风险。

7) 招标范围不明确风险

招标范围不明确,一方面造成承包商投标报价不准确,另一方面容易造成合同争议,影响工程项目实施带来的风险。

8) 工程量清单编制错误风险

工程量清单反映了拟建工程的全部工程内容及为实现这些工程内容而进行的所有工作,是投标人投标报价的依据,招标人编制工程量清单时,如果出现错项、漏项、工程量不准确的问题,可能引起承包商的索赔或通过不平衡报价等方式提高工程造价,从而损害业主的利益。

9) 其他风险

如在运营过程中的准备不足,无法正常营运、营销渠道不畅、宣传不力等风险,还有担保不力、未投保险、经济萧条、金融危机带来的经济风险以及技术骨干跳槽、人员伤亡、工人罢工等的人员风险。

9.3 风险评价

9.3.1 风险评价的内容和过程

1) 风险评价的含义

风险评价是对风险的规律性进行研究和量化分析,对系统发生事故的危险性进行定性或定量分析,评价系统发生危险的可能性及其严重程度,以寻求最低的事故率、最少的损失和最优的安全投资效益。由于每一个风险都有其自身的规律和特点、影响范围和影响程度,在项目分析过程中就要对可能会出现的各种不确定性及其可能造成的各种风险进行适当的分析和评估。

2) 风险评价的主要内容

(1) 风险存在和发生的时间分析

即风险可能在项目的哪个阶段、哪个环节上发生。有许多风险有明显的阶段性,有的风险是直接与具体的工程活动相联系的,这样分析风险具有很大的预警作用。

(2) 风险的影响和损失分析

风险的影响是个复杂的问题,有的风险影响面较小,有的风险影响面很大,可能引起整个工程的中断或报废。而风险之间常常是有联系的。比如,经济形势的恶化不但会造成物价上涨,而且可能会引起业主支付能力的变化;通货膨胀引起了物价上涨,则不仅会影响后期的采购、工人工资及各种费用支出,而且会影响整个工程费用;由于设计图纸提供不及时,不仅会造成工程拖延,而且会造成费用提高(如人工和设备闲置、管理费用开支),还可能在原计划可以避开的冬雨季施工,造成更大的拖延和费用增加。而有的风险是相互影响的,可以互为抵消。例如,反常的气候条件、设计图纸拖延、设备拖延等在同一时间段发生,则它们对总工期的影响可能是重叠的。

(3) 风险发生的可能性分析

研究风险自身的规律性,通常用概率来表示。如图 9-4 所示。

不同风险曲线所表示的风险大小与其坐标原点的距离成正比。即距原点越近,风险越小;反之,则风险越大。因此,$R_1 < R_2 < R_3$。

(4) 风险级别

风险因素非常多,涉及各个方面,但人们并不是对所有的风险都予以同等重视。否则,将大大提高管理费用,而且谨小慎微,反过来会干扰正常的决策过程。

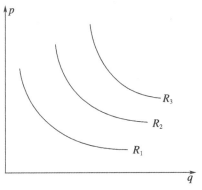

图 9-4 风险概率图

在风险级别衡量过程中,需要对建设工程风险作出相对比较,以确定建设工程风险的相对严重性。可以将风险发生概率(p)和潜在损失(q)分别分为 L(小)、M(中)、H(大)三个区间,从而将等风险图分为 LL、ML、HL、LM、MM、HM、LH、MH、HH 九个区域。在这九个不同区域中,有些区域的风险是大致相等的,如图 9-5 所示,可以将风险量的大小分成五个等级:① VL(很小);② L(小);③ M(中等);④ H(大);⑤ VH(很大)。

(5) 风险的起因和可控制性分析

任何风险都有它的根源。实质上在前面的分类中,有的就是从根源上进行分类的。例如环境的变化,人为的失误。对风险起因的研究是为风险预测、对策研究(即解决根源问题)、责任分析服务的。风险的可控性,是指人对风险

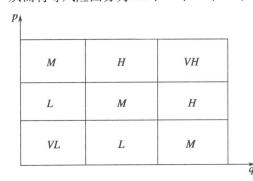

图 9-5 风险等级图

影响和控制的可能性。如有的风险是人力(业主、项目管理者或承包商)可以控制的,而有的却不可以控制。可以控制的风险,比如承包商对招标文件的理解风险、反常的气候风险等。

3) 风险评价的作用

(1) 能更准确地认识风险。风险识别的作用仅仅在于找出建设工程所可能面临的风险因素和风险事件,其对风险的认识还是相当肤浅的。通过定量方法进行风险评价,可以定量地确定建设工程各种风险因素和风险事件发生的概率大小或概率分布,及其发生后对建设工程目标影响的严重程度或损失严重程度。

(2) 保证目标规划的合理性和计划的可行性。建设工程数据库中的数据都是历史数据,是包含了各种风险作用于建设工程实施全过程的实际结果。但是,建设工程数据库中通常没有具体反映工程风险的信息,也就是说,建设工程数据库只能反映各种风险综合作用的后果,而不能反映各种风险各自作用的后果。由于建设工程风险的个别性,只有对特定建设

工程的风险进行定量评价,才能正确反映各种风险对建设工程目标的不同影响,才能使目标规划的结果更合理、更可靠,使在此基础上制定的计划具有现实的可行性。

(3) 合理选择风险对策,形成最佳风险对策组合。不同风险对策的适用对象各不相同。风险对策的适用性需从效果和代价两个方面考虑。

风险对策的效果表现在降低风险发生概率和降低损失严重程度的幅度。风险对策一般都要付出一定的代价,如采取损失控制时的措施费,投保工程险时的保险费等,这些代价一般都可准确地量度。

9.3.2 风险评价方法

1) 调查和专家打分法

调查和专家打分法是一种最常用、最简单、易于应用的分析方法。具体步骤如下:

(1) 识别出某一特定项目可能遇到的所有风险,列出风险调查表。

(2) 利用专家经验,确定每个风险因素的权重,以表征其对项目风险的影响程度。

(3) 确定每个风险因素的等级值,按可能性很大、比较大、中等、不大、较小五个等级,分别以 1.0、0.8、0.6、0.4 和 0.2 打分。

(4) 将每项风险因素的权数与等级值相乘,求出该项风险因素的得分。再求出此工程项目风险因素的总分。显然,总分越高说明风险越大。

为了减少主观性,专家应有一定的数量,一般选取 10~20 名专家。由于这些专家熟悉该行业和所评估的风险因素,运用他们自己的经验做出的项目工期风险、项目成本风险、项目质量风险等的度量甚至有时比通过数学计算与模拟仿真的结果还要准确和可靠。

比如,我国北方某大型港口要实施新港区开发计划,在进行进港公路基础施工时,须穿越一段早期围堰,因在桩基设计时只参考了该围堰的竣工资料,而忽视了当时围堰基础抛石的随机性,造成该路段桩基施工无法穿越大面积石坝区,最后不得不改变原设计方案。这样不仅增加了工程费用,影响了工程进度,而且迫使该新港区开发网络计划不得不重新调整。显然,在该工程风险识别过程中,由于忽视了对自然条件中某些潜在风险的识别,因此对整个工程造成了负面影响。

我国北方某大型港口的风险调查表,如表 9-1 所示。其中 $W \times C$ 称为风险度,表示一个项目的风险程度。由 $\sum W \times C = 0.47$,说明该项目的风险属于中等水平。

表 9-1 我国某大型港口的风险调查表

可能发生的风险因素	权重 W	风险因素发生的概率 C					风险度 $W \times C$
		很大	比较大	中等	不大	较小	
物价上涨	0.15		√				0.12
工程款支付能力	0.20				√		0.08
技术难度	0.25					√	0.05
工期紧迫	0.15			√			0.09
材料供应	0.15			√			0.09
汇率浮动	0.10				√		0.04
风险度		$\sum W \times C = 0.47$					

通过上面的风险调查表分析可以得出其风险度,这种方法适用于项目决策的前期。这个时期往往缺乏项目具体的数据资料,主要依据专家经验和决策者的意向,得出的结论也要求不是资金方面的具体数值,而是一种大致的程度值。它只能是进一步分析的基础。

2) 层次分析法(AHP)

风险的层次分析法是一种灵活的、易于理解的工程风险评价方法。多用在多目标决策问题中,如施工技术方案确定、不同施工机械组合选择、工程项目投标阶段决策时应用。

(1) 层次分析法的基本思路

首先找出解决问题所牵连的主要因素,将这些因素按其关联隶属管理构成阶梯层次模型,通过对层次结构中各因素之间相对重要性的判断及简单的排序计算解决问题。运用层次分析法能使主、客观因素综合考虑,使风险管理者能对拟建项目的风险情况有一个全面认识,从而避免了单靠直觉与经验进行评价的影响。图 9-6 表达了层次分析法进行项目风险评价的过程。

(2) AHP 法进行风险分析的过程

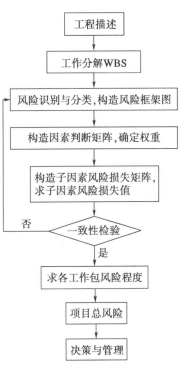

图 9-6 AHP 法风险分析程序

① 建立可描述工程项目的概念,这些概念就是复杂系统的组成部分或因素。依靠这些因素就可以把整个工程项目分解成可管理的工作包。对工程项目可根据工作分解结构(WBS)建立项目各因素,作为建模的基础。

② 利用前面所述的风险识别方法,如调查和专家打分法,对每一个工作包进行风险识别,建立工程项目风险层次结构模型图,典型的层次可用图 9-7 表示出来。

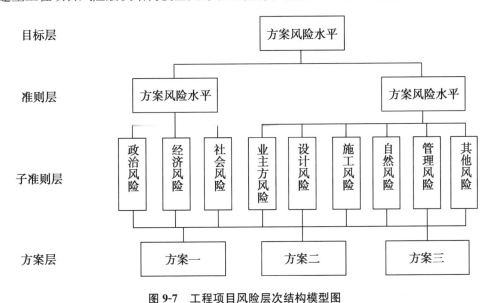

图 9-7 工程项目风险层次结构模型图

③ 根据评判准则(1~9 标度法)进行专家评价,按表 9-2 所示,构造风险因素判断矩阵,

如表 9-3 所示，得出各判断矩阵向量，即风险因素相对于上一层因素的重要性权重。

表 9-2 评判准则

标度	含义
1	表示两因素相比，具有同样重要程度
3	表示两因素相比，一个因素比另一个因素稍微重要
5	表示两因素相比，一个因素比另一个因素明显重要
7	表示两因素相比，一个因素比另一个因素强烈重要
9	表示两因素相比，一个因素比另一个因素极端重要
2,4,6,8	上述两相邻判断中间值，如 2 为属于同样重要和稍微重要之间

表 9-3 风险因素判断矩阵

判断分 a_{ij} \ 判断项 A_i	A_1	A_2	...	A_n
A_1	a_{11}	a_{12}	...	a_{1n}
A_2	a_{21}	a_{22}	...	a_{2n}
...	...	...	...	...
A_n	a_{n1}	a_{n2}	...	a_{nn}

④ 利用计算机软件，对专家评判进行一致性检验；一致性检验不通过则需重新评判，然后再检验，直至通过（一般一致性检验率不超过 0.1 即可）。

⑤ 确定不同层次风险因素相对于项目目标的重要性值，即进行综合重要性计算并进行一致性检验。在此基础上得出各风险相对于项目目标的大小排序，得出项目总的风险水平。

⑥ 最后根据分析评估结果制定相应的决策并实行有效的管理。

3) 敏感性分析法

敏感性分析方法只考虑影响工程项目成本的几个重要因素的变化，如利率、投资额、运行成本等，而不是采用工作分解结构（WBS）把总成本按工作性质细分为各子项目成本，从子项目成本角度考虑风险因素的影响，再综合成整个项目风险；敏感性分析是一种简单的量化分析方法，主要是针对工程项目方案所面临众多的影响因素，每次只变化一个或数个影响参数的数值，其他参数皆维持其固定，以此来检测此参数对整个目标的影响（敏感）程度。如工程项目由于客观条件的影响（如政治形势、通货膨胀、市场竞争等）使项目的投资、成本、价格、工期等主要变量因素发生变化，导致项目的主要经济效果评价指标（如净现值、收益率、折现率、还本期等）发生变动。当变量的变动对评价指标的影响不大时，这种方案称为不敏感方案；反之，若变量的变化幅度甚小，而评价指标的反映很敏感，甚至否定了原方案，则认为该项目对变量的不确定性是很敏感的，具有较大的潜在风险。

用敏感性分析方法分析工程风险一般在项目决策阶段的可行性研究中使用。使用这种方法，能向决策者简要地提供影响项目成本变化的因素及其影响程度，使决策者在做最终决策时考虑这些因素的影响，并优先考虑某种最敏感因素对成本的影响。因此敏感性分析方法一般被认为是个有用的决策工具。

4) 统计和概率法

风险管理要求在制定决策时必须要考虑一笔应急费。人们常常根据以往的经验及个人判断对在项目实施过程中出现的难以预料的情况列出一笔款项，这就难以避免因主观判断错误而面临的风险，统计和概率法是运用统计和概率的原理，对风险因素的概率分布和风险因素对评价指标影响进行定量分析。项目风险评价中的概率分析首先是指通过对项目有影响的风险变量调查分析，确定它们可能发生的状态及相应的概率。

统计和概率方法在分析工程项目风险分析的应用还是比较传统的，主要是受到PERT中分析成本—进度曲线变化的启示。这种方法的优点在于理论基础扎实，分析过程简单。不足之处在于：其一，其估价风险分类等级时多依靠专家个人判断，在这个方法中没有对如何处理多个专家的判断的准确性做出解释；其二，该方法中认为应急费即基本估计和平均机会成本之差，这一看法并未得到专家们的一致认同。但有一点是可以肯定的，就是应急费受决策者对未来的看法以及他期望避免超支的程度的影响，它表示出对承包商的一种风险补偿。如果承包商为了提高中标机会，或为了满足其他战略性目标，如开拓新市场，或仅仅想更好地利用廉价的劳动力和闲置力量，都可以降低价格投标，相应地也减少应急费用。

5) 蒙特卡罗模拟法

蒙特卡罗方法又称为随即抽样技巧或统计实验方法，它是估计经济风险和工程风险常用的一种方法，尤其是在研究不确定因素问题的决策中，对于某种不确定因素如工期、费用、净现值等通常只考虑其最好、最坏和最可能三种情况。而蒙特卡罗方法是一种多元变化的方法，用概率分布来表示每个不确定因素，通过对随机变量进行统计实验和随机模拟，抽样计算足够多的次数，能直接处理所有的不确定因素中的各种情况，最后给出所有不确定因素产生风险的概率分布。蒙特卡罗模拟法用数学方法在计算机上模拟实际事物发生的概率过程，在工程性质复杂的情况下能快速而准确地对风险作出评价。因此，蒙特卡罗模拟法广泛应用于社会和经济领域，是评估经济风险和工程风险常用工具之一。其分析工程风险的基本过程包括：

① 确定风险分析所采用的评价指标并编制成清单。
② 确定对项目评价指标有重要影响的风险变量。
③ 经调查和专家分析，确定风险变量的概率分布。
④ 为各风险变量独立抽取随机数。
⑤ 由抽得的随机数转化为各风险变量的抽样值。
⑥ 根据抽得的各风险随机变量的抽样值，组成一组项目评价基础数据。
⑦ 根据抽样值组成基础数据计算出评价指标值。
⑧ 重复第④～⑦步，直至预定模拟次数。
⑨ 整理模拟结果所得评价指标的期望值、方差、标准差和它的概率分布累计概率，绘制累计概率图。
⑩ 计算项目评价指标大于等于基准值的累计概率。具体如图9-8所示。

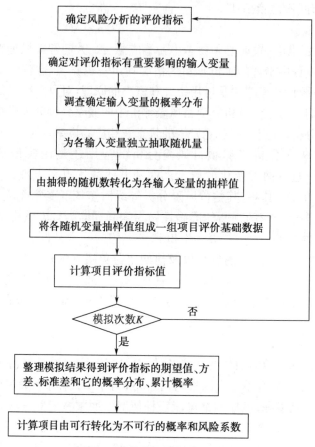

图 9-8 蒙特卡罗模拟风险评价图

【例 9-1】 某项目工作有如下 A、B、C 三个活动，图 9-9 为其局部网络图（活动时间表以周为单位）。每个活动的时间取二值的离散型随机变量，发生的概率及随机数如表 9-4 所示。试评价该网络的进度风险。

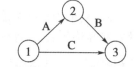

图 9-9 某项目工作包局部网络图

表 9-4 某项目工作包每个活动时间、发生概率和随机数

活动	时间估计	概率	代表活动时间取值随机数
A	4	0.5	01234
	6	0.5	56789
B	3	0.4	0123
	5	0.6	456789
C	8	0.5	01234
	10	0.5	56789

【解】 分析步骤如下：

① 确定每个活动的工期及相应概率。

② 根据概率分布情况对可能的随机数编号。

③ 随机抽取若干组编号（每组的位数是活动的个数）。
④ 确定关键路线。
⑤ 重复第③～⑤步若干次。

本例假定重复五次，抽取五组随机数，结果如表 9-5。

表 9-5

抽取组号	随机数	A活动	B活动	C活动	关键线路	总工期
1	534	6	3	8	AB	9
2	125	4	3	10	C	10
3	575	6	5	10	AB	11
4	697	6	5	10	AB	11
5	563	6	5	8	AB	11

⑥ 确定该项目总工期的概率，如表 9-6。

表 9-6

总工期	出现次数	概率估计	累计概率
9	1	0.2	0.2
10	1	0.2	0.4
11	3	0.6	1.0

从表 9-6 可知，该工作包 9 周内完成的概率为 20%，10 周内完成的概率为 40%，而在 11 周内的实现可能性则大大增加。

在采用蒙特卡罗模拟法时，假设风险变量之间是相互独立的，在风险分析中会遇到输入变量的分解程度问题。一般而言，变量分解得越细，风险变量个数也就越多，模拟结果的可靠性也就越高；变量分解程度低，变量个数少，模拟可靠性降低，但能较快获得模拟结果。蒙特卡罗法的模拟次数，从理论上讲，模拟次数越多越正确，但实际上模拟次数过多不仅费用高，整理计算结果费时费力，但模拟次数过少，随机数的分布就不均匀，影响模拟结果的可靠性，一般应在 200～500 次为宜。

(6) 模糊综合评价法

现代工程项目中潜含的各种风险因素很大，一部分难以用数字来准确地加以定量描述，但都可以通过历史经验和专家的专业知识，用生动的语言来描述他们的性质及其可能影响的结果。在工程项目实际应用中采用模糊综合评价的风险分析是模糊数学常用的一种应用方式，其中，评价就是按照指定的评价对象的优劣进行评比、判断。综合是指评价条件包含多个因素，综合评价就是对受到多个因素影响的评价对象做出全面的评价。采用模糊综合评价法进行风险评价的基本思路是：综合考虑所有风险因素的影响程度，并设置权重区别各因素的重要性，通过构建数学模型，推算出风险的各种可能性程度，其中可能性程度值高者为风险水平的最终确定值，构成评价因素集。其步骤为：

(1) 选定评价因素，构成评价因素集。
(2) 根据评价的目标要求，划分等级，建立备择集。
(3) 对各风险要素进行独立评价，建立判断矩阵。

(4) 根据各风险要素影响程度,确定其相应的权重。
(5) 运用模糊数学法运算方法,确定综合评价结果。
(6) 根据计算分析结果,确定项目风险水平。
7) 其他方法

在工程项目风险分析中,很多专家学者做了比较深入的研究,并且也有了较多比较切实可行的分析评价方法,如决策树法、风险相关性分析法、头脑风暴法、盈亏平衡分析法等方法,这些方法在其他的管理职能中也经常使用。

9.3.3 风险分析说明表

风险分析结果必须用文字、图标和电子文件等进行表达说明,作为风险管理的文档,即以文字、表格的形式作风险分析报告。分析结果不仅作为分析的结果,而且应作为人们风险管理的基本依据。表的内容可以按照分析的对象进行编制,例如以项目单元(工作包)作为对象则可以编制如表9-7所示的表,这可以作为对工作包说明的补充分析文件,是对工作包的风险研究。也可以按风险的结构进行分析研究(见表9-8)。

表9-7 风险分析说明表1

工作包号	风险名称	风险会产生的影响	原因	损失		可能性	损失期望	预防措施	评价等级A、B、C
				工期	费用				

表9-8 风险分析说明表2

工作包号	风险名称	风险的影响范围	原因导致发生的边界条件	损失		可能性	损失期望	预防措施	评价等级A、B、C
				工期	费用				

9.4 风险应对计划和风险控制

9.4.1 风险应对计划概述

风险应对计划就是对工程项目风险应提出处置意见和办法。通过对项目风险识别、估计和评价,把项目风险发生的概率、损失严重程度及其他因素综合起来考虑,就可得出项目发生各种风险的可能性及其危害程度,再与公认的安全指标相比较,就可确定项目的危险等级,从而决定应采取什么样的措施,以及控制措施应采取到什么程度。

工程项目风险应对计划(Risk Response Planning)的编制是一个制定应对策略和应对措施的过程,目的是为了提升实现工程项目目标的机会,降低对其的威胁。具体编制工程项目风险管理计划的步骤如图 9-10 所示。

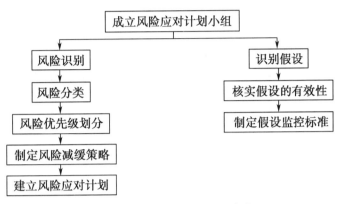

图 9-10　风险管理计划制定步骤

9.4.2　风险分配原则

工程风险通过建设工程施工合同条款的约定,这些风险都必须在项目参与者(投资者、业主、项目管理者、各承包商、供应商等)之间进行分配。任何工程建设都存在着不确定因素,因此会产生风险并影响造价,风险无论由谁承担,最终会影响投资者的投资效益。合理的风险分配,可以充分发挥各方的积极性,降低工程成本,提高投资效益,达到双赢的结果。对项目风险的分配,业主起主导作用,因为业主作为买方,起草招标文件、合同条件,确定合同类型,确定管理规程,而承包商、各供应商等都处于从属地位。但业主不能随心所欲,不能不顾主客观条件把风险全部推给对方。

工程风险分配应遵守以下原则:

1) 合法原则

谁引起的风险,谁承担相应的责任,如果发包人、承包人双方都有责任,则按责任大小分摊。风险分配必须符合国家法律、法规的规定,遵照《民法通则》第 107 条、《中华人民共和国合同法》第 117 条所规定的不可抗力免责规则。

2) 从工程整体效益的角度出发,最大限度地发挥双方的积极性

因为项目参加者如果都不承担任何风险,则他也就没有任何责任,当然也就没有控制的积极性,就不可能搞好工作。如采用成本加酬金合同,承包商则没有任何风险责任,承包商也会千方百计地提高成本以争取工程利润,最终将损害工程的整体效益;如果承包商承担全部的风险也是不可行的,为防备风险,承包商必须提高要价,加大预算,而业主也因不承担风险而随便决策,盲目干预,最终同样会损害整体效益。因此只有让各方承担相应的风险责任,通过风险的分配以加强责任心和积极性,达到能更好地计划与控制的目的。

3) 责、权、利平衡原则

从工程整体效益角度出发,采取措施防范、转移或减少风险损失,由采取防范措施耗费成本最低的一方承担风险。一是风险的责任和权力应是平衡的。有承担风险的责任,也要

给承担者以控制和处理的权力,但如果已有某些权力,则同样也要承担相应的风险责任;二是风险与机会尽可能对等,对于风险的承担者应该同时享受风险控制获得的收益和机会收益,也只有这样才能使参与者勇于去承担风险;三是承担的可能性和合理性,承担者应该拥有预测、计划、控制的条件和可能性,有迅速采取控制风险措施的时间、信息等条件,只有这样,参与者才能理性地承担风险。

4) 要符合国情、惯例原则

在我国,建筑市场的发育尚不完善,市场主体行为不够规范,市场经济欠发达,与国际惯例所需的成熟的市场环境差距甚远,风险分配必须充分考虑我国国情;从另一方面,要符合工程惯例,因为合同的双方对惯例都比较熟悉,工程更容易顺利实施,如果明显的违反国际(或国内)惯例,则常常显示出一种不公平、一种危险。

9.4.3 风险应对措施

不同风险采用不同的对策。任何项目都存在不同的风险,风险的承担者应对不同的风险有着不同的准备和对策,这应把它列入计划中的一部分,只有在项目的运营过程中,对产生的不同风险采取相应的风险对策,才能进行良好的风险控制,尽可能地减小风险可能产生的危害,以确保效益。通常的风险对策有:

1) 风险回避

风险回避,主要是中断风险来源,使其不发生或遏制其发展。风险回避是在考虑到某项目的风险及其所致损失都很大时,主动放弃或终止该项目以避免产生风险和损失的一种处置风险的方式,它是从根本上放弃使用有风险的资源、技术、施工方案等从而避开风险,是一种最彻底的风险处置技术。它在风险事件发生之前将风险因素完全消除,从而完全消除了这些风险可能造成的各种损失。企业对那些可能明显导致失败的项目选择放弃,对那些超过组织承受能力的风险或者超过收益限度,并且成功把握也不太大的项目也应该尽量回避。风险回避虽可彻底消除实施该项目可能造成的损失和可能产生的恐惧心理,但它是一种消极的风险处置方法,有很大的局限性,如果一味地回避风险,一味地追求保险,那么必然同时失去实施项目可能带来的收益,所以要具体情况具体分析,总体权衡利弊后再做决策。

风险回避包括主动预防和全面放弃两种状况。主动预防是指从风险源着手,从风险发生的来源彻底消除。如建筑基础施工时,为防止对周边建筑物造成损坏,除了在基坑四周打支护桩及在坑内加设支撑外,还在此支护桩外围采取压密灌浆等措施,以彻底消除风险产生的因素。全面回避风险是一种风险最彻底的防范措施,如不承接某一风险较大的工程项目等。完全放弃来回避风险虽然能彻底避免损失,但这是一种消极的手段,它意味着放弃并失去了获利的机会,所以说,不是所有的风险都可以采取回避的。如地震、台风及其他自然灾害是无法完全避免的,其造成的损失一般也都比较大。如果对这些不可抗力因素也采取完全回避措施,这对于承包商来说将是个生存问题,他将会损失所有的工程业务。这类风险是每个参与者都要面对的,这时可以求助于其他的风险应对措施来最大限度地减少或避免这类风险可能带来的损失。

2) 风险转移

风险转移是指项目组将风险有意识地转给与其有相互经济利益关系的另一方承担的风

险处置方式。这是风险管理中应用范围最广、最有效的应对措施之一。此种方式下风险本身并没有减少,只是风险承担者发生了变化。它的目的不是降低风险发生的概率和不利后果的大小,而是通过合理有效的措施,人为地将风险部分或全部转移到第三方身上,使大家共同分担风险。比如将工程项目中专业技术要求很强而自己缺乏相应技术的工程分包给专业分包商,或者资源出现困难时将合同转让(必须是合同允许)。实施风险转移策略应坚持注意两方面的问题,首先必须让承担风险者得到相应的回报,这样才能调动各方的积极性,保证工程高效益、高质量地完成。比如承担工期风险,拖延交工支付违约金,提前完工就应当有一定的奖励;承担物价上涨的损失,那么自然享受物价下跌的收益。其次就是对于具体的风险,谁最具有管理能力就转移给谁。由于不同管理者所了解的信息、拥有的资源、采用的方法不一致,因此不同的风险对于不同的管理者所产生的后果也不一致,谁最具有管理能力就转移给谁就可能将风险损失减少到比较低的水平,有利于各方效益的实现。风险转移最常见的方式有分包、保险和担保。

(1) 分包

分包就是通过从项目执行组织以外获取货物、工程或服务,而将风险转移出去的方法。分包有时能起到较好的转移风险的作用。例如,建筑公司将建筑物的钢结构分包给外协单位,就是将钢结构构件的质量或拖期的风险转移给了外协单位;如某一承包人,在某堤防加固工程投标中一举中标,而该标包括的内容有:护坡、堤身加高、加宽和堤防防渗灌浆。而对于该承包人而言,在防渗灌浆施工方面并不擅长,对工程施工的质量和成本控制有较大的风险。若该承包人将防渗灌浆施工分包给有经验的施工队伍,对其就可能不存在任何风险。

(2) 保险和担保

保险是转移风险最常用的一种方法,项目管理者只要向保险公司交纳一定数额的保险费,当风险事件发生后,就能获得保险公司的补偿,从而将风险转移给保险公司。在国际工程承包中不但项目业主自己为工程项目施工中的风险向保险公司投保,而且还要求承包商也向保险公司投保。除了保险,也常用担保方式进行风险转移。而所谓的担保,指为他人的债务、违约或失误负间接责任的一种承诺。在工程项目管理上常是指银行、保险公司或其他非银行金融机构为项目风险负间接责任的一种承诺。

3) 风险自留

有时候项目管理者可以把工程项目风险事件的不利后果资源承担下来,就是风险自留,也就是将风险留给自己承担。风险自留在实践过程中有主动自留和被动自留之分。主动自留即计划性自留,是指在对项目风险进行预测、识别、评估和分析的基础上,明确风险的性质及其后果,进行主动的、有意识的、有计划的选择性的风险对策。比如在水电工程施工导流设计中,对可能出现的超标准洪水都有一定的对策措施,当这种超标准洪水出现的时候,采取相应的措施就可以消除风险。被动自留即非计划性自留,则是指未能准确识别和评估风险及损失后果的情况下,被迫采取自身承担后果的风险处置方式。被动自留是一种被动的、无意识的处置方式。有选择地对部分风险采取自留方式,有利于项目组获利更多,但自留哪些风险,是风险管理者应认真研究的问题,如自留风险不当可能会造成更大的损失。

决定风险自留须符合以下条件之一:

(1) 自留费用低于保险公司所收取的费用。

(2) 企业的期望损失低于保险人的估计。

(3) 企业有较多的风险管理经验。

(4) 企业的最大潜在损失或最大期望损失较小。

(5) 短期内企业有承受最大潜在损失或最大期望损失的经济能力。

(6) 风险管理的目标可以承受年度损失的重大差异。

(7) 费用和损失支付分布于很长时间里因而导致很大的机会成本。

(8) 投资机会很好。

(9) 内部服务或非保险人服务优良。

若在实际过程中情况与上述条件相反，无疑应放弃自留风险的决策。

4) 风险预防

风险预防是一种主动的风险管理策略，通常采用有形和无形的手段。

(1) 有形手段

工程法是一种有形的手段，此法以工程技术为手段，消除物质性风险威胁。例如，为了防止山区区段山体滑坡危害高速公路过往车辆和公路自身，可采用岩锚技术锚住松动的山体，增加因为开挖而破坏了山体的稳定性。工程法预防风险有多种措施：

① 防止风险因素出现。在项目活动开始之前，采取一定措施，减少风险因素。例如，在山地、海岛或岸边建设，为了减少滑坡威胁，可在建筑物周围大范围内植树栽草，同排水渠网、挡土墙和护坡等措施结合起来，防止雨水破坏主体稳定，这样就能根除滑坡这一风险因素。

② 减少已存在的风险因素。施工现场若发现各种用电机械和设备日益增多，及时果断的换用大容量的变压器就可以减少其烧毁的风险。

③ 将风险因素同人、财、物在时间和空间上隔离。风险事件发生时，造成财产毁损和人员伤亡是因为人、财、物于同一时间处于破坏力作用范围之内。因此，可以把人、财、物与风险源在空间上隔离，在时间上错开，以达到减少损失和伤亡的目的。

工程法的特点是：每一种措施都与具体的工程技术设施相联系，但是不能过分地依赖工程法。首先，采取工程措施需要很大的投入，因此，决策时必须进行成本效益分析；其次，任何工程设施都需要有人参加，而人的素质起决定性作用；另外，任何工程设施都不会百分之百的可靠。因此，工程法要同其他措施结合起来使用。

(2) 无形手段

① 教育法。项目管理人员和所有其他有关各方的行为不当可构成项目风险因素。因此，要减轻与不当行为有关的风险，就必须对有关人员进行风险和风险管理教育。教育内容应该包括有关安全、投资、城市规划、土地管理及其他方面的法规、规章、标准和操作规程、风险知识、安全技能及安全态度等。风险和风险管理教育的目的，是要让有关人员充分了解项目所面临的种种风险，了解和掌握控制这些风险的方法，使他们深深地认识到个人的任何疏忽或错误行为，都可能给项目造成巨大损失。

② 程序法。工程法和教育法处理的是物质和人的因素，但是，项目活动的客观规律若被破坏也会给项目造成损失。程序法指以制度化的方式从事项目活动，减少不必要的损失。项目管理组织制定的各种管理计划、方针和监督检查制度一般都能反映项目活动的客观规律性。因此，项目管理人员一定要认真执行。我国长期坚持的基本建设程序反映了固定资产投资活动的基本规律。实践表明，不按此程序办事，就会造成浪费和损失，所以要从战略

上减轻项目风险,就必须遵循基本程序,那种图省事、走捷径、抱侥幸心理甚至弄虚作假的想法和做法都是项目风险的根源。

合理地设计项目组织形式也能有效地预防风险。项目发起单位如果在财力、经验、技术、管理、人力或其他资源方面无力完成项目,可以同其他单位组成营体,预防自身不能克服的风险。

使用预防风险策略时需要注意的是,在项目的组成结构或组织中加入多余的部分,同时也增加了项目或项目组织的复杂性,提高了项目成本,进而增加了风险。

5) 减轻风险

减轻风险是指在风险损失已经不可避免的情况下,通过各种措施以降低所发生损失的严重程度或遏制风险继续恶化的做法,是一种被动但具有积极意义的风险处理手段,通常在损失幅度大且风险又无法避免和转嫁的情况下采用的方法。

(1) 应急措施

应急措施的目的是使风险产生的损失最小化,是在损失发生时起作用的。实际工作中并不需要对每一个风险都要采取应急措施,使采取的应急措施所花的代价大于风险造成的损失或预后不良的风险才采用应急措施。如:工程项目建设过程中,出现火灾、坍塌及人员伤亡等重大事故时,就需要采取应急措施。在制定工程项目风险管理规划时应事先制定出这类应急措施的方案。

(2) 挽救措施

挽救的目的是将风险发生后造成的损失修复到最高的可接受的程度。由于风险发生之前一般不可能知道损害的部位和程度,所以在制定工程项目风险管理规划时一般不可能事先制定出风险挽救措施的方案,但应事先确定出风险发生后执行挽救措施工作的工作程序和责任人员。

9.4.4 工程实施中的风险控制

工程实施中的风险控制就是建立在项目风险的阶段性、渐进性和可控性基础之上的一种项目管理工作。它是一个连续的过程,主要包括:风险管理的目标和风险的应对策略的建立;项目实施过程中的风险检查和评估;风险出现后的控制计划执行;经验总结,改进风险管理等多个环节;由于工程项目不同于日常任务,它有明确的起止时间和目标,要在明确的范围、时间和成本约束下,达到相应的质量标准,并取得用户的满意。影响项目成败的因素涉及方方面面,并且风险伴随着项目的始终,是客观存在的,作为一个项目经理,应该具备良好的风险控制意识,善于识别风险并分析风险的影响,从中发现影响目标的风险点,并施加影响或采取应对措施,把风险的负面影响降到最低,并且风险控制应该贯穿项目始终。

1) 风险所导致的后果

风险引起的负面后果集中体现在进度延后、成本超支、质量不达标等方面,导致这些问题的因素主要包括目标及需求不明确、范围蔓延、返工、人员技能不足、缺乏良好的团队协作等。

(1) 目标及需求不明确

为了市场竞争或内部管理决策的需要,业务部门提出的需求往往要求的时间比较紧迫,需求的提出大多停留在几张纸或口头的传达上,没有形成正式的业务需求文档,在没有明确的需求范围的情况下,为了迎合业务部门的口味匆匆开工,施工过程中用户不断地提出新的想法,技术人员开始疲于奔命和应付,很难保证项目的进度和质量,也难以取得业务部门的认可。所以,在工程项目的前期一定要采取相应的手段或措施,与业务部门共同明确项目目标、需求范围,充分考虑现有的时间和资源约束,将需求排定优先级,对于关键的需求优先实现,其他辅助性的根据过程中的具体情况进行滚动式计划,并取得业务部门的书面确认。在此过程中要注重挖掘用户的隐性需求,可以通过引导、系统原型等手段让用户在前期充分暴露自己的想法和需求。

(2) 范围蔓延

在有了明确的目标和需求范围的情况下,需求的变更还是不可避免的,业务部门在看到具体系统的真实雏形之后,源源不断地要求、新想法随之产生,如果不对此加以控制,新的需求的加入通常会影响已实现的需求,并且对工程项目进度和成本产生很大的影响。项目经理针对这种情况一定要采取严格的变更控制流程,不能碍于情面,否则最终结果往往是吃力不讨好。针对用户提出的新需求,按照正式流程提出变更申请,组织相关团队成员进行分析及评估,作为是否实施的依据,变更控制委员会根据分析结果判断是否批准,如果批准,那么项目组可以安排实施,否则正式拒绝用户的请求。当然,实际情况下可以采取一些软措施缓解矛盾。

(3) 返工

返工是工程项目组最不愿意看到的,既浪费人力、物力和财力,又影响团队积极性。需求不明确或范围没有有效控制都可能造成返工,另外造成返工的原因是质量没有达到用户要求。往往有这样一种情况,每个团队成员按照工程项目计划报告进度都是100%完成,但到最后就会发现一大堆问题,不得不花费很大精力回头排查。造成这种情况的主要原因是过程中质量保证没有做到位,把大部分问题留在了后面。这就需要在工程项目实施过程中采取有效的措施来规避返工的风险。

(4) 人员技能不足

工程项目实施过程中由于人员技能欠缺造成的进度延后和质量问题并不少见。项目经理应该在前期就分析清楚项目所要采用的技术以及相应的人员技能要求,针对不同的角色,及时采取相应的技能培训,以保证项目的顺利实施。如果对于项目中某些部分专业性特别强或新技术,短期内又不能快速建立技能的情况,可以考虑将该块任务外包,借鉴合作商的力量降低实施风险。当然这还需要进行外购人力成本与自建人力成本的效益分析。

(5) 缺乏良好的团队协作

项目实施需要发挥团队成员的创造力,需要各小组之间的密切配合,界定清楚工作界面及接口关系,并在实施过程中持续地沟通交流和共享,团队要融为一体。

工程项目的实施过程需要不断地识别和应对风险,并加以有效的控制,风险管理的好与坏直接影响项目的实施效果,从某种意义上讲,项目实施对于项目经理就是识别、分析、应对、控制风险的过程,使项目的约束性目标和质量目标朝有利的方向发展。

2) 工程实施中的风险监控

(1) 工程风险监控和预警

风险监控和预警是项目控制的内容之一,不同的建设阶段有着不同的风险源和风险。虽然有些不可抗拒的风险如地震造成的风险往往是在没有任何征兆情况下发生的,但工程建设项目是一种渐进性的活动,风险是在项目实施的过程中逐渐形成的,都存在着风险发生的前兆,这些风险被称作为有预警信息的项目风险。工程项目绝大多数的风险都是属于有预警信息的风险,在工程中要不断地收集和分析各种信息,捕捉风险前奏的信号。例如,天气预测警报,人们完全可以利用恶劣天气发生前的预警信息采取多种形式进行风险防范,减少或消除恶劣天气带来的风险。

有些风险的预警信息的产生、发展和变化没有一定的模式,人们对它的认识过程是一个不断认识风险产生苗头,逐步找出其变化规律的过程,因此人们在对工程项目风险预警信息的识别时需要利用自己的经验和才智,从思想上及程序上重视对项目实施过程中可能产生风险的信息进行观察和收集,通过认真地分析、敏锐地判断,才可及时识别出风险。例如,股票信息、各种市场行情、价格动态、政治形势和外交状态以及各投资者企业状况报告;通过工期和进度的跟踪、成本的跟踪分析、合同的监督、各种质量监控报告、现场情况报告等手段了解工程风险,通过对这些风险的分析研究,可使项目风险的预测和控制更加符合客观规律。

(2) 及时采取措施控制风险的影响

风险一旦发生则应积极采取措施,降低损失,防止风险的蔓延,一般采取以下几种措施:

① 经济性措施,主要有合同方案设计,包括设计风险分配方案、合同结构及合同条款等;保险方案设计(主要涉及保险范围、保险清单分析及保险合同谈判技巧等);工程直接费用核算、管理成本核算、管理人员责任奖惩制度等。

② 技术性措施,包括确定可行、可靠、适用的施工技术、生产工艺方案、维护技术方案等;制定各阶段的检测技术措施等;确定风险决策评价技术措施(决策模型选择、决策程序和决策准则制定等)。

③ 组织管理性措施,包括确定组织结构、管理制度和标准制定、人员选配、岗位职责分工,落实风险管理的责任;管理流程设计、建立使用风险管理信息系统等管理手段和方法等。

(3) 保证施工阶段的正常进行

施工阶段的风险管理是一项系统性、综合性极强的工作,涉及如投资、进度、质量、安全、合同变更和索赔、生产成本、利税等多个目标。要全面彻底的降低或消除风险因素的影响,必须采取综合治理措施,动员各方力量,科学地分配风险责任,建立起项目全方位风险管理体系,控制工程施工,保证完成预定目标,防止工程中断和成本超支。

复习思考题

1. 简述风险的定义和要素。
2. 怎样理解工程项目风险管理、全面风险管理的定义和特点?
3. 为什么要进行风险管理?
4. 什么是层次分析法?其基本步骤包括哪些方面?
5. 工程项目风险的识别过程如何?识别方法有哪些?
6. 工程项目风险的应对策略和措施有哪些?
7. 什么是风险应对计划?风险控制的方法主要有哪几种?
8. 什么叫风险监控?风险监控具体有哪些措施?

10 工程项目沟通管理

10.1 沟通的概念、过程、要素及原则

10.1.1 项目沟通的概念

沟通是一个广泛的主题,包括一个很广泛的知识体,并非只限于项目背景,例如:

发送—接收模型:反馈回路和沟通障碍。

传媒的选择:何时用书面沟通、口头沟通、备忘录和正式报告等。

写作风格:积极或被动的口吻,语句结构,词汇选择等。

表达技巧:体态语言、直观手段的设计等。

会议管理技术:准备议程、处理时间冲突等。

沟通是指人与人之间的思想和信息的交换,是将信息由一个人传达给另一个人,逐渐广泛传播的过程。著名的组织管理学家巴纳德认为,"沟通是把一个组织中的成员联系在一起,以实现共同目标的手段"。沟通有以下几层含义:

(1) 沟通就是相互理解。

(2) 沟通就是提出和回应问题与要求。

(3) 沟通交换的是信息和思想。

(4) 沟通是一种有意识的行为。

沟通涉及两个人或一群人,沟通是一种双向的工作,包括利用通用符号,信息从一个人或小组向另一个人或小组的传达与理解。它可以是口头的或书面的,也可以是面对面的,或使用一些媒介,如电话、电子邮件、函件、备忘录、电视会议或群体系统。它可以是正式的,如一次会议报告;也可以是非正式的,如电子邮件信息。

项目沟通就是项目干系人间的问题交流和项目进展等信息共享。项目沟通发生在项目团队和客户之间,项目团队成员之间,以及项目团队及其管理层之间。

10.1.2 项目沟通管理的概念

项目管理中的沟通,并不等同于人际交往的沟通技巧,更多的是对沟通的管理。

项目沟通管理包括为了确保及时适当的产生、收集、发布、传播、存储和最终配置项目信息所必需的一系列过程。

在项目管理中,专门将沟通管理作为一个知识领域,可见项目沟通管理是项目管理中重

要内容之一。沟通能力是项目经理最重要的能力,比技术能力、谈判能力、团队建设能力更为重要。一个不是技术方面的专家但具有优秀沟通能力的项目经理可以在项目上取得成功,而一个不具有良好沟通能力的技术专家往往不能取得成功。PMBOK 中也建议项目经理在沟通上要花 75% 以上时间,可见沟通在项目中的重要性。项目经理的大多数时间和精力是花在沟通上面,而不是自己动手去解决技术问题。换言之,项目经理是组织专家来工作,而不是自己亲自去做。

管理有四种职能——计划、组织、领导、控制,而贯穿在其中的一条主线即为沟通。沟通为实现其管理职能的主要方式、方法、手段和途径。

管理的过程,也就是沟通的过程。通过了解客户的需求,整合各种资源,创造出好的产品和服务来满足客户,从而为企业和社会创造价值和财富。没有沟通,就没有管理。企业的机构越是复杂,其沟通越是困难。往往基层的许多建设性意见还没反馈至高层决策者便已被层层扼杀,而高层决策的传达常常也无法以原貌展现在所有人员面前。

10.1.3 项目沟通管理的意义

对工程项目,尤其是大型工程项目,参建单位多,PMC、EPC、各级分包商,交流内容广,涉及设计方案、工程进度、安全质量、变更索赔等,所以项目团队的交流沟通不仅信息量大,而且信息处理复杂。因此,适量的沟通是项目的关键因素之一。Ludlow. R 曾经说过"高级管理人员往往花费 80% 的时间以不同的形式进行沟通,普通管理者约花 50% 的时间用于传播信息"。项目沟通管理是项目整个活动过程中的神经中枢。有效沟通是在人、思想和信息之间建立连接,是进行项目各方面管理的纽带,是项目成功的关键因素。

项目需要有效的沟通,以确保在恰当的时间,以恰当的成本、恰当的方式使恰当的人员获得恰当的信息。

沟通的重要性体现在以下几个方面:
(1) 沟通是决策和计划的基础。
(2) 沟通是组织和控制的依据和手段。
(3) 沟通是建立和改善人际关系必不可少的条件。
(4) 沟通是项目经理成功领导的重要手段。

10.1.4 项目沟通的过程

项目沟通管理是要确保及时适当的产生、收集、发布、传播、存储和最终配置项目信息,它是一个项目信息的产生、收集和利用的过程。按 PMBOK 指南,如表 10-1 所示,沟通管理是通过以下四个过程实现的:

表 10-1 项目沟通管理过程

沟通计划编制	信息传递	绩效报告	管理收尾
1. 输入(依据)	1. 输入(依据)	1. 输入(依据)	1. 输入(依据)
沟通需求	工作结果	项目计划	执行情况测量文档

续表 10-1

沟通计划编制	信息传递	绩效报告	管理收尾
沟通技术	沟通管理计划	工作结果	项目产品文档
约束条件	项目计划	其他项目记录	其他项目记录
假定			
2. 方法和技术	2. 方法和技术	2. 方法和技术	2. 方法和技术
项目干系人分析	沟通技能	执行情况审查	执行情况报告技术方法
	信息查询系统	偏差分析	
	信息发送系统	趋势分析	
		挣值分析	
		信息发送技术方法	
3. 输出结果	3. 输出结果	3. 输出结果	3. 输出结果
沟通管理计划	项目记录	执行情况报告	项目文档
	项目报告	变更申请	正式验收
			教训

(1) 沟通管理计划编制(Communications Planning)

沟通计划就是确定项目利益者对信息和沟通的需求,是对项目整个生命周期中信息沟通的内容、方式和渠道等各个方面的计划与管理。

(2) 信息传递(Information Distribution)

信息传递是指在合适的时间通过合适的方式将合适的信息提供给合适的人。

(3) 绩效报告(Performance Reporting)

绩效报告是一个收集和传播项目绩效信息的动态过程,绩效报告的输出主要包括状态报告、进度报告、项目预测和变更请求。状态报告是用量化的数据,从范围、时间和成本三个方面来说明项目所处的状态;进度报告是某一特定时间段工作完成情况的报告;项目预测是指根据项目当前的情况和掌握的历史资料、数据,对项目将来状况进行的估计;变更请求是对需要或变化的情况做出的一种反应。

(4) 管理收尾(Administrative Closure)

管理收尾是为项目正式结束而建立、收集和分发有关信息。

以上四个过程彼此之间不但相互作用,而且也与其他知识领域的过程相互作用。

10.2 项目中几种重要的沟通

在项目实施过程中,项目组织系统的单元之间都有界面沟通问题。项目经理和项目经理部是整个项目组织沟通的中心。围绕着项目经理和项目经理部有几种最重要的界面沟通。

10.2.1 项目经理与业主的沟通

业主代表项目的所有者,对工程项目承担全部责任,行使项目的最高权力,但业主不直接具体地管理项目,仅作宏观的、总体的控制和决策。而项目经理为业主管理项目,必须服从业主的决策、指令和对工程项目的干预。要取得项目的成功,使业主满意,项目经理必须获得业主的支持,做好与业主的沟通。但项目经理与业主的沟通会有许多障碍。

(1) 项目经理首先要理解总目标、理解业主的意图,反复阅读合同或项目任务文件。对于未能参加项目决策过程的项目经理,必须了解项目构思的起因、出发点,了解目标设计和决策背景。否则可能对目标及完成任务有不完整的,甚至错误的理解,会对工作造成很大的困难。如果项目管理和实施状况与投资者或业主的预期要求不同,业主将会干预,会改正这种状态。所以项目经理必须花很大气力来研究业主,研究项目目标。

(2) 让业主一起投入项目全过程,而不仅仅是给他一个结果(竣工的工程)。尽管有预定的目标,但项目实施必须执行业主的指令,使业主满意。而业主通常是其他专业或领域的人,可能对项目懂得很少。许多项目管理者常常嗟叹"业主什么也不懂,还要乱指挥、乱干预"。这是事实,确实是令项目管理者十分痛苦的事。但这并不完全是业主的责任,很大一部分是项目管理者的责任。解决这个问题比较好的办法是:

① 使业主理解项目、项目过程,向他解释说明,使他学会项目管理方法,成为工程管理专家,减少他的非程序的干预和越级指挥。特别应防止业主的企业内部其他部门人员随便干预和指令项目,或将企业内部矛盾、冲突带入项目中。

许多人不希望业主过多地介入项目,实质上这是不可能的。一方面项目管理者无法也无权拒绝业主的干预;另一方面业主介入也并非是一件坏事。业主对项目过程的参与能加深对项目过程和困难的认识,使决策更为科学和符合实际,同时能使他有成就感,他能积极地为项目提供帮助,特别是当项目与上层系统产生矛盾和争执时,应充分利用业主去解决问题。

② 项目经理作出决策安排时要考虑到业主的期望、习惯和价值观念,说出他想要说的话,经常了解业主所面临的压力,以及业主对项目关注的焦点。

③ 尊重业主,随时向业主报告情况。在业主做决策时,向他提供充分的信息,让他了解项目的全貌、项目实施状况、方案的利弊得失及对目标的影响。

④ 加强计划性和预见性,让业主了解承包商、了解他自己非程序干预的后果。

业主和项目管理者双方理解得越深,双方期望越清楚,则争执越少,否则业主就会成为一个干扰因素。

(3) 业主在委托项目管理任务后,应将项目前期策划和决策过程向项目经理作全面的说明和解释,提供详细的资料。国际项目管理经验证明,在项目过程中,项目管理者越早进入项目,项目实施越顺利,最好能让他参与目标设计和决策过程;在项目整个过程中应保持项目经理的稳定性和连续性。

(4) 项目经理有时会遇到业主所属企业的其他部门,或合资者各方都想来指导项目的实施,这是非常棘手的。项目经理应很好地倾听这些人的忠告,对他们作耐心的解释和说明,但不应当让他们直接指导实施和指挥项目组织成员,否则会有严重损害整个工程的巨大危险。

10.2.2 项目管理者与承包商的沟通

这里的承包商是指工程的承包商、设计单位、供应商。他们与项目经理(监理)没有直接的合同关系,但他们必须接受项目管理者的领导、组织、协调和监督。承包商是具体工程建设项目工作的实施者,项目经理与承包商的沟通应注意:

(1) 应让各承包商理解总目标、阶段目标以及各自的目标、项目的实施方案、各自的工作任务及职责等,应向他们解释清楚,作详细说明,增加项目的透明度。这不仅在技术交底和合同交底中,而且应贯穿在整个项目实施过程中。

在实际工程项目中,许多技术型的项目经理常常将精力放在追求完美的解决方案上,进行各种优化。但实践证明,只有得到承包商最佳的理解,才能发挥他们的创新精神和创造性,否则即使有最优化的方案也不可能取得最佳效果。所以国际项目专家告诫:应把精力放在实施者最佳的理解和接受上。

(2) 指导和培训各参加者和基层管理者适应项目工作,向他们解释项目管理程序、沟通渠道与方法,指导他们并与他们一齐商量如何工作,如何把事情做得更好。经常地解释目标、解释合同、解释计划;发布指令后要作出具体说明,防止产生对抗情绪。

(3) 业主将具体的工程项目管理事务委托给项目管理者,赋予他很大的处置权力(例如按照 FIDIC 工程施工合同)。但项目管理者在观念上应该认为自己是提供管理服务,不能随便对承包商动用处罚权(例如合同处罚),或经常以处罚相威胁(当然有时不得已必须动用处罚权)。应经常强调自己是提供服务、帮助,强调各方面利益的一致性和项目的总目标。

(4) 在招标、商签合同、工程施工中应让承包商掌握信息、了解情况,以作出正确的决策。

(5) 为了减少对抗、消除争执,取得更好的激励效果,项目管理者应欢迎并鼓励承包商将项目实施状况的信息、实施结果和遇到的困难、意见和建议向他汇报,这样可以寻找和发现对计划、对控制有误解或有对立情绪的承包商,消除可能的干扰。各方面了解得越多、越深刻,项目中的争执就越少。

10.2.3 项目经理部内部的沟通

项目经理所领导的项目经理部是项目组织的领导核心。通常项目经理不直接控制资源和完成具体工作,而是由项目经理部中的职能人员具体实施,特别是在矩阵式项目组织中,项目经理和职能人员之间及各职能人员之间应有良好的工作关系,应当经常沟通。

在项目经理部内部的沟通中项目经理起着核心作用,如何协调各职能工作,激励项目经理部成员,是项目经理的重要课题。

项目经理部的成员的来源与角色是复杂的,有不同的专业目标和兴趣,承担着不同的职能管理工作。有的专职为本项目工作,有的还同时承担多项目工作或原职能部门工作。

(1) 项目经理与技术专家的沟通是十分重要的,他们之间也存在许多沟通障碍。技术专家常常对基层的具体施工了解较少,只注意技术方案的优化,对技术的可行性过于乐观,而且不注重社会和心理方面因素,项目经理应积极引导,发挥技术人员的作用,同时注重方案实施的可行性和专业协调。

(2) 建立完备的项目管理系统,明确划分各自的工作职责,设计比较完备的管理工作流程,明确规定项目中正式沟通方式、渠道和时间,使大家按程序、按规则办事。

许多项目经理(特别是西方的)对管理程序寄予很大的希望,认为只要建立科学的管理程序,要求大家按程序工作,职责明确,就可以比较好的解决组织沟通问题。实践证明,这是不全面的。因为:

① 管理程序过细,并过于依赖它容易使组织僵化。

② 项目具有特殊性,实际情况千变万化,项目管理工作很难定量评价,它的成就主要依靠管理者的能力、职业道德、工作热情和积极性。

③ 过于程序化会造成组织效率低下,组织摩擦大,管理成本高,工期长。

④ 国外有人主张不应将项目管理系统设计好了在项目组织中推广,而应该与项目组织成员一起投入建立项目管理系统,让项目组织成员参与管理系统设计和运行的全过程,这样的管理系统更有实用性。

(3) 由于项目和项目组织的特点,项目经理更应注意从心理学、行为科学的角度激励各个成员的积极性。虽然项目工作富有创造性,有吸引力,但在有些企业(特别是采用矩阵式项目组织形式的企业)中,项目经理没有强制性的权力和奖励的权力,资源主要掌握在部门经理手中。项目经理一般没有对项目组成员提升职位甚至提薪的权力,这会影响他的权威和吸引力,但他也有自己的激励措施,例如:

① 采用民主的工作作风,不独断专行。在项目经理部内放权,让组织成员独立工作,充分发挥他们的积极性和创造性,使他们对工作有成就感。通过让职能人员自己估计工期,制订方案,使项目组成员密切地参与到计划进程中。项目经理应少用正式权威,多用他的专门知识、品格、忠诚和工作挑战精神影响成员。

过分依靠处罚和权威的项目经理也会造成与职能部门的冲突,对项目经理部内的沟通和对与各职能部门的沟通产生消极影响。

项目经理应该能简明扼要地说明任务的性质,告知员工去做什么,如何做,鼓励圆满完成任务的员工,与职员一起探讨问题,听取他们的意见,了解他们的感情,有效地委托职责,以便了解员工应该向你提出的问题。

② 改进工作关系,关心每个成员,礼貌待人。鼓励大家参与和协作,与他们一起研究目标、制定计划,多倾听他们的意见、建议,鼓励他们提出建议、质疑、设想,建立互相信任、和谐的工作环境。

③ 公开、公平、公正地处理事务。例如合理地分配资源;公平地进行奖励;客观公正地接受反馈意见;对上层指令、决策应清楚、快速地通知项目组织成员和相关职能部门;应该经常召开会议,让大家了解项目情况、遇到的问题或危机,鼓励大家同舟共济。

④ 在向上级和职能部门提交报告中应包括对项目经理部成员好的评价和鉴定意见,项目结束时应对成绩显著的成员进行表彰,使他们有成就感。

(4) 职能人员的双重忠诚问题。项目经理部是个临时性的管理工作小组,特别是在矩阵式的组织中,项目组织成员在原职能部门保持其专业职位,他可能同时为许多项目提供管理服务。有人认为,项目组织成员同他所属的职能部门联系紧密会不利于项目经理部开展工作,这是不对的。应鼓励项目组织成员对项目和对职能部门都忠诚,这是项目成功的必要条件。

(5) 建立公平、公正的考评工作业绩的方法、标准和可核实的目标管理的标准,对成员进行业绩考评,在其中剔除运气、不可控制、不可预期的因素。

10.2.4 项目经理与职能部门的沟通

项目经理与企业职能部门经理之间的界面沟通是十分重要同时又是十分复杂的,特别是在矩阵式组织中。职能部门必须对项目提供持续的资源和管理工作支持,项目才能够获得成功。他们之间有高度的相互依存性。

(1) 在企业组织设置中,项目经理与职能部门经理之间的权力和利益的平衡存在着许多内在的矛盾性。项目的每个决策和行动都必须跨过此界面来协调,而项目的许多目标与职能管理差别很大。项目经理本身能完成的事极少,他必须依靠职能部门经理的合作和支持,所以在此界面上的协调是项目成功的关键。

(2) 项目经理必须发展与职能部门经理的良好工作关系,这是其工作顺利进行的保证。两个经理间有时会有不同意见,会出现矛盾。职能部门经理常常不了解或不同情项目经理的紧迫感,职能部门都会扩大自己的作用,以自己的观点来管理项目,有可能使项目经理陷入困境,受强有力的职能部门左右。

当与职能部门经理不协调时,有的项目经理可能被迫到企业最高管理层处寻求解决,将矛盾上交,但这样常常会激化矛盾,使以后的工作更难协调。他们可以通过如下方式建立良好的工作关系:

① 项目经理应该在计划制定的过程中与职能部门经理交换意见,就项目所需要的供应资源或职能服务问题取得职能部门经理的赞同。

② 同样,职能部门经理在给项目分配人员与资源时应与项目经理商量。如果在资源分配过程中不让项目经理参与意见,必然会导致组织争执。

(3) 项目经理与职能部门经理之间应有一个清楚便捷的信息沟通渠道。项目经理和职能部门经理不能发出相互矛盾的命令,必须每日互相交流。

(4) 项目经理与职能部门经理之间基本矛盾的根源大部分是他们间的权利和地位的斗争。职能部门经理变成项目经理的任务接受者,他的作用和任务是由项目经理来规定和评价的,同时他还对相关职能的全面业务及其正式上级负责。所以职能部门经理感到项目经理有潜在的"侵权"或"扩张"动机,感到他们固有的价值和自主地位降低了,由项目经理指派工作,因而不愿意对实施活动承担责任。

另外,职能部门经理对项目目标的理解一般有局限性,他按照已建立的优先级工作。

(5) 项目管理给原企业组织带来变化,必然要干扰已建立的企业管理规则和组织结构,机构模式是双重的。人们倾向于对组织变化进行抵制。建立项目组织并设项目经理对职能部门经理增加了一个压力来源。

(6) 职能管理是企业管理等级的一部分,被认为是"常任的",代表"归宿"。职能部门经理可直接与公司的总裁联系,因此容易获得高层的支持。

(7) 项目经理和职能部门经理主要的信息沟通工具是项目计划和项目手册。项目经理制订项目的总体计划后应取得职能部门资源支持的承诺。这应作为计划过程的一部分。如果计划有任何变动,首先应通知相关的职能部门。

10.3 沟通计划的编制

1) 沟通计划的概念

项目沟通计划是对于项目全过程的沟通内容、沟通方法、沟通渠道等各个方面的计划与安排。它是早期制定的项目计划之一,是项目组织和项目集成计划紧密关联的。

制定沟通管理计划是项目沟通管理中的第一个过程,包括确定项目干系人的信息和沟通需求,其核心是项目利益相关者分析,主要搞清楚 3W1H 的问题(Who,What,When,How),即谁,需要什么信息,何时需要,以及如何将信息提供给他们。

2) 编制项目沟通计划的准备

(1) 收集信息

① 项目沟通内容方面的信息。

② 项目沟通所需沟通手段的信息。

③ 项目沟通的时间和频率方面的信息。

④ 项目信息来源与最终用户方面的信息。

⑤ 相关的约束条件和假设前提条件。

(2) 所获信息的加工处理

将收集到的信息进行必要的加工和处理。在编制沟通计划时,需要明确:

① 谁是项目干系人?

② 各类项目干系人需要哪些信息?

③ 为了说明项目状态,需要提供哪些信息?

④ 控制项目需要使用哪些标准?

⑤ 从何处及如何得到上述信息?

⑥ 建立报告、书面沟通和渠道的形式。

3) 沟通需求

沟通需求是项目干系人信息需求的总和。需求由经过价值分析的信息格式和类型定义。只有依靠有助于项目成功的信息沟通,项目资源才可以获得扩展。缺少沟通将导致失败。确定项目沟通所需的信息通常包括:

(1) 项目组织和项目干系人的责任关系。

(2) 涉及项目的规定、部门和专长。

(3) 参与项目的人数和地点。

(4) 外部信息需求(如与媒体进行沟通)。

应对不同项目干系人的信息需求进行分析,为了满足这些需求开发出一套针对他们信息需求和信息来源的方法和逻辑观点。分析应考虑使用合适的能提供所需要信息的项目方法和技术。应避免在不必要的信息和不适当的技术上浪费资源。

4) 沟通技术

能够用来在项目要素间来回传送信息的技术和方法可能差异很大：从简短的谈话到扩大会议，从简单的书面文档到随时可得的在线进度计划和数据库。可能影响项目沟通技术的因素包括：

(1) 信息需求的即时性。不断更新的信息是否依靠一纸通知即可获得？定期发布的书面报告是否满足需要？

(2) 技术可用性。现有体系是否适当？或者项目是否需要授权变更？

(3) 预期项目人员配置。所建议的沟通系统是否与项目的参与人员的经验和专长匹配？

(4) 技术变更。项目结束之前，现有的技术是否可能因要求采用较新的技术而发生改变？

5) 沟通管理计划编制的结果

沟通管理计划是提供以下内容的文档：

(1) 收集和归档结构，用于详细说明收集和存储不同类别信息的方法。程序中同时应包括收集和发布对先前发布材料的更新和结构。

(2) 发布结构，用于详细说明信息（状态报告、数据、进度计划、技术文档等）流向何人，将采用什么方法（书面报告、会议等）发布不同类别的信息。该结构必须与项目组织图中描述的责任和报告关系一致。

(3) 准备发布的信息的描述，包括格式、内容、详细程度以及应采用的准则/定义。

(4) 生产进度计划，用于显示每一类沟通将在何时产生。

(5) 计划的沟通之间获取信息的方法。

(6) 随着项目的推进和发展，更新和细化沟通管理计划的方法。

10.4　项目信息传递

1) 项目信息传递的概念

(1) 项目信息传递的定义

项目信息传递是指在合适的时间通过合适的方式将合适的项目信息提供给合适的人。可以说，及时有效地将信息发送给所需要的人是项目沟通成功的关键。

项目信息传递包括实施沟通管理计划和对未预期的信息请求的响应。可以通过多种方式实现信息发布，如状态报告、项目会议、复审会议等。

(2) 项目信息传递的工具和方法

信息传递参考制定的项目计划和项目沟通管理计划，针对项目的工作结果，通过相应的沟通技巧、信息传递系统、信息检索系统和信息传递方法来生成相关的项目记录、项目报告和项目演示资料。

在信息传递之前，还要确定信息分发（沟通）的责任人、时间、方式方法、渠道、使用权限、技术手段和反馈的方法等。

2) 沟通技能

沟通技能用于交换信息。发送人有责任使信息清楚、无歧义、完整，以便接收人可以正确接收并确认能正确理解。接收人有责任确认完整地接收到信息并正确地理解信息。进行沟通有多个方面：

(1) 书面和口头的,听的和讲的。
(2) 内部的(在项目内)和外部的(对顾客和公众的沟通等)。
(3) 正式的(报告、指示等)和非正式的(备忘录、专门会谈等)。
(4) 纵向的(组织内上下级之间)和横向的(同级别的各部门之间)。

3) 信息检索系统

信息检索系统是一种在项目组成员之间存储和共享信息的工具,包括项目管理软件、手工文件系统、电子数据库,以及允许查阅的工程图纸、设计规范、施工操作规范与规程、检验和试验计划等技术文档的系统。

信息检索系统信息是项目组成员获取项目信息的途径,可以通过不同方式由项目组成员共享。

4) 信息传递系统

可以通过不同方式将项目信息传递给项目组成员或项目干系人,这些方法包括项目会议、书面文档复印件的发布、共享网络电子数据库、传真、电子邮件、语音邮件和电视会议。

5) 项目信息传递的输出

项目信息的输出包括：

(1) 项目记录。项目记录可能包括描述项目的信函、备忘录、报告和说明项目的文档。项目记录应当归档处理,尽可能适当地、有组织地维护这些信息。通常由项目经理或者项目办公室维护这些信息。项目队伍成员通常会在项目笔记本中留下个人的记录,当项目结束后,这些项目记录就成为关于该项目的历史信息。

(2) 项目报告。项目报告是关于项目状态报告和项目会议的记录。

(3) 项目演示。项目演示是在必要时向项目干系人以及其他相关各方演示项目的信息。这种演示可以是正式的或者是非正式的,由观众情况和演示的相关信息决定。

10.5 项目绩效报告

1) 项目绩效报告的定义

绩效报告是收集并发布绩效信息,从而向项目干系人提供为达到项目目标如何使用资源的信息的过程。

项目绩效信息包括：

(1) 状态报告。描述项目目前的状况。
(2) 进展报告。描述项目组已经完成的工作。
(3) 预测。对未来项目的状况和进展做出预测。

绩效报告比较检查项目的工作结果和项目计划,通过挣值分析、绩效评审以及对偏差和项目未来趋势的分析,利用信息传递工具和技术生成相关的绩效报告。绩效报告主要报告项目的进展情况。

2) 项目绩效报告的工具和技术

项目绩效报告过程采用的工具和技术包括：

(1) 绩效评审。为评估项目状况和进展而举行会议。绩效评审通常与以下描述的一种或多种执行情况报告技术一起使用。

(2) 偏差分析。偏差分析是指把项目的实际结果（实际进度、质量状况、实际成本等）与计划或预期的结果进行比较。最常使用的是对成本和进度的偏差进行分析，但是范围、质量和风险与计划之间的偏差也同样重要或更加重要。

(3) 趋势分析。检查项目结果以确定项目绩效是改进了还是在恶化。

(4) 挣值分析。即通过 S 形曲线的比较分析项目成本和进度的偏差情况。

3) 项目绩效报告的输出

项目绩效报告过程的主要输出是绩效报告，是对收集的信息进行组织和总结并且进行分析的结果。绩效报告按照沟通管理计划的规定提供各项目干系人所需的符合详细等级的信息。绩效报告的通用格式包括甘特图、S 形曲线、直方图和表格。

10.6 管理收尾

1) 管理收尾的定义

管理收尾是为了将阶段或项目正规化完成而产生、收集与传递信息的过程。

每个项目阶段都需要收尾，每个项目阶段的完成也要求有管理收尾过程。管理收尾过程不应等到项目完成后才开始，而是在每个阶段结束后就应该执行。

管理收尾过程将检验项目的产出并且进行相关的文档备份工作。所有的项目都需要管理收尾过程。对项目产出进行检验和文档备份在管理收尾过程和合同收尾过程中都会出现，但在合同下执行的项目只需对项目的结果进行一次检验，而在管理收尾过程中要将所有的项目产出情况记入文档，并要求项目干系人进行正式验收。

管理收尾过程收集所有的项目记录并且进行检验以保证它们都是最新的、准确的。项目记录必须准确地识别出项目要产出的产品或服务的最终技术指标。管理收尾要保证这些信息准确地反映出项目的真正结果。

2) 管理收尾的输入

管理收尾过程输入包括：

(1) 绩效测量文档。指所有在控制过程中用来分析项目进展情况的绩效报告，包括项目计划、成本预算、成本分析等。这些文档将被有关方面评审，并且确保项目的目标得到满足。项目干系人、行政管理人员或者客户都可能要求先查看这些信息，然后再验收相关项目。

(2) 产品文档。指有关项目产品或服务的任何细节的文档，包括需求文档、技术指标、计划、技术文档、电子文档、图纸等。

(3) 其他项目记录。指所有不属于前两类输入的文档记录的集合，包括项目报告、备忘录、在项目过程中来往的信件以及其他说明项目工作的记录等。

3）管理收尾过程的工具和技术

管理收尾过程采用的工具和技术包括在绩效报告过程中所用到的所有工具和技术。项目报告会和项目演示会是管理收尾过程最常采用的展示项目结果的技术。

4）管理收尾过程的输出

管理收尾过程的输出包括：

（1）项目档案。项目档案指在项目中完成的任何项目文档。管理收尾过程的所有输入都会包含在项目档案中。当项目在合同下执行时，合同文档和财务记录也应当在项目档案中归档。

（2）项目收尾和正式验收。检验项目是否符合全部要求，并且获得对项目的验收签字。正式的验收还包括承包商竣工验收申请和业主方竣工验收通知，或者由项目主管向项目干系人及业主发布相关通知。竣工验收记录表明了项目的正式收尾并且向你保证该项目已经圆满地完成。竣工验收签字的另一项功能是标志着缺陷责任期或保修期的开始。

（3）经验教训。记录项目的成功与失败，如为何采用特定的纠偏措施、这些措施产生了什么样的效果、产生执行偏差的原因、发生的未预测到的风险、出现了哪些本可以避免的错误等。从失败的项目中获得的经验教训同样也应该计入文档以便形成知识经验库。

10.7 沟通知识体系

10.7.1 沟通的模型

沟通是一个交换信息的过程：首先信息发出者对要发出的信息进行编码，接着通过一定的媒介发送给接收者，然后由接收者对收到的信息进行解码，并将相应的反馈发送给信息发送者完成沟通。信息发送者、信息和信息接收者组成一个循环。如图10-1所示。

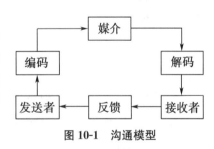

图10-1 沟通模型

沟通涉及下列要素：

（1）发送者(Sender)。即信息的产生者。发送者将信息打包或者编码并且将信息发送出去。发送者是指负责把信息合成起来使其清晰、简明的人。这些信息应该完整，并且以接收者能够正确理解的形式出现。

（2）编码(Encoding)。编码是一种把信息采用接收者可以理解的格式组织起来的方法。语言、图片和符号都是对信息编码的方法。编码过程可以对信息进行格式处理以便传递。

（3）信息(Message)。编码的输出，即发送者想要传递的思想、意见、感觉或其他信息。信息应该针对具体的接收者。信息是指发送和接收的信息。这种信息可以是书面、口头、非口头、正式、非正式、内部、外部、横向的或者纵向的。

（4）媒介(Media)。用来传递信息的根据或方法，如空气、电话、纸张、电子邮件、语音邮件、传真等。

(5) 接收者(Receiver)。接收者负责正确理解接收到的信息,并确保接收到所有信息。接收者应根据对相关主题、文化影响、语言、感情、态度和地理位置的认知而筛选自己接收到的信息。发送者在传递信息时应当考虑到这些筛选因素,以便接收者能够清楚地理解传递的信息。

(6) 解码(Decoding)。解码是指接收者在接收到信息后对信息进行处理,并将这些信息转换为一种可以理解的格式,即将可以被解释的信息转化为口头的、非口头的和(或)可视的。

(7) 反馈(Feedback)。检查发送者和接收者之间对所收到的信息的理解情况的交流机制。

(8) 噪声(Noise)。阻碍信息传递与理解的任何东西,如发送者和接收者对信息的不合理的过滤,不合理的沟通媒介,沟通方式不合理,难懂的专业术语,相互间的不信任,语言、文化差异等。

10.7.2 沟通的功能

沟通的主要功能有以下几种:

(1) 控制。项目组成员必须遵守项目组织内的权力等级和正式的指导方针。如首先要和直接主管进行沟通,按照职务说明书工作或者必须遵守单位的政策规章制度等。

(2) 激励。明确告诉员工应该做什么、怎么做、达不到标准如何改进等。具体目标的设置、实现目标过程中的持续反馈以及对理想行为的强化过程都需要通过沟通起到激励作用。

(3) 情绪表达。员工通过沟通来表达自己的满足感和挫折感,提供了一种宣泄渠道,满足了员工的社交需要。

(4) 信息传递。沟通为个体和群体提供决策所需的信息,使决策者能够确定、评估、最终选择备选方案。

10.7.3 沟通的方向

根据沟通对象的不同,沟通可以分为对外沟通和内部沟通。凡是以合同或其他形式为基础进行合作的项目团队称为外部单位,包括主管部门、公众、客户、媒体等。与外部单位进行的交流沟通称为对外沟通,比如业主和各级专业分包商。内部沟通指项目团队内部各个职能部门间的交流讨论。沟通的方向包括:

1) 垂直沟通

垂直沟通是指向下属或者向上级管理者发送或接收信息。垂直沟通又分为:

(1) 自上而下的沟通。在项目组中,从一个较高层次向一个较低层次的沟通称为自上而下的沟通。管理者和下属之间的沟通即是自上而下的沟通模式。项目经理给项目组成员指定目标,进行工作指导,告知政策与程序,指出需要注意的问题,提供工作绩效的反馈,都是自上而下的沟通。

(2) 自下而上的沟通。自下而上的沟通是指项目组中,从一个较低层次向一个较高层次的沟通。员工利用自下而上的沟通向上级管理层提供反馈,汇报工作进度,并告知当前存在的问题。如下级准备工作绩效报告供上级审阅,员工态度调查,申诉程序,主管与下属之间的讨论、非正式的恳谈会等。自下而上的沟通使得管理者能够经常了解员工对他们的工作、同事和组织的总体感觉是什么样的,管理者还可以通过沟通掌握哪些工作需要改进。

2) 水平沟通

水平沟通是指向对等的另一方发送和接收信息。水平沟通发生在项目组成员之间、同一等级的各个项目组成员之间、同一等级的管理者之间以及任何等级相同的人员之间的沟通。水平沟通通常在节省时间和促进合作方面是十分必要的。

有的水平沟通是上级正式规定的,而大多是为了简化垂直方向的交流并加快速度而产生的非正式沟通。因此,从管理者角度来看,水平沟通有有利的一面,也有不利的一面。如果所有的沟通都严格遵循正式的垂直结构,则会阻碍信息传递的时效性和准确性,而水平沟通则更为有利,应该得到上级的理解和支持。但是,在下列情况下水平沟通会产生功能失调的冲突:

(1) 当正式传递垂直通道受到破坏。
(2) 当项目组成员越过或避开其直接领导行事。
(3) 当上司发现所采取的措施或做出的决策他事先都不知道时。

10.7.4 沟通的方法

1) 语言沟通

语言沟通的优点在于信息可以及时交换,得到明确的反馈,并能对信息即时综合以及及时完成沟通。当需要立即采取措施时,语言沟通是最好的沟通方式。其缺点在于在复杂的项目中,技术术语往往可能使得与非技术人员和其他项目干系人的沟通比较困难。

语言沟通又分为:

(1) 口头沟通

口头沟通比书面沟通更加容易也更加简单,是一种快速沟通的方式。口头沟通的优点是快捷和反馈及时,语言信息的发出和反馈几乎同时发生。信息接收者能够及时对信息发送者的想法进行反应。如果接收者存在疑问,则发送者能及时接到反馈并迅速予以更正。口头沟通包括正式(官方的如演讲、讲座等)和非正式(非官方的如谈话等)的口头沟通方式。

口头沟通可以是面对面的,也可以是通电话的,还可以是会议的方式。身体语言与语调变化是丰富口头沟通的重要因素。面对面的沟通可以更好地加强人员之间的沟通。

口头沟通的主要缺点在于信息传递经过的人越多,被曲解的可能性就越大。每个人都按照自己的方式理解、解释、传递信息,当最终接收者收到信息时,信息的内容与本意可能已经大相径庭。

非正式的口头沟通在解决争端或批评某一团队成员时是必要的。

(2) 书面沟通

书面沟通指运用书面文件和信函形式进行的沟通。书面沟通包括团队内部使用的报告、报表和项目相关利益主体间使用的报告、备忘录、电子邮件、传真和信函,或者以其他通过文字或符号传达的意思。

书面沟通是一种传达复杂、详细信息的有效途径。详细的信息最好以书面形式提供,因为这可以让阅读者在未能确定其含义的时候反复回顾相关信息。

书面沟通的优点在于具体而直观,信息的发送者和接收者均有该信息的复本,这些信息可以被永久保存。如果一方对该信息有疑问,可以非常方便地进行查询。同时,书面沟通更加富有逻辑性,更加清晰,更加全面。

书面沟通包括:

① 正式的书面沟通。正式的书面沟通指按照合同规定的程序或格式进行的具有一定合同约束效力的沟通,如项目章程、合同、管理计划等。

由于正式的书面沟通具有相应的约束力,双方交流时都比较慎重,导致沟通过程中很多真实的信息不愿意透露。

② 非正式的书面沟通,如工作笔记,备忘录等。非正式沟通指口头交流、电话联系、私人间邮件往来。这种沟通方式更加方便快捷。由于沟通的信息或结果没有合同的约束力,所以交流时彼此警惕性不高,表达的信息有些比较真实,对方的某位人士可能会透露目前项目存在的一些问题。

2) 非言语沟通方法

即不使用语句而对信息进行编码的沟通,它是以非言语沟通(Nonverbal Communication)方式进行的。最为人知的是身体语言和语调两个方面。

3) 电子媒介沟通

当今时代项目沟通越来越多地依赖于各种各样复杂的电子媒介传递信息。除了极为常见的电子邮件之外,我们还使用许多种通过电子媒介和信息网络进行沟通的方法。这些方法中有自己的语言和沟通规则。

10.7.5　沟通网络

沟通网络是指信息流动的通道。网络结构决定项目组成员信息传递的难易程度。沟通网络模型反映沟通者之间需要交换信息的联系数量之间的关系,它由节点和箭线组成,其中,节点代表参与沟通的人,箭线表示沟通者相互之间的沟通线路途径。由于沟通是双向的,因此箭线应当为双箭头箭线。

常用的沟通网络有链式网络、轮式网络和全通道式网络。链式网络严格遵守正式的命令系统,只有上下级之间的纵向沟通,没有横向沟通。轮式网络严格以领导者作为所有群体沟通的核心,一切沟通都围绕他进行。全通道式网络允许所有的群体成员相互之间进行自由、积极的沟通。如图10-2所示。

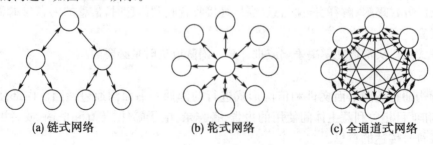

(a) 链式网络　　　　(b) 轮式网络　　　　(c) 全通道式网络

图10-2　沟通网络模型

每一种网络的有效性取决于项目组所关注的目标。如关注速度时,轮式网络和全通道式网络较有效;关注精确度时,选择轮式或链式网络。轮式网络有利于领导者的出现;如果关注的是成员的满意度,则全通道式网络最佳,轮式网络最差。没有一种沟通网络在所有情况下都是最好的。

随着人数的增加,沟通渠道也会增加。沟通网络的类型不同,相同人数的团队中的沟通渠道数量也会不同。对全通道式网络团队成员之间的沟通渠道的数量为:

$$沟通线路 = \frac{N(N-1)}{2}$$

式中:N——团队人数。

如一个团队由 5 人组成,则总共有 5×(5-1)÷2=10 条沟通渠道;如果在该团队中增加 3 人,则沟通渠道会增加 18 条。

10.7.6 沟通的障碍

1) 项目沟通的主要障碍

(1) 沟通时机选择不当。

(2) 信息不完备或编码不正确。

(3) 噪音干扰和距离。

(4) 文化与虚饰。

(5) 语言词汇问题。

(6) 非言语信号问题。

2) 克服项目沟通障碍的方法

(1) 充分运用反馈。

(2) 科学驾驭语言与词汇。

(3) 积极使用非言语性的提示。

(4) 减少和消除语言与非语言表示之间的差异。

(5) 选择合适的时间和正确的地点。

(6) 营造恰当的气氛。

(7) 合理安排沟通的时间和顺序。

复习思考题

1. 项目沟通管理过程包括哪几个阶段?
2. 如何编制沟通计划?
3. 沟通涉及哪些要素?
4. 沟通的方法有哪些?
5. 若您是位项目经理,您将如何与客户进行沟通,以确保项目的顺利实施并完工?

11 工程项目信息管理

11.1 工程项目信息管理概述

11.1.1 信息及信息管理

1) 信息的含义及分类

"信息"一词古已有之。在人类社会早期的日常生活中,人们对信息的认识是比较宽泛和模糊的。20世纪中期以后,由于现代信息技术的快速发展及其对人类社会的深刻影响,对于信息的认识才得到相关研究人员的重视。

1948年,数学家香农在题为"通讯的数学理论"的论文中指出"信息是用来消除随机不定性的东西",这一定义被人们看作是经典性定义而广泛使用;控制论创始人维纳(Norbert Wiener)认为"信息是人们在适应外部世界,并使这种适应反作用于外部世界的过程中,同外部世界进行互相交换的内容和名称",它也被作为经典性定义加以引用;经济管理学家认为"信息是提供决策的有效数据";物理学家认为"信息是熵";电子学家、计算机科学家认为"信息是电子线路中传输的信号";我国著名的信息学专家钟义信教授认为"信息是事物存在方式或运动状态,以这种方式或状态直接或间接地表述";美国信息管理专家霍顿(F. W. Horton)给信息下的定义是:"信息是为了满足用户决策的需要而经过加工处理的数据。"简单地说,信息是经过加工的数据,或者说,信息是数据处理的结果。

根据对信息的研究成果,信息概念可以概括为:信息是对客观世界中各种事物的运动状态和变化的反映,是客观事物之间相互联系和相互作用的表征,表现的是客观事物运动状态和变化的实质内容。

信息所涉及的客观事物是多种多样且普遍存在的,因此信息的种类也很多,常见的分类如下:

(1) 按信息的特征,可分为自然信息和社会信息。自然信息是反映自然事物的,由自然界产生的信息,如遗传信息、气象信息等;社会信息是反映人类社会的有关信息,对整个社会可以分为政治信息、科技信息、文化信息、市场信息和经济信息等。自然信息与社会信息的本质区别在于社会信息可以由人类进行各种加工处理,成为改造世界和发明创造的有用知识。

(2) 按管理层次,可分为战略级信息、战术级信息和作业(执行)级信息。战略级信息是高层管理人员制定组织长期战略的信息,如未来经济状况的预测信息;战术级信息是为中层管理人员监督和控制业务活动、有效地分配资源提供所需的信息,如各种报表信息;作业级信息是反映组织具体业务情况的信息,如应付款信息、入库信息。战术级信息是建立在作业级信息基础上的信息,战略级信息则主要来自组织的外部环境。

(3) 按信息的加工程度,可分为原始信息和综合信息。从信息源直接收集的信息为原始信息;在原始信息的基础上,经过信息系统的综合、加工产生出来的新信息称为综合信息。

(4) 按信息来源,可分为内部信息和外部信息。凡是在系统内部产生的信息称为内部信息;在系统外部产生的信息称为外部信息。

(5) 按信息稳定性,可分为固定信息和流动信息。固定信息是指在一定时期内具有相对稳定性,且可以重复利用的信息;而流动信息是指在生产经营活动中不断产生和变化的信息,它的时效性很强。

(6) 按信息流向的不同,可分为输入信息、中间信息和输出信息。

(7) 按信息生成的时间,可分为历史信息、现时信息和预测信息。历史信息是反映过去某一时段发生的信息;现时信息是指当前发生获取的信息;而预测信息是依据历史数据按一定的预测模型,经计算获取的未来发展趋势信息,是一种参考信息。

2) 信息管理

(1) 信息管理的含义

信息管理是人类为了有效地开发和利用信息资源,以现代信息技术为手段,对信息资源进行计划、组织、领导及控制的社会活动。

① 信息管理的对象是信息资源和信息活动。信息资源是信息生产者、信息、信息技术组成的有机体。信息管理的根本目的是控制信息流向,实现信息的效用与价值;信息活动是指人类社会围绕信息资源的形成、传递和利用而开展的管理活动与服务活动。信息资源的形成阶段以信息的产生、记录、收集、传递、存储、处理等活动为特征,目的是形成可以利用的信息资源。信息资源的开发利用阶段以信息资源的传递、检索、分析、选择、吸收、评价、利用等活动为特征,目的是实现信息资源的价值,达到信息管理的目的。

② 信息管理是管理活动的一种。管理活动的基本职能(计划、组织、领导、控制)仍然是信息管理活动的基本职能,只不过信息管理的基本职能更有针对性。

(2) 信息管理的特征

① 管理类型特征。信息管理是管理的一种,具有管理的一般性特征,同时信息管理作为一个专门的管理类型,又有自己的独有特征,即管理对象不是人、财、物,而是信息资源和信息活动。信息管理贯穿于整个管理过程之中。

② 时代特征。随着经济全球化,世界各国和地区之间的政治、经济、文化交往日益频繁,组织与组织之间的联系越来越广泛,组织内部各部门之间的联系越来越多,以致信息大量产生。由于信息技术的飞速发展,使得信息处理和传播的速度越来越快。随着管理工作对信息需求的提高,信息的处理方法也就越来越复杂,信息管理所涉及的研究领域也不断扩大。从科学角度看,信息管理涉及管理学、社会科学、行为科学、经济学、心理学、计算机科学等;从技术上看,信息管理涉及计算机技术、通信技术、办公自动化技术、测试技术、缩微技术等。

11.1.2 项目信息及其分类

(1) 项目信息

项目信息是指报告、数据、计划、安排、技术文件、会议等与项目实施有联系的各种信息。

项目信息在项目实施过程中有非常重要的作用,收集的项目信息是否准确,项目信息能否及时传递给项目利害关系者,将决定项目的成败。因此,要对项目信息进行系统科学的管理。项目信息在项目组织内部和该组织与外部环境之间不断流动,从而构成了"信息流"。项目的信息管理是通过对各个系统、各项工作和各种数据的管理,使项目的信息能方便和有效地获取、存储、存档、处理和交流。项目信息管理的目的旨在通过有效的项目信息传输的组织和控制为项目建设的增值服务。

项目的信息包括在项目决策过程、实施过程(设计准备、设计、施工和物资采购过程等)和运行过程中产生的信息,以及其他与项目有关的信息,包括项目的组织类信息、管理类信息、经济类信息、技术类信息和法规类信息。

(2) 项目信息的分类

可以从不同的角度对项目信息进行分类:按项目管理工作的对象,即按项目的分解结构,如子项目1、子项目2等进行信息分类;按项目实施的工作过程,如设计准备、设计、招标投标和施工过程等进行信息分类;按项目管理工作的任务,如"三控制"等进行信息分类;按信息的内容属性分类,如组织类信息(编码信息、单位组织信息、项目组织信息、项目管理组织信息)、管理类信息(进度控制、合同管理、风险管理、安全管理)、经济类信息(投资控制、工作量控制)、技术类信息和法规类信息(前期技术、设计技术、质量控制、材料设备技术、施工技术、施工验收技术)。

综合分类,按多维进行分类。如:第一维,按项目的分解结构;第二维,按项目实施的工作过程;第三维,按项目管理工作的任务。

11.1.3 工程项目信息表现形式与流动形式

按不同流向,项目信息可分为以下几种:

(1) 自上而下的项目信息。是指从项目经理流向中低层管理者乃至班组工人的信息;或在分级管理时,每一个中间层次的机构向其下级逐级流动的信息,即信息源在上,信息接收者是其下属。这些信息包括管理目标、命令、工作条例、办法、规定和业务指导意见等。

(2) 自下而上的项目信息。是指由下级向上级(一般是逐级向上)传递的信息,这些项目信息的信息源在下,而信息接收者在上。这些信息包括项目管理中有关目标的进度、成本、质量、安全、消耗、效率情况,工作人员的工作情况,一些值得引起上级注意的情况、意见以及上级因决策需要下级提供的资料等。

(3) 横向流动的项目信息。是指项目管理班子中同一层的工作部门或工作人员之间相互交流的信息。这种信息一般是由于分工不同而各自产生的,但为了共同的目标和相互协作又需要互通有无。项目经理的主要职能之一就是采取有效措施防止横向信息流通障碍,发挥其应有的作用,尤其在直线制组织结构中更要注意这一点。

(4) 以顾问室或经理办公室等综合部门为集散中心的项目信息。顾问室或经理办公室等综合部门为项目经理决策提供辅助资料,同时又是有关项目利害关系者信息的提供者。他们既是汇总、分析、传播信息的部门,又是帮助工作部门进行规划、检验任务,对专业技术与问题进行咨询的部门。

(5) 项目管理班子与环境之间进行流动的项目信息。项目管理班子与自己的领导、建设单位、设计单位、供应商、银行、咨询单位、质量监督单位、国家有关管理部门都需要进行信息交流,一方面是为了满足自身管理的需要,另一方面又要满足与项目外部环境协作的要求,或按国家有关规定相互提供信息。因此,项目经理对这种信息应给予充分重视,因为它们涉及项目单位信誉、项目竞争、守法和经济效益等多方面的原则问题。

11.1.4 工程项目管理信息化

1) 信息化的概念

信息化(Informatization)最早是由日本学者梅棹忠夫于20世纪60年代提出来的,而后被译成英文传播到西方,西方社会普遍使用"信息社会"和"信息化"的概念是20世纪70年代后期才开始的。"信息化"用作名词,通常指现代信息技术应用,特别是促成应用对象或领域(如企业或社会)发生转变的过程。例如,"企业信息化"不仅指在企业中应用信息技术,更重要的是深入应用信息技术所促成或能够达成的业务模式、组织架构乃至经营战略转变。"信息化"用作形容词时,常指对象或领域因信息技术的深入应用所达成的新形态或新状态。例如,"信息化社会"指信息技术应用到一定程度后达成的社会形态,它包含许多只有在充分应用现代信息技术才能达成的新特征。

作为对发展状况的一种描述,信息化是指一个地理区域、经济体或社会不断发展为以信息为基础(或者说基于信息)的程度,也就是说在其信息劳动力规模方面的提升程度。使用该术语的灵感来自于Marc Porat对于人类文明时代类别的划分:农业时代、工业时代以及信息时代。信息化相对于信息时代,也就相当于工业化相对于工业时代。对于时代类别的划分,有人曾经做出这样的描述:农业时代为我们的世界带来了农业化;工业时代的作用之一是引起了农业的工业化;信息时代则是导致了农作物工业的信息化。这条术语大多用于有关国家发展的上下文之中。Everett Rogers将信息化定义为:以新的通信技术为手段,进一步推动一个国家的发展,使其逐渐变为信息社会的过程。

我国对"信息化"概念定义中较为正式的界定,《2006—2020年国家信息化发展战略》指出:信息化是充分利用信息技术,开发利用信息资源,促进信息交流和知识共享,提高经济增长质量,推动经济社会发展转型的历史进程。

信息化作为一个国家由物质生产向信息生产、由工业经济向信息经济、由工业社会向信息社会转变的动态的、渐进的过程,与城镇化、工业化相类似,信息化也是一个社会经济结构不断变换的过程。这个过程表现为信息资源越来越成为整个经济活动的基本资源,信息产业越来越成为整个经济结构的基础产业,信息活动越来越成为经济增长不可或缺的一支重要力量。信息化的过程是一个渐进的过程,可从四个方面理解其含义:① 信息化是一个相对概念,它所对应的是社会整体及各个领域的信息获取、处理、传递、存储、利用的能力和水平;② 信息化是一个动态的发展中的概念,信息化是向信息社会前进的动态过程,它所描述的是可触摸的有形物质产品起主导作用向难以触摸的信息产品起主导作用转变的过程;③ 信息化是一个渐进的动态过程,它是从工业经济向信息经济、从工业社会向信息社会逐渐演进的动态过程,每一个新的进展都是前一阶段的结果,同时又是下一发展阶段的新起点;④ 信息化是技术革命和产业革命的产物,是一种新兴的最具有活力和高渗透性的科学技术。

2) 信息化的内容

信息化构成要素主要有信息资源、信息网络、信息技术、信息设备、信息产业、信息管理、信息政策、信息标准、信息应用、信息人才等。从内容层次看,信息化内容包括核心层、支撑层、应用层与边缘层等方面。

(1) 信息设备装备化。即各级组织、机构、团体、单位主动地将越来越多的计算机设备、通信设备、网络设备等应用于作业系统,辅助作业顺利完成。

(2) 信息技术利用化。如利用信息获取技术(传感技术、遥测技术)、信息传输技术(光纤技术、红外技术、激光技术)、信息处理技术(计算机技术、控制技术、自动化技术)等,以改进作业流程,提高作业质量。

(3) 信息内容数字化。一方面将设计信息、生产信息、经营信息、管理信息等各类作业系统信息生成和整理出来;另一方面使上述各类信息规范化、标准化或知识化,最后进行数字化,以利于查询和管理。

(4) 信息服务完善化。建立起信息服务体系,如联机服务、咨询服务、系统集成等,通过信息服务将信息设备、信息技术、信息内容形成一个整体,并使其发挥出"整体大于部分之和"的功效。

(5) 信息人才递增化。加强对各类信息人才的培养与重视,使信息人才的比重日益增加。信息人才的形成有两个方面:一方面是通过原有的信息工作人员能力的自我提升,使其快速掌握现代信息知识,如计算机操作、联机检索、上网查询等;另一方面是投入资金直接培训新手。同时给全体人员普及信息知识,使人们能逐渐适应信息社会的要求。

(6) 信息投资倾斜化。在每年的财政预算或投资计划中对信息化的投资给予倾斜,重点支持信息人才的培养、信息设备的装备、信息技术的利用、信息内容的开发和信息服务体系的完善,有目的、有计划地快速推进信息化建设。

(7) 信息政策封闭化。尽快制定各项规章、制度、条例,并日益使这些政策相互完善,不留漏洞,为各项信息工作提供指导和规范。这样,既可引导信息化建设的步伐,又可确保信息安全,杜绝虚假、有害信息的传播。信息设备装备化、信息技术利用化、信息内容数字化、信息服务完善化等"四化",一方面由信息投资倾斜化、信息人才递增化所推动、所实现;另一方面通过自身的发展不断产业化,即信息产业化。而信息政策封闭化则为上述"六化"的实现与完成提供良好的约束机制和外部环境。

3) 信息化的层次

从信息化设计的层次来说,可分为产品信息化、企业信息化、产业信息化、国民经济信息化、社会生活信息化五个不同层次。

(1) 产品信息化。产品信息化是信息化的基础,含两层意思:一是产品所含各类信息比重日益增大、物质比重日益降低,产品日益由物质产品的特征向信息产品的特征迈进;二是越来越多的产品中嵌入了智能化元器件,使产品具有越来越强的信息处理功能。

(2) 企业信息化。企业信息化是国民经济信息化的基础,指企业在产品的设计、开发、生产、管理、经营等多个环节中广泛利用信息技术,并大力培养信息人才,完善信息服务,加速建设企业信息系统。

(3) 产业信息化。指农业、工业、服务业等传统产业广泛利用信息技术,大力开发和利用信息资源,建立各种类型的数据库和网络,实现产业内各种资源、要素的优化与重组,从而实现产业升级。

（4）国民经济信息化。指在经济大系统内实现统一的信息大流动，使金融、贸易、投资、计划、通关、营销等组成一个信息大系统，使生产、流通、分配、消费等经济的四个环节通过信息进一步联成一个整体。国民经济信息化是各国亟须实现的近期目标。

（5）社会生活信息化。指包括经济、科技、教育、军事、政务、日常生活等在内的整个社会体系采用先进的信息技术，建立各种信息网络，大力开发有关人们日常生活的信息内容，丰富人们的精神生活，拓展人们的活动时空。在社会生活极大程度信息化以后，我们也就进入了信息社会。

4）工程项目信息化

工程项目的建设无时无刻不在产生、传递及处理各种各样的数据、文档和其他信息，建设项目信息是指在整个建设工程项目生命周期内产生的反映和控制工程项目管理活动的所有组织、管理、经济、技术信息，其形式为各种数字、文本、报表、声音、图像等。建设工程项目的决策和实施过程，不但是物质的生产过程，也是信息的生产、处理、传递及应用过程。

由于很多建设项目地域跨度越来越大，项目参与单位分布越来越广，项目信息呈指数级增长，因此信息交流问题成为影响建设项目实施的主要问题。目前，信息交流手段还较为落后，使用纸质文档、电话、传真、邮政快递、项目协调会等方式作为信息交换的手段，不仅容易造成信息沟通延迟，而且大大增加了信息沟通的费用。据国际有关文献资料介绍，建设工程项目实施过程中存在的诸多问题，其中三分之二与信息交流（信息沟通）问题有关；建设工程项目 10%～33% 的费用增加与信息交流存在的问题有关；在大型建设工程项目中，信息交流问题导致工程变更和工程实施的错误约占工程总成本的 3%～5%。因此，建设项目信息主要具有以下特点：

（1）数量庞大。随着工程项目的进展，项目信息数量呈指数级上升。在一个大型项目中，完全用手工对项目中的海量信息进行管理是十分困难的。因此，工程信息的电子化是建设工程信息管理的一个基本趋势。

（2）类型复杂。从计算机辅助信息管理角度，工程项目在实施过程中一般分为两类：一类是结构化信息，如保存在关系数据库数据表中的数据；另一类是非结构化或半结构化信息，一般很难保存在一般数据库系统中，大多以文件形式存放在文件容器（或文档数据库）中，这类信息的管理一般称为内容管理。由于非结构化或半结构化信息在工程项目信息中占比 80% 以上，因此这类信息的管理在工程信息管理中占有十分重要的地位。

（3）始终处于动态变化之中。工程项目处在一个动态环境中，并且都有一个完整的生命周期，使得项目实施过程中存在大量不确定性因素。这也说明在项目实施过程中，对项目信息进行动态控制和管理的必要性。

（4）来源广泛，存储形式多样。工程项目信息来自建设单位、设计单位、施工承包单位、监理单位等，来自可行性研究、设计、招投标、施工等环节，这些为信息的收集和整理工作带来了较大不便，如何完整、及时、准确地收集以及整合各类项目信息也是工程项目信息管理的首要问题，会直接影响项目管理人员判断与决策的正确性和及时性。

（5）非消耗性。建设项目信息可供信息管理系统中的多个子系统或一个系统中的不同过程反复使用而不被消耗。

5) 建设项目管理信息化

在建设项目管理领域，建设项目的信息化管理最早体现在工程项目管理软件中，这些软件主要用于收集、整理、分析和综合建设工程管理过程中的输入与输出信息。但一个软件不可能包含建设项目全过程的所有功能与需求，因此，将这些软件的功能集成、整合在一起，即构成了项目管理信息系统。

通过信息技术在建设项目管理中的开发和应用能实现：① 信息存储数字化和存储相对集中；② 信息处理和变换的程序化；③ 信息传输的数字化和电子化；④ 信息获取便捷；⑤ 信息透明度提高；⑥ 信息流扁平化。

信息技术在建设项目管理中开发和应用的意义在于：① "信息存储数字化和存储相对集中"有利于项目信息的检索和查询，有利于数据和文件版本的统一，并有利于建设项目文档管理；② "信息处理和变换的程序化"有利于提高数据处理的准确性，并可提高数据处理的效率；③ "信息传输的数字化和电子化"可提高数据传输的抗干扰能力，使数据传输不受距离限制并可提高数据传输的保真度和保密性；④ "信息获取便捷""信息透明度提高"以及"信息流扁平化"有利于建设项目参与方之间的信息交流和协同工作。

建设项目管理信息化是解决目前建筑业存在问题的重要方法，因此国内外都在研究和探索建设项目管理信息化实现的途径。建设项目管理信息化的实施涉及宏观和微观两个方面。

建设项目管理信息化属于建筑业行业信息化范畴，其和企业信息化也有一定关系，因此建设项目管理信息化的实施受这两方面信息化水平的影响。要解决建设项目管理信息化问题，单从单个项目的信息化来实现是不够的。当前，建设项目管理信息化水平不高，从客观背景来看，其和建筑业整体信息化水平不高是直接相关的。因此，要实施建设项目管理信息化，从宏观层面来讲，必须大力推动建筑业行业信息化以及建筑业企业信息化。目前，我国已经制定出建筑业行业信息化发展战略，同时，建筑业企业也开始逐步进行信息化建设，这给建设项目管理信息化提供了良好的发展机遇和发展基础。

建设项目管理信息化的实施涉及更多的是微观方面，这也是建设项目管理信息化推进过程中需要解决的实际问题，如单个项目信息化实施的组织与管理方案、相关人员思想意识的转变、项目管理软件的选择、项目文化的建立、信息管理手册的制定等。微观问题并不是小问题，只是相对于宏观问题而言在整个信息化体系中所处的层次较低，但却是影响建设项目管理信息化的关键问题，甚至某个细节问题（如文件分类标准的确定）处理不当也会导致整个建设项目管理信息化的失败。比如，由于网络速度的限制，可能促使整个建设项目管理信息平台运行效率降低，甚至崩溃，并最终导致平台应用失败。

建设项目管理信息化实施的重要方法就是编制信息管理规划、程序与管理制度。信息管理规划、程序与制度是整个建设项目管理信息化得以正常实施与运行的基础，其内容包括信息分类、编码设计、信息分析、信息流程与信息制度等。

建设项目管理信息化实施的手段：① 建立建设项目信息中心；② 建立建设项目信息处理平台。

11.1.5 工程项目管理信息化技术发展趋势

随着现代信息技术的发展及其在工程项目管理中的广泛应用，工程项目管理的信息化研究已经成为工程项目管理研究领域的热点。工程项目管理信息化主要包括两个方面：一是信息化的硬件条件，如计算机硬件、网络设备、通信工具等；二是信息化的软件条件，如项目管理软件系统、相关的信息化管理制度等。从中国当前情况来看，工程项目管理信息化的硬件条件（如计算机硬件、网络设备、通信工具等）与西方发达国家差距不大，但是工程项目管理信息化的软件条件却有很大的差距。从工程项目管理软件系统角度看，工程项目管理信息化在国内外经历了多个阶段，并取得了一定的成果。

(1) 基于大型计算机的集中式项目管理信息系统

20世纪60年代，这个阶段开发的项目管理软件主要是以网络计划技术（如关键路径法CPM和计划评审技术PERT）为主要理论支撑，软件功能主要集中在进度编制和优化方面，软件的运行都是集中在大型计算机上，主要应用领域是大型国防和土木建筑工程领域。这个阶段项目管理软件的成本和使用费用很高，往往一套就要卖到十多万美元，这是与当时的计算机发展水平和应用条件相关的。

(2) 基于个人计算机桌面的项目管理信息系统

该阶段开发的项目管理软件主要是以系统工程理论和一些项目管理基本方法（进度控制技术、资源平衡技术、成本分析技术等）为主要理论依据，软件功能主要包括进度计划、费用计划与控制、进度图形化、工程量计算、竣工资料编写等方面，基本上是在单机上运行，而且只能满足单一工程项目参与方的使用要求，应用领域也逐渐扩大到能源、交通、水利、电力等领域。典型代表如美国 Primavera 的 P6、Microsoft 的 Project。

(3) 基于 PIP 的项目管理信息平台

从20世纪90年代后期到21世纪初期，现代信息技术和网络技术得到了快速发展，并且在工程建设领域得到了广泛应用。该阶段出现了以项目控制论、项目全生命周期集成管理理论、协同管理理论、项目远程控制理论、互联网电子商务等管理理论和思想为理论支撑的项目管理信息系统（或者称为信息平台）。这个阶段的软件主要是以 Internet 为通信工具，以现代计算机技术、大型服务器和数据库技术为数据处理和储存技术支撑，形成以项目为中心的网络虚拟环境，将项目多个参与方、多个阶段、多个管理要素都集成起来，大多数是以网站的形式展现出来。该阶段软件系统的主要功能不仅能满足项目管理职能（三大控制、合同、信息管理）的要求，而且为项目参与方提供一个个性化项目信息的单一入口，可以满足项目多方进行信息交流、协同工作、实时传送和共享数据信息等功能，最终形成一个高效率信息交流和共同工作的信息平台和网络虚拟环境。

(4) 基于网格技术的项目协同管理平台

随着网格计算机技术的发展，网格计算机技术成为互联网发展的新阶段，它是试图实现互联网上所有资源的全面连通，尝试把整个互联网整合成一台巨大的超级计算机，实现计算资源、存储资源、通信、软件、信息、知识的全面共享，网格技术已经形成了一个新的研究热点。构建以网格计算机技术为支撑的工程项目协同管理平台成为网格技术应用的新领域，将对工程项目管理产生巨大的变革。网格技术可以将项目参与方的信息全面集成，不仅提供项目相关信息，而且可以从信息平台上获得相应的工程项目管理知识。所以，构建基于网格技术的工程项目协同管理平台将是工程项目管理信息化未来发展的趋势。

11.2 工程项目信息的分类、编码和处理方法

11.2.1 工程项目信息的分类

工程项目的信息,包括项目决策过程、实施过程(设计准备、设计、施工和物资采购过程等)和运行过程中产生的信息,参与项目的各个方面,以及与项目建设有关的信息,这些信息依据不同标准可划分如下:

(1) 按建设项目管理目标划分

① 成本控制信息。与成本控制直接有关的信息。如施工项目成本计划、施工任务单、限额领料单、施工定额、成本统计报表、对外分包经济合同、原材料价格、机械设备台班费、人工费、运杂费等。

② 质量控制信息。与质量控制直接有关的信息。如国家或地方政府部门颁布的有关质量政策、法令、法规和标准等,质量目标的分解图表、质量控制的工作流程和工作制度、质量管理体系构成、质量抽检数据、各种材料和设备的合格证、质量证明书、检测报告等。

③ 进度控制信息。与进度控制直接相关的信息。如施工项目进度计划、施工定额、进度目标分解图标、进度控制工作流程和工作制度、材料和设备到货计划、各分部分项工程进度计划、进度记录等。

④ 安全控制信息。与安全控制直接相关的信息。如施工项目安全目标、安全控制体系、安全控制组织和技术措施、安全教育制度、安全检查制度、伤亡事故统计、伤亡事故调查与分析处理等。

⑤ 合同管理信息。建设项目相关的各种合同信息。如工程招投标文件,工程建设施工承包合同,物资设备供应合同,咨询、监理合同,合同的指标分解体系,合同签订、变更、执行情况,合同的索赔等。

(2) 按建设项目生产要素划分

① 劳动力管理信息。如劳动力需用计划、劳动力流动、调配等。

② 材料管理信息。如材料供应计划、材料库存、储备与消耗、材料定额、材料领发及回收台账等。

③ 机械设备管理信息。如机械设备需求计划、机械设备合理使用情况、保养与维修记录等。

④ 技术管理信息。如各项技术管理组织体系、制度和技术交底、技术复核、已完工程的检查验收记录等。

⑤ 资金管理信息。如资金收入与支出金额及其对比分析、资金来源渠道和筹措方式等。

(3) 按建设项目管理工程流程划分

① 计划信息。各项计划指标、工程施工预测指标等。

② 执行信息。项目施工过程中下达的各项计划、指示、命令等。

③ 检查信息。工程的实际进度、成本、质量的实施状况等。

④ 反馈信息。各项调整措施、意见、改进的办法和方案等。

(4) 按建设项目信息的来源划分

① 项目内部信息。指建设工程项目各个阶段、各个环节、各有关单位发生的信息。内部信息来自施工项目本身,如工程概况、施工项目的成本目标、质量目标、进度目标、施工方案、施工进度、完成各项技术经济指标、项目经理部组织、管理制度等。

② 项目外部信息。来自项目外部环境的信息称为外部信息,如国家有关的政策及法规、国内外市场的有关价格信息与竞争对手信息、国内外市场的原材料及设备价格、物价指数、监理通知、设计变更、国际环境变化、资金市场变化等。

(5) 按建设项目信息稳定程度划分

① 固定信息。在一定时间内相对稳定不变的信息,包括标准信息、计划信息和查询信息。标准信息主要是指各种定额和标准,如施工定额、原材料消耗定额、生产作业计划标准、设备和工具的损耗程度等。计划信息反映在计划期内已定任务的各项指标情况。查询信息主要是指国家和行业颁发的技术标准、不变价格等。

② 流动信息。是指随施工生产和管理活动不断变化的信息,如项目实施阶段的质量、成本、安全、进度的统计信息;反映在某一时刻项目建设的实际进程及计划完成情况,项目实施阶段的原材料实际消耗量、机械台班数、人工工日数等。

(6) 按建设项目的信息性质划分

① 生产信息。有关项目实施阶段生产的信息,如施工进度计划、材料消耗等。

② 技术信息。技术部门提供的信息,如技术规范、施工方案、技术交底等。

③ 经济信息。投资控制信息和工程量控制信息,如材料价格、人工成本、项目的财务资料、现金流情况等,属于建设项目信息的重要组成部分。

④ 资源信息。如资金来源、劳动力供应、材料供应等。

(7) 按照建设项目的信息层次划分

① 战略信息。项目建设过程中战略决策所需的信息,如投资总额、建设总额、承包商的选定、合同价的确定等。

② 策略信息。项目建设过程中提供给中层领导部门的管理信息,如项目年度进度计划、财务计划等。

③ 业务信息。是指各业务部门的日常信息,较具体,精度较高,是基层部门例行性工作产生和需用的日常信息。

11.2.2 建设工程项目信息编码

编码由一系列符号(或文字)和数字组成,是信息处理的一项重要的基础工作。编码可以简化信息传递的形式,以提高信息传递的效率和准确度;编码也可以对信息单元的识别提供一个简单、清晰的代号,以便于信息的存储与检索;编码还可以显示信息单元的重要意义,以协助信息的选择和操作。一个建设工程项目有不同用途的信息,为了有组织地存储信息,方便信息的检索和信息的加工整理,必须对项目的信息进行编码。

1) 建设工程项目信息编码的基本原则

(1) 合理性。编码的方法必须是合理的,能够适合使用者和信息处理的需要,项目信息编码结构应该与项目信息分类体系相适应。

(2) 可扩展性。项目信息编码时要预留足够的位置,以适应发展变化的需要。

(3) 唯一性。每一编码都代表一个确定的信息内容,每一信息都有一个确定的编码表。

(4) 简单性。项目信息编码的结构必须容易被使用者了解和掌握,长度尽量短,以提高信息处理的效率。

(5) 适用性。项目信息编码必须建立和不断完善编码标准化体系,以避免混乱和误解。

(6) 规范性。在同一个工程项目中的编码,要求编码一致,代码的类型、结构、编写格式统一。

2) 建设工程项目信息编码的方法

建设工程项目信息的编码可以有很多种,如:建设项目的结构编码,建设项目管理组织结构编码,建设项目的政府主管部门和各参与单位编码(组织编码),建设项目实施的工作项编码(建设项目实施工作过程的编码),建设项目的投资项编码(业主方)/成本项编码(施工方),建设项目的进度项(进度计划的工作项)编码,建设项目进展报告和各类报表编码,合同编码,函件编码,工程档案编码等。这些编码是因不同的用途而编制的,如投资项编码(业主方)、成本项编码(施工方)服务于投资控制工作/成本控制工作;进度项编码服务于进度控制工作。但是有些编码并不是针对某一项管理工作而编制的,如投资控制/成本控制、进度控制、质量控制、合同管理、编制建设项目进展报告等,都要使用建设项目的结构编码,因此需要进行编码的组合。建设项目信息编码的主要方法如下:

(1) 建设项目的结构编码。依据项目结构,对项目结构每一层的每一个组成部分进行编码。

(2) 项目管理组织结构编码。依据项目管理的组织结构,对每一个工作部门进行编码。

(3) 建设工程项目的政府主管部门和各参与单位编码。包括政府主管部门、业主方的上级单位或部门、金融机构、工程咨询单位、设计单位、施工单位、物资供应单位和物业管理单位等。

(4) 建设工程项目实施的工作项编码。建设项目实施的工作项编码应覆盖项目实施工作任务目录的全部内容,包括设计准备阶段的工作项、设计阶段的工作项、招投标工作项、施工和设备安装工作项及项目动用前准备工作项等。

(5) 建设工程项目的投资项编码。该编码并不是概预算定额确定的分部分项工程的编码,它应综合考虑概算、预算、标底、合同价和工程款的支付等因素,建立统一的编码,以服务于项目投资目标的动态控制。

(6) 建设工程项目成本项编码。它不是预算定额确定的分部分项工程的编码,而应综合考虑预算、投标价估算、合同价、施工成本分析和工程款的支付等因素,建立统一的编码,以服务于项目成本目标的动态控制。

(7) 建设工程项目的进度项编码。应综合考虑不同层次、不同深度和不同用途的进度计划工作项的需要,建立统一的编码,服务于建设项目进度目标的动态控制。

(8) 建设工程项目进展报告和各类报表编码。应包括建设项目管理形成的各种报告和报表的编码。

(9) 合同编码。应参考项目的合同结构和合同的分类,应反映合同的类型、相应的项目结构和合同签订的时间等特征。

(10) 函件编码。应反映发函者、收函者、函件内容所涉及的分类和时间等,以便函件的查询和整理。

(11) 工程档案的编码。应根据有关工程档案的规定、建设项目的特点和建设项目实施单位的需求而建立。

11.2.3 工程项目信息分类编码的策略与方法

编码的种类有很多,按其功能可分为无意义代码和有意义代码。常见的无意义代码按其结构可分为顺序码、无序码;常见的有含义代码,按其结构可分为系列顺序码、数字化字母顺序码、层次码、特征组合、矩阵码、复合码。

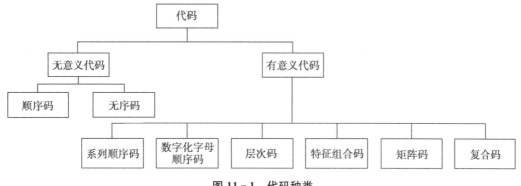

图 11-1 代码种类

1) 无意义代码

无意义代码是指代码本身无实际意义,代码只作为编码对象的唯一标识,起替代编码对象的名称作用,代码本身不提供任何有关编码对象的信息。顺序码和无序码是两种常见的无含义代码。

(1) 顺序码。顺序码是一种最简单、最常用的代码,此种代码是将顺序的自然数或字母赋予编码对象,如 GB/T 2261—1980《人的性别代码》中,"1"为男性,"2"为女性。顺序码不一定完全从 1 开始,有时为了保密,不使外界人员推断掌握情况,采用顺序码可以从任何数开始按升序编排。另外,有时为了避免代码起始的无效零位,如 001,0001,代码可以从 101 或 1001 开始编起。

通常非系统化的编码对象常采用此种代码,如职工注册登记号等。顺序码的优点:代码简短,可保证代码的最小长度;使用方便,易于管理,易于添加,对编码对象的顺序无任何规定。但顺序码代码本身没给出任何有关编码对象的信息,不便于记忆。

(2) 无序码。无序码是将无序的自然数或字母赋予编码对象,此种代码没有任何编写规律,靠计算机随机程序编写。

2) 有意义代码

有意义代码是指代码本身具有某种实际含义。此种代码不仅作为编码对象的唯一标识,起着替代编码对象名称的作用,还能提供编码对象的有关信息(如分类、排序、逻辑意义等)。

(1) 层次码。层次码常用于线分类体系,它是按分类对象的从属、层次关系为排列顺序的一种代码。编码时将代码分成若干层级并与分类对象的分类层级相对应,代码自左向右,表示的层级由高至低,代码的最左端为最高位层级代码,代码的最右端为最低位层级代码,每个层级的代码可采用顺序码或系列顺序码。

层次码的优点是能明确地表明分类对象的类别,代码本身有严格的隶属关系,同时层次码中各层次码在分类上具有一定的含义。此种代码结构简单，容量大，同时便于计算机求和、汇总。

层次码的缺点是弹性较差，当个别类目上的代码改变、删除或插入时，就可能影响其他代码，层次较多时，代码位数较长。

(2) 特征组合码。特征组合码常用于面分类体系，它是将分类对象按其特征或属性分成若干个"面"，每个"面"内的诸类目按其规律分别进行编码。因此，"面"与"面"之间的代码没有层次、隶属关系。使用时，根据需要选用各"面"中的代码，并按预先确定的"面"的排列顺序将代码组合起来，以表示这个组合类目。

特征组合码的优点：代码结构具有一定的柔性。它能比较简单地增加分类"面"的个数，必要时还可以更换个别"面"，而不影响其他"面"的代码，这种代码适用于机器处理信息。同时使用时可用全部代码，也可用部分代码，根据"面"的特征及"面"内的代码符号便可确定分类编码对象的特征。

特征组合码的缺点：代码容量利用率低，不是所有可组配的代码都能全部被采用。此外，这种代码不适合求和汇总。

对特征组合码各"面"代码顺序要根据使用者的习惯和要求以及有关需要来排列。一般来说，永久的、固定的属性放在前面，非永久的、非固定的属性放在后面。除此之外，常常根据人们认识事物的一般规律排列，如"先主后次""先粗后细""先宏观后微观""先外形后内形"等，尽量符合使用要求。

(3) 复合码。复合码是一种应用较广的有含义代码，它常常是由两个或两个以上完整、独立的代码组合而成。例如"分类部分＋标识部分"组成的复合码是将分类编码对象的代码构成，分为分类部分和标识部分两段。分类部分表示分类编码对象的属性或特征的层次、隶属关系；标识部分起着分类编码对象注册号(即登记号)的作用。

复合码的优点：代码结构具有较大的柔性，易于扩大代码的容量和调整所属的类别，同时代码的标识部分可以用于不同的管理系统，因此便于若干个系统之间的信息交换。

复合码的缺点：代码总长度较长。

在可能的情况下，建议企业多应用复合编码方式。

11.2.4　工程项目信息编码系统设计步骤

在建筑企业信息化建设中实施信息分类编码标准化，旨在使相关人员能对信息的收集、理解、存储、处理、传输和现实实施自动化处理，为满足各信息系统信息处理的需要，减少对信息的重复采集、加工和存储，最大限度地避免因对信息的命名、描述、分类和编码不一致所造成的误解和歧义，需要采取相应的系统设计对工程项目信息赋予编码体系。

(1) 确定系统目标。根据系统的总目标确定工程项目管理系统的信息内容，对工程以及工程相关的数据与信息进行全面调查；分析各类信息的性质、特征；优化和重组信息分类；统一定义信息名称，提供系统设计数据。主要有以下方面的信息：物料、设计文件(方案、计算书)、工程文件(运输路线、施工方法、清单等)、产品图纸、变更清单等。

(2) 调查分析数据

初步调查：初步调查是对工程的基本情况进行调查，包括施工计划、项目类型、施工方法、工期、设备、工艺、生产能力、质量、成本、工程的稳定性、库存、销售和服务情况等。

现状调查：根据初步调查所确定的信息范围对项目现行的信息分类、编码情况和项目结构数据等进行深入调查，收集全部应有单据、报表、台账明细表、各类文件等。

特征分析：对收集到的信息采用特征表的方法进行特征分析，对需要统一名称或多名称的事物或概念、数据项和数据元统一定义。

（3）确定清单。初步整理收集来的信息，列出清单或名称表，并尽可能使用文字、数字的代码进行描述。

（4）制定编码规则。每个信息均应有独立的代码，信息代码一般是由分类码和识别码组成的复合码。分类码是表示信息类别的代码；识别码是表示信息特征（如结构形状、材料、工艺等）的代码。

信息分类编码系统的结构一般采用十进分类法系统。十进分类法系统中，层次是以树状结构形式表示，各码位数字的位置依前一位而定，并用 0~9 数字表示，每个码位表达一个固定的含义。为了保证正确地输入代码，对较长的代码和关键性的代码应加校验码，以检查其输入、传输等操作而产生的错误。不同类别的信息可以有不同的编码规则，对同一类信息采用等长编码。

（5）建立编码系统。选用实际应用中已经成熟的编码系统，尽量采用行业中已存在的各种不同内容的信息代码，予以试套、调整和修改以转变为适用于项目的信息编码系统。

（6）编码测试与验证。编码系统形成后，应对编码系统进行试套验证、修改和补充，以确保编码系统的可靠性及适用性。

（7）编码发布实施。全部分类系统、编码系统和各种代码应按建筑行业标准进行编码发布实施。

（8）结论。产品信息编码是建筑行业实施信息化的基础工作，它是实施项目数据管理的前提，更是实施项目信息化的必要条件，对一个工程项目，如果其子项目业务相关联，不管是单项关联还是多项关联，都应当采用统一的编码体系。科学设计一套编码体系是保障项目数据管理成功的关键，在进行编码体系设计时，应当要有标准化人员、业主、设计人员、项目管理人员、施工人员等共同参与，充分考虑好各独立子系统的需求，同时，更要考虑好各子系统编码的集成，以免产生新的系统孤岛。

11.3 工程项目管理信息系统

11.3.1 计算机辅助建设项目管理概述

计算机辅助工程项目管理是投资者、开发商、承包商和工程咨询方等进行建设项目管理的手段。通过计算机辅助工程项目管理可以及时、准确、完整地收集、存储、处理项目的投资、进度、质量的计划和实际信息，以帮助决策者及时采取控制措施，尽可能好地保证实现项目目标。

工程项目管理信息系统包括进度控制系统、投资控制系统、质量控制系统、合同控制系统,这些系统构成了工程项目管理信息系统公共数据库。

11.3.2 项目进度管理信息系统

1) 概述

进度管理信息系统是建设项目管理信息系统(PMIS)的核心,其目的是保证项目按时完成。进度管理软件是建筑行业中应用最早,也是最基本的信息技术应用软件。随着信息化技术的发展,各个承包商都在使用进度管理软件。建设项目进度信息系统通常采用网络计划技术进行进度规划和管理。在小型项目中,某些承包商也会采用电子表格生成简单的条形图进行进度管理。进度管理信息系统软件包括 Primavera 公司的 P6 软件和微软公司的 Project 软件。

进度管理不仅是简单的时间管理,还牵涉到资源的均衡、进度的协调与控制等活动。

项目进度控制需要考虑的信息:

(1) 工作基本信息:工作代码名称、工作时间限制、工作完成所需资源、工作间逻辑关系、工作持续时间等。

(2) 工作的有关管理属性:工作分类码、PS/WBS/OBS/CA、资源角色分类、赢得值设置等。

2) 进度管理信息系统功能定义

进度控制信息系统功能需求:项目进度计划的编制、实际进度的统计分析、动态比较分析与预测、动态报表与信息发布。

11.3.3 项目合同和投资管理信息系统

1) 概述

合同和投资管理信息系统解决的业务,一方面是依据项目的总体进度安排、项目管理组织结构以及项目投资概预算建立项目投资编码系统;另一方面是根据项目合同,全面管理合同履行过程中与费用相关的各种信息,跟踪分析各种事件对项目投资以及合同费用的影响。常见的项目合同和投资管理信息软件包括 Quicken 的 Job Center、Emerging Solutions 的 Advantage、Frontrunner 的 Project Axis。目前使用较多的软件为美国 Primavera 公司的 Expedition 软件。

2) 合同和投资管理信息

(1) 与项目投资控制编码相关信息。包括项目分解结构(PS)及其费用控制信息、工作分解结构(WBS)与工作包(WP)及其费用控制信息、组织分解结构(OBS)、成本科目(CA)与类别、工程量清单(BOQ)等。

(2) 合同及合同履行过程中与费用有关的各种信息。包括费用预、估算值、计划完成值、赢得值、实际值、完成时值与完成时预计等。

3) 合同和投资管理信息编码

合同和投资管理信息系统特有的编码有合同编码、工程量清单编码、物资编码及各种记录编码。在系统实施过程中编码规则的制定以及基础数据的录入是信息系统实施的重要工作,而对于信息系统本身需要考虑的是编码定义的灵活性以及如何实现辅助自定义编码(根据设定自动产生编码)。一般工程量清单编码、物资编码等为树状编码,合同以及记录编码采用普通编码格式。

4) 合同和投资管理信息系统

(1) 合同和投资管理信息系统构建原则

① 全面性。建立的合同和投资管理信息系统应当包括投资控制与合同管理的全部或主要功能,并在基层基础上能产生其他附加功能,真正体现出管理信息系统的优越性。

② 集成性。集成最大的优点是使投资控制和合同管理系统可以共享数据,避免投资与合同数据分离,避免相关数据两次输入,避免形成信息孤岛、数据重复与不完全等问题。

③ 扩展性。集成系统应是开放和可扩展的,在建立合同和投资管理信息系统时,需要考虑未来与进度、质量控制等阶段的集成。因此,集成的模型中必须具有较强的结构性,内部实体、关系定义清晰。

④ 模块化。合同和投资管理信息系统应当既能集成使用,也能独立使用,并且在每个子系统中根据功能可进行模块分解,满足工程的要求。

⑤ 分布性。大型工程项目的参与方在不同地点参与项目的建设工作,因而网络和分布式数据库的应用将会发挥重大效应,使得项目各方不受时间、地点约束,进而完成项目管理任务。

(2) 合同和投资管理信息系统构建功能需求

① 投资控制模拟功能。

② 统计分析功能。

③ 合同与投资监控功能,包括合同状态、合同变更、合同支付。

④ 动态报表与信息发布功能。

11.4 建筑信息模型及其在工程项目管理中的应用

11.4.1 概述

BIM(Building Information Modeling)国内一般将其译为"建筑信息模型"。该技术通过数字化手段,在计算机中建立出一个虚拟建筑,该虚拟建筑会提供一个单一、完整、包含逻辑关系的建筑信息库。需要注意的是,在这其中"信息"的内涵不仅仅是几何形状描述的视觉信息,还包含大量的非几何信息,如材料的耐火等级和传热系数、构件的造价和采购信息等等。其本质是一个按照建筑直观物理形态构建的数据库,其中记录了各阶段所有数据信息。建筑信息模型(BIM)应用的精髓在于这些数据能贯穿项目的整个寿命期,对项目的建造及后期的运营管理持续发挥作用。

美国国家 BIM 标准(NBIMS)对 BIM 的定义由三部分组成:① BIM 是一个设施(建设项目)物理和功能特性的数字表达;② BIM 是一个共享的知识资源,是一个分享有关设施的信息,为该信息从概念到拆除的全生命走过其中的所有决策提供可靠依据的过程;③ 在项目的不同阶段,不同利益相关方通过在 BIM 中插入、提取、更新和修改信息,以支持和反映其各自职责的协同作业。

直至2005年，Autodesk进入中国，为了推广它的软件在国内宣传BIM，BIM的概念才逐步在国内被认知。2007年，建设部发布行业产品标准《建筑对象数字化标准》。2008年，上海的标志建筑上海中心决定在该项目采纳BIM技术，BIM技术在国内发展开始加速。

7个数字可简单对BIM内涵进行解读，即1个模型、2个对象、3大核心内力、4大价值、5大阶段、6大应用、7个维度。

(1) 1个模型。一个建筑信息模型(Model)，也是一个多维度(>3D)结构化工程数据库（工程数字化模型）。一模多用，一模复用。

(2) 2个对象。BIM模型中的信息就是为了描述2个对象：工程实体、过程业务。协同设计，协调各专业的沟通效率，各个专业修改意见实时传输给土建专业，最大限度地降低设计缺陷以及后期造成的设计变更。

(3) 3大核心能力。形成多维度(>3D)结构化工程数据库；数据粒度能达到构件级，甚至更小，如1根钢筋、1块砖；工程大数据平台，承载海量工程和业务数据，其多维度结构化能力使工程数据和信息的计算能力非凡，远非以往工程管理技术手段所能比拟。

(4) 4大价值。① BIM技术为工程项目管理和企业级管理提供强大的计算能力、工程大数据实时处理能力；② 实时协同能力：远超过去项目管理协同技术；③ 实时虚拟建造：大大拉近与制造业的差距，使建筑业开始具备类似于制造业的"样机"工程能力；④ 工程和业务信息集成：使工程和业务数据成为一个有机整体。

(5) 5大阶段。① 方案决策；② 规划设计；③ 建造施工；④ 运维管理；⑤ 改建拆除。BIM在上述阶段中都能发挥重要作用，每个阶段将有大量应用(甚至数百项)产生。越来越多的岗位、工作将在基于BIM的平台上完成作业，以提高工作效率和质量，让工作成果可存储、检索、计量、协同共享。最终，BIM将成为建筑业操作系统(Operating System，OS)。

(6) 6大应用。在建造阶段，BIM技术将实现数百项应用，但以下6大应用对项目管理带来了巨大影响：① 工程量计算、成本分析、资源计划；② 碰撞检查、深化设计；③ 可视化、虚拟建造；④ 协同管理；⑤ 工程档案与信息集成；⑥ 企业级项目基础数据库。

(7) 7个维度。BIM有3大维度(空间、时间、工序)和7个子维度(3D实体、1D时间、3D工序——招标工序BBS、企业定额工序EBS、项目进度工序WBS)。

11.4.2 BIM标准和实施规划

在建筑信息模型领域，关于数据的基础标准一直围绕着三个方面进行，即数据语义(Terminology)、数据存储(Storage)和数据处理(Process)。由国际BIM专业化组织buildingSMART提出，并被ISO等国际标准化组织采纳，上述三个方面逐步形成了三个基础标准，分别对应为国际语义字典框架(IFD)、行业(工业)基础分类(IFC)和信息交付手册(IDM)，由此形成了BIM标准体系。

BIM标准体系由两部分组成，核心层是围绕IFD、IFC、IDM，衍生出了MVD(Model View Definition，模型视图定义)、Data Dictionary(数据字典)等拓展概念。在核心层之外是应用层，直接面向用户数据应用的各项标准，包括QTO(Quantity Take-Off，工程量提取)、冲突检测等。核心层标准面向数据描述，应用层标准规定数据使用方法。

对应国际标准体系来说,标准体系一般分为信息编码标准、信息模型交付标准和信息交换标准三类,如图 11-2 所示。根据住房和城乡建设部建标〔2012〕5 号文《关于印发 2012 年工程建设标准规范制订修订计划的通知》,建立了 BIM 的五项国家标准。

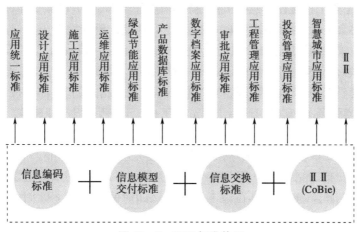

图 11-2　BIM 标准体系

1)《建筑信息模型应用统一标准》

该标准不属于上述三种分类。关键词为"统一"。该标准已发布,编号为 GB/T 51212—2016,自 2017 年 7 月 1 日起实施。

该标准对 BIM 模型在整个项目生命周期里该怎么建立、怎么共享、怎么使用做出了统一规定,其他所有标准都要以该标准为基本原则。它有点像宪法,只规定核心的原则,不规定具体细节。这个标准,所有使用 BIM 的人员都需要了解。

2) 建筑工程设计信息模型分类和编码标准

该标准对应着国际标准体系的第一类,分类编码标准。关键词是"分类和编码"。

该标准直接参考美国的 OmniClass,并针对国情做了一些本土化调整,它在数据结构和分类方法上与 OmniClass 基本一致,但具体分类编码编号有所不同。

需要注意的是,该标准是对建筑全生命周期进行编码,不只是模型和信息有编码,项目中涉及的人及其所做的事也都有对应的编码。

编码分类中,模型和信息部分需要由软件开发商、第三方工具的开发商写入相应的 BIM 软件中,如果致力于进行 BIM 软件开发,该标准就必须参透。

如果项目人员中所参与项目里有自建构件或者制造商的产品构件,同样需要给这些模型加入相应的编码。

关于分类的其他部分,所有工程人员都有必要了解一下。

3) 建筑工程信息模型存储标准

它对应着国际标准体系的第二类,数据模型标准,国内主要参考的是 IFC 标准。关键词是"存储"。

该标准需要关注的人相对来说就广泛一些了,所有使用 BIM 软件的人都得知道,自己要接手什么格式的文件,又怎样将什么格式的文件传递给下一个环节的人,甚至你还得关注你正在使用的软件是不是跟得上这本国标的更新。

4) 制造工业工程设计信息模型应用标准

该标准对应国际标准体系第三类,信息交换标准。关键词为"制造工业"。目前该标准正在报批中。

国标《制造工业工程设计信息模型应用标准》由住建部、中国机械工业联合会、中国机械工业勘察设计协会负责组织编制工作,机械工业第六设计研究院有限公司主编。该标准是专门面向制造业工厂和设施的BIM执行标准,内容包括这一领域的BIM设计标准、模型命名规则,数据该怎么交换、各阶段单元模型的拆分规则,模型的简化方法,项目该怎么交付,还有模型精细度要求等。该标准比较特殊,它不是按照机构来划分,而是按照分支行业来划分的,标准中重点强调了,它专门适用于制造业工厂,不包括一般工业建筑。

5) 建筑信息模型施工应用标准

关键词"施工"。该标准对应国际标准体系第三类,信息交换标准。

该标准已经发布,标准号 GB/T 51235—2017,自 2018 年 1 月 1 日起实施。

标准面向施工和监理,规定其在施工过程中该如何使用 BIM 模型中的信息,以及如何向他人交付施工模型信息,这包括深化设计、施工模拟、预加工、进度管理、成本管理等方面。施工人员应当关注与学习该标准。

11.4.3 BIM 应用分析

整个建筑行业的发展是迅速和具有科技性的,从传统的手工绘图、手工计算及手工设计整个人工过程过渡到了 CAD 技术的普及与推广,也让众多建筑设计师、预算师从"手工"行列解放了出来,而现在,建筑信息模型(BIM)的出现将引发工程建设领域的第二次数字革命。BIM 软件不仅带来现有技术的进步和更新换代,也会影响生产组织模式和管理方式的变革,并将推动人们思维模式的转变。

1) BIM 模型维护

BIM 模型维护是指根据项目建设进度建立和维护 BIM 模型,使用 BIM 平台汇总各项目团队所有的建筑工程信息,消除项目中的信息孤岛,并将得到的信息结合三维模型进行整理和储存,以备项目全过程中项目各相关利益方随时共享。

BIM 的用途决定了 BIM 模型细节的精度,但仅靠一个 BIM 工具并不能完成所有工作。所以,目前主要采用"分布式"BIM 模型的方法,建立符合工程项目现有条件和使用用途的 BIM 模型。这些模型根据需要大致可分为设计模型、施工模型、进度模型、成本模型、制造模型、操作模型等。

2) 场地分析

场地分析是研究影响建筑物定位的主要因素,是确定建筑物的空间方位和外观、建立建筑物与周围景观联系的过程。在规划阶段,场地的地貌、植被、气候条件都是影响设计决策的重要因素,往往需要通过场地分析来对景观规划、环境现状、施工配套及建成后交通流量等各种影响因素进行评价及分析。

传统的场地分析存在诸如定量分析不足、主观因素过多、无法处理大量数据信息等弊端。通过 BIM 结合地理信息系统(简称 GIS)对场地及拟建建筑物空间数据进行建模,可迅速得出较准确的分析结果,帮助项目在规划阶段评估场地的使用条件和特点,从而作出新建项目最理想的场地规划、交通流线组织关系、建筑布局等关键决策。

3) 建筑策划

建筑策划是在总体规划目标确定后,根据定量分析得出设计依据的过程。建筑策划利用对建设目标所处社会环境及相关因素的逻辑数理分析,研究项目任务书对设计的合理导向,制定和论证建筑设计依据,科学地确定设计的内容,并寻找达到这一目标的科学方法。在这一过程中,除了运用建筑学的原理,借鉴过去的经验和遵守规范,更重要的是要以实态调查为基础,用计算机等现代化手段对目标进行研究。BIM 能够帮助项目团队在建筑规划阶段,通过对空间进行分析来理解复杂空间的标准和法规,从而节省时间,并提供对团队更多增值活动的可能。特别是在客户讨论需求、选择以及分析最佳方案时,能借助 BIM 及相关分析数据作出关键性的决定。

BIM 在建筑策划阶段的应用成果还可以帮助建筑师在建筑设计阶段随时查看初步设计是否符合业主的要求,是否满足建筑策划阶段得到的设计依据,通过 BIM 连贯的信息传递或追溯,大大减少之后详图设计阶段发现问题需要修改设计的巨大浪费。

4) 方案论证

在方案论证阶段,项目投资方可以使用 BIM 来评估设计方案的布局、视野、照明、安全、人体工程学、声学、纹理、色彩及规范的遵守情况。BIM 甚至可以做到建筑局部的细节推敲,迅速分析设计和施工中可能需要应对的问题。

方案论证阶段还可以借助 BIM 提供方便的、低成本的不同解决方案供项目投资方进行选择,通过数据对比和模拟分析,找出不同解决方案的优缺点,帮助项目投资方迅速评估建筑投资方案的成本和时间。

对设计师来说,通过 BIM 来评估所设计的空间,可以获得较高的互动效应,以便从使用者和业主方获得积极的反馈。设计的实时修改往往基于最终用户的反馈,在 BIM 平台下,项目各方关注的焦点问题比较容易得到直观的展现并迅速达成共识,需要决策的时间也会相应减少。

5) 可视化设计

3Dmax、Sketchup 这些三维可视化设计软件的出现有力地弥补了业主及最终用户因缺乏对传统建筑图纸的理解能力而造成的和设计师之间的交流鸿沟,但由于这些软件设计理念和功能上的局限,使得这样的三维可视化展现不论用于前期方案推敲还是用于阶段性的效果图展现,与真正的设计方案之间都存在相当大的差距。

对于设计师而言,除了用于前期推敲和阶段展现,大量的设计工作还是要基于传统 CAD 平台,使用平、立、剖等三视图的方式表达和展现自己的设计成果。这种由于工具原因造成的信息割裂,在遇到项目复杂、工期紧的情况下非常容易出错。

BIM 的出现使得设计师不仅拥有了三维可视化的设计工具,所见即所得,更重要的是通过工具的提升,使设计师能使用三维的思考方式来完成建筑设计,同时,也使业主及最终用户真正摆脱技术壁垒的限制,随时知道自己的投资能获得什么。

6) 协同设计

协同设计是一种新兴的建筑设计方式,它可以使分布在不同地理位置不同专业的设计人员通过网络的协同展开设计工作。现有的协同设计主要是基于 CAD 平台,并不能充分实现专业间的信息交流,这是因为 CAD 的通用文件格式仅仅是对图形的描述,无法加载附加信息,导致专业间的数据不具有关联性。

BIM 使得协同不再是简单的文件参照,BIM 技术为协同设计提供底层支撑,大幅提升协同设计的技术含量。借助 BIM 的技术优势,协同的范畴也从单纯的设计阶段扩展到建筑全生命周期,需要规划、设计、施工、运营等各方的集体参与,因此具备了更广泛的意义,带来综合效益的大幅提升。

7) 性能化分析

利用计算机进行建筑物理性能化分析始于 20 世纪 60 年代甚至更早在 CAD 时代,无论什么样的分析软件都必须通过手工方式输入相关数据才能开展分析计算,而操作和使用这些软件不仅需要专业技术人员经过培训才能完成,同时由于设计方案的调整,造成原本就耗时耗力的数据录入工作需要经常性的重复录入或校核,导致包括建筑能量分析在内的建筑物理性能化分析通常被安排在设计的最终阶段,成为一种象征性的工作,使建筑设计与性能化分析计算之间严重脱节。

利用 BIM 技术,建筑师在设计过程中创建的虚拟建筑模型已经包含了大量的设计信息(几何信息、材料性能、构件属性等),只要将模型导入相关的性能化分析软件就可以得到相应的分析结果,原本需要专业人士花费大量时间输入大量专业数据的过程,通过 BIM 技术可以自动完成,大大降低了性能化分析的周期,提高了设计质量,同时也使设计公司能够为业主提供更专业的技能和服务。

8) 工程量统计

BIM 是一个富含工程信息的数据库,可以真实地提供造价管理需要的工程量信息,借助这些信息,计算机可以快速对各种构件进行统计分析,大大减少了烦琐的人工操作和潜在错误,非常容易实现工程量信息与设计方案的完全一致。

通过 BIM 获得的准确的工程量统计可以用于前期设计过程中的成本估算、在业主预算范围内不同设计方案的探索或者不同设计方案建造成本的比较以及施工开始前的工程量预算和施工完成后的工程量决算。

9) 管线综合

随着建筑物规模和使用功能复杂程度的增加,无论是设计企业还是施工企业甚至是业主对机电管线综合的要求愈加强烈。利用 BIM 技术,通过搭建各专业的 BIM 模型,设计师能够在虚拟的三维环境下方便地发现设计中的碰撞冲突,从而大大提高了管线综合的设计能力和工作效率。这不仅能及时排除项目施工环节中可能遇到的碰撞冲突,显著减少由此产生的变更申请单,更大大提高了施工现场的生产效率,降低了由于施工协调造成的成本增长和工期延误。

10) 施工进度模拟

建筑施工是一个高度动态的过程,随着建筑工程规模不断扩大,复杂程度不断提高,使得施工项目管理变得极为复杂。

通过将 BIM 与施工进度计划相链接,将空间信息与时间信息整合在一个可视的 4D (3D+Time)模型中,可以直观、精确地反映整个建筑的施工过程。4D 施工模拟技术可以在项目建造过程中合理制定施工计划,精确掌握施工进度,优化使用施工资源以及科学地进行场地布置,对整个工程的施工进度、资源和质量进行统一管理和控制,以缩短工期、降低成本、提高质量。

此外，借助 4D 模型，施工企业在工程项目投标中将获得竞标优势，BIM 可以协助评标专家从 4D 模型中很快了解投标单位对投标项目主要施工的控制方法、施工安排是否均衡、总体计划是否基本合理等，从而对投标单位的施工经验和实力作出有效评估。

11) 施工组织模拟

施工组织是对施工活动实行科学管理的重要手段，它决定了各阶段的施工准备工作内容，协调了施工过程中各施工单位、各施工工种、各项资源之间的相互关系。施工组织设计是用来指导施工项目全过程各项活动的技术、经济和组织的综合性解决方案，是施工技术与施工项目管理有机结合的产物。

通过 BIM 可以对项目的重点或难点部分进行可建性模拟，按月、日、时进行施工安装方案的分析优化。对于一些重要的施工环节或采用新施工工艺的关键部位、施工现场平面布置等施工指导措施进行模拟和分析，以提高计划的可行性；也可以利用 BIM 技术结合施工组织计划进行预演以提高复杂建筑体系的可造性。

借助 BIM 对施工组织的模拟，项目管理方能够非常直观地了解整个施工安装环节的时间节点和安装工序，并清晰把握安装过程中的难点和要点，施工方也可以进一步对原有安装方案进行优化和改善，以提高施工效率和施工方案的安全性。

12) 数字化建造

制造行业目前的生产效率极高，其中部分原因是利用数字化数据模型实现了制造方法的自动化。同样，BIM 结合数字化制造也能够提高建筑行业的生产效率。通过 BIM 模型与数字化建造系统的结合，建筑行业也可以采用类似方法来实现建筑施工流程的自动化。

建筑中的许多构件可以异地加工，然后运到建筑施工现场，装配到建筑中（例如门窗、预制混凝土结构和钢结构等构件）。通过数字化建造，可以自动完成建筑物构件的预制。这些通过工厂精密机械技术制造出来的构件不仅降低了建造误差，而且大幅度提高构件制造的生产率，使得整个建筑建造的工期缩短并且容易掌控。

BIM 模型直接应用于制造环节，可以在制造商与设计人员之间形成一种自然的反馈循环，即在建筑设计流程中提前考虑尽可能多地实现数字化建造。同样，与参与竞标的制造商共享构件模型也有助于缩短招标周期，便于制造商根据设计要求的构件用量编制更为统一的投标文件。同时，标准化构件之间的协调也有助于减少现场发生的问题，降低不断上升的建造、安装成本。

随着建筑行业标准化、工厂化、数字化水平的提升，以及建筑使用设备复杂性的提高，越来越多的建筑及设备构件通过工厂加工并运送到施工现场进行高效地组装。而这些建筑构件及设备是否能够及时运到现场、是否满足设计要求、质量是否合格将成为整个建筑施工建造过程中影响施工计划关键路径的重要环节。

在 BIM 出现以前，建筑行业往往借助于较为成熟的物流行业的管理经验及技术方案（例如 RFID 无线射频识别电子标签），通过 RFID 可以把建筑物内各个设备构件贴上标签，以实现对这些物体的跟踪管理，但 RFID 本身无法进一步获取物体更详细的信息（如生产日期、生产厂家、构件尺寸等），而 BIM 模型恰好详细记录了建筑物及构件和设备的所有信息。

此外，BIM 模型作为建筑物的多维度数据库，并不擅长记录各种构件的状态信息。而基于 RFID 技术的物流管理信息系统对物体的过程信息有非常好的数据库记录和管理功能，这样 BIM 与 RFID 正好互补，从而可以解决建筑行业对日益增长的物料跟踪带来的管理压力。

13）竣工模型交付

建筑作为一个系统，当完成建造过程准备投入使用时，首先需要对建筑进行必要的测试和调整，以确保它可以按照当初的设计来运营。在项目完成后的移交环节，物业管理部门需要得到的不只是常规的设计图纸、竣工图纸，还需要有能正确反映真实的设备状态、材料安装使用情况等与运营维护相关的文档和资料。

BIM能将建筑物空间信息和设备参数信息有机地整合起来，从而为业主获取完整的建筑物全局信息提供途径。通过BIM与施工过程记录信息的关联，甚至能够实现包括隐蔽工程资料在内的竣工信息集成，不仅为后续的物业管理带来便利，并且可以在未来进行的翻新、改造、扩建过程中为业主及项目团队提供有效的历史信息。

14）维护计划

在建筑物使用寿命期间，建筑物结构设施（如墙、楼板、屋顶等）和设备设施（如设备、管道等）都需要不断得到维护，一个成功的维护方案将提高建筑物性能，降低能耗和修理费用，进而降低总体维护成本。

BIM模型结合运营维护管理系统可以充分发挥空间定位和数据记录的优势，合理制定维护计划，分配专人专项维护工作，以降低建筑物在使用过程中出现突发状况的概率。对一些重要设备还可以跟踪其维护工作的历史记录，以便对设备的适用状态提前作出判断。

15）资产管理

一套有序的资产管理系统将有效提升建筑资产或设施的管理水平。但由于建筑施工和运营的信息割裂，使得这些资产信息需要在运营初期依赖大量的人工操作来录入，而且很容易出现数据录入错误。

BIM中包含的大量建筑信息能够顺利导入资产管理系统，大大减少了系统初始化在数据准备方面的时间及人力投入。此外，由于传统的资产管理系统本身无法准确定位资产位置，通过BIM结合RFID的资产标签芯片还可以使资产在建筑物中的定位及相关参数信息一目了然。

16）空间管理

空间管理是为节省空间成本、有效利用空间、为最终用户提供良好的工作生活环境而对建筑空间所进行的管理。BIM不仅可以用于有效管理建筑设施及资产等资源，也可以帮助管理团队记录空间使用情况，处理最终用户要求空间变更的请求，分析现有空间的使用情况，合理分配建筑物空间，确保对空间资源的最大利用。

17）建筑系统分析

建筑系统分析是对照业主使用需求及设计规定来衡量建筑物性能的过程，包括机械系统如何操作和对建筑物能耗分析、内外部气流模拟、照明分析、人流分析等涉及建筑物性能的评估。

BIM结合专业的建筑物系统分析软件，避免了重复建立模型和采集系统参数。通过BIM可以验证建筑物是否按照特定的设计规定和可持续标准建造，通过这些分析模拟，最终确定、修改系统参数甚至系统改造计划，以提高整个建筑的性能。

18）灾难应急模拟

利用BIM及相应灾害分析模拟软件，可以在灾害发生前模拟灾害发生的过程，分析灾害发生的原因，制定避免灾害发生的措施以及发生灾害后人员疏散、救援支持的应急预案。

当灾害发生后,BIM模型可以提供救援人员紧急状况点的完整信息,通过与楼宇自动化系统及时获取建筑物及设备的状态信息相结合,BIM模型能清晰地呈现出建筑物内部紧急状况的位置,甚至找到到达紧急状况点最合适的路线,提高应急行动的成效。

11.4.4 BIM发展趋势和前景

随着人工智能等大数据技术不断研发与提高,建筑大数据的趋势不可阻挡,BIM的应用正是在建筑大数据趋势下必然运用的工具之一。

(1) 应用阶段逐步朝营运维护阶段及全生命周期管理。随着政策的推动,企业广设BIM部门是一个火红的趋势,大型企业都面临BIM的政策与市场压力,在这种氛围下,对外能够拿得出应用案例,并且谈谈自家企业的BIM发展成为一种显学。然而,当BIM的应用越来越多,开始发现各家在BIM的议题上多数大同小异,从规划、设计、施工到完工验收阶段,设计单位从规划到细设阶段,用于环境规划与影响、造价估算、工期排程、冲突检查,甚至于法规检核等;施工单位用于施工仿真、施工图绘制、机电管线套图,更甚者开发整合BIM的合约与项目管理平台。在许多BIM研讨会议题中,体现出完工验收阶段前的技术逐渐成熟,BIM的参与单位开始想了解除了现有技术和政策推动之外,拥有资产的业主单位更关心BIM的先期投资以及后续效益。毕竟对于业主来说,将工程做好是承包商的工作,如果BIM的效益仅限于完工验收阶段,无法突显BIM对于业主的价值。因此,一方面面临来自市场竞争的压力,另一方面来自于投资方的期待,BIM的应用阶段也逐步朝向营运维护阶段及全生命周期管理的开发。

(2) 应用领域从建筑扩展至基础建设。BIM从建筑行业开始,然而随着公共建设的发展,可视化管理的需求不仅仅限于建筑,开始随着地铁、高铁、城市综合管廊、矿业、公路等建设发展,以资金规模而言,反而建筑领域远不及铁道或其他基础建设在BIM的应用。基础建设常有大面积或横跨不同地形的特性,也因此在研究方面,为了更广泛地拓展BIM的应用,现有应用正朝向GIS-BIM的整合开发方向发展,设施设备管理与资产管理的宏观到微观都能符合需求,以期能满足更多的BIM使用单位需求。

(3) 智能城市、智能小区、智能校园快速发展智能建筑中采用。BIM整合型智能云端平台,实现信息资源的共享与管理,将建筑物内机电、弱电设备及各应用系统整合,成为一个相互关联、完整协调的综合监控与管理系统,使系统信息密切共享和合理分配,克服以往因各应用系统独立操作、各自为政的"信息孤岛"现象,实现智能化各应用系统之间的资源共享与管理、系统互操作,以及快速响应与联动控制,以达到自动化监视与控制的目的。BIM的应用已逐渐从点(建筑)拓展至面(区域),以创造更多的服务与商机。从我国这几年的发展来看,BIM在智慧小区与智慧城市中扮演相当重要的角色,以作为智慧城市与智慧小区的数字化基础,不仅只是可视化,重要的是信息(information),也就是需要能够管理的可视化基础。以西南交大为例,在推动智能校园与数字化校园中,BIM就是核心环节,从校园建筑、基础与设施设备数字化着手,再延伸到学校管理系统整合,最后提供学生、教师、学校管理层等使用者的WEB或APP服务。同理,目前许多物业管理公司所推动的智慧小区,从规划设计中导入智慧建筑,再拓展到生活服务与后勤支持管理,其目标为发展小区O2O商业模式,尤其我国的小区规模常常动辄上千户。智能城市以地理信息数据库作为底层数据结构,以智能城市管理公共信息平台作为基础,发展公共住房分配管理、智慧小区、智慧街道、城市停车诱导和停车管理、城市居民时空行为分析等智能应用。

11.5 其他新兴技术的应用

11.5.1 n-维技术应用

新的信息技术的出现,可能会为工程项目规划与实施带来巨大变革。工程建立的三维视图模型可以与进度、费用、能源消耗以及设施管理等信息相整合,四维、五维、六维、七维视图模型在工程项目的设计、规划、进度安排等领域得到广泛关注。

BIM 软件一般用于三维视图绘制,4D-BIM 是将三维 BIM 与进度时间信息相结合,对建筑过程进行全程模拟;5D-BIM 是在 4D-BIM 基础上将费用信息相结合;6D-BIM 是用来对能源消耗数据进行追踪;7D-BIM 则是应用于设施全寿命周期管理中。

(1) 4D-CAD(项目变更进度分析)

4D-BIM 用于建筑工地规划相关活动。该技术允许项目全寿命周期的参与者对其工程活动进度信息进行提取和可视化。

4D-BIM 技术应用可以改善对项目冲突检查或建设项目过程中发生变化进行控制的复杂性,该技术提供了场地状态信息的管理和可视化方法,并在各种情况下支持沟通,例如场地工作人员信息或风险警告信息。

BIM 与 4D-CAD 仿真模型相结合为参与者在规划优化方面带来了好处,建筑工人和制造商可以利用该技术对其建筑活动和团队协调活动进行优化。

(2) 5D-CAD(项目变更中成本估算)

5D-BIM 用于跟踪与成本分析的相关活动,5D 与 3D、4D 相关,并允许在一定时间内可以对参与方的活动和相关成本进展进行可视化。5D-BIM 技术的应用可以提高项目估算、范围变更以及材料、设备或人力变化的准确性与可预测性,该技术也提供了成本提取与分析、评估场景和变更影响的方法。通过 5D-CAD 仿真模型与 BIM 结合,使建设项目能够向更高效、更划算、更可持续方向发展。

(3) 6D-CAD(能源消耗优化)

6D-BIM 有助于能源消耗分析,该技术的应用可以在设计过程中更早地获得完整、准确的能源估计值。它还允许在建筑占用期间进行能源消耗的测量与验证,并在收集经验教训中优化了高性能设施过程。将 BIM 与 6D-CAD 仿真模型结合可将导致能源消耗的总体减少。

(4) 7D-CAD(设施生命周期管理)

7D-BIM 是管理人员在全生命周期的运营与维护阶段所使用的。7D-BIM 允许项目参与方对项目运维阶段的资产进行数据提取与跟踪,如组件状态、规范、维护/运营手册、保证书数据等。该技术的使用便于运维阶段的零件快速更换、服务优化,并随着时间的推移简化设施全生命周期管理。7D-BIM 也提供了整个设备生命周期管理中分包商/工程商数据和设施组件的管理。通过 BIM 与 7D-CAD 仿真模型的结合，优化了从设计到拆除阶段的资产管理。

11.5.2 移动与无线计算技术在工程项目中的应用

近年来，移动通信和无线计算机技术发展很快，随着计算机和移动便携设备便携程度的提高，基于无线网络的计算机设备在工程现场也得到广泛应用。

以往工程项目中承包商往往在工程现场的办公室中使用个人计算机。在没有无线网络的情景下，便携计算机只能应用在数据资料的收集方面。现在，无线网络技术使得现场的计算机不但可以通过网络互联，而且还可以接入到因特网中。使用者可以在现场使用各类工程软件，还可以向门户网站和知识管理系统实时上传数据。现场施工人员还可以通过研究网站上关于如何施工的案例直接获得知识和经验，有利于指导如何进行更好地施工。

随着计算机硬件技术的发展，在现场使用的具有移动计算机功能的硬件越来越多，目前主要有：

（1）笔记本电脑。随着笔记本电脑性价比的提升，其工程现场的应用越来越普遍。

（2）平板电脑。如苹果公司 iPad 之类的平板电脑可以通过触摸屏进行手写输入，可以有效快捷地收集现场数据。

（3）手持设备。如今手持设备（手机等）价格越来越便宜，功能越来越强大，它们体积小，重量轻，很适合在现场使用。手持设备与 PC 机相比功能少一些，但是其小巧的体积和低廉的价格提升了自身竞争力。

11.5.3 室内定位技术

随着第四次科技革命后半段的到来，互联网业的发展也开始进入一个全新的时代——U(ubiquitous,意为无处不在)时代，在这样一个时代里，许多东西将会连接到互联网上，变得自动化、智能化。基于用户位置信息相关技术的应用与发展，使得位置服务(LBS)已经成为人们日常工作、生活所必需的一项基本服务需求，尤其在大型复杂的室内环境中，如博物馆、机场、超市、医院、地下矿井等区域，人们对位置服务有迫切需求。在移动互联网迅速发展和位置服务应用需求的推动下，当前室内定位技术处于较快发展阶段，研究者们提出了众多室内定位技术的理论与方法。定位技术可以分为室外定位技术和室内定位技术，在室外环境下，全球定位系统(GPS)、北斗定位系统(BDS)等全球导航卫星系统(GNSS)为用户提供精度为米级的位置服务，基本解决了在室外空间中进行准确定位的问题，并在日常生活中得到了广泛应用。然而，在占人类日常生活时间 80% 的室内环境中，受到建筑物的遮挡和多径效应的影响，GNSS 定位精度急剧降低，无法满足室内位置服务需要，但室内定位在一些特定场合的迫切需求已经日趋显著，因此，室内定位技术成为专家学者的研究重点。

1) 室内定位技术概念及其分类

室内定位是指在室内环境中实现位置定位，主要采用无线通信、基站定位、惯性导航定位等多种技术集成形成一套室内位置定位体系，从而实现人员、物体等在室内空间中的位置监控。最初，室内定位基本上都是采用无线电(即 RSS, Received Signal Strength 原理)、红外线、超声波等传播介质作为定位方案的实现载体，在这种情况下也有各个高校、各大公司研制出了许多种室内定位方案。如MITOxygen项目开发的Cricket系统，Cricket定位系统基于超声波和射频信号的到达时间差来实现定位；诺基亚采用的HAIP技术，该技术需要在室内安装一种定位发射台，蓝牙模块与之通信，通过这两者之间的通信完成定位；由微软开发的RADAR系统，该系统是最早的基于WiFi网络的定位系统，它采用射频指纹匹配方法，即从指纹库中查找最接近的几个邻居，取它们坐标的平均值作为定位目标的坐标估计数据。

室内定位技术分类：

(1) GNSS技术。定位信号到达地面时较弱，不能穿透建筑物，而且定位器终端的成本较高，基本不可用，如伪卫星。

(2) 无线定位技术。随着无线通信技术的发展，新兴的无线网络技术在室内广泛应用，如无线通信信号、射频无线标签、超声波、光跟踪、无线传感器定位技术等。

① 红外线定位。红外线定位通过室内光学传感器接收到的红外线发射器发射出的特定红外线(InfraredRay)后进行定位。Cambridge大学AT&T实验室开发的红外线室外定位系统Active BadgeSystem被称为第一代室内定位系统；Ambiplex在2011年提出了IR. Loc系统，通过测量热辐射进行定位，在10m范围内的定位精度达到20~30 cm。红外线室内定位精度相对较高，但是无法穿透障碍物，仅在直线可视距离内传播，有效距离较短，受室内布局和灯光影响较大，定位成本较高，实际应用中存在一定局限性。红外线定位技术适用于实验室对简单物体的轨迹精确定位记录以及室内自走机器人的位置定位。

② 超声波定位。超声波定位是采用反射式测量方法，根据发射超声波到参考节点响应回波的时间差计算与参考节点之间的距离，通过三角定位方法计算出待测目标的位置。ActiveBat是超声波定位系统的先驱，通过密集部署大量的超声波接收设备，达到3cm的定位精度。SonitorIPS是一个能够进行商业应用的超声波定位解决方案，已经应用于若干大型医院用于跟踪病人和医疗设备，精度达到房间级。超声波定位能在非可视距离下传播，定位精度较高且误差较小。但是超声波信号传输衰减严重，定位有效范围有限，设备成本较高，适用于特定环境下的室内定位应用，如无人车间的物品定位。

③ 射频识别定位。射频识别(Radio Frequency Identification，简称RFID)定位技术利用射频信号进行非接触式双向通信交换数据以达到识别和定位的目的。目前，具有代表性的RFID定位系统有MITOxygen项目开发的Cricket系统、华盛顿大学的SpotON系统、微软公司的RADAR系统等。RFID技术传输范围大、成本很低，但作用距离短，最长只有几十米，而且射频信号不具有通信能力，只使用射频识别技术是不能进行室内定位的，必须与其他辅助技术相结合才能完成。RFID技术适用于仓库、工厂、商场，广泛使用于货物、商品流转定位上。

④ 蓝牙定位。蓝牙室内定位根据测量终端设备信号强度，通过指纹定位算法进行定位。iBeacon是苹果公司制定的专用于蓝牙定位的一种协议技术，定位精度在2~3 m；我国的"寻鹿""广发easygo"等APP也采用该模式定位。蓝牙定位技术安全性高，成本低，功耗低，设备体积小，目前大部分手机终端都自带蓝牙模块，容易大范围的普及和部署实施。但是该技术容易受到外部噪声信号的干扰，信号稳定性较差，通信范围较小。蓝牙定位技术应用于对人的小范围定位，例如商场等。

⑤ WiFi室内定位。近年来WiFi技术飞速发展，城市中的公共场所如大型超市、商场、

学校、企业等已经广泛部署 WiFi。WiFi 室内定位技术已经出现了很多具有代表性的研究成果,如 RADAR 系统、Nibble 系统、Weyes 系统等室内定位系统。2012 年,Google 把 WiFi 室内定位和室内地图引入了谷歌地图中,一年内已经覆盖了北美和欧洲一万多家大型场馆。我国的百度、高德、四维、智慧图等公司也在研发 WiFi 室内定位产品。由于 WiFi 网络的普及,WiFi 定位是目前比较流行的定位技术,定位精度能达到米级,定位成本低,定位信号收发范围大,适用性强,可以普及推广。

⑥ ZigBee 技术。ZigBee 技术是一种短距离、低速率的无线网络技术,它介于射频识别和蓝牙技术之间,也可以用于室内定位。它有自己的无线电标准,在数千个微小的传感器之间相互协调通信以实现定位。这些传感器只需要很少的能量,以接力的方式通过无线电波数据从一个传感器传到另一个传感器,所以它们的通信效率非常高。

(3) 其他定位技术。如计算机视觉、航位推算等,以及 GNSS 与无线定位技术的组合技术。

① A-GPS。A-GPS(Assistant-GPS,辅助全球定位技术)由美国高通公司提出,利用手机基站信号,辅以连接远程服务器,配合接收机来实现快速定位,广泛应用于具有 GPS 功能的手机上。A-GPS 定位速度快、精度较高,但是要与服务器进行多次网络通信,占用了大量的通信资源,在使用手机密集的区域受到网络堵塞的影响,因此没有得到广泛推广与应用。

② 惯性传感器定位。利用惯性传感器采集的运动数据,如加速度传感器、陀螺仪等测量物体的速度、方向、加速度等信息,通过积分定位方法或者基于航位推测法,经过各种运算得到物体的位置信息。随着行走时间增加,惯性导航定位的误差也在不断累积。由于其定位数据比较稳定,一般与 GNSS 技术相结合进行辅助导航,在无法接收到其他有效定位信号的情况下,使用该方法来辅助定位。

2) 室内定位需求在工程项目中的应用

(1) 公共安全及应急响应。在紧急情况下,每一个人都想被救援人员精确定位,大到建筑物的位置,甚至是楼层或者房间号。

(2) 定位导览。① 建筑物内有什么东西;② 办公室的周围是谁;③ 车放在地下停车场什么位置;④ 超市里的牛奶在什么位置;⑤ 大型商场内最近的餐馆在哪里;⑥ 怎么去那里。

(3) 市场推广需求。在工程现场中为相关用户提供导航服务。手机会告诉你,附近哪些子工程进展情况。在旅游景区、展馆、机场实现定位导览,进行展品介绍等。运营维护阶段可以精确引导人员进行设备的维护与返修等。

(4) 有价值数据的大数据方式应用。利用室内定位技术对工程中的相关数据收集、分析与整理,有利于在项目全生命周期的信息管理与维护。

11.5.4　VR/AR/MR 应用

虚拟现实(Virtual Reality,简称 VR)是仿真技术的一个重要方向,是仿真技术与计算机图形学人机接口技术、多媒体技术、传感技术、网络技术等多种技术的集合,是一门富有挑战性的交叉技术前沿学科和研究领域。VR 主要包括模拟环境、感知、自然技能和传感设备等方面。其中,模拟环境是由计算机生成的、实时动态的三维立体逼真图像;感知是指理想的 VR 应该具有一切人所具有的感知,除计算机图形技术所生成的视觉感知外,还有听觉、触觉、力觉等感知,甚至还包括嗅觉和味觉等,也称为多感知;自然技能是指人的头部转动,眼睛、手势或其他人体行为动作,由计算机来处理与参与者的动作相适应的数据,对用户的输入作出实时响应,并分别反馈到用户的五官;传感设备是指三维交互设备。虚拟现实是多种技术的综合,包括实时三维计算机图形技术,广角(宽视野)立体显示技术,对观察者头、眼和手的跟踪技术,以及触觉/力反馈、立体声、网络传输、语音输入输出技术等。

增强现实技术(Augmented Reality,简称 AR),是一种实时地计算摄影机影像的位置及角度并加上相应图像、视频、3D 模型的技术,这种技术的目标是在屏幕上把虚拟世界套在现实世界并进行互动。增强现实技术包含了多媒体、三维建模、实时视频显示及控制、多传感器融合、实时跟踪及注册、场景融合等新技术与新手段。增强现实提供了在一般情况下,不同于人类可以感知的信息。

VR 和 AR 技术用于施工安全培训,体验者戴上 VR 眼镜后会置身于整个工程中,可以在虚拟场景中随意"进出""攀爬",感受日夜交替下的工程过程,查看工程结构的每一个部件,切实感受工程施工中的危险。

AR 技术使 BIM 可视化。利用 AR 技术可以让 BIM 数据清晰地展示出来,可以作为"理想的可视化平台"。从让大楼实时维护信息成为可能到提高建筑团队和设计师的协作,AR 和 BIM 的结合让各种规模的项目更具可行性,终将改变建筑行业。

相比于传统的安全培训,VR 技术可以激发工人参加安全教育的兴趣,工人对安全事故的感性认识也会增强;并且占地面积少,体验耗时短,可无限模拟不安全场景,同时可以在不同的项目中重复使用;体验者还能对细部节点、优秀做法进行学习,获取相关数据信息,同时还可进一步优化方案,提高质量;可以避免材料和人工浪费,符合"绿色施工"的理念。

AR/VR 技术让你看穿墙壁内部。利用 VR/AR 技术可以让使用者看穿施工场地的墙壁,让工作人员更准确地看到空间关系,更快辨别机械、电力和管道的冲突。

AR 与 VR 是可视化技术的热点,AR 是在现实环境中增加影像及信息,是虚拟与现实的混合世界;VR 则是取代真实世界,两者皆是未来看好的技术趋势。VR 与 AR 在 BIM 的整合应用上也快速形成应用服务与商机。国内已有推出 VR 虚拟赏屋 APP,搭配穿戴式装置,可在远程浏览未来居家空间,或者在毛坯房中浏览家具摆设后的搭配,创造不少话题与商机。另外,亦有科研单位将虚拟现实技术应用于高铁、地铁车站的运维管理,作为 BIM 的延伸应用技术。

混合现实技术(Mixed Reality,简称 MR),包括 VR 与 AR,指的是合并现实和虚拟世界而产生的新的可视化环境,可将其理解为 MR=VR+AR(混合现实=真实世界+虚拟世界+数字化世界)。在新的可视化环境里物理和数字对象共存并实时互动,它是虚拟现实技术的进一步发展,该技术通过在虚拟环境中引入现实场景信息,在虚拟世界、现实世界和用户之间搭起一个交互反馈的信息回路,以增强用户体验的真实感。

未来的建筑信息化发展中,VR、AR 和 MR 必然会为推动其发展及信息应用提供新的视角与挑战。

11.5.5 自动化与机器人技术应用

建筑行业是典型的劳动密集型生产过程,需要大量的劳动力,而施工过程中本身的基本属性使得很多人不愿从事或进入该行业中长期工作。近年来,建筑行业中已出现劳动匮乏的势头,工人技术水平下降、劳动力短缺、工资快速上涨等因素都对建筑业发展产生重大影响。为此,建筑业要想得到长效可持续发展,必须改变现有的生产方式与管理模式,推进工业化进程,积极研究开发技术设备,并推进工业化向自动化和智能化方向发展。

自动化与机器人技术应用到建筑领域是建筑行业的梦想,专家和学者一直在从事这方面的研究与探索。交通市政工程中的施工方法(建筑材料的使用与运输)比房建工程中常见的手工操作工序更易实现自动化,而在房屋工程建设中自动化的实现则需要非常先进的机器人才能完成。但目前建筑领域使用自动化和机器人技术仍有许多障碍,包括:一些自动化技术不适用于大型建筑设备;建筑行业的产品数量与其他行业相比较少;传统设计方案与材料不利于自动设备操控使用;自动化设备昂贵。

(1) 自动化技术。自动化技术的发展在不同阶段可以实现不同程度的自动化。初始阶段中,可在建筑机械中加载一种可提供给机械操作人员相关信息的装置。第二阶段,利用计算机装置可自动操控建筑机械设备,在这个过程中不需要或很少需要机械操作人员手工干预。最后阶段,实现机器人完全自动化操作。与房建工程相比,自动化技术在交通市政工程中已经得到了应用,使施工设备可以自动化操作。实践表明,自动化在交通市政工程领域的发展已超过了房建工程项目。这主要是由于房建工程中建筑工人需要使用各种工具及技术在建筑物中安装零部件,而土方工程中大量建筑材料子类搬运活动自动化的实现比房建工程中很多活动容易得多。

(2) 机器人技术。建筑行业中每个工程时间相对较短,机器人必须被移动到各个工程项目地点进行布置,并在项目现场也需要移动。日本建筑公司一直热衷于机器人技术,其应用较为出名的是自动化和机器人技术,具体应用实例是 SMART 系统。该系统可用于高层建筑自动作业,系统包括自动运输、自动焊接、安放房屋楼板及综合信息管理系统。为了方便机器人和自动化的应用,项目中大量使用了预制部件和简化的连接。

一些最新的关于机器人技术的研究包括:

① 美国国家标准技术研究所(NIST)正在研发一个试验平台,该平台用于研究钢结构的自动化技术。NIST 测试了一台装有三维激光定位测量系统的机器人起重机,该系统具备自动化路径选择及定向移动功能。

② 最近一项研究讨论了把机器人技术从制造业领域向建筑领域转移的可能性。有人探讨了如何使用轮廓工艺(一种自动分层制造技术)一次性建造整个房屋及其子部件,也有关于将 3D 打印技术应用于房屋建造。

复习思考题

1. 什么是信息?简述信息管理的含义。
2. 什么是信息化?什么是工程项目信息化?什么是建筑项目管理信息化?
3. 简述工程项目信息编码系统设计步骤。
4. 简述 BIM 的应用范围。

参 考 文 献

[1] 成虎,陈群. 工程项目管理. 4版. 北京:中国建筑工业出版社,2015
[2] 陆惠民,苏振民,王延树. 工程项目管理. 3版. 南京:东南大学出版社,2015
[3] 詹姆斯·P. 克莱门斯,杰克·吉多. 张金成,译. 成功的项目管理. 北京:机械工业出版社,2012
[4] 汪小金. 汪博士解读PMP考试. 3版. 北京:电子工业出版社,2013
[5] 全国一级建造师执业资格考试用书编写委员会. 建设工程项目管理. 北京:中国建筑工业出版社,2017
[6] 乐云. 工程项目管理(上). 武汉:武汉理工大学出版社,2008
[7] 周建国. 工程项目管理基础. 2版. 北京:人民交通出版社,2015
[8] 周建国. 工程项目管理. 北京:中国电力出版社,2006
[9] 李启明. 土木工程合同管理. 3版. 南京:东南大学出版社,2015
[10] 杨宝玲,栾志强. 现代项目管理. 北京:中国人民公安大学出版社,2009
[11] 宋伟,刘岗. 工程项目管理. 北京:科学出版社,2006
[12] 卢向南. 项目计划与控制. 2版. 北京:机械工业出版社,2009
[13] 孙占国,徐帆. 建设工程项目管理. 北京:中国建筑工业出版社,2007
[14] 邓淑文. 建筑工程项目管理. 北京:机械工业出版社,2009
[15] 乐云. 项目管理概论. 北京:中国建筑工业出版社,2008
[16] 孙海玲. 工程项目管理. 北京:中国电力出版社,2008
[17] 张卓. 项目管理. 3版. 北京:科学出版社,2017
[18] 齐宝库. 工程项目管理. 4版. 大连:大连理工大学出版社,2012
[19] 赖一飞. 项目计划与进度管理. 武汉:武汉大学出版社,2007
[20] 国家质量技术监督局. 中华人民共和国国家标准GB/T19016-2005idt ISO 10005:2003 质量管理——项目管理质量指南. 北京:中国标准出版社,2005
[21] Newtown Square,PA:Project Management Institute. 项目管理知识体系指南(PMBOK®指南). 6版. Project Management Institute,Inc.,2017
[22] 施骞,胡文发. 工程质量管理教程. 上海:同济大学出版社,2010
[23] 程元军. 项目质量管理. 北京:机械工业出版社,2007
[24] 住房和城乡建设部. 建筑工程施工质量验收统一标准(GB 50300—2013). 北京:中国建筑工业出版社,2013
[25] 俞宗卫. 建设工程项目质量与安全控制手册. 北京:水利水电出版社,2007
[26] 孙建平. 建筑工程质量安全风险管理. 上海:同济大学出版社,2016
[27] 住房和城乡建设部. 建设工程项目管理规范(GBT 50326—2017). 北京:中国建筑工业出版社,2017